»*Pausanias*, genannt ›der Perigehet‹, geb. um 115 n. Chr.
(Lydien?, Damaskus?), Verfasser einer Perigehese Griechenlands in 10 Büchern. Das Werk, ca. 170/180 n. Chr.
verfaßt, beschreibt in literarischer Form die Städte und
Sehenswürdigkeiten Griechenlands. Nacheinander werden Attika und Megara, Korinth und Argolis, Lakonien,
Messenien, Achaia, Arkadien, Boeotien, Phokis mit Delphi ausführlich behandelt. Aufbau und Ordnungsprinzip
des Ganzen ist eine bestimmte Reise des P., wenn auch
Erinnerungen von anderen Reisen und Benützung anderer topographischer Werke die Route nicht immer leicht
erkennen lassen...

Das persönliche Element tritt in der Darstellung der
Geschichte deutlich hervor. P. blickt mit Sehnsucht auf
die Größe des alten Hellas zurück, dessen Verfall er mit
dem Verlust seiner Freiheit unter der makedonischen
Herrschaft beginnen läßt. Deshalb ist auch das Werk, obwohl P. mehrere andere Länder bereiste, ausschließlich
dem griechischen Mutterland gewidmet.«

dtv-Lexikon der Antike, Abt. I: Philosophie–
Literatur–Wissenschaft, Band 3 (dtv 3073)

Pausanias:
Beschreibung Griechenlands

Übersetzt und herausgegeben
von Ernst Meyer
Band 2

Deutscher
Taschenbuch
Verlag

Aus der BIBLIOTHEK DER ALTEN WELT
des Artemis Verlags Zürich und München
Zweite, ergänzte Auflage

April 1972
Deutscher Taschenbuch Verlag GmbH & Co. KG,
München
© 1954 und 1967 Artemis Verlags AG, Zürich
Umschlaggestaltung: Celestino Piatti
Gesamtherstellung: C. H. Beck'sche Buchdruckerei,
Nördlingen
Printed in Germany · ISBN 3-423-06009-3

INHALTSVERZEICHNIS

BUCH VIII

ARKADIEN

Von den Arkadern haben die Gegenden gegen die Argolis die 1,1
Tegeaten und Mantineer inne, diese aber und die übrigen
Arkader bewohnen das peloponnesische Inland. Die Korinthier
wohnen nämlich am Isthmos als erste; den Korinthiern sind
am Meer die Epidaurier benachbart. Nach Epidauros und Troizen und Hermione kommt der argolische Golf und die Küsten-
gebiete der Argolis. An dieses Land schließen sich Peri-
oeken der Spartaner an, und diesen ist Messenien benachbart;
es geht nämlich bis zum Meer hinunter nach Mothone und
Pylos und gegen Kyparissiai. Auf der Seite gegen Lechaion 2
grenzen die Sikyonier an Korinth als äußerste eines Teiles
der Argolis hier. Nach Sikyon kommen von da an die Achaeer,
die an der Küste wohnen. Das andere Ende des Peloponnes
gegenüber den Echinaden bewohnen die Eleer. Von dem
Land der Eleer bei Olympia und der Alpheiosmündung...[1] sind
die Grenzen gegen Messenien, gegen Achaia sind sie Grenz-
nachbarn der Dymaeer. Da die so Aufgezählten bis ans Meer 3
reichen, wohnen die Arkader im Innern auf allen Seiten vom
Meer abgeschlossen. Daher sagt auch Homer von ihnen, sie
seien nach Troia gekommen, indem sie von Agamemnon Schiffe
erhielten, und nicht auf eigenen Schiffen ...[2]
Es gibt nun nach Arkadien Zugänge auf der Seite der Argo- 6,4
lis, und zwar von Hysiai aus und über das Partheniongebirge[3]
ins Gebiet von Tegea, und zwei andere nach Mantineia über
die sogenannte «Steineiche» und über die «Leiter»[4]. Dieser
letztere ist breiter, und dieser Abstieg besaß einst künstlich gemachte Stufen. Wenn man die «Leiter» überschritten hat,
kommt ein Melangeia genannter Ort[5], und von dort fließt das

5 Trinkwasser nach Mantineia in die Stadt. Geht man von Melangeia weiter und befindet sich noch gegen sieben Stadien
von der Stadt entfernt, trifft man auf den sogenannten Brunnen der Meliasten; diese Meliasten versehen den Kult des Dionysos, und an dem Brunnen befindet sich ein Kultraum des
Dionysos und ein Heiligtum der Aphrodite Melainis[1]. Diesen
Beinamen erhielt die Göttin aus keinem anderen Grunde,
als weil beim Menschen die Begattungen nicht allgemein wie
bei den Tieren bei Tage geschehen, sondern meistenteils bei
6 Nacht. Der verbleibende Weg[2] ist enger als der vorhergenann-
te und führt durch das Artemisiongebirge. Dieses Gebirge
habe ich schon früher erwähnt, daß es nämlich einen Tempel
mit einem Kultbild der Artemis besitze und auch die Quellen
des Inachos enthalte[3]. Solange der Inachos an dem Weg über
das Gebirge fließt, ist das die Grenze zwischen dem Gebiet von
Argos und Mantineia. Nach seiner Abbiegung von dem Wege
fließt der Fluß von da an durch die Argolis, und deshalb nennen
den Inachos Aischylos[4] und andere einen argivischen Fluß.

7, 1 Wenn man über das Artemisiongebirge ins Gebiet von Mantineia gekommen ist, empfängt einen die sogenannte «Faul-
ebene», die auch so ist[5]. Denn das Regenwasser, das in sie von
den Bergen herunterkommt, macht die Ebene unbebaubar,
2 und nichts würde hindern, daß diese Ebene ein See wäre, wenn
das Wasser nicht in einem Erdspalt verschwände. Das hier ver-
schwindende Wasser taucht an der Dine wieder auf. Die Dine
befindet sich am sogenannten Genethlion in der Argolis, Süßwasser, das aus dem Meer aufsteigt[6]. Vor alters versenkten die
Argiver auch dem Poseidon in die Dine aufgezäumte Pferde.
Süßwasser im Meer aufsteigend ist also hier in der Argolis zu
sehen und im Thesproterland am sogenannten Cheimerion[7].
3 Ein noch größeres Wunder ist im Maeander kochendes Wasser,
das teils aus einem Felsen, der vom Fluß umspült wird, teils
auch aus dem Schlamm des Flusses hervorsprudelt.[8] Vor Di-

kaiarcheia im Etruskerland[1] gibt es kochendes Wasser im Meer und eine künstliche Insel dafür, damit auch dieses Wasser nicht ungenutzt bleibe, sondern ihnen zu warmen Bädern diene.

Zur Linken des sogenannten Faulfeldes liegt im Gebiet von Mantineia ein Berg, der die Reste des Zelts Philipps, des Sohns des Amyntas, und des Dorfes Nestane trägt[2]. Bei diesem Nestane soll Philipp nämlich gelagert haben, und die Quelle dort nennen sie noch immer nach jenem «die philippische» ...[3]

Nach den Trümmern von Nestane kommt ein heilig gehaltenes Heiligtum der Demeter; die Mantineer feiern ihr auch jedes Jahr ein Fest. Und zur Hauptsache unter Nestane liegt ...[4], auch dies ein Teil des Faulfeldes. Es heißt Tanzplatz der Maira. Der Weg durch das Faulfeld beträgt zehn Stadien[5]. Nach einem kurzen Übergang steigt man in eine andere Ebene hinab. In dieser befindet sich neben der Landstraße der Arne genannte Brunnen. Auch dieses wird von den Arkadern erzählt. Als Rhea den Poseidon gebar, habe sie ihn in eine Herde gelegt, damit er hier mit den Widdern lebe, und danach sei auch die Quelle genannt, weil die Widder um sie weideten[6]; sie habe zu Kronos gesagt, sie habe ein Pferd geboren und ihm ein Fohlen statt ihres Kindes zum Verschlingen gegeben, wie sie ihm auch später statt des Zeus einen Stein gab, in Windeln gewickelt. Diesen Erzählungen der Griechen schrieb ich im Anfang meines Werks eher Einfältigkeit zu, als ich aber zu dem Buch über Arkadien gelangte, gewann ich folgende Vorstellung von ihnen. Ich vermutete, daß die als Weise angesehenen Griechen einst ihre Erzählungen in Rätseln und nicht unmittelbar verständlich gaben, und daß auch die Erzählungen von Kronos irgendeine Weisheit der Griechen seien. Hinsichtlich der auf die Gottheit bezüglichen Dinge werde ich der Tradition folgen.

Die Stadt Mantineia ist gegen zwölf Stadien von dieser Quelle entfernt ...[7] In Mantineia gibt es einen Doppeltempel,

der etwa in der Mitte durch eine Mauer geteilt ist. In dem einen Teil des Tempels befindet sich ein Kultbild des Asklepios,
ein Werk des Alkamenes, der andere ist der Leto heilig und
ihren Kindern. Praxiteles schuf die Statuen in der dritten Generation nach Alkamenes. An deren Basis sind die Musen dargestellt und Marsyas flötenblasend[1]. Hier ist auch ein Mann
auf einer Stele dargestellt, Polybios, der Sohn des Lykortas[2].

2 Ihn werden wir auch später noch erwähnen; die Mantineer haben aber auch noch andere Heiligtümer, so eins des Zeus Soter
und eines mit dem Beinamen Epidotes; er gebe nämlich den
Menschen Gutes. Es gibt auch ein Heiligtum der Dioskuren
und an anderer Stelle eines der Demeter und Kore; hier unter-
halten sie ein Feuer und achten darauf, daß es ihnen nicht un-
versehens ausgehe. Auch für Hera sah ich einen Tempel am

3 Theater. Praxiteles hat die Statuen geschaffen, sie selbst sitzend auf einem Thron und daneben stehend Athena und Hebe,
die Tochter der Hera. Beim Altar der Hera befindet sich auch
das Grab des Arkas, des Sohnes der Kallisto. Die Gebeine des
Arkas holten sie aus dem Mainalon, nachdem ihnen ein Orakel
aus Delphi zugekommen war:

4   «Mainalisches Land mit rauhen Wintern ist es, wo begra-
       Arkas, nach dem alle sich nennen,   [ben liegt
       wo ein Dreiweg, ein Vierweg und ein Fünfpfad ist.
       Dorthin heiße ich dich gehen und wohlgemut
       Arkas holen und in die liebliche Stadt bringen
       und dort Heiligtum und Opfer dem Arkas bereiten.»
   Diesen Platz, wo sich das Grab des Arkas befindet, nennen sie

5 Sonnenaltäre. Nicht weit vom Theater liegen berühmte Denkmäler, das eine von runder Form, das «Gemeinsamer Herd»
heißt. Hier sollte Antinoë, die Tochter des Kepheus, begraben
liegen. Auf dem anderen steht eine Stele, und ein Reiter ist auf

6 der Stele dargestellt, Grylos, der Sohn Xenophons[3]. Hinter
dem Theater waren noch Reste eines Tempels der Aphrodite

mit Beinamen Symmachia und ein Kultbild übrig. Die Inschrift
auf der Basis besagte, daß die Stifterin des Kultbildes Paseas'
Tochter Nikippe sei. Dieses Heiligtum errichteten die Mantineer zur Erinnerung für die Nachkommen an die gemeinsam mit den Römern geschlagene Seeschlacht von Aktion[1].
Sie verehren auch die Athena Alea und haben ein Heiligtum
und ein Kultbild der Athena Alea. Auch Antinus wurde bei   7
ihnen als Gott anerkannt. Von den Tempeln in Mantineia ist
der des Antinus der jüngste. Dieser wurde vom Kaiser Hadrian ganz außergewöhnlich verehrt. Ich habe ihn unter den Menschen weilend nicht mehr gesehen, sah ihn aber in Statuen und
Gemälden. Er hat auch anderswo Kult, und am Nil gibt es eine
Stadt der Aegypter, die nach ihm benannt ist. Ehren hat er in
Mantineia aus folgendem Grund erhalten. Antinus stammte
aus Bithynion, einer Stadt Bithyniens jenseits des Sangarios-
flusses[2], und die Bithynier sind ursprünglich Arkader und
Mantineer. Deshalb richtete ihm der Kaiser auch in Mantineia   8
einen Kult ein, und es wird ihm jedes Jahr ein Fest und jedes
fünfte Jahr ein Wettkampf gefeiert. Im Gymnasion von Mantineia gibt es einen Raum mit Statuen des Antinus, der auch
sonst sehenswert ist wegen der Steine, mit denen er geschmückt ist, und im Hinblick auf die Gemälde. Die meisten
stellen Antinus dar in der Gestalt des Dionysos. Und auch von
dem Gemälde auf dem Kerameikos, die die Schlacht der Athener bei Mantineia darstellte, auch davon befindet sich da eine
Nachbildung[3]. Die Mantineer haben auf dem Markt eine   9
Bronzestatue einer Frau, die sie Diomeneia, die Tochter des
Arkas, nennen, und ein Heroon des Podares; er soll in der
Schlacht gegen Epameinondas und die Thebaner gefallen sein.
Drei Generationen vor mir änderten sie die Inschrift des Grabmals um auf einen Mann, der ein gleichnamiger Nachkomme
jenes Podares war und zu einer Zeit lebte, daß er schon römi-
sches Bürgerrecht erhalten konnte. Den ursprünglichen Poda-   10

res ehrten die Mantineer noch zu meiner Zeit, indem sie sagen, daß in der Schlacht der Beste von ihnen und ihren Bundesgenossen Xenophons Sohn Grylos gewesen sei, nach Grylos Kephisodoros aus Marathon, der damals Reiterführer der Athener war, den dritten Rang der Tapferkeit erkennen sie aber Podares zu.

10,1   Ins übrige Arkadien gibt es von Mantineia aus Straßen; was sich an jeder von ihnen besonders Sehenswertes befand, auch das will ich berichten. Geht man nach Tegea, befindet sich zur Linken der Landstraße an der Mauer von Mantineia ein Platz für Pferderennen und nicht weit davon ein Stadion, wo sie den Wettkampf zu Ehren des Antinus veranstalten. Über dem Stadion befindet sich der Berg Alesion, so genannt, wie man sagt, wegen des Herumirrens der Rhea, und ein Hain der

2   Demeter auf dem Berge. An den Ausläufern des Berges liegt das Heiligtum des Poseidon Hippios nicht weit vom Stadion von Mantineia[1]. Über dieses Heiligtum schreibe ich vom Hörensagen und was andere bereits darüber berichtet haben. Das jetzige Heiligtum baute der Kaiser Hadrian, indem er Aufseher über die Arbeiter bestellte, daß niemand in das alte Heiligtum hineinsehe und von seinen Resten nichts fortbewegt werde; den neuen Tempel befahl er ihnen darum herum zu bauen. Ursprünglich sollen dem Poseidon dieses Heiligtum Agamedes und Trophonios gebaut haben[2], indem sie Baumstämme zu-

3   bereiteten und aneinanderfügten. Um den Menschen den Eintritt zu verwehren, legten sie keine Schutzwehr vor die Eingang, sondern spannten nur einen Wollfaden aus, wohl in der Meinung, daß schon das den damaligen Menschen, die das Göttliche noch ehrten, Furcht einflößen würde, oder vielleicht wohnte auch dem Faden irgendeine Kraft inne …[3] Meerwasser soll in diesem Heiligtum zum Vorschein kommen, behauptet

4   eine alte Erzählung. Etwas Ähnliches erzählen auch die Athener von dem Meerwasser auf der Akropolis[4] und die Bewoh-

ner von Mylasa in Karien in bezug auf das Heiligtum des Gottes, den sie in der einheimischen Sprache Osogoa nennen[1]. Bei
Athen ist nun das Meer bei Phaleron gegen zwanzig Stadien
von der Stadt entfernt, ebenso liegt bei Mylasa der Hafen gegen achtzig Stadien von der Stadt entfernt. In Mantineia aber
kommt das Meer aus größter Entfernung und am deutlichsten
nach göttlichem Ratschluß empor.

Gegenüber dem Poseidonheiligtum ist ein Siegesmal aus   5
Stein gebaut über die Spartaner und Agis, und man erzählt
auch den Verlauf der Schlacht[2] ... Nach dem Heiligtum des   11,1
Poseidon empfängt einen ein Platz voll von Eichen namens Pe-
lagos, und von Mantineia nach Tegea führt der Weg durch die
Eichen. Die Grenze zwischen Mantineia und Tegea ist der
runde Altar an der Landstraße ...[3]

Geht man auf dem Wege nach Pallantion[4] von Mantineia   5
gegen dreißig Stadien, so reicht hier der Pelagoswald an die
Landstraße heran, und hier kämpften die Reitertruppen der
Athener und Mantineer gegen die Kavallerie Boeotiens. Epameinondas sei, so behaupten die Mantineer, von der Hand des
Mantineers Machairion gefallen; ebenso behaupten auch die
Spartaner, daß ein Spartiate Epameinondas getötet habe, und
auch sie geben dem Mann den Namen Machairion; die atheni-   6
sche Version ist, und mit dieser stimmen auch die Thebaner
überein, daß Epameinondas von Grylos verwundet worden sei.
Ebenso schildert es auch das Gemälde, das die Schlacht bei
Mantineia darstellt[5]. Die Mantineer scheinen Grylos auch
von Staats wegen begraben zu haben und dort, wo er fiel, sein
Bild auf einer Stele aufgestellt zu haben, als des Besten der
Bundesgenossen[6]. Den Machairion nennen zwar die Mantineer
selbst und die Spartaner, tatsächlich gibt es aber weder in
Sparta noch bei den Mantineern einen Machairion, dem als
tapferem Manne Ehren zuteil geworden wären. Wie Epamei-   7
nondas verwundet war, brachten sie ihn noch lebend aus der

Schlacht. Er hielt so lange die Hand auf die Wunde und litt
und sah auf die Kämpfenden, und die Stelle, von wo er ihnen
zusah, benannten die Späteren die Warte, als aber der Kampf
ein unentschiedenes Ende nahm, nahm er die Hand von der
Wunde und gab seinen Geist auf, und man begrub ihn dort,

8 wo der Zusammenstoß stattgefunden hatte. Auf dem Grab
steht eine Säule und ein Schild mit einer daran dargestellten
Schlange. Die Schlange soll bedeuten, daß Epameinondas aus
dem Geschlecht der sogenannten Sparten stamme. Auf dem
Grabmal befinden sich Stelen, die eine alt mit boeotischer Inschrift, und die andere stellte Kaiser Hadrian auf und dichtete die Inschrift darauf[1]...[2]

12,1 Etwa eine Stadienlänge vom Grab des Epameinondas ent-
fernt ist das Heiligtum des Zeus mit Beinamen Charmon. In
Arkadien gibt es in den Wäldern verschiedene Eichen, und die
einen von ihnen nennen sie die breitblättrigen, die anderen
Phegoi; die dritten haben einen so schwammigen und leichten
Bast, daß daraus auch auf dem Meer Kennzeichen für Anker
und Netze gemacht werden. Den Bast dieser Eiche nennen die
Ionier und auch der Elegiendichter Hermesianax Kork[3].

2 Nach Methydrion[4], das nicht mehr Stadt ist, sondern ein
zu Megalopolis gehörendes Dorf, nach diesem Methydrion
gibt es von Mantineia einen Weg. Dreißig Stadien weit auf
diesem Wege befindet sich die Alkimedon genannte Ebene
und über der Ebene das Gebirge Ostrakina[5] und darin eine
Höhle, wo Alkimedon, einer der sogenannten Heroen, wohnte.

3 Der Tochter dieses Alkimedon Phialo soll, wie die Phigaleer
erzählen, Herakles beigewohnt haben. Wie Alkimedon merkte,
daß sie geboren hatte, setzte er sie im Gebirge aus und mit ihr
auch den Knaben, den sie geboren hatte; die Arkader nennen
ihn Aichmagoras. Als das Kind weinte, wie es ausgesetzt war,
hörte ein Eichelhäher das Jammern und ahmte das Weinen

4 nach. Irgendwie kam gerade Herakles dieses Weges und hörte

den Häher und ging, da er meinte, es sei das Weinen eines Kindes und nicht eines Vogels, sofort der Stimme nach. Er erkannte sie, löste sie von ihren Fesseln und rettete das Kind. Danach heißt die nahe Quelle Kissa nach dem Vogel. Vierzig Stadien von der Quelle entfernt liegt der Petrosaka genannte Ort; Petrosaka ist die Grenze zwischen Megalopolis und Mantineia[1].

Außer den aufgezählten gibt es noch zwei Wege nach Orchomenos, und an dem einen befindet sich das sogenannte Stadion des Ladas, in dem Ladas seine Laufübungen machte[2], und dabei ein Heiligtum der Artemis und rechts vom Wege eine hohe Erdaufschüttung; das sei das Grab der Penelope, sagen sie[3] ... An dieses Grab schließt sich eine nicht große Ebene an, und ein Berg ist in der Ebene, der die Reste des alten Mantineia trägt; dieser Platz heißt heute Ptolis[4]. Geht man gegen Norden davon eine nicht lange Strecke weiter, so kommt die Quelle der Alalkomeneia und nach dreißig Stadien von der Stadt aus die Reste eines Dorfes namens Maira und das Grab der Maira, wenn sie hier und nicht im tegeatischen Land begraben wurde[5]. Die Wahrscheinlichkeit spricht aber für die Erzählung der Tegeaten und nicht der Mantineer, daß Maira, die Tochter des Atlas, bei ihnen begraben sei; vielleicht mag auch eine andere Maira, eine Nachkommin der Atlastochter Maira, nach Mantineia gekommen sein.

Es fehlt von den Wegen noch derjenige nach Orchomenos, an dem sich der Berg Anchisia und das Grabmal des Anchises am Fuß des Berges befindet[6]. Als nämlich Aeneas nach Sizilien fuhr, landete er mit den Schiffen in Lakonien und wurde Gründer der Städte Aphrodisias und Etis und begrub hier seinen Vater Anchises, der aus irgendeinem Grunde an diesen Ort kam und dort sein Leben endete; und diesen Berg nennt man nach Anchises Anchisia. Zur Bekräftigung der Glaubwürdigkeit dieses Umstandes tragen auch die Aeolier bei, die heute

5

7

8

9

Ilion bewohnen, die nirgendwo in ihrem Lande ein Grab des Anchises zeigen. Bei dem Grab des Anchises liegen Reste eines Aphroditeheiligtums, und die Grenze von Mantineia gegen Orchomenos befindet sich ebenfalls in Anchisiai[1] ...

13,2   Die frühere Stadt Orchomenos[2] lag auf der obersten Kuppe eines Berges, und es sind noch Reste des Marktes und der Mauern übrig; die heute bewohnte Stadt liegt unter dem Ring der alten Stadtmauer. Sehenswert ist hier eine Quelle, aus der sie Wasser schöpfen, und Heiligtümer des Poseidon und der Aphrodite; die Statuen sind aus Marmor. Bei der Stadt befindet sich ein Holzbild der Artemis; es ist in einem großen Wacholderbaum aufgestellt, und die Göttin heißt nach dem Wacholder Kedreatis. Unter der Stadt liegen Steinhaufen in einem gewissen Abstand voneinander, die über im Krieg Gefallenen aufgehäuft wurden. Mit welchen anderen Peloponnesiern oder auch Arkadern selbst sie Krieg führten, das sagen weder Inschriften auf den Gräbern, noch wissen es die Orchomenier anzugeben.

4   Gegenüber der Stadt erhebt sich der Berg Trachy. Das Regenwasser fließt durch eine hohle Schlucht zwischen der Stadt und dem Trachy hindurch in eine andere orchomenische Ebene[3]. Diese Ebene ist zwar groß, aber zur Hauptsache von einem See eingenommen. Geht man von Orchomenos aus und etwa drei Stadien vorwärts, führt der gerade Weg zur Stadt Kaphya, an der Schlucht selbst und danach links an dem See entlang[4]; der andere Weg überschreitet den Fluß, der durch die Schlucht fließt, und führt unter dem Berg Trachy hin[5]. An diesem Wege liegt zuerst das Grabmal des Aristokrates, der einst die jungfräuliche Priesterin der Göttin Hymnia vergewaltigte. Nach dem Grab des Aristokrates kommen die Teneiai genannten Quellen[6], und etwa sieben Stadien von den Quellen entfernt liegt der Ort Amilos; Amilos soll einst eine Stadt gewesen sein. An dieser Stelle spaltet sich der Weg wie-

der in zwei Richtungen, und der eine von ihnen führt nach
Stymphelos[1], der andere nach Pheneos[2]. Am Weg nach Pheneos kommt man an einen Berg, und an diesem Berge treffen   6
die Grenzen des Gebiets von Orchomenos und Pheneos und
Kaphya zusammen; über der Grenze erhebt sich ein hoher Absturz; kaphyatischen Fels nennt man diesen Absturz. Nach
der Grenze der genannten Städte folgt eine Schlucht, und durch
sie führt der Weg nach Pheneos. So ziemlich in der Mitte der
Schlucht entspringt Wasser aus einer Quelle, und am Ende der
Schlucht liegt der Ort Karyai.

Die Ebene von Pheneos liegt unter Karyai, und als darin das   14,1
Wasser einmal überhandnahm, sei auch das alte Pheneos über-
flutet worden, so daß noch zu meiner Zeit Spuren an den Bergen sichtbar waren, bis wohin das Wasser gestiegen sein soll[3].
Fünf Stadien von Karyai entfernt erhebt sich das Oryxis genannte Gebirge und ein anderes, Skiathis[4]; am Fuß beider Gebirge ist ein Schlund, der das Wasser aus der Ebene aufnimmt.
Die Pheneaten behaupten, daß diese Katavothren künstlich   2
gemacht seien, und Herakles soll sie gemacht haben, der damals
bei Laonome, der Mutter Amphitryons, wohnte. Amphitryon
soll nämlich dem Alkaios von Laonome, der Tochter des
Guneus, einer Pheneatin, geboren worden sein, und nicht
von der Pelopstochter Lysidike. Wenn sich Herakles wirklich
einmal bei den Pheneaten aufhielt, könnte man meinen, er
sei, als er aus Tiryns von Eurystheus vertrieben wurde, nicht
sofort nach Theben, sondern vorher noch nach Pheneos gekommen. Mitten durch die Ebene von Pheneos grub Hera-   3
kles einen Graben als Abfluß für den Fluß Olbios, den andere
Arkader Aroanios nennen und nicht Olbios. Die Länge des
Grabens beträgt fünfzig Stadien; die Tiefe erreicht, soweit er
nicht eingefallen ist, bis dreißig Fuß. Der Fluß fließt nämlich
nicht mehr hier, sondern ist wieder in sein altes Bett zurückgekehrt, indem er das Herakleswerk verließ[5].

4   Von den Katavothren in den genannten Bergen etwa fünfzig
Stadien entfernt liegt die Stadt[1]; ihr Gründer, so sagen die
Pheneaten, sei ein Einheimischer Pheneos. Sie haben eine
Akropolis, die auf allen Seiten abschüssig und größtenteils
einfach so ist, während sie kleine Strecken von ihr zur Sicherheit noch befestigten. Hier auf der Akropolis befindet sich ein
Tempel der Athena mit Beinamen Tritonia; davon waren nur
5   noch Trümmer übrig. Und ein Poseidon aus Bronze steht da
mit dem Beinamen Hippios; die Poseidonstatue habe Odysseus geweiht, sagten sie. Dem Odysseus seien Pferde ver-
lorengegangen, und er habe auf der Suche nach den Pferden
Griechenland durchreist und hier ein Heiligtum der Artemis gegründet und die Göttin die «Pferdefinderin» zubenannt, wo er im pheneatischen Land die Pferde fand, und habe
6   auch das Kultbild des Poseidon Hippios geweiht. Als Odysseus die Pferde gefunden hatte, sagen sie, sei es ihm ganz
recht gewesen, Pferde im Pheneatenland zu halten, wie er ja
auch die Rinder auf dem Festland Ithaka gegenüber habe weiden lassen. Und die Pheneaten zeigten mir auch eine Inschrift
auf der Basis des Standbildes, anscheinend eine Anweisung des
7   Odysseus an die Hirten der Pferde. Das andere mag uns noch
gemäß der Erzählung der Pheneaten wahrscheinlich vorkommen, daß aber Odysseus die Bronzestatue geweiht haben soll,
vermag ich ihnen nicht zu glauben. Denn damals verstand
man durchaus noch nicht, die Statuen aus Bronze zu bearbeiten,
wie man ein Kleid webt. Was ihre Art der Bronzebearbeitung
war, habe ich bereits in meinem Buch über Sparta bei der Statue
8   des Zeus Hypatos auseinandergesetzt[2]. Die ersten, die Bronze
schmolzen und Statuen gossen, waren Rhoikos, der Sohn des
Philaios, und Theodoros, der Sohn des Telekles, aus Samos.
Theodoros' Werk war auch das Siegel auf dem Smaragdstein,
den der Tyrann von Samos Polykrates meistens trug und auf
den er besonders stolz war[3].

Am Abstieg von der Akropolis von Pheneos befindet sich 9
ein Stadion und auf einem Hügel ein Grabmal des Iphikles,
des Bruders des Herakles und Vaters des Iolaos ...[1] Dem Iphi- 10
kles also opfern sie noch bis jetzt als Heros. Von Göttern aber
verehren die Pheneaten den Hermes am meisten, und sie veranstalten auch einen Wettkampf Hermaia und haben einen
Tempel des Hermes mit einem Kultbild aus Marmor; dieses
schuf ein Athener, Eucheir, der Sohn des Eubulides. Hinter
dem Tempel liegt das Grab des Myrtilos ...[2] Die Pheneaten 11
haben auch ein Heiligtum der Demeter mit Beinamen Eleusinia, und sie feiern der Göttin ein Fest und behaupten, die
eleusinischen Weihespiele seien auch bei ihnen genau so eingerichtet worden; denn Naos sei zu ihnen gekommen nach
einem Orakel aus Delphi, und dieser Naos sei der dritte Nachkomme des Eumolpos.

Neben dem Heiligtum der Eleusinia ist das sogenannte Pe- 15,1
troma gebaut, zwei große aneinandergefügte Steine. Wenn 2
sie jedes zweite Jahr das Weihefest feiern, das sie das größere
nennen, dann öffnen sie diese Steine, entnehmen ihnen Schriften, die sich auf das Weihefest beziehen, lesen sie den Mysten
vor und legen sie noch in derselben Nacht wieder zurück. Ich
weiß, daß auch die meisten Pheneaten in betreff der wichtigsten Angelegenheiten bei dem Petroma schwören. Und ein run- 3
der Aufsatz befindet sich darauf, der eine Maske der Demeter
Kidaria enthält. Diese Maske legt der Priester bei dem sogenannten größeren Fest an und schlägt nach einer gewissen Legende die Unterirdischen mit Ruten. Die Pheneaten haben
auch eine Sage, daß noch vor der Ankunft des Naos ...[3], denn
Demeter soll auf ihrer Irrfahrt auch hierher gekommen sein.
Diejenigen Pheneaten, die sie in ihrem Haus und mit Gastge-
schenken aufnahmen, denen gab die Göttin die sonstigen Hül-
senfrüchte, aber keine Bohnen. Weshalb sie die Bohne für eine 4
unreine Hülsenfrucht halten, darüber gibt es eine heilige Ge-

schichte. Die nach der Erzählung der Pheneaten die Göttin aufgenommen hatten, Trisaules und Damithales, erbauten der Demeter Thesmia einen Tempel unter dem Gebirge Kyllene[1] und richteten ihr auch das Fest ein, das sie noch jetzt begehen. Dieser Tempel der Thesmia liegt etwa fünfzehn Stadien von der Stadt entfernt.

5   Etwa fünfzehn Stadien weit am Wege nach Pellene von Pheneos und nach Aigeira, einer achaeischen Stadt[2], liegt ein Tempel des Apollon Pythios. Davon waren nur noch Ruinen übrig und ein großer Altar aus Marmor. Hier opfern die Pheneaten jetzt noch dem Apollon und der Artemis und behaupten, Herakles habe das Heiligtum nach der Eroberung von Elis gebaut. Hier befinden sich auch Grabmäler der Heroen, die mit Herakles an dem Feldzug gegen Elis teilgenommen hatten, aber aus der Schlacht nicht nach Hause zurückkehrten …[3]

8   Die Landesgrenzen von Pheneos gegen das benachbarte Achaia liegen nicht an einer einzigen Stelle, sondern gegen Pellene ist es der sogenannte Porinas[4], gegen Aigeira die Stelle «Zur Artemis». Noch im Land der Pheneaten geht man nach dem Heiligtum des pythischen Apollon ein kurzes Stück weiter und ist bereits auf dem Wege, der zum Krathisgebirge

9   führt. In diesem Gebirge sind die Quellen des Flusses Krathis; er fließt bei Aigai ins Meer, einem zu meiner Zeit unbewohnten Platz, früher einer Stadt der Achaeer[5]. Nach diesem Krathis heißt auch ein Fluß in Italien im Land der Brettier[6]. Im Krathisgebirge liegt ein Heiligtum der Artemis Pyronia, und in älterer Zeit holten die Argiver von dieser Göttin Feuer für die Lernaeen.

16,1   Von Pheneos gegen Osten befindet sich ein Berggipfel Geronteion und an diesem ein Weg; dieses Geronteion ist die Landesgrenze zwischen Pheneos und Stymphalos. Geht man links vom Geronteion durch das pheneatische Land, kommt man zu den Trikrena genannten Bergen der Pheneaten, und

hier sind drei Brunnen; in diesen sollen die Bergnymphen
Hermes nach seiner Geburt gewaschen haben, und deshalb hält
man diese Quellen für dem Hermes heilig. Nicht weit von den
Trikrena ist ein anderer Berg Sepia[1], und hier soll Aipytos, der
Sohn des Elatos, seinen Tod durch die Schlange gefunden haben, und so bauten sie ihm hier auch sein Grab, denn es war
ihnen nicht möglich, den Toten weiter zu tragen. Diese
Schlangen gibt es, wie die Arkader sagen, auch zu unserer Zeit
noch in dem Gebirge, allerdings nicht viele, sondern sogar
sehr selten. Denn da das Gebirge für den größten Teil des
Jahres unter Schnee liegt, kommen die außerhalb der Nester
Überraschten durch den Schnee um, und auch wenn sie sich
vorher in die Nester geflüchtet haben, vernichtet der Schnee
doch einen Teil von ihnen, da die Kälte auch in die Nester
selbst dringt. Das Grab des Aipytos habe ich mit besonderem
Interesse angesehen, da Homer in seinen Versen auf die Arkader das Grabmal des Aipytos erwähnte[2]. Es ist also eine
nicht große Erdaufschüttung, die ringsum von einem Stein-
sockel umgeben ist. Das mußte natürlich Homer in Erstaunen
setzen, da er kein großartigeres Denkmal kannte, wie er ja
auch den Reigen des Hephaistos am Schild des Achill mit dem
von Daidalos geschaffenen Reigen vergleicht, da er etwas
Kunstvolleres nicht gesehen hatte[3]. Obwohl ich viele bewundernswerte Gräber kenne, will ich nur zwei von ihnen erwähnen, das in Halikarnaß und das im Land der Hebraeer. Das
Grab in Halikarnaß ist für Mausolos, den König von Halikarnaß, gebaut, und es ist so groß und in seiner ganzen Ausstattung so wunderbar, daß sogar die Römer es gewaltig bewundern und die hervorragenden Grabdenkmäler bei sich Mauso-
leen nennen[4]. Die Hebraeer haben ein Grab einer einheimischen Frau Helena in der Stadt Solyma, die der römische Kaiser von Grund auf zerstörte. In dem Grab ist folgendes eingerichtet; die Tür, die wie das ganze Grab aus Stein ist, kann

man nicht früher öffnen, als bis das Jahr jeweils denselben Tag
und dieselbe Stunde wiederbringt; dann öffnet sie sich allein
durch den Mechanismus, bleibt nicht lange offen und schließt
sich von selbst wieder. In dieser Zeit öffnet sie sich also so, in
der übrigen Zeit bringt man sie, wenn man sie zu öffnen versucht, nicht auf, sondern würde sie eher zertrümmern, wenn
man Gewalt anwendet[1].

17,1　　　Nach dem Grab des Aipytos kommt das höchste der Gebirge in Arkadien, die Kyllene[2], und auf dem Gipfel des Gebirges befindet sich ein zerstörter Tempel des Hermes Kyllenios. Offenbar stammt der Name des Gebirges von Kyllen,
2　dem Sohn des Elatos, wie auch der Beiname des Gottes. Die
Menschen hatten ursprünglich, soweit auch ich erfahren konnte, folgende Holzarten, aus denen sie Holzbilder herstellten:
Ebenholz, Zypresse, die Wacholderarten, die Eichenarten,
die Eibe und die Dattelpflaume; für den Hermes Kyllenios ist
die Statue aber aus keiner dieser Holzarten, sondern aus Ci-
3　trusholz gearbeitet. Ich schätze sie auf etwa acht Fuß. Die
Kyllene bietet auch folgende Sonderbarkeit, die Amseln darin
sind nämlich ganz weiß[3]. Die von den Boeotern so genannten
sind eine andere Art Vögel, die nicht singt. Adler, die «Schwa-
nenadler» genannt werden, da sie in ihrer weißen Farbe einem
Schwan am meisten ähneln, habe ich im Sipylos gesehen an
dem sogenannten Tantalossee. Weiße Wildschweine und weiße
Bären aus Thrakien haben auch Privatleute schon besessen.
Hasen und Hirsche, davon sind die weißen Hasen libysche
4　Zucht, und weiße Hirsche sah ich in Rom und wunderte mich
darüber, woher vom Festland oder Inseln sie wohl gebracht
seien, hatte jedoch keine Gelegenheit zu fragen. Das mag wegen
der Amseln in der Kyllene gesagt sein, damit niemand meinen
Angaben über ihre Farbe den Glauben versage.

5　　　An die Kyllene schließt sich ein anderes Gebirge an, Chelydorea[4], wo Hermes, als er eine Schildkröte fand, das Tier aus-

geweidet und daraus eine Leier gemacht haben soll. Hier liegt
die Landesgrenze zwischen Pheneos und Pellene, und der
größte Teil des Gebirges der Chelydorea gehört zu Achaia.

Geht man von Pheneos gegen Westen und Sonnenunter-   6
gang, führt der linke Weg zur Stadt Kleitor[1], rechts nach Nonakris und zur Styx[2]. Vor alters war Nonakris ein Städtchen
der Arkader und hatte seinen Namen von der Frau des Lykaon, zu meiner Zeit waren es Ruinen und auch davon das
meiste nicht mehr erkennbar. Nicht weit von den Ruinen
erhebt sich eine hohe Felswand; ich kenne keine andere, die
sich zu solcher Höhe erhebt. Und an der Felswand fällt
Wasser herunter, und das nennen die Griechen das Wasser
der Styx ...[3] Das Wasser, das von der Felswand bei Nonakris   18,4
herunterkommt, fällt zuerst auf einen hohen Felsen und
fließt, nachdem es den Felsen durchflossen hat, in den
Fluß Krathis. Dieses Wasser bringt den Tod für den Menschen und jedes andere Lebewesen. Einst soll das Wasser auch
Ziegen verderblich geworden sein, die davon zuerst tranken.
Später erkannte man auch, welche anderen wunderbaren Eigenschaften das Wasser besitzt. Glas und Kristall und murri-   5
nische Gefäße, und was die Menschen sonst noch aus Stein
herstellen, ebenso auch Tongefäße werden vom Styxwasser
zersprengt, Gegenstände aus Horn und Knochen und Eisen und
Kupfer, ferner Blei und Zinn und Silber und Elektron werden
von diesem Wasser aufgelöst. Dasselbe wie allen Metallen geschieht auch dem Gold; und doch ist die lesbische Dichterin
Zeugin[4] und zeigt es das Gold selbst, daß es vom Rost frei-
bleibt. Der Gott hat also den verachtetsten Dingen die Fähig-   6
keit gegeben, die höchstgeschätzten zu überwinden. Denn
einmal werden die Perlen vom Essig aufgelöst und zum anderen schmilzt Bocksblut den Diamant, den härtesten Stein.
Doch auch das Styxwasser vermag allein einem Pferdehuf
nicht zu schaden, sondern wird hineingeschüttet von ihm ge-

halten und durchdringt den Huf nicht. Ob aber auch der Tod Alexanders, des Sohnes Philipps, durch dieses Gift eingetreten ist, weiß ich nicht sicher, weiß aber, daß es erzählt wird.

7   Über Nonakris erhebt sich das Aroania genannte Gebirge[1], und darin befindet sich eine Höhle. In diese Höhle sollen die Töchter des Proitos in ihrem Wahnsinn geflohen sein, die Melampus mit geheimen Opfern und Sühneriten an einen Lusoi genannten Platz brachte. Der größte Teil des Aroaniagebirges gehörte den Pheneaten; Lusoi liegt jedoch bereits im

8   Gebiet von Kleitor. Lusoi[2] soll einst eine Stadt gewesen sein, sagt man, und Agesilas aus Lusoi wurde als Sieger im Reiten verkündet, als die Amphiktyonen die 11.Pythiade veranstalteten[3]. Zu meiner Zeit waren nicht einmal mehr Ruinen von Lusoi übrig. Die Proitostöchter brachte also Melampus nach Lusoi und entsühnte sie von dem Wahnsinn in dem Artemisheiligtum; danach nennen die Kleitorier diese Artemis Hemerasia.

19,1   Zum Stamm der Arkader gehören auch noch folgende, die Kynaithaër heißen[4], die auch in Olympia die Statue des Zeus weihten, die einen Blitz in beiden Händen hat[5]. Diese Kynaithaër wohnen etwa vierzig Stadien von ... entfernt, und auf dem Markt sind bei ihnen Götteraltäre gebaut und auch eine

2   Statue des Kaisers Hadrian aufgestellt. Das Bemerkenswerteste ist hier ein Dionysosheiligtum, und sie feiern zur Winterszeit ein Fest, an dem stark gesalbte Männer einen Stier aus einer Rinderherde, den ihnen der Gott eingibt, aufheben und zum Heiligtum tragen. Ein solches Opfer ist also bei ihnen eingerichtet. Da ist auch eine Quelle kalten Wassers, etwa zwei Stadien von der Stadt entfernt, und über ihr wächst eine

3   Platane. Wer von einem tollwütigen Hunde entweder eine Wunde oder sonst einen Schaden erlitten hat, dem bringt ein Trunk von diesem Wasser Heilung, und deshalb nennen sie die Quelle Alyssos[6]. Und so scheint bei den Arkadern das

Wasser bei Pheneos, das Styx heißt, zum Unglück für die
Menschen geschaffen zu sein, die Quelle bei Kynaitha aber
ein gutes Gegengewicht gegen das Unheil dort zu sein. Es   4
fehlt von den Wegen von Pheneos, die nach Westen führen,
noch der linke. Dieser Weg geht nach Kleitor und führt an
dem Herakleswerk entlang, das er als Abfluß für den Aroaniosfluß geschaffen hat[1], daran entlang steigt dieser hinab an
einen Ort Lykuria, und Lykuria ist die Landesgrenze von
Pheneos gegen Kleitor[2].

Geht man von Lykuria gegen fünfzig Stadien weiter,   20,1
kommt man an die Ladonquellen. Ich hörte, daß das Wasser,
das im pheneatischen Land den See bildet und in die Katavothren in den Bergen abfließt, hier wieder emporkommt und
die Ladonquellen bildet. Ich kann aber nicht sicher sagen, ob
dieses sich so oder anders verhält[3]. Der Ladon ist der schönste
von den Flüssen in Griechenland und besitzt neben seinem
sonstigen Ruhm bei den Menschen Daphnes wegen auch das,
was über Daphne gedichtet wird ...[4]

Von den Ladonquellen ist die Stadt Kleitor sechzig Stadien   21,1
entfernt; der Weg von den Ladonquellen geht durch ein enges
Tal am Aroaniosfluß entlang[5]. Bei der Stadt überschreitet
man einen Kleitor genannten Fluß. Der Kleitor mündet also
in den Aroanios, der nicht mehr als sieben Stadien[6] von der
Stadt entfernt ist. In dem Aroanios gibt es unter anderem   2
auch die sogenannten «Buntfische»; diese Buntfische sollen
singen wie Drosseln. Ich habe zwar gefangene gesehen, aber
keine singen hören, obwohl ich sogar bis Sonnenuntergang am
Fluß blieb, wo die Fische am meisten singen sollten[7].

Der Stadt Kleitor[8] wurde der Name gegeben nach dem   3
Sohn des Azan, sie liegt aber in ebenem Gelände, und ringsum
umgeben sie nicht sehr hohe Berge. Die bedeutendsten Heiligtümer in Kleitor sind eines der Demeter, eines des Asklepios
und ein drittes der Eileithyia ...[9] Die Kleitorier haben auch ein   4

Heiligtum der Dioskuren, die die Großen Götter genannt
werden, gegen vier Stadien von der Stadt entfernt, und sie
haben bronzene Kultbilder. Auch auf einem Berggipfel, der
dreißig Stadien von der Stadt entfernt ist, ist ein Tempel und
ein Kultbild der Athena Koria errichtet.

22,1   Mein Bericht führt mich nun zurück nach Stymphelos und
an die Grenze zwischen Pheneos und Stymphelos, das sogenannte Geronteion[1]. Die Stymphelier sind jetzt nicht mehr
bei den Arkadern eingeordnet, sondern gehören zur Argolis,
wohin sie freiwillig übergetreten sind. Daß sie von Abstammung Arkader sind, beweisen die homerischen Epen[2], und
auch der Gründer Stymphelos war dritter Nachkomme des
Arkas, des Sohnes der Kallisto. Ursprünglich soll die Stadt an
anderer Stelle im Lande gelegen haben und nicht an der Stelle
2   der heutigen Stadt[3]. Im alten Stymphelos soll Temenos gewohnt haben, der Sohn des Pelasgos, und Hera soll von diesem
Temenos aufgezogen worden sein und er habe der Göttin drei
Heiligtümer gegründet und ihr drei Beinamen zugelegt, als
sie noch Jungfrau war, «das Kind», als sie mit Zeus verheiratet war, nannte er sie «die Erwachsene», und als sie über
irgend etwas mit Zeus in Zwist geraten und nach Stymphelos
zurückgekehrt war, nannte Temenos sie «die Witwe». Das
wird, wie ich weiß, von den Stympheliern über die Göttin
3   erzählt. Die heutige Stadt hat von den genannten Dingen
nichts mehr, dagegen folgendes andere. Es gibt im Land der
Stymphelier eine Quelle, und von dieser Quelle leitete der Kaiser
Hadrian Wasser in die Stadt Korinth[4]. Bei Stymphelos bildet
die Quelle zur Winterszeit einen kleinen See und daraus einen
Fluß Stymphelos, im Sommer bildet sich vorher kein See mehr,
sondern der Fluß entsteht sofort bei der Quelle. Dieser Fluß
verschwindet in einem Erdspalt und ändert nach seinem Wie-
dererscheinen in der Argolis seinen Namen und heißt statt
4   Stymphelos Erasinos[5]. An den See in Stymphelos schließt sich

die Sage an, daß an ihm einst menschenfressende Vögel lebten;
diese Vögel soll Herakles mit Pfeilen erlegt haben ...[1] In Stym-   7
phelos gibt es auch ein altes Heiligtum der stymphelischen Artemis; das Kultbild ist ein größtenteils vergoldetes Holzbild. Am
Dach des Tempels sind auch die stymphelischen Vögel angebracht; es war schwierig, genau zu erkennen, ob das eine Arbeit
aus Holz oder Gips war, nach unserer Vermutung schien es aber
eher aus Holz als aus Gips zu sein. Hier stehen auch Mädchenfiguren aus Marmor mit Vogelbeinen; sie stehen hinter dem
Tempel. Zu unserer Zeit soll sich auch folgendes Wunder ab-   8
gespielt haben. Man feierte in Stymphelos das Fest der stymphelischen Artemis nicht mehr sorgfältig und vernachlässigte
auch sonst großenteils die herkömmlichen Bräuche ihr gegenüber. Daher geriet Material in die Mündung der Katavothre,
wo der Fluß Stymphelos hineinfließt, und verhinderte das
Wasser am Abfluß, so daß die Ebene auf vierhundert Stadien
weit zu einem See geworden sein soll. Ein Jäger sei, so erzählen   9
sie, einem fliehenden Hirsch gefolgt, der habe sich in den
Sumpf gestürzt, und der Jäger sei bei der Verfolgung vor Begier hinter dem Hirsch hergeschwommen; und so verschlang
die Katavothre den Hirsch und mit ihm den Mann. Diesen
soll das Wasser des Flusses gefolgt sein, so daß in einem Tage
der ganze See der Ebene austrocknete. Und danach begehen
sie das Fest für Artemis mit mehr Eifer.

Nach Stymphelos folgt Alea[2], das ebenfalls zum Bund der   23,1
Argolis gehört und dessen Gründer Aleos, der Sohn des Apheidas, gewesen sein soll. An Heiligtümern von Göttern sind hier
eines der ephesischen Artemis und der Athena Alea und ein
Tempel mit Kultbild des Dionysos. Diesem feiern sie jedes
zweite Jahr ein Fest Skiëreia, und an dem Dionysosfest werden
nach einem Orakel aus Delphi Frauen gepeitscht wie die spartanischen Epheben bei der Orthia.

Ich habe in meinem Bericht über Orchomenos gesagt, daß   2

ein Weg an der Schlucht entlang zuerst geradeaus geht, dann
links vom See[1]. In der Ebene von Kaphyai ist ein Erddamm
gebaut, durch den das Wasser aus dem Gebiet von Orchomenos verhindert wird, dem angebauten Land von Kaphyai Schaden zuzufügen. Auf der Innenseite des Dammes fließt ein anderes Gewässer, der Menge nach wie ein Fluß, das in einem
Erdspalt verschwindet und bei den sogenannten Nasoi wieder
erscheint[2]. Die Stelle, wo es wieder erscheint, heißt Rheunos.
Das hier wieder auftauchende Wasser bildet von da an den immer Wasser führenden Fluß Tragos[3]. Ihren Namen hat die
Stadt offenbar von Kepheus, dem Sohn des Aleos, doch hat es
sich durchgesetzt, sie in arkadischer Sprache Kaphyai zu nennen[4]. Die Kaphyeer behaupten, daß sie ursprünglich aus Attika seien, von Aigeus aus Athen vertrieben nach Arkadien geflohen seien, Schutzsuchende des Kepheus geworden seien und
so nun dort wohnten. Das Städtchen liegt am Ende der Ebene
am Fuß nicht sehr hoher Berge. An Götterheiligtümern haben
die Kaphyaten eines des Poseidon und eines der Artemis mit
Beinamen Knakalesia. Sie haben auch einen Berg Knakalos, wo
sie der Artemis ein Jahresfest feiern. Etwas jenseits der Stadt befindet sich eine Quelle, und bei der Quelle wächst eine große,
schöne Platane; sie nennen sie Menelaïs und behaupten, Menelaos sei bei der Sammlung des Heeres für Troia hierher gekommen und habe die Platane an der Quelle gepflanzt; zu meiner Zeit nennen sie auch die Quelle ebenso wie die Platane Menelaïs. Wenn ich nach den Erzählungen der Griechen die Bäume aufzählen soll, die noch jetzt erhalten sind und grünen,
dann ist am ältesten von ihnen die Weide, die im Heiligtum
der Hera in Samos wächst[5], nach ihr die Eiche in Dodona und
der Ölbaum auf der Akropolis und der in Delos; den dritten
Rang im Alter würden die Syrer dem Lorbeer bei ihnen zuer-
kennen; von den übrigen ist diese Platane am ältesten.

Etwa ein Stadion von Kaphyai ist der Platz Kondylea ent-

fernt, und hier befindet sich ein Hain und ein Tempel der ursprünglich Kondyleatis genannten Artemis ...[1] Nachdem man   8
von Kaphyai etwa sieben Stadien gestiegen ist, steigt man zu
den sogenannten Nasoi hinab[2]. Fünfzig Stadien weiter von hier
fließt der Ladon. Man überschreitet den Fluß und kommt an
den Wald Soron durch Argeathai und das sogenannte Lykun-
tes und Skotane. Der Soron dehnt sich am Weg nach Psophis
aus. Dieser Wald und auch die anderen Wälder in Arkadien   9
haben folgende Tiere, Wildschweine und Bären und besonders
große Schildkröten; daraus könnte man Leiern machen gleich
groß wie die aus der indischen Schildkröte. Am Ende des Soron liegen Reste des Dorfs Paos und nicht viel weiter die sogenannten Seirai. Die Seirai sind die Grenze des Gebietes von
Kleitor gegen Psophis ...[3]

Von den Seirai ist Psophis[4] etwa dreißig Stadien entfernt.   24,3
Neben der Stadt fließen der Fluß Aroanios und etwas weiter
von der Stadt entfernt der Erymanthos. Der Erymanthos hat   4
seine Quellen im Lampeiagebirge; dieses Gebirge soll dem Pan
heilig sein; die Lampeia dürfte wohl ein Teil des Erymanthos-
gebirges sein. Homer hat gedichtet, daß im Taygetos und Erymanthos ...[5] aus der Lampeia der Erymanthos, durchfließt Arkadien mit dem Pholoëgebirge zur Rechten und dem Gebiet von
Thelpusa[6] zur Linken und mündet in den Alpheios. Es wird   5
auch erzählt, wie Herakles auf Geheiß des Eurystheus am Erymanthos einen Eber jagte, der die anderen an Größe und Kraft
übertraf. Die Kymaeer im Oskerland[7] behaupten, daß die Eber-
zähne, die bei ihnen im Apolloheiligtum liegen, die Zähne des
erymanthischen Ebers seien, aber das hat nicht die geringste
Wahrscheinlichkeit für sich. Die Psophidier haben in der Stadt   6
einmal ein Heiligtum der Aphrodite mit dem Beinamen Ery-
kina, von dem zu meiner Zeit nur noch Ruinen vorhanden
waren; die Söhne der Psophis sollten es gegründet haben. Das
ist auch wahrscheinlich; denn es gibt auch in Sizilien ein Hei-

ligtum der Erykine im Gebiet von Eryx[1], das seit ältesten Zeiten hochheilig ist und an Reichtum dem Heiligtum in Paphos
7 nicht nachsteht. Die Heroa des Promachos und Echephron,
der Söhne der Psophis, waren zu meiner Zeit nicht mehr kenntlich. Auch Alkmaion ist in Psophis begraben, der Sohn des
Amphiaraos, und sein Grabmal ist ein Bau, nicht groß und
auch sonst nicht besonders ausgestattet; um das Grab herum
wachsen Zypressen, so hoch, daß sogar der Berg bei Psophis
von ihnen beschattet wurde. Diese dürfen sie nicht abschla-
8 gen, da sie als dem Alkmaion heilig gelten; sie werden von den
12 Einheimischen «die Jungfrauen» genannt …[2] Die Psophidier
haben auch am Erymanthos einen Tempel des Erymanthos mit
einem Kultbild. Die Statuen für Flüsse außer dem aegyptischen Nil werden aus Marmor gemacht; für den Nil aber werden, da er durch das Aethiopenland ins Meer hinabfließt, die
Statuen aus schwarzem Stein gearbeitet …[3]
25,1 Geht man von Psophis nach Thelpusa, kommt zuerst ein
Tropaia genannter Ort links vom Ladon, an Tropaia schließt
sich der Wald Aphrodision an, das dritte ist eine alte Inschrift
auf einer Stele, die Grenze von Psophis gegen das Gebiet von
Thelpusa. Im Land von Thelpusa fließt der Arsen genannte Fluß;
wenn man diesen überschritten hat, kommt man etwa 25 Stadien
von ihm entfernt an die Reste des Dorfes Kaūs und an ein Hei-
2 ligtum des Asklepios Kaūsios, das am Wege gebaut ist. Etwa
vierzig Stadien von diesem Heiligtum ist die Stadt entfernt;
der Name soll ihr nach einer Nymphe Thelpusa gegeben worden sein und diese eine Tochter des Ladon sein[4]. Der Flußlauf
des Ladon beginnt an den Quellen im Gebiet von Kleitor, wie
ich bereits erzählt habe[5]. Er fließt dann zuerst an dem Ort Leu-
kasion vorbei und an Mesoboa und durch die Nasoi gegen
Oryx und das sogenannte Halus und von Halus gegen Thalia-
3 des und ein Heiligtum der eleusinischen Demeter hinab. Dieses Heiligtum liegt an der Grenze von Thelpusa; darin sind

Statuen, jede nicht weniger als sieben Fuß hoch, von Demeter und ihre Tochter und Dionysos, alle gleichermaßen aus Marmor[1]. Nach dem Heiligtum der eleusinischen Göttin fließt der Ladon auch an der Stadt Thelpusa links vorbei, die auf einem großen Hügel liegt, zu unserer Zeit großenteils verlassen, so daß sie sagen, auch der Markt, der jetzt am Ende sich befindet, sei ursprünglich ganz in der Mitte angelegt worden. Es gibt in Thelpusa einen Tempel des Asklepios und ein Heiligtum der Zwölf Götter; davon lag das meiste bereits am Boden. Nach Thelpusa fließt der Ladon zum Heiligtum der Demeter in Onkeion[2]; die Thelpusier nennen die Göttin Erinys, und mit ihnen stimmt auch Antimachos[3] überein, der den Zug der Argiver gegen Theben gedichtet hat; sein Vers lautet so:

«Der Demeter Erinys Sitz sei dort, so sagen sie.»

Onkios ist nach der Sage ein Sohn des Apollon und herrschte im Gebiet von Thelpusa um den Ort Onkeion. Die Göttin erhielt den Beinamen Erinys; denn als Demeter herumirrte, als sie ihre Tochter suchte, soll ihr Poseidon gefolgt sein mit dem Wunsch, sich mit ihr zu vereinigen. Und sie habe sich in eine Stute verwandelt und zusammen mit den Stuten des Onkios geweidet; Poseidon aber merkte, daß er getäuscht wurde, und wohnte der Demeter ebenfalls in Gestalt eines Hengstes bei. Demeter sei darüber zuerst zornig geworden, später habe sie ihren Zorn abgelegt und sich im Ladon baden wollen. Und daher seien die Beinamen der Göttin gekommen, wegen des Zorns Erinys, weil die Arkader aufgeregt sein erinyein nennen, Lusia aber wegen des Bads im Ladon. Die Statuen im Tempel sind aus Holz, aber Gesicht und Hände und Füße aus parischem Marmor. Das Standbild der Erinys hält die sogenannte Cista und in der rechten Hand eine Fackel, ihre Größe schätze ich auf neun Fuß; die Lusia schien sechs Fuß hoch zu sein. Wer das Bild der Lusia für eines der Themis und nicht der Demeter hält, soll wissen, daß er eine falsche Vermutung hegt. Demeter soll von Poseidon eine Tochter geboren haben, deren Namen man Uneingeweihten nicht nennen darf, und das Pferd Areion;

8 nach diesem soll bei ihnen zuerst in Arkadien Poseidon Hippios genannt worden sein ...[1]

11   Nachdem der Ladon das Heiligtum der Erinys links gelassen hat, fließt er links am Tempel des Apollon Onkaiatas vorbei, rechts am Heiligtum des Knaben Asklepios, wo auch das Grabmal der Trygon liegt[2]; Trygon soll die Amme des Asklepios gewesen sein. Man erzählt nämlich, daß Autolaos, ein unehelicher Sohn des Arkas, den kleinen Asklepios im Gebiet von Thelpusa ausgesetzt gefunden und das Kind aufgehoben habe, und danach sei das Asklepioskind ...[3] hielt ich für wahrscheinlicher, wie ich schon im Buch über Epidauros erklärt habe[4].

12 Es gibt einen Fluß Tuthoa[5]; auch die Tuthoa mündet in den Ladon an der Grenze zwischen Thelpusa und Heraia, welches Gebiet von den Arkadern «die Ebene» genannt wird. Wo der Ladon selbst in den Alpheios mündet, heißt es «Rabeninsel». Diejenigen aber, die gemeint haben, daß die von Homer aufgezählten Enispe und Stratië und Rhipe[6] einmal von Menschen bewohnte Inseln im Ladon gewesen seien, diese sollen

13 wissen, daß sie etwas Törichtes geglaubt haben. Denn der Ladon kann nie Inseln gebildet haben, die auch nur einem Lastschiff an Größe gleichgekommen wären. An Schönheit steht er keinem Fluß nach weder von denen in den Barbarenländern noch einem griechischen, an Größe ist er aber nicht derart, daß in ihm auch Inseln auftreten können wie in der Donau und der Rhone[7].

26,1 Gründer von Heraia wurde Heraieus, der Sohn Lykaons; die Stadt liegt rechts vom Alpheios, größtenteils auf leicht ansteigendem Gelände, zum Teil reicht sie auch bis zum Alpheios hinab[8]. Am Fluß sind Wege angelegt, die durch Myrten und andere Kulturbäume voneinander geschieden sind; hier sind auch die Bäder. Es gibt auch Tempel für Dionysos; den einen

von ihnen nennen sie Polites, den anderen Auxites. Und sie   2
haben ein Gebäude, wo sie die heiligen Handlungen für Dionysos begehen. Auch ein Tempel des Pan ist in Heraia als eines
in Arkadien heimischen Gottes. Vom Tempel der Hera waren
noch die Säulen und andere Reste vorhanden. Unter den arkadischen Athleten ragt an Ruhm Damaretos aus Heraia hervor,
der als erster im Hoplitenlauf in Olympia siegte[1] Geht man   3
von Heraia nach Elis hinab, überschreitet man in etwa fünfzehn Stadien Entfernung von Heraia den Ladon, von diesem
kommt man nach zwanzig Stadien zum Erymanthos. Nach der
Ansicht der Arkader ist der Erymanthos die Grenze von Heraia gegen Elis, die Eleer aber sagen, daß das Grab des Koroibos ihr Land begrenze. Als Iphitos den olympischen Wett-   4
kampf, der lange Zeit aufgehört hatte, wieder erneuerte und
die Olympien wieder neu gefeiert wurden, da setzte er nur
Preise für den Wettlauf aus, und Koroibos siegte. Auf dem
Grabmal steht eine Inschrift, daß Koroibos in Olympia als erster von den Menschen siegte, und daß sein Grab am Ende des
elischen Landes gebaut ist[2].

Aliphera ist ein nicht großes Städtchen[3]; es wurde bei der   5
Übersiedlung der Arkader nach Megalopolis von vielen Bewohnern verlassen. Geht man von Heraia aus nach dieser
Stadt, überschreitet man den Alpheios und kommt nach etwa
zehn Stadien Weg durch eine Ebene ans Gebirge und steigt
dann gegen dreißig Stadien zu der Stadt durch das Gebirge
auf. Die Stadt Aliphera soll ihren Namen von Alipheros, dem   6
Sohn des Lykaon, erhalten haben, und es gibt dort Heiligtümer des Asklepios und der Athena, die sie von den Göttern am
meisten ehren, da sie behaupten, sie sei bei ihnen geboren und
aufgewachsen. Sie gründeten auch einen Altar des Zeus Leche-
atas, da er hier Athena zeugte, und nennen einen Brunnen Tritonis, indem sie sich die Erzählung vom Fluß Triton aneig-
nen[4]. Das Kultbild der Athena ist aus Bronze gemacht, ein   7

Werk des Hypatodoros und sehenswert wegen seiner Größe und seiner Ausführung. Sie feiern auch irgendeinem Gott ein Fest, ich meine, der Athena. An diesem Fest opfern sie vorher dem Myiagros, wobei sie über den Opfern zu dem Heros beten und den Myiagros rufen; wenn sie das getan haben, sind ihnen

8 die Fliegen nicht mehr lästig. An dem von Heraia nach Megalopolis führenden Weg liegt Melaineai[1]; dieses gründete Melaineus, der Sohn Lykaons; zu meiner Zeit war es verlassen, ist aber reich bewässert. Vierzig Stadien von Melaineai entfernt liegt Buphagion, und hier hat der Fluß Buphagos seine Quellen, der in den Alpheios fließt. An den Quellen des Buphagos befinden sich die Grenzen zwischen Megalopolis und Heraia[2].

27,1   Megalopolis ist die jüngste Stadt nicht nur von den arkadischen, sondern auch von denen in Griechenland überhaupt außer denen, deren Bewohner beim Hereinbrechen der römischen Herrschaft umgesiedelt wurden[3]. Die Arkader kamen der Stärke wegen in die Stadt zusammen, da sie wußten, daß auch die Argiver in älterer Zeit fast jeden einzelnen Tag in Gefahr waren, von den Spartanern im Krieg unterworfen zu werden, als sie aber Argos an Bevölkerungszahl vergrößerten, indem sie Tiryns und Hysiai und Orneai und Mykenai und Mideia, und was es sonst noch an unbedeutenden Städtchen in der Argolis gab, zerstörten, da waren die Argiver den Spartanern gegenüber furchtloser und zugleich stark gegenüber den Umwohnern. In dieser Auffassung siedelten auch die Arkader

2 zusammen, und man darf wohl den Thebaner Epameinondas mit Recht als Gründer der Stadt bezeichnen. Denn er war es, der die Arkader zu der Zusammenlegung veranlaßte, und er schickte auch tausend erlesene Thebaner unter Führung des Pammenes den Arkadern zu Hilfe, falls die Spartaner die Gründung zu hindern versuchen sollten. Es wurden auch von den Arkadern Gründer gewählt, Lykomedes und Hopoleas und Timon und Proxenos, die letzteren aus Tegea, Lykomedes und

Hopoleas aus Mantineia, aus Kleitor Kleolaos und Akriphios,
Eukampidas und Hieronymos vom Mainalon, von den Parrhasiern Possikrates und Theoxenos. Folgende Städte waren es,   3
die die Arkader aus Bereitwilligkeit und wegen der Feindschaft der Spartaner überredeten, ihre Heimat zu verlassen,
Asea, Pallantion, Eutaia, Sumateion, Iasaia, Peraitheis, Helisson, Oresthasion, Dipaia, Lykaia; diese vom Mainalon. Aus
den Eutresiern Trikolonoi und Zoition und Charisia und Pto-
lederma und Knauson und Paroreia; von den Aigyten ... und
Skirtonion und Malaia und Kromoi und Blenina und Leuk-
tron; von den Parrhasiern die Lykosurier, Thoknier, Trape-   4
zuntier, Proseer, Akakesion, Akontion, Makaria, Dasea; aus
den Kynuraeern in Arkadien Gortys und Theisoa am Lykaion
und die Lykaiaten und Aliphera; aus denen, die zu Orchomenos gehörten, Theisoa, Methydrion, Teuthis; auch die sogenannte Tripolis kam hinzu, Kallia und Dipoina und Nonakris ...[1]

Gegründet wurde Megalopolis in demselben Jahr und we-   8
nige Monate später als die Niederlage der Spartaner bei Leuktra, als Phrasikleides in Athen Archon war, im zweiten Jahr
der 102. Olympiade, an der Damon aus Thurioi im Stadion
siegte[2] ...

Zwischen Megalopolis und Heraia liegt, wie ich schon sagte,   17
die Landesgrenze an den Quellen des Flusses Buphagos. Der
Fluß soll seinen Namen nach dem Heros Buphagos erhalten
haben, und der sei Sohn des Iapetos und der Thornax. Diese
nennen sie auch in Lakonien Thornax[3]. Man erzählt auch, daß
Artemis den Buphagos im Pholoëgebirge erschoß, da er gottlose Taten gegen die Göttin verübte.

Auf dem weiteren Wege von den Quellen des Flusses aus   28,1
empfängt einen zuerst der Ort Maratha[4], dann Gortys[5], Dorf
zu meiner Zeit, in früherer Zeit Stadt. Dort ist auch ein Tempel des Asklepios aus pentelischem Marmor und Asklepios
selbst bartlos und eine Statue der Hygieia; das waren Werke

des Skopas. Die Einheimischen erzählen auch das, daß Alexander, der Sohn Philipps, den Panzer und die Lanze dem Asklepios geweiht habe; und noch zu meiner Zeit waren der Panzer und die Lanzenspitze vorhanden.

2   Gortys durchfließt ein Fluß, der von den Leuten an den Quellen Lusios genannt wird wegen des Bades des Zeus, als er geboren worden war; die von den Quellen entfernter Wohnenden nennen ihn nach dem Dorf Gortynios [1]. Dieser Gortynios

3   hat das kälteste Flußwasser ... [2] Er hat seine Quellen im Gebiet von Theisoa [3], das Methydrion benachbart ist; wo er sein Wasser mit dem Alpheios vereinigt, heißt es Rhaiteai ...

30,1 Dieser Helisson beginnt bei einem gleichnamigen Dorf, denn auch das Dorf heißt Helisson, durchfließt das Gebiet von Dipaia und Lykaia und an dritter Stelle Megalopolis selbst und mündet ... Stadien von der Stadt Megalopolis entfernt in den Alpheios [4]. Schon in der Nähe der Stadt steht ein Tempel des Poseidon Epoptes; von der Statue war noch der Kopf übrig.

2   Indem der Helisson Megalopolis [5] teilt, wie auch Knidos und Mytilene die Meeresarme in zwei Teile teilen, ist im nördlichen Teil, in dem rechten über dem Fluß, ein Markt angelegt. Darauf liegt eine Umfriedigung aus Stein und ein Heiligtum des Zeus Lykaios. Einen Eingang hinein gibt es nicht; innen, man kann nämlich hineinsehen, stehen Altäre des Gottes und

3   zwei Tische und ebenso viele Adler wie Tische und eine Statue des Pan aus Marmor. Er heißt Sinoeis mit Beinamen, und diesen Beinamen soll Pan von einer Nymphe Sinoë erhalten haben und diese soll mit anderen Nymphen zusammen ... und besonders die Amme Pans gewesen sein. Vor diesem heiligen Bezirk steht eine sehenswerte Bronzestatue des Apollon, gegen zwölf Fuß hoch, die aus Phigaleia als Beitrag an die Aus-

4   schmückung der Stadt gebracht wurde. Der Ort, wo die Statue von den Phigaleern ursprünglich aufgestellt worden war, heißt Bassai; dem Gott folgte auch sein Beiname aus Phigaleia.

woher er aber den Beinamen Epikurios («Helfer») erhielt,
werde ich bei Phigaleia erzählen[1]. Rechts vom Apollon steht
ein kleineres Standbild der Göttermutter, von dem Tempel
war aber nichts mehr übrig als die Säulen. Vor dem Tempel
der Göttermutter steht keine Statue mehr, aber die Basen waren noch sichtbar, auf denen einst Statuen standen. Ein Epigramm auf der einen dieser Basen besagt, es sei die Statue des
Diophanes, des Sohnes des Diaios, des ersten, der den gesamten Peloponnes im Achaeischen Bunde vereinte[2]. Die Philip-
peios genannte Halle des Marktes hat nicht Philipp, der
Sohn des Amyntas, gebaut, sondern die Megalopoliten geben
dem Gebäude diese Bezeichnung als Dank für ihn[3]. Ein Tempel des Hermes Akakesios daran war zerstört und nichts mehr
übrig als eine Schildkröte aus Marmor. An diese «Philippische
Halle» schließt sich eine andere kleinere an, und hier sind die
Amtsgebäude von Megalopolis gebaut, sechs Räume an Zahl.
In einem von ihnen steht eine Statue der Ephesischen Artemis
und in einem anderen ein bronzener Pan, eine Elle hoch, mit
Beinamen Skoleitas. Er wurde von dem Hügel Skoleitas dahin-
gebracht, und auch dieser Hügel liegt noch innerhalb des
Mauerrings, und von ihm fließt Wasser aus einer Quelle in den
Helisson. Hinter den Amtsgebäuden ist ein Tempel der Tyche
gebaut mit einer Statue aus Marmor, nicht niedriger als fünf
Fuß. Die Halle, die sie Myropolis nennen[4], sie liegt auch auf
dem Markt, wurde aus Beute gebaut, als Akrotatos, der
Sohn des Kleomenes, und die mitkämpfenden Spartaner im
Kampf gegen Aristodem, der damals in Megalopolis die Tyrannis innehatte, die Niederlage erlitten. In Megalopolis steht
auf dem Markt hinter dem dem Zeus Lykaios geweihten Bezirk ein Mann in Relief an einer Stele, Polybios, der Sohn des
Lykortas[5]. Es sind auch Epigramme auf ihn daraufgeschrieben,
die besagen, daß er in jedem Land und Meer herumgekommen
sei und daß er Verbündeter der Römer geworden sei und ih-

ren Zorn gegen die Griechen besänftigt habe. Dieser Polybios
schrieb die Geschichte der Römer und auch, wie sie mit Karthago in Krieg gerieten, und welches die Ursache des Krieges
war, und wie die Römer spät nicht ohne große Gefahren

9 dem Scipio ..., den sie den karthagischen nennen, da er dem
Krieg ein Ende setzte und Karthago zu Boden warf[1]. Alles,
worin der Römer dem Rat des Polybios folgte, ging ihm erfolg-
reich aus, wo er aber auf seinen Rat nicht hörte, soll er Miß-
erfolge gehabt haben. Die Griechenstädte, die zum Achaeischen
Bund gehörten, erreichten bei den Römern, daß ihnen Polybios Verfassungen einrichtete und Gesetze gab. Links von dem
Bild des Polybios liegt das Rathaus.

10   Dieses liegt also hier, die Aristandreios zubenannte Halle
des Marktes aber soll ein Bürger Aristandros gebaut haben[2].
Ganz in der Nähe dieser Halle gegen Osten befindet sich ein
Heiligtum des Zeus mit dem Beinamen Soter; es ist rings mit
Säulen geschmückt. Neben dem auf einem Thron sitzenden
Zeus stehen auf der einen Seite Megalopolis, auf der linken
Seite eine Statue der Artemis Soteira. Diese Standbilder aus
pentelischem Marmor schufen die Athener Kephisodot und
Xenophon[3].

31,1   Das andere Ende der Halle, das gegen Sonnenuntergang,
schließt an ein Heiligtum der Großen Göttinnen an. Die Großen Göttinnen sind Demeter und Kore, wie ich auch schon in
meinem Buch über Messenien gesagt habe; Kore nennen die
Arkader Soteira. Vor dem Eingang sind in Reliefs angebracht
auf der einen Seite Artemis, auf der anderen Asklepios und

2 Hygieia. Von den Großen Göttinnen ist Demeter ganz aus
Marmor, die Soteira in den bekleideten Teilen aus Holz gemacht; die Größe von beiden beträgt etwa fünfzehn Fuß. Die
Standbilder ...[4] und vor ihnen hat er nicht große Mädchenfiguren gemacht, in Chitonen, die bis auf die Knöchel hinabreichen,
und jede trägt einen blumengefüllten Korb auf dem Kopf. Es

sollen Töchter des Damophon sein; denjenigen, die sie auf das Göttlichere beziehen, scheinen es Athena zu sein und Artemis, die die Blumen mit Persephone sammeln. Auch Herakles steht neben Demeter, etwa ellengroß; dieser Herakles gehöre zu den sogenannten idaeischen Daktylen, sagt Onomakritos in seinem Epos. Davor steht ein Tisch, daran sind zwei Horen angebracht und ein Pan mit der Syrinx und ein Apollon, Kithara spielend, und es steht da auch eine Inschrift auf sie, daß sie zu den ersten Göttern gehörten. An dem Tisch sind auch Nymphen dargestellt, Neda ist da, die den kleinen Zeus trägt, und Anthrakia, auch sie eine arkadische Nymphe mit einer Fackel, Hagno aber hält mit der einen Hand einen Wasserkrug, in der anderen eine Schale; Anchiroë und Myrtoëssa tragen Wasserkrüge, und aus ihnen fließt daher Wasser[1]. Innerhalb des Bezirks steht ein Tempel des Zeus Philios, die Statue ein Werk des Argivers Polyklet, dem Dionysos ähnlich. Seine Schuhe sind nämlich Kothurne, und in der Hand hält er einen Becher und in der anderen einen Thyrsos, auf dem ein Adler sitzt; dies stimmt aber nicht zu dem, was von Dionysos erzählt wird. Hinter diesem Tempel befindet sich ein Hain aus Bäumen, nicht groß und mit einer Einfriedigung umgeben. Das Innere darf kein Mensch betreten; davor stehen Statuen der Demeter und Kore von etwa drei Fuß Höhe. Innerhalb des Bezirks der Großen Göttinnen liegt auch ein Aphroditeheiligtum; vor dem Eingang stehen alte Holzbilder, Hera und Apollon und die Musen; diese sollen aus Trapezus gebracht worden sein. Die Kultbilder in dem Tempel schuf Damophon, einen Hermes aus Holz und ein Holzbild der Aphrodite; und an dieser sind Hände und Gesicht und Füße aus Marmor. Den Beinamen Machanitis haben sie nach meiner Meinung der Göttin mit vollem Recht gegeben[2]; denn wegen der Aphrodite und ihrer Taten haben die Menschen sehr viel Kunstgriffe und die mannigfachsten Redewendungen erfunden. Es stehen auch Standbilder in einem Gebäude, des Kallignotos und Mentas und Sosigenes und Polos; diese sollen in Megalopolis zuerst das Fest der Großen Göttinnen eingerichtet haben, und die Mysterien sind eine Nachahmung der eleusinischen. Es stehen innerhalb des Bezirks auch noch folgende Götterbilder in der viereckigen Form, Hermes mit Beinamen Agetor und Apollon und Athena und Poseidon, ferner Helios mit Beinamen Soter und Herakles. Es ist dort auch ein großes ... gebaut, und dort feiern sie das Weihefest für die Göttinnen.

8   Rechts vom Tempel der Großen Göttinnen steht auch ein Heiligtum der Kore mit einem marmornen Kultbild von etwa acht Fuß Höhe; um die ganze Basis ziehen sich Bänder. In dieses Heiligtum dürfen Frauen jederzeit eintreten, die Männer werden aber nicht mehr als einmal jedes Jahr hineingelassen.

9   Ein Gymnasion ist anschließend an den Markt gegen Sonnenuntergang gebaut [1]. Hinter der Halle, die nach dem Makedonen Philipp heißt, erheben sich zwei Hügel nur wenig hoch; darauf liegen Trümmer eines Heiligtums der Athena Polias und auf dem anderen von ihnen ein Tempel der Hera Teleia, auch das nur noch Ruinen. Unter diesem Hügel trägt die Bathyllos genannte Quelle ebenfalls zur Vergrößerung des Flusses Helisson bei. So viel war also hier bemerkenswert.

32,1   Der Teil auf der gegenüberliegenden Seite des Flusses gegen Süden bot an Erwähnenswertem das größte Theater in Griechenland; darin befindet sich auch eine stets fließende Quelle. Nicht weit vom Theater sind noch Fundamente des Rathauses übrig, das für die arkadischen Zehntausend gebaut worden war; es hieß nach seinem Stifter Thersilion [2]. In der Nähe steht ein Haus, zu meiner Zeit Besitz eines Privatmannes, das sie ursprünglich für Alexander, den Sohn Philipps, gebaut hatten. An dem Haus befindet sich ein Standbild des Ammon in der Form der viereckigen Hermen, mit Widderhörnern am Kopf.

2   Das Heiligtum der Musen und des Apollon und des Hermes

war ein gemeinsamer Bau, doch gab es davon nur noch
einige Fundamente zu erwähnen. Es war auch noch eine der
Musen da und eine Apollonstatue in der Art der viereckigen
Hermen. In Ruinen lag auch das Heiligtum der Aphrodite,
von dem noch der Pronaos übrig war und drei Statuen; sie tragen die Beinamen Urania, die andere Pandemos, während sie
der dritten keinen Beinamen beilegten. Nicht weit entfernt
ist ein Altar des Ares; ursprünglich sollte da auch ein Heiligtum für den Gott gebaut worden sein. Jenseits des Aphroditeheiligtums ist auch ein Stadion angelegt, das auf der einen
Seite bis zum Theater reicht, wo ein Brunnen sich befindet,
den sie als dem Dionysos heilig ansehen, am anderen Ende des
Stadions sollte ein Tempel des Dionysos zwei Generationen
vor mir vom Blitz zerstört worden sein, und einige Reste waren noch bis zu meiner Zeit davon vorhanden. Am Stadion
bestand ein gemeinsamer Tempel des Herakles und Hermes
nicht mehr, nur der Altar für sie war noch übrig. In diesem
Stadtteil liegt auch ein Hügel gegen die aufgehende Sonne und
darauf ein Tempel der Artemis Agrotera, auch dieser eine
Weihung des Aristodemos. Rechts von der Agrotera befindet
sich ein heiliger Bezirk; dort steht ein Heiligtum des Asklepios mit Statuen, er selbst und Hygieia, und etwas weiter abwärts Götterstatuen, die auch die viereckige Form zeigen und
Ergatai zubenannt sind, Athena Ergane und Apollon Agyieus.
Hermes und Herakles und Eileithyia haben aus den homerischen Epen den Ruf, der eine, Diener des Zeus zu sein und die
Seelen der Abgeschiedenen zum Hades zu geleiten, Herakles,
daß er viele schwere Taten vollbrachte, und von der Eileithyia
dichtete er in der Ilias, daß sie den Wehen der Frauen beistehe[1].
Es gibt noch ein anderes Heiligtum unter diesem Hügel, das
des Knaben Asklepios; dessen Statue ist stehend dargestellt
etwa eine Elle hoch, die des Apollon sitzt auf einem Thron,
nicht kleiner als sechs Fuß. Da liegen auch Knochen, anschei-

nend übermenschlich groß, und es wurde von ihnen auch erzählt, daß sie von einem der Giganten seien, die Hopladamos
zur Hilfe für Rhea sammelte, worüber ich später noch weiter sprechen werde[1]. Nahe bei diesem Heiligtum befindet
sich eine Quelle, und das von ihr abfließende Wasser nimmt
der Helisson auf.

33,1   Wenn Megalopolis, das mit allem Eifer gegründet wurde
von den Arkadern und mit den größten Hoffnungen der Griechen darauf, seine ganze Ausstattung und seinen alten Wohlstand verloren hat und zu unserer Zeit größtenteils in Ruinen
liegt, so habe ich mich darüber gar nicht gewundert, da ich
weiß, daß die Gottheit immer etwas Neueres schaffen will
und das Schicksal alles, das Starke wie das Schwache, das Wer-
dende und schon Vergangene, verändert und mit starker Ge-
36,1   walt lenkt, wie es sein Wille ist ...[2] Danach bleibt nichts anderes
mehr zu erwähnen als Methydrion selbst. Der Weg dahin von
Trikolonoi beträgt 137 Stadien. Genannt wurde Methydrion
danach, daß es ein hoher Hügel zwischen dem Fluß Maloitas
und Mylaon ist, auf dem Orchomenos die Stadt anlegte. Bevor
die Stadt zum Gebiet von Megalopolis gehörte, errangen auch
   2   Methydrier olympische Siege. Es gibt in Methydrion einen
Tempel des Poseidon Hippios. Dieser liegt am Mylaon; das
Thaumasion genannte Gebirge liegt jenseits des Flusses Maloitas, und die Methydrier behaupten, Rhea sei, als sie Zeus im
Leibe trug, in dieses Gebirge gekommen und habe sich auch
Hilfe verschafft, falls Kronos gegen sie ziehen würde, Hopla-
   3   damos und die sonstigen Giganten um ihn; daß sie in einem
Teil des Lykaiongebirges geboren habe, geben sie zu, der Be-
trug an Kronos aber und die von den Griechen erzählte Ver-
tauschung des Steins statt des Kindes sei hier geschehen. Am
Gipfel des Berges befindet sich eine Höhle der Rhea, und in
diese dürfen von Menschen nur die Frauen eintreten, die der
Göttin geweiht sind, und niemand sonst ...[3]

Zwischen dem Heiligtum der Despoina und der Stadt Me-   9
galopolis liegen vierzig Stadien; die Hälfte des Weges geht am
Fluß Alpheios entlang, nach seinem Überschreiten folgen in zwei
Stadien Entfernung vom Alpheios die Reste von Makareai; von
dort sind es sieben Stadien zu anderen Ruinen, denen von Daseai, und ebenso viele von Daseai zu dem Akakesion genannten
Hügel. Unter diesem Hügel liegt die Stadt Akakesion, und auf   10
dem Hügel steht jetzt noch eine Marmorstatue des Hermes
Akakesios. Der kleine Hermes soll hier aufgewachsen sein und
Akakos, der Sohn des Lykaon, ihn aufgezogen haben, so lautet
die Erzählung der Arkader über ihn. Abweichend davon erzählen die Thebaner und wieder mit den Thebanern nicht
übereinstimmend die Tanagraeer. Von Akakesion ist das Heiligtum der Despoina vier Stadien entfernt. Zuerst liegt dort
ein Tempel der Artemis Hegemone und eine Bronzestatue mit
Fackeln; ich schätze sie auf etwa sechs Fuß[1].

Von dort ist ein Eingang in den heiligen Bezirk der Des-   37,1
poina[2]. Geht man zum Tempel, hat man zur Rechten eine
Halle[3] und an der Wand Reliefs aus Marmor, und auf dem
einen sind die Moiren dargestellt und Zeus mit dem Beinamen
Moiragetes, auf dem zweiten Herakles, dem Apollon einen
Dreifuß raubend. Was ich über sie in Erfahrung brachte, auch
das werde ich erzählen, wenn wir bei dem Abschnitt meines
phokischen Buches über Delphi angelangt sind[4]. In der Halle   2
bei der Despoina hängt zwischen den genannten Reliefs eine
Tafel, auf der die Vorschriften für das Weihefest aufgezeichnet
sind. Nymphen und Pane befinden sich auf dem dritten Relief
und auf dem vierten Polybios, der Sohn des Lykortas. Dabei
steht eine Inschrift, daß Griechenland gar nicht zugrunde gegangen wäre, wenn es Polybios' Rat in allem gefolgt wäre, und
daß es nach seinem Unglück nur durch ihn Hilfe erhalten
habe[5]. Vor dem Tempel steht ein Altar für Demeter und ein
anderer für Despoina und danach einer für die Große Mutter[6].

3 Die Statuen der Göttinnen selber, Despoina und Demeter, und der Thron, auf dem sie sitzen, und der Schemel unter ihren Füßen ist zusammen aus einem Stein; und auch von den Reliefs am Gewand, und was am Thron angebracht ist, ist nichts aus einem anderen Stein, mit Eisen und Verguß angeheftet, sondern alles ist ein Stein[1]. Dieser Stein wurde nicht hierhergeschafft, sondern sie erzählen, man habe ihn auf Grund eines Traumgesichts innerhalb des Bezirks gefunden, indem man die Erde aufgrub. Von den Statuen ist jede etwa so groß wie die Statue der Göttermutter in Athen; auch diese sind Werke

4 des Damophon. Demeter hält eine Fackel in der Rechten, die andere Hand hat sie auf Despoina gelegt. Despoina hält ein Szepter und die sogenannte Cista auf den Knien, die sie mit der Rechten hält. Auf der einen Seite des Throns steht Artemis neben Demeter mit einem Hirschfell bekleidet und einen Köcher auf der Schulter und hält in der einen Hand eine Fackel, in der anderen zwei Schlangen. Neben Artemis liegt ein

5 Hund, wie sie zum Jagen geeignet sind. Bei dem Bild der Despoina steht Anytos in der Gestalt eines Vollbewaffneten; die Leute beim Heiligtum erzählen, Despoina sei von Anytos aufgezogen worden und auch Anytos sei einer der sogenannten Titanen. Die Titanen hat Homer zuerst in die Dichtung eingeführt, indem er sie als Götter unter dem sogenannten Tartaros bezeichnet; die Worte stehen im Eid der Hera[2]. Von Homer hat Onomakritos[3] den Namen der Titanen übernommen und dem Dionysos ein Mysterienfest eingerichtet und gedichtet, daß die Titanen die Täter der Leiden des Dionysos seien.

6 Die Geschichte von Anytos wird also von den Arkadern erzählt; daß aber Artemis Tochter der Demeter und nicht der Leto sei, lehrte Aischylos, der Sohn Euphorions, die Griechen, was ein aegyptischer Mythos ist[4]. Die Legenden um die Kureten, die sind nämlich unter den Statuen dargestellt, und die an der Basis angebrachten Korybanten, die sind eine andere

Gattung und nicht dasselbe wie die Kureten, übergehe ich,
obwohl ich sie kenne. Von den Fruchtbäumen bringen die Ar-   7
kader von allen die Früchte in das Heiligtum außer Granat-
äpfeln. Rechts, wenn man zum Tempel hinausgeht, ist ein
Spiegel an der Wand angebracht; sieht man in den Spiegel hinein, sieht man sich selber entweder ganz undeutlich oder überhaupt nicht, die Statuen der Göttinnen aber sowie den Thron
kann man deutlich sehen. Neben dem Tempel der Despoina,   8
etwas höher rechts, liegt das sogenannte Megaron[1], und hier
feiern die Arkader ein Weihefest und opfern der Despoina viele
und reichliche Opfertiere. Jeder von ihnen opfert, was er besitzt; er schneidet den Opfertieren aber nicht wie bei den sonstigen Opfern die Kehle durch, sondern jeder schlägt irgendein Stück von dem Opfer ab. Diese Despoina ehren die Arka-   9
der von den Göttern am meisten und sagen, sie sei eine Tochter des Poseidon und der Demeter. Ihre Bezeichnung ist bei
den meisten Despoina, wie man ja auch die Tochter von Zeus
als Kore bezeichnet, deren eigentlicher Name Persephone ist,
wie Homer[2] und schon vorher Pamphos gedichtet haben; den
Namen der Despoina scheute ich mich, für Uneingeweihte zu
schreiben. Jenseits des sogenannten Megaron befindet sich ein   10
heiliger Hain der Despoina, von einer Steineinfriedigung umgeben; darin wachsen unter anderen Bäumen auch ein Ölbaum
und eine Steineiche aus einer Wurzel; das ist aber nicht die Erfindung eines Bauern. Jenseits des Hains stehen auch Altäre
des Poseidon Hippios als des Vaters der Despoina und anderer
Götter; auf dem letzten steht die Inschrift, er sei allen Göttern
gemeinsam.

Von dort steigt man über eine Treppe zu einem Panheilig-   11
tum[3] hinauf; in dem Heiligtum ist auch eine Halle gebaut und
ein mäßig großes Kultbild, auch dieser Pan ist wie die mächtigsten Götter imstande, Gebete der Menschen zu erfüllen und
Missetätern die angemessene Strafe zukommen zu lassen. Bei

diesem Pan brennt ein nie verlöschendes Feuer. In noch älteren Zeiten soll dieser Gott auch Orakel gegeben haben und die Nymphe Erato soll seine Prophetin gewesen sein, dieselbe, die
12 mit Arkas, dem Sohn der Kallisto, vermählt war. Man kennt auch noch Verse der Erato, die ich sogar selber gelesen habe. Dort ist ein Altar des Ares und Statuen der Aphrodite in einem Tempel, die eine aus Marmor, die ältere von ihnen aus Holz. Ebenso gibt es auch Holzbilder des Apollon und der Athena; für Athena ist auch ein Heiligtum gebaut.

38,1 Etwas höher liegt der Mauerring von Lykosura[1], und es sind noch einige Einwohner darin. Von den Städten, die die Erde auf dem Festland oder den Inseln aufwies, ist Lykosura die älteste, und diese sah die Sonne als erste. Von dieser haben die übrigen Menschen es gelernt, Städte zu bauen.

2 Links vom Heiligtum der Despoina liegt das Lykaiongebirge[2]; man nennt es auch Olymp und andere Arkader den «Heiligen Gipfel». Zeus soll in diesem Gebirge aufgewachsen sein, und im Lykaion befindet sich ein Platz, Kretea genannt; dieses Kretea liegt links von dem Hain des Apollon mit Beinamen Parrhasios, und Kreta, wo nach der Erzählung der Kreter Zeus aufgezogen worden sein soll, sei dieser Platz und nicht die In-
3 sel, so behaupten die Arkader[3]. Den Nymphen, von denen Zeus aufgezogen sein soll, legen sie die Namen Theisoa und Neda und Hagno bei. Und nach Theisoa hieß eine Stadt im parrhasischen Gebiet, zu meiner Zeit aber gehört das Dorf Theisoa zum Gebiet von Megalopolis[4], nach der Neda erhielt der Fluß seinen Namen[5] und nach der Hagno die Quelle im Lykaiongebirge, die ebenso wie der Fluß Donau im Winter und zur Sommerszeit gleich viel Wasser hat. Wenn die Dürre lange Zeit
4 dauert und ihnen die Saat in der Erde und die Bäume zu vertrocknen anfangen, dann betet der Priester des Zeus Lykaios zu dem Wasser, opfert die vorgeschriebenen Opfer und taucht einen Eichenzweig in die Quelle, nur oberflächlich und nicht

tief; wenn das Wasser bewegt worden ist, steigt ein Dunst wie
Nebel auf; nach einiger Zeit wird aus dem Dunst eine Wolke,
die andere Wolken an sich zieht und es in Arkadien regnen läßt.
Im Lykaion befindet sich ein Panheiligtum und darum ein   5
Hain von Bäumen und ein Hippodrom und davor ein Stadion;
früher veranstaltete man hier den Wettkampf der Lykaeen[1].
Dort stehen auch Statuenbasen, doch sind keine Statuen mehr
darauf; auf einer der Basen sagt ein Epigramm, es sei die Sta-
tue des Astyanax, und Astyanax sei aus dem Geschlecht des
Arkas.

   Der Berg Lykaion hat auch sonst noch wunderbare Dinge   6
und besonders folgendes. Es ist darauf ein heiliger Bezirk des
Zeus Lykaios[2], in den Menschen nicht eintreten dürfen. Wenn
jemand das Gesetz übertritt und doch hineingeht, lebt er mit
Bestimmtheit nicht mehr länger als ein Jahr. Auch das wurde
noch erzählt, daß alles, was innerhalb des Heiligtums gerate,
Tiere ebenso wie Menschen, keinen Schatten werfe. Und wenn
sich deshalb ein Tier in den heiligen Bezirk flüchtet, folgt der Jäger ihm nicht nach, sondern bleibt draußen und erblickt, obwohl
er das Tier sieht, keinen Schatten von ihm. Ebenso lange Zeit,
wie die Sonne sich auf dem Wendekreis des Krebses am Himmel bewegt, entsteht auch in Syene vor Aethiopien weder von
Bäumen noch von Lebewesen Schatten; der heilige Bezirk auf
dem Lykaion hat aber dieselbe Eigenschaft in bezug auf die
Schatten immer und zu allen Jahreszeiten. Auf dem obersten   7
Gipfel des Berges befindet sich eine Erdaufschüttung, der Altar
des Zeus Lykaios[3], und der größte Teil des Peloponnes ist von
dort aus sichtbar. Vor dem Altar stehen zwei Säulen gegen
Sonnenaufgang, und auf ihnen waren früher einmal vergoldete
Adler angebracht gewesen. Auf diesem Altar opfern sie dem
Zeus Lykaios im geheimen; es behagte mir nicht, eingehender
nach dem Opfer zu fragen, mag es sein, wie es ist und von An-
fang an war ...[4]

39,1　　An Lykosura fließt gegen Sonnenuntergang der Fluß Plataniston[1] vorbei. Man muß den Plataniston auf alle Fälle überschreiten, wenn man nach Phigalia geht. Nach dem Fluß folgt
ein Aufstieg von etwa dreißig oder nicht viel mehr als dreißig
5　　Stadien ...[2] Phigalia[3] liegt größtenteils auf hohem und steilem
Gelände, und seine Mauern sind über den Felsabstürzen gebaut; wenn man dann hinaufkommt, ist der Hügel flach und
eben. Hier liegt ein Heiligtum der Artemis Soteira mit einer
stehenden Kultstatue aus Marmor; aus diesem Heiligtum her-
6　　aus machen sie auch ihre Umzüge. Im Gymnasion sieht die
Statue des Hermes wie mit einem Himation bekleidet aus,
endet aber nicht in Füßen, sondern in der viereckigen Form.
Auch ein Dionysostempel ist da gebaut; bei den Einheimischen trägt er den Beinamen Akratophoros. Der untere Teil
der Statue ist nicht sichtbar durch Lorbeer- und Epheublätter.
Was man davon sehen kann, ist mit Zinnober bestrichen; der
soll von den Iberern zusammen mit Gold gefunden werden.

40,1　　Die Phigaleer haben eine Statue des Pankratiasten Arrhachion auf dem Markt, die allgemein und nicht zum wenigsten
wegen ihrer Haltung altertümlich ist. Die Füße stehen nämlich nicht weit auseinander, und die Hände liegen bis zu
den Hüften seitwärts an. Das Standbild ist aus Marmor gemacht, und es soll auch eine Inschrift darauf geschrieben gewesen sein. Die war im Laufe der Zeit verschwunden; Arrhachion errang olympische Siege an den zwei Olympiaden vor
der 54., und auch an dieser fiel ihm mit Recht einer zu nach
dem Urteil der Hellanodiken und durch die Tüchtigkeit des
2　　Arrhachion selbst. Denn wie er gegen den noch übrigen Gegner um den Ölbaumkranz kämpfte, packte sein Gegner, wer
es auch gewesen sein mag, den Arrhachion zuerst, hielt ihn
mit den Beinen umklammert und würgte ihn mit den Händen
am Hals. Arrhachion aber brach seinem Gegner einen Zeh am
Fuß, und gleichzeitig gab Arrhachion erwürgt seinen Geist

auf und der den Arrhachion Erwürgende den Kampf vor
Schmerz wegen des Zehs. Die Eleier bekränzten den Leichnam des Arrhachion und erklärten ihn als Sieger ...[1]

　　Die Phigaleer haben auf dem Markt auch ein Massengrab 　41,1
der ausgesuchten Mannschaft der Oresthasier und opfern ihnen jedes Jahr als Heroen. Der Lymax genannte Fluß, der un-　　2
mittelbar bei Phigalia vorbeifließt[2], mündet in die Neda und
soll seinen Namen wegen der Reinigung der Rhea erhalten
haben. Denn als Rhea den Zeus geboren hatte und die Nymphen sie von den Nachwehen reinigten, warfen sie den
Schmutz in diesen Fluß; die Alten nannten das also lymata.
Auch Homer bezeugt das, indem er sagt, daß die Griechen sich
zur Lösung von der Seuche gereinigt und die lymata ins Meer
geworfen hätten[3]. Die Quellen der Neda liegen im Kerausion-　　3
gebirge; das ist ein Teil des Lykaion. Wo die Neda der Stadt
Phigalia am nächsten kommt, da scheren sich die Knaben der
Phigaleer als Opfer für den Fluß die Haare ab. In Meeresnähe
wird die Neda auch von mäßig großen Schiffen befahren. Von
den uns bekannten Flüssen fließt der Maeander in dem am stärksten gewundenen Lauf, indem er sehr viele Krümmungen flußaufwärts und wieder zurück aufweist; an zweiter Stelle hinsichtlich der Windungen dürfte die Neda kommen[4]. Zwölf　　4
Stadien oberhalb von Phigalia befinden sich heiße Bäder, und
nicht weit von diesen entfernt mündet der Lymax in die Neda.
Wo die Wasserläufe zusammenkommen, befindet sich das Heiligtum der Eurynome, heilig seit alters und wegen der Rauheit
des Geländes schwer zugänglich; drumherum wachsen viele Zypressen dicht beieinander. Das Volk von Phigalia glaubt, daß　　5
Eurynome ein Beiname der Artemis sei; diejenigen aber von
ihnen, die alte Schriften zur Hand genommen haben, sagen,
Eurynome sei eine Tochter des Okeanos, deren auch Homer
in der Ilias Erwähnung tat, daß sie mit Thetis den Hephaistos
aufnahm[5]. Jedes Jahr am selben Tage öffnen sie das Heiligtum

der Eurynome; die übrige Zeit dürfen sie es nicht öffnen.
6   Dann opfern sie auch von Staats wegen Opfer und privat. Ich
war nicht gerade zur Zeit des Festes gekommen und habe daher auch das Bild der Eurynome nicht gesehen. Von den Phigaleern hörte ich, daß goldene Ketten das Holzbild zusammenhalten, und daß es bis zu den Hüften das Bild einer Frau
sei, darunter ein Fisch. Der Fisch könnte wohl ein Kennzeichen
dafür sein, daß sie eine Tochter des Okeanos ist und mit Thetis zusammen in der Tiefe des Meeres wohnt; für Artemis ist
es unmöglich, daß sie mit wahrscheinlicher Begründung eine
solche Gestalt haben könnte.

7   Phigalia ist von Bergen umgeben, links von dem sogenannten Kotilion, rechts ist ihm ein anderer Berg vorgelagert, das
Elaïon[1]. Das Kotilion ist gegen vierzig Stadien von der Stadt
entfernt; darin befindet sich ein Platz, Bassai genannt, und
der Tempel des Apollon Epikurios, der Tempel selbst und das
8   Dach aus Marmor[2]. Von allen Tempeln im Peloponnes muß
man nach dem in Tegea wohl diesen am höchsten schätzen
wegen der Schönheit des Steins und seiner genauen Zusammenfügung. Den Namen erhielt Apoll für seine Hilfe in einer
Seuche, wie er auch bei den Athenern den Beinamen Alexika
9   kos erhielt, als er auch bei ihnen die Krankheit vertrieb. Sie
suchte auch die Phigaleer zur Zeit des Krieges zwischen den
Peloponnesiern und Athenern heim und nicht zu einer anderen Zeit. Beweis sind dafür einmal die beiden Bezeichnungen
des Apollon, die etwas Ähnliches bedeuten, und daß Iktinos
der Baumeister des Tempels in Phigalia war, der in der Zeit
des Perikles lebte und den Athenern den sogenannten Parthenon erbaute. Ich habe bereits erzählt, daß die Kultstatue des
Apollon in Megalopolis auf dem Markt steht[3].

10   Im Kotiliongebirge gibt es eine Wasserquelle, und wenn
einmal jemand geschrieben hat, daß von dieser der Flußlauf
des Lymax anfange, so hat er das geschrieben, ohne es selbst

gesehen oder von einem Augenzeugen gehört zu haben. Beides traf aber bei mir zu. Den Flußlauf sahen wir zwar wirklich, der aber von der Quelle im Kotilion nicht weit reichte, sondern nach kurzer Zeit völlig verschwand[1]. Wo aber in Arkadien die Quelle des Lymax ist, danach habe ich nicht weiter gefragt. Über dem Heiligtum des Apollon Epikurios befindet sich ein Platz mit Namen Kotilon, und dort im Kotilon gibt es eine Aphrodite; sie hatte einen Tempel, der aber kein Dach mehr hatte, und eine Kultstatue war errichtet[2].

Das andere Gebirge, das Elaïon, befindet sich von Phigalia   42,1 etwa dreißig Stadien entfernt und darin eine Höhle, der Demeter mit dem Beinamen «die Schwarze» heilig[3]. Was man in Thelpusa erzählt[4] von der Verbindung des Poseidon und der Demeter, das glauben die Phigaleer ebenso; von Demeter sei aber nicht ein Pferd geboren worden, sagen die Phigaleer, sondern die von den Arkadern Despoina Genannte. Daraufhin   2 habe Demeter, so sagen sie, zugleich aus Zorn gegen Poseidon und aus Kummer wegen des Raubes der Persephone, schwarze Kleidung angelegt, sei in diese Höhle gekommen und lange Zeit verschwunden gewesen. Als nun alles, was die Erde nährt, zugrunde ging und das Menschengeschlecht vor Hunger immer mehr umkam, wußte niemand von den Göttern sonst, wo Demeter sich verborgen hielt, Pan aber habe Arka-   3 dien durchzogen und bald in diesem, bald in jenem Gebirge gejagt und sei so auch zum Elaïon gekommen und habe Demeter gesehen, in welcher Verfassung sie war und welche Kleidung sie trug. Das habe dann Zeus von Pan erfahren, und so seien von ihm die Moiren zu Demeter geschickt worden; sie aber habe sich von den Moiren bereden lassen, den Zorn abgelegt und auch von der Trauer abgelassen. Dafür, sagen die Phigaleer, betrachteten sie diese Höhle als der Demeter heilig und hätten eine hölzerne Statue hineingestiftet. Die Statue sei   4 folgendermaßen gemacht gewesen. Sie sitze auf einem Stein

in der Gestalt einer Frau außer dem Kopf; Kopf und Haar
waren die eines Pferdes, und Figuren von Schlangen und anderen Tieren wuchsen an ihrem Kopf. Bekleidet war sie mit
einem Chiton bis zu den Füßen. Ein Delphin befand sich auf
ihrer einen Hand und eine Taube auf der anderen. Weshalb
sie das Holzbild so machten, ist für einen Verständigen mit
einem guten Gedächtnis klar. Die «Schwarze» hätten sie sie
5 zubenannt, weil auch die Göttin schwarze Kleidung trug. Sie
wissen sich aber weder mehr zu erinnern, wessen Werk dieses
Holzbild war, noch wie die Flamme es verzehrte. Als das
alte Bild verschwunden war, gaben die Phigaleer der Göttin
kein anderes Bild wieder und vernachlässigten auch die Feste
und Opfer größtenteils, bis die Unfruchtbarkeit über das
Land kam. Auf ihren Bittgang hin gibt ihnen die Pythia folgendes Orakel:
6 «Eichelessende azanische Arkader, die ihr Phigaleia
bewohnt, die bergende Grotte der pferdebeiwohnenden
                                        Deo,
ihr kommt zu fragen nach Lösung des schmerzlichen
                                        Hungers,
allein zweimal Hirten, allein nochmals Wildesser.
Deo entwöhnte euch der Weide, Deo machte euch wieder
                                        zu Hirten
aus Traubenerntern und Brotessern,
beraubt der Geschenke früherer Zeit und alter Ehren.
Bald wird sie euch einander fressen und die Kinder ver-
                                        zehren lassen,
wenn ihr nicht ihren Zorn versöhnt mit Opferspenden aller
und den Winkel der Schlucht ziert mit göttlichen Ehren.»
7 Wie die Phigaleer das überbrachte Orakel hörten, da brachten
sie allgemein den Kult der Demeter zu größerer Ehre als früher und überredeten den Aegineten Onatas, den Sohn des Mikon, gegen was für Lohn auch immer, ihnen eine Statue der

Demeter zu schaffen. Von diesem Onatas stammt in Pergamon ein bronzener Apollon, ein ganz besonderes Wunderwerk an Größe und Ausführung[1]. Damals schuf dieser Mann nun nach einer aufgefundenen Zeichnung oder Nachbildung des alten Holzbildes, zur Hauptsache aber, wie es heißt, auch nach Traumgesichten den Phigaleern eine Bronzestatue etwa eine Generation später als der Zug des Persers gegen Griechenland ...[2] Die Lebenszeit des Onatas fällt also zusammen mit 10 dem Athener Hegias und dem Argiver Agelada.

Wegen dieser Demeter kam ich vor allem nach Phigalia und 11 opferte der Göttin, wie es auch die Einheimischen machen, nichts anders, sondern die Früchte von Fruchtbäumen und Weintrauben und Bienenwaben und Wolle, die noch nicht zur Verarbeitung gekommen ist, sondern noch voll Schmutz, was sie auf den Altar, der vor der Höhle gebaut ist, legen, und dann gießen sie noch Öl darüber. Das ist der Brauch bei den privaten Opfern und jedes Jahr bei dem gemeinsamen Opfer der Phigaleer. Eine Priesterin ist es, die für sie die Handlung 12 vollzieht, und mit ihr der jüngste der sogenannten Hierothyten; das sind Bürger, drei an der Zahl. Um die Höhle steht ein Eichenhain, und kaltes Wasser sprudelt aus einer Quelle. Das von Onatas geschaffene Kultbild war aber zu meiner Zeit nicht mehr vorhanden, und die meisten wußten auch gar nicht, ob es überhaupt in Phigalia gewesen war. Von denen, 13 die ich sprach, sagte der älteste, drei Generationen vor seiner Zeit seien Steinblöcke von der Decke auf die Statue gefallen, und von diesen sei es zertrümmert worden und ganz und gar verschwunden, wie er sagte. Und an der Decke war auch für uns noch deutlich zu erkennen, wo die Blöcke sich gelöst hatten.

Mein Werk verlangt von mir, danach auch Pallantion zu 43, 1 erwähnen, was dort Bemerkenswertes ist und aus welchem Grunde Kaiser Antoninus der Erste Pallantion aus einem Dorf zur Stadt machte und ihr die Freiheit und Steuerfreiheit

2 gab. Man sagt nämlich, an Einsicht und Kriegstüchtigkeit sei von den Arkadern Euander der beste gewesen, und er sei der Sohn einer Nymphe, einer Tochter des Ladon, und des Hermes. Er sei zur Kolonisierung ausgesandt worden mit einer Schar von Arkadern aus Pallantion und habe am Tiberfluß eine Stadt gegründet. Und der Teil der heutigen Stadt Rom, der von Euander und den mit ihm gekommenen Arkadern bewohnt wurde, erhielt den Namen Pallantion zur Erinnerung an die Stadt in Arkadien; später änderte sich der Name durch Fortfall der Buchstaben l und n. Aus diesen Gründen erhielten

3 die Pallantieer vom Kaiser Vorrechte. Antoninus, der auch den Pallantieern Wohltaten erwies, zog den Römern freiwillig keinen Krieg zu, als aber die Mauren Krieg begannen, der größte Stamm der freien Libyer, die Nomaden sind und um so schwieriger zu bekämpfen als das skythische Volk, als sie nicht auf Wagen, sondern einschließlich ihrer Frauen auf Pferden umherschweiften, da vertrieb er sie aus ihrem ganzen Lande und zwang sie, sich in die äußersten Teile Libyens zu flüchten, in das Atlasgebirge und zu den Menschen am Atlas.

4 Er nahm auch den Briganten in Britannien den größten Teil des Landes, weil auch diese begonnen hatten, mit Waffengewalt in den genunischen Teil einzudringen, der den Römern untertan war. In Lykien und Karien zerstörte ein heftiges Erdbeben die Städte und auch Kos und Rhodos; der Kaiser Antoninus stellte auch diese wieder her durch reichliche Aufwendungen und Eifer beim Wiederaufbau. Wieviel Geldspenden er den Griechen und den Barbaren, die darum baten, gab, und seine Bauten in Griechenland und Ionien und bei Karthago und in Syrien haben andere genaue-

5 stens beschrieben. Dieser Kaiser hinterließ auch folgende denkwürdige Maßnahme. Denjenigen Untertanen, die römische Bürger waren, deren Kinder aber noch zu den Griechen

gehörten, blieb nichts übrig, als ihr Vermögen entweder an
Nichtverwandte zu vermachen oder die kaiserliche Kasse zu
vergrößern nach einem bestimmten Gesetz; Antoninus gestattete auch diesen, ihren Kindern ihr Erbe zu geben, da er
lieber menschenfreundlich scheinen als ein für die Finanzen
günstiges Gesetz aufrechterhalten wollte. Diesen Kaiser nannten die Römer den «Frommen», weil er die Gottheit ganz besonders ehrte. Nach meiner Meinung dürfte er auch den Na-   6
men des älteren Kyros tragen, Vater der Menschen genannt
zu werden. Er hinterließ auch auf dem Thron einen gleichnamigen Sohn; dieser Antoninus der Zweite zog auch gegen
die Germanen, die kriegerischsten und zahlreichsten der Barbaren in Europa, und das Volk der Sauromaten, die mit Krieg
und Unrecht begonnen hatten, um sie zu bestrafen[1].

Nun noch das Restliche unseres arkadischen Buchs; es gibt   44,1
einen Weg von Megalopolis nach Pallantion und nach Tegea,
der bis zu dem sogenannten Choma der gleiche ist[2]. An diesem Wege heißt die Gegend vor der Stadt Ladokeia nach La-
dokos, dem Sohn des Echemos. Danach gab es einst eine Stadt
Haimoniai, und ihr Gründer war Haimon, der Sohn Lykaons;
danach wird diese Stelle noch bis jetzt Haimoniai genannt.
Nach Haimoniai sind rechts vom Wege noch einige Reste der   2
Stadt Oresthasion zu erwähnen und darunter Säulen eines Ar-
temisheiligtums; der Beiname der Artemis ist Hiereia. Am
geraden Weg weiter von Haimoniai aus folgt ein Aphrodision
genannter Ort und danach ein anderer Ort, Athenaion; links
davon befindet sich ein Athenatempel und eine Marmorstatue
darin. Etwa zwanzig Stadien weiter vom Athenaion liegen die   3
Ruinen von Asea, und der Hügel, der damals die Akropolis
war, weist noch jetzt Spuren der Stadtmauer auf[3]. Fünf Stadien von Asea befinden sich die Quelle des Alpheios ein wenig
vom Wege ab und die des Eurotas unmittelbar am Wege; an
der Alpheiosquelle steht ein Tempel der Göttermutter, der

kein Dach mehr hat, und zwei Löwen aus Marmor gemacht.
4 Das Wasser des Eurotas mischt sich mit dem Alpheios, und ungefähr zwanzig Stadien lang fließen sie im gemeinsamen Bett.
Dann treten sie in einen Spalt ein, und der eine von ihnen kommt
im Land der Spartaner wieder empor, der Eurotas, der Alpheios aber in Pegai im Gebiet von Megalopolis¹. Von Asea
aus steigt man auf den Boreion genannten Berg, und auf dem
Gipfel des Berges sind Spuren eines Heiligtums; das Heiligtum soll Odysseus auf seiner Rückkehr aus Ilion der Athena
Soteira und dem Poseidon gebaut haben².

5 Das sogenannte Choma³ ist die Grenze des Gebiets von
Megalopolis gegen Tegea und Pallantion, und zur pallantischen
Ebene biegt man nach links vom Choma ab. In Pallantion⁴
steht ein Tempel und Marmorstatuen des Pallas und die andere des Euander; auch ein Heiligtum der Kore, der Tochter
Demeters, ist da und nicht viel weiter eine Statue des Polybios. Den Hügel über der Stadt benutzten sie ursprünglich als
Akropolis; noch in unserer Zeit ist auf dem Gipfel des Hügels
6 ein Heiligtum von Göttern vorhanden. Ihre Bezeichnung ist
«die Reinen», und die Eide hinsichtlich der wichtigsten
Dinge leistet man dort. Namen der Götter wissen sie nicht
oder wollen sie nicht sagen, wenn sie sie wissen. Man könnte
vielleicht vermuten, daß sie «die Reinen» deswegen genannt
wurden, weil Pallas ihnen nicht in derselben Weise opferte
wie sein Vater dem Zeus Lykaios⁵.

7 Rechts von dem genannten Choma liegt die manthurische
Ebene; die Ebene liegt bereits im Gebiet von Tegea, indem
es noch etwa fünfzig Stadien bis Tegea sind. Rechts vom
Wege erhebt sich ein nicht hoher Berg, Kresion genannt; darauf ist das Heiligtum des Aphneios gebaut. Ares wohnte nämlich der Aërope, der Tochter des Kepheus, des Sohnes des
Aleos, bei, wie die Tegeaten erzählen, und sie büßte in den
8 Wehen das Leben ein, das Kind aber hielt sich auch noch an

der toten Mutter und sog aus ihren Brüsten viel und reichlich
Milch. Und deshalb, das geschah nämlich so nach Ares' Wil-
len, nennen sie den Gott Aphneios («den Reichen»). Dem
Knaben soll aber der Name Aëropos gegeben worden sein.
Am Weg nach Tegea befindet sich ein Brunnen, der der leu-
konische genannt wird; Leukone war die Tochter des Aphei-
das, sagt man, und ihr Grabmal liegt nicht weit von der Stadt
Tegea entfernt[1].

Die Tegeaten[2] sagen, nach Tegeates, dem Sohn des Lykaon,   45,1
habe nur das Land seinen Namen erhalten, die Menschen hätten nach Dörfern ihre Benennung, Gareatai und Phylakeis und
Karyatai und Korytheis, dazu Potachidai und Oiatai und Man-
thyreis und Echeuetheis. Unter der Regierung des Apheidas
kam noch eine neunte Gemeinde hinzu, die Apheidanten. Der
Gründer der jetzigen Stadt war Aleos ...[3]

Den Tegeaten baute Aleos das alte Heiligtum der Athena   4
Alea; später bauten die Tegeaten der Göttin einen großen
und sehenswerten Tempel[4]. Jenen zerstörte ein plötzlich aus-
gebrochenes Feuer, als Diophantos in Athen Archon war, im
zweiten Jahr der 96. Olympiade, an der Eupolemos aus Elis im
Stadion siegte[5]. Der jetzige Tempel überragt alle Tempel, die   5
im Peloponnes sind, bei weitem an Ausstattung und Größe.
Seinen ersten Säulenschmuck hat er in dorischem Stil, den
folgenden im korinthischen; auch außerhalb des Tempels stehen Säulen von ionischer Arbeit. Wie ich erfuhr, war Skopas
von Paros sein Baumeister, der auch Statuen vielerorts im
alten Griechenland wie in Ionien und Karien schuf. In den Gie-   6
beln ist vorn die Jagd auf den kalydonischen Eber dargestellt.
Der Eber ist gerade in der Mitte angebracht, und auf der einen
Seite stehen Atalante und Meleager und Theseus und Tela-
mon und Peleus und Polydeukes und Iolaos, der an den meisten Taten des Herakles teilnahm, und die Söhne des The-
stios, die Brüder der Althaia, Prothus und Kometes. Auf der   7

anderen Seite des Ebers stützt Epochos den Ankaios, der schon Wunden empfangen und das Beil hat fahren lassen, und neben ihm sind Kastor und Amphiaraos, der Sohn des Oïkles, danach Hippothus, der Sohn des Kerkyon, des Sohnes des Agamedes, des Sohnes des Stymphelos; als letzter ist Peirithus dargestellt. Der rückwärtige Giebel enthält den Kampf des Telephos gegen Achill in der Kaïkosebene.

46,1 Das alte Kultbild der Athena Alea und dazu auch die Zähne des kalydonischen Ebers nahm der römische Kaiser Augustus mit, nachdem er im Krieg den Antonius besiegt hatte und die Bundesgenossen des Antonius, unter denen sich auch die Ar-
2 kader außer den Mantineern befanden. Augustus hat aber offenbar nicht damit angefangen, von den Besiegten Statuen und Götterbilder fortzuführen, sondern folgte nur einem längst ge-
4 übten Brauch ...[1] In Rom steht das Standbild der Athena Alea
5 am Eingang zu dem von Augustus gebauten Forum. Das ist also dort aufgestellt, ganz aus Elfenbein gemacht, ein Werk des Endoios. Von den Eberzähnen sei der eine zerbrochen, geben die Aufseher der Sehenswürdigkeiten an, der übriggebliebene von ihnen befand sich in den Gärten des Kaisers in einem Heiligtum des Dionysos[2], etwa eine halbe Klafter in der Länge messend.

47,1 Das jetzt in Tegea stehende Kultbild wurde aus dem Dorf Manthurea[3] geholt und hatte bei den Manthureern den Beinamen Hippia, weil sie nach ihrer Erzählung in dem Kampf der Götter gegen die Giganten den Wagen mit den Pferden gegen Enkelados lenkte. Es hat sich aber sowohl bei den Griechen sonst wie im Peloponnes selbst durchgesetzt, auch diese Alea zu nennen. Neben der Statue der Athena steht auf der einen Seite Asklepios, auf der anderen Hygieia aus pentelischem Marmor,
2 Werke des Pariers Skopas. Die wichtigsten Weihgeschenke im Tempel sind die Haut des kalydonischen Ebers, sie war aber von der Zeit angegriffen und schon ganz ohne Borsten, und

die aufgehängten Fesseln, soweit sie nicht der Rost zerfressen hatte, die die spartanischen Gefangenen trugen, als sie die Ebene für die Tegeaten bearbeiteten [1]. Und eine der Athena heilige Kline ist da geweiht und ein gemaltes Bild der Auge und der Schild der Marpessa mit Zunamen Choira, einer tegeatischen Frau. Diese werde ich auch später noch erwähnen [2]; das Priestertum der Athena übt ein Knabe eine gewisse mir nicht bekannte Zeit aus, er hat das Priesteramt aber nur, bis er erwachsen ist, und nicht länger. Der Altar für die Göttin soll gebaut worden sein von Melampus, dem Sohn des Amythaon; an dem Altar sind dargestellt Rhea und die Nymphe Oinoë mit dem noch kleinen Zeus, und beiderseits sind vier Figuren, Glauke und Neda und Theisoa und Anthrakia, auf der anderen Seite Ide und Hagno und Alkinoë und Phrixa [3]. Auch von den Musen und der Mnemosyne stehen da Statuen.

Nicht weit vom Tempel ist das Stadion, eine Erdaufschüttung, und hier veranstalten sie Wettkämpfe, die Aleaia nach der Athena heißen, und einen anderen Halotia, weil sie die meisten Spartaner in der Schlacht lebend gefangennahmen. Nördlich des Tempels befindet sich ein Brunnen, und an diesem Brunnen soll Auge von Herakles vergewaltigt worden sein [4], wobei sie mit Hekataios über sie nicht übereinstimmen [5]. Drei Stadien weiter von dem Brunnen liegt ein Tempel des Hermes Aipytos.

Die Tegeaten haben auch ein anderes Heiligtum der Athena Poliatis; in das geht der Priester nur einmal in jedem Jahr hinein. Dieses Heiligtum nennen sie Eryma und erzählen, daß es Kepheus, dem Sohn des Aleos, von Athena zum Geschenk gemacht worden sei, daß Tegea für alle Zeiten uneinnehmbar sein werde. Und zum Schutz der Stadt, sagen sie, habe die Göttin einige Haare der Medusa abgeschnitten und ihm gegeben [6]. Über die Artemis Hegemone berichten sie folgendes. Über Orchomenos in Arkadien errang Aristomelidas die Tyrannis, er

verliebte sich in ein tegeatisches Mädchen, bemächtigte sich
ihrer auf irgendeine Weise und vertraute ihre Bewachung dem
Chronios an. Sie aber tötete sich selbst, bevor sie vor den Tyrannen gebracht wurde, aus Furcht und Scham, und eine Erscheinung der Artemis stachelte den Chronios gegen Aristomelidas auf; er ermordete ihn, floh nach Tegea und erbaute der
Artemis ein Heiligtum[1].

48,1   Der Markt hat die Form eines Ziegels[2], und darauf befindet
sich ein Tempel der Aphrodite mit dem Beinamen «im Vier-
eck» mit einem Kultbild aus Marmor. An Stelen sind dargestellt, auf der einen Antiphanes und Krisos und Tyronidas und
Pyrrhias, die den Tegeaten Gesetze gegeben haben und daher
noch jetzt bei ihnen verehrt werden. Auf der anderen Stele ist
Iasios dargestellt, der ein Pferd hält und in der rechten Hand
einen Palmzweig trägt; Iasios soll mit dem Pferd in Olympia
gesiegt haben, als der Thebaner Herakles die Olympien ver-
2   anstaltete. Daß dem Sieger in Olympia ein Kranz vom wilden
Ölbaum gegeben wird und in Delphi von Lorbeer, dafür habe
ich für das eine den Grund in meinem Buch über Elis bereits
angegeben, für das andere werde ich es im folgenden sagen[3].
Auf dem Isthmos wurde die Kiefer und in Nemea der Eppich
wegen der Schicksale des Palaimon und des Archemoros eingeführt. Die meisten Wettkämpfe haben aber einen Palm-
kranz; in die Rechte wird dem Sieger auch überall ein Palm-
3   zweig gegeben. Das wurde aus folgendem Grunde üblich. Als
Theseus aus Kreta zurückkehrte, soll er in Delos dem Apollon
einen Wettkampf veranstaltet und die Sieger mit der Palme
bekränzt haben. Das soll also davon seinen Anfang genommen
haben; die Palme in Delos erwähnte auch Homer bei dem Bitt-
gesuch des Odysseus an die Tochter des Alkinus[4].

4   Auch ein Aresbild steht auf dem Markt in Tegea, das ist in
Relief an einer Stele eingemeißelt, und sie nennen ihn Gynai-
kothoinas («den Frauenspeiser»). Denn in der Zeit des spar-

tanischen Krieges und des ersten Feldzuges des spartanischen
Königs Charillos nahmen die Frauen sich Waffen und lagerten
unter dem Hügel, der heute Phylaktris heißt. Als die Heere
nun aufeinanderstießen und die Männer auf beiden Seiten viele
rühmenswerte Heldentaten vollbrachten, da seien plötzlich
die Frauen erschienen, und sie hätten die Flucht der Spartaner
bewirkt, Marpessa aber mit dem Zunamen Choira habe die
anderen Frauen an Kühnheit noch übertroffen und unter den
Spartanern sei auch Charillos selber in Gefangenschaft geraten.
Den hätten sie ohne Lösegeld freigelassen, nachdem er den
Tegeaten geschworen habe, daß die Spartaner niemals mehr
gegen Tegea ziehen würden, doch habe er den Eid gebrochen,
die Frauen hätten aber dem Ares für sich ohne die Männer das
Siegesopfer dargebracht und von dem Fleisch des Opfertieres
den Männern nichts abgegeben. Davon erhielt Ares den Beinamen[1]. Auch ein Altar des Zeus Teleios ist da errichtet und
eine viereckige Statue; an dieser Form scheinen mir die Arkader einen ganz besonderen Gefallen zu finden. Und Grabmäler
sind da des Tegeates, des Sohnes des Lykaon, und der Maira, der
Frau des Tegeates. Maira soll eine Tochter des Atlas sein, die
auch Homer erwähnt hat in Odysseus' Worten an Alkinus über
seine Reise zum Hades, und wessen Seelen er dort sah[2]. Die
Eileithyia, denn auch von dieser haben sie auf dem Markt einen Tempel mit Kultbild, nennen die Tegeaten «Auge auf den
Knieen» und erzählen, daß Aleos seine Tochter dem Nauplios
gab mit dem Auftrag, sie aufs Meer hinauszufahren und dort
zu ertränken; sie aber sei bei der Überführung auf die Knie gefallen und habe so das Kind geboren, wo sich das Heiligtum
der Eileithyia befindet[3]. Diese Legende ist verschieden von
einer anderen, die erzählt, daß Auge unbemerkt vom Vater geboren habe und Telephos im Partheniongebirge ausgesetzt
worden sei, und dem ausgesetzten Knaben habe eine Hindin
Milch gegeben. Trotzdem wird auch diese Geschichte von den

8   Tegeaten erzählt. Beim Heiligtum der Eileithyia steht ein Altar der Ge. An den Altar schließt sich eine Marmorstele an; auf ihr ist Polybios, der Sohn des Lykortas, und auf einer anderen Stele von den Söhnen des Arkas Elatos dargestellt.

49,1   Nicht weit vom Markt liegt ein Theater[1], und dabei befinden sich Basen für Bronzestatuen; die Statuen selbst sind nicht mehr vorhanden. Auf der einen Basis steht ein Epigramm, daß es die Statue des Philopoimen sei[2] ...

53,1   Dem Apollon Agyieus sollen die Tegeaten die Statuen aus
6   folgendem Grunde aufgestellt haben ...[3] Die Tegeaten haben vier Statuen des Agyieus, eine von jeder Phyle, aufgestellt. Die Phylen heißen Klariotis, Hippothoïtis, Apolloniatis, Athanaiatis. Sie heißen nach der Verlosung, die Arkas für das Land unter seinen Söhnen veranstaltete, und nach Hippothus, dem Sohn des Kerkyon[4].

7   Es gibt auch einen Tempel der Demeter und Kore in Tegea[5], die sie Karpophoroi («Fruchtbringer») zubenennen, und in der Nähe einen der Aphrodite mit dem Namen «die Paphische». Diesen Kult gründete Laodike, die, wie ich früher schon sagte, von Agapenor abstammte, der die Arkader nach Troia führte, und die in Paphos wohnte. Nicht weit davon sind zwei Heiligtümer des Dionysos und ein Altar der Kore und ein Tem-
8   pel des Apollon mit einem vergoldeten Kultbild, das Cheirisophos schuf, ein Kreter von Abstammung, dessen Lebenszeit und Lehrer wir aber nicht kennen. Der Aufenthalt des Daidalos in Knosos bei Minos verschaffte den Kretern für längere Zeit Berühmtheit auch in der Herstellung von Holzbildern. Neben dem Apollon steht Cheirisophos aus Marmor gemacht.

9   Die Tegeaten nennen auch einen Herd den gemeinsamen der Arkader. Hier steht eine Heraklesstatue; auf seinem Schenkel ist eine Wunde dargestellt von dem Kampf, den er zuerst mit den Söhnen des Hippokoon ausfocht. Der hochgelegene Platz[6], auf dem die vielen Altäre in Tegea stehen, heißt der

Platz des Zeus Klarios, und den Beinamen bekam der Gott natürlich wegen der Losung der Söhne des Arkas[1]. Hier 10 feiern die Tegeaten jedes Jahr ein Fest; und sie erzählen, daß die Spartaner einmal zur Zeit des Festes gegen sie gezogen seien, und da der Gott es schneien ließ, hätten diese gefroren und in ihren Waffen gelitten, sie aber hätten unbeobachtet von ihnen ein Feuer angezündet, die Waffen angelegt, als sie von der Kälte nicht mehr belästigt wurden, und seien dann gegen die Spartaner ausgerückt und hätten in dem Kampf die Oberhand behalten. Ich sah auch noch folgende andere Dinge in Tegea, das Haus des Aleos und das Grabmal des Echemos und auf einer Stele in Relief den Kampf des Echemos gegen Hyllos ...[2]

Dieses sind die Teile des Peloponnes und die Städte in den 54,7 einzelnen Teilen und in jeder Stadt die bemerkenswertesten Dinge.

BUCH IX

BOEOTIEN

1,1 Für die Athener ist Boeotien auch an anderen Teilen von Attika benachbart und bei Eleutherai [1] insbesondere mit Plataeae. Die Boeoter haben den Namen ihres Gesamtvolkes von Boiotos erhalten, der, wie es heißt, Sohn des Itonos und der Nymphe Melanippe war, während Itonos Sohn des Amphiktyon war; die Namen ihrer Städte leiten sich von Männern und überwiegend Frauen ab. Die Plataeer sind von Anbeginn an, wie mir scheint, Ureinwohner; ihren Namen haben sie von der Plataia,

2 die sie für eine Tochter des Flusses Asopos halten. Daß auch sie ursprünglich von Königen regiert wurden, ist klar; denn überall in Griechenland gab es vor alters Königsherrschaften und nicht Demokratien. Von den Königen kennen aber die Plataeer niemand mehr außer dem Asopos und vorher noch den Kithairon, und der eine, sagen sie, habe dem Gebirge, der andere dem Fluß den Namen nach sich gegeben. Ich glaube aber, daß auch Plataia, nach der die Stadt genannt ist, Tochter des Königs Asopos und nicht des Flusses war.

3 Die Plataeer hatten vor der Schlacht, die die Athener bei Marathon ausfochten, nichts Bemerkenswertes aufzuweisen. Nach ihrer Teilnahme an der Schlacht bei Marathon wagten sie später, als Xerxes herabgezogen war, mit den Athenern auch auf die Schiffe zu gehen, und wehrten Mardonios, den Sohn des Gobryas, Feldherrn des Xerxes, in ihrem Land ab. Zweimal geschah es ihnen, vertrieben und wieder nach Boe-

4 otien zurückgeführt zu werden. Denn in dem Kriege der Peloponnesier gegen die Athener nahmen die Spartaner Plataea durch Belagerung. Nachdem es dann auf Grund des Friedens, den der Spartaner Antalkidas zwischen dem Perserkönig und

den Griechen vermittelte[1], wiederbesiedelt und die Plataeer
aus Athen zurückgekehrt waren, sollte sie wiederum ein zweites Unglück treffen ...[2] Die zweite Eroberung Plataeas geschah   8
im dritten Jahr vor der Schlacht bei Leuktra, als Asteios in
Athen Archon war[3]. Und die Stadt wurde von den Thebanern
zerstört bis auf die Heiligtümer, den Plataeern brachte aber
die Art der Eroberung Rettung für alle zugleich[4]; als sie vertrieben waren, nahmen die Athener sie wieder auf. Als aber
Philipp nach dem Siege von Chaeronea eine Besatzung nach
Theben legte und anderes zur Vernichtung der Thebaner tat,
wurden auch die Plataeer von ihm zurückgeführt.

Im Gebiet von Plataea im Kithaeron etwas rechts seitwärts   2, 1
vom geraden Wege liegen die Ruinen von Hysiai und Erythrai[5]. Das waren einmal boeotische Städte, und noch jetzt befindet sich in den Trümmern von Hysiai ein halbfertiger Apollontempel und ein heiliger Brunnen; einst holte man sich nach
der Erzählung der Boeoter aus dem Brunnen durch Trinken
Orakel. Geht man auf die Hauptstraße zurück, folgt wieder zur   2
Rechten das angebliche Grabmal des Mardonios. Daß der
Leichnam des Mardonios sofort nach der Schlacht verschwunden war, ist allgemein zugegeben; wer es aber war, der ihn begrub, darüber erzählt man nicht in gleicher Weise. Es scheint
aber, daß Artontes, der Sohn des Mardonios, dem Ephesier
Dionysophanes reichliche Geschenke gab, aber auch anderen
Ioniern, weil auch sie sich um die Bestattung des Mardonios
bekümmert hatten[6]. Dieser Weg führt also von Eleutherai
nach Plataea[7].

Am Weg von Megara her[8] aber liegt eine Quelle zur Rech-   3
ten und etwas weiter ein Stein; den nennen sie das Lager des
Aktaion und erzählen, Aktaion habe auf dem Stein geschlafen,
als er von der Jagd ermüdet war, und in die Quelle soll er hin-
eingesehen haben, als sich Artemis in der Quelle badete. Stesichoros aus Himera schrieb, die Göttin habe dem Aktaion ein

Hirschfell umgelegt und so seinen Tod durch die Hunde her-
4 beigeführt, damit er nicht Semele zur Frau bekomme. Ich
glaube aber, daß die Hunde des Aktaion auch ohne göttliches
Zutun tollwütig wurden und in ihrer Raserei ohne Unterschied jeden zerrissen, auf den sie trafen[1]. Wo aber im Kithaeron sich das Schicksal des Pentheus, des Sohnes des Echion,
vollzog[2], oder wo man Oedipus nach seiner Geburt aussetzte,
das weiß niemand, während wir den geteilten Weg nach
Phokis kennen, an dem Oedipus seinen Vater erschlug,
worüber ich mehr sage, wenn meine Darstellung dahin gelangt[3]. Das Kithaerongebirge ist aber dem kithaeronischen
Zeus heilig[4].

5   Gerade am Eingang nach Plataea[5] liegen Gräber der Teilnehmer am Kampf gegen die Perser[6]. Im allgemeinen haben
die Griechen ein gemeinsames Grabmal; die gefallenen Spartaner und Athener aber haben ihre besonderen Gräber, und darauf
stehen Verse des Simonides. Nicht weit vom gemeinsamen
Grab der Griechen steht ein Altar des Zeus Eleutherios («des
Befreiers») ...[7] diesen machten sie aus Bronze, den Altar des
6 Zeus aber und das Kultbild aus Marmor. Noch jetzt feiert man
dort jedes fünfte Jahr einen Wettkampf, die Eleutherien («Frei-
heitsspiele»), an dem höchste Preise für Wettlauf ausgesetzt
sind; sie laufen aber in Waffenrüstung vor dem Altar. Das Siegesmal, das die Griechen für die Schlacht bei Plataea aufstellten, steht etwa fünfzehn Stadien von der Stadt entfernt.

7   In der Stadt selbst befindet sich nach dem Altar und der
Statue, die für Zeus Eleutherios gemacht sind, ein Heroon der
Plataia. Über sie habe ich bereits gesprochen, was man von ihr
erzählt, und was ich selber vermutete. Die Plataeer haben auch
einen Heratempel, der sehenswert ist wegen seiner Größe und
der Ausführung der Statuen. Wenn man eintritt, ist Rhea dargestellt, wie sie dem Kronos den in Windeln gewickelten Stein
als das Kind bringt, das sie gebar; die Hera nennen sie Teleia,

und sie ist als großes Standbild stehend dargestellt. Beide sind sie aus pentelischem Marmor und Werke des Praxiteles. Hier hat auch Kallimachos ein anderes Sitzbild der Hera geschaffen; sie nennen die Göttin die bräutliche aus folgendem Grunde[1].

Man erzählt nämlich, Hera sei aus irgendeinem Grunde auf   3,1 Zeus erzürnt nach Euboea fortgegangen und Zeus sei, als er sie nicht beschwichtigen konnte, zu Kithairon gekommen, der damals in Plataeae herrschte; Kithairon habe nämlich an Erfindungsgabe niemand nachgestanden. Dieser trug nun dem Zeus auf, er solle ein Holzbild herstellen und es verhüllt auf einem Wagen mit Rindern fahren und dabei sagen, er fahre Plataia, die Tochter des Asopos, als Frau heim. Er verfuhr nun nach dem Rat des Kithairon; Hera erfuhr es aber sofort und   2 kam sogleich. Wie sie an den Wagen trat und dem Bild das Gewand abriß, freute sie sich über die Täuschung, als sie ein Holzbild statt einer Braut fand, und versöhnte sich mit Zeus. Wegen dieser Versöhnung feiern sie ein Fest Daidala, weil man früher die Holzbilder Daidala nannte. Man nannte sie nach meiner Meinung so, noch bevor Daidalos, der Sohn des Palamaon, in Athen geboren wurde, und ich meine, daß dieser den Namen später von den Daidala als Beinamen erhielt und nicht von Geburt an. Ein Daidalafest nun feiern die Plataeer jedes   3 siebte Jahr, wie wenigstens der einheimische Erklärer sagte, in Wahrheit aber in einem kürzeren und nicht so langen Zeitraum, doch war es mir nicht möglich, als ich von den einen Daidala zu den anderen zählen wollte, den Zeitraum dazwischen aufs genaueste festzustellen. Sie feiern das Fest so. Ein Wald be-   4 findet sich nicht weit von Alalkomenai, in dem sich die mächtigsten Eichenstämme in Boeotien befinden. In diesen Wald gehen die Plataeer und legen dort Stücke von gekochtem Fleisch nieder. Um die sonstigen Vögel kümmern sie sich gar nicht, nur auf die Raben, die dahin kommen, geben sie scharf acht. Sie beobachten, auf welchen Baum sich der von ihnen

setzt, der das Fleisch raubt, fällen ihn und machen daraus das
Daidalon; Daidalon nennen sie nämlich auch dieses Holzbild.

5   Dieses Fest begehen die Plataeer für sich unter der Bezeichnung der kleinen Daidala; das Fest der großen Daidala feiern
auch Boeoter mit ihnen, und zwar begehen sie es im sechzig-
sten Jahr. Denn so lange sei das Fest ausgefallen gewesen, als
die Plataeer verbannt waren. Dafür haben sie vierzehn Holzbilder bereit, die jedes Jahr an den kleinen Daidala hergestellt

6   wurden. Um diese losen die Plataeer, Koronaeer, Thespieer,
Tanagraeer, Chaeroneer, Orchomenier, Lebadeer und Thebaner; denn auch diese wollten sich mit den Plataeern versöhnen
und an der gemeinsamen Zusammenkunft teilhaben und ein
Opfer zu den Daidala schicken, als Kassander, Antipaters Sohn,

7   Theben neu gründete[1]. Die weniger wichtigen kleinen Städte
losen gemeinsam. Das Bild schmücken sie, bringen es zum
Asopos, setzen es auf einen Wagen und stellen eine Braut daneben. Dann losen sie wieder, in welcher Ordnung sie den Festzug ausführen werden; danach führen sie die Wagen vom Fluß
zum Gipfel des Kithaeron. Auf dem Gipfel des Gebirges ist ein
Altar vorbereitet. Den Altar bauen sie auf folgende Weise; sie
fügen vierkantige Hölzer so zusammen, wie wenn sie einen
Steinbau aufführten, bauen ihn hoch und legen oben Reisig

8   darauf. Die Städte und die Behörden opfern jede der Hera eine
Kuh und dem Zeus einen Stier und verbrennen die Opfertiere
gefüllt mit Wein und Räucherwerk zusammen mit den Daidala auf dem Altar, und Privatleute, was eben die Reichen opfern. Die nicht ebenso Vermöglichen opfern die kleineren Tiere
des Kleinviehs, und alle Opfertiere verbrennen sie gleichermaßen. Mit diesen zusammen ergreift das Feuer auch den Altar
und verzehrt ihn; ich weiß, daß diese Flamme als größte und

9   von weitest her sichtbar auflodert[2]. Etwa fünfzehn Stadien
unterhalb des Gipfels, auf dem man den Altar baut, befindet
sich eine Höhle der kithaeronischen Nymphen, Sphragidion

genannt, und die Nymphen sollen hier einst auch Orakel gegeben haben.

Die Plataeer haben ein Heiligtum der Athena mit Beinamen   4,1
Areia; gebaut ist es aus der Beute, die ihnen die Athener aus der
Schlacht bei Marathon zuteilten[1]. Die Kultstatue ist ein vergoldetes Holzbild, und Gesicht und Hände und Füße sind aus
pentelischem Marmor. An Größe ist es nicht viel kleiner als das
Bronzebild auf der Akropolis, das die Athener ebenfalls als
Weihung der Schlacht von Marathon aufstellten[2]; auch für Plataea hat Phidias die Statue der Athena geschaffen. Im Tempel   2
befinden sich Gemälde, und zwar von Polygnot ein Odysseus
nach dem Freiermord, von Onasias der erste Zug des Adrastos
und der Argiver gegen Theben. Diese Gemälde befinden sich
an den Wänden des Pronaos, zu Füßen des Kultbildes aber
steht ein Bild des Arimnestos; Arimnestos führte in der Schlacht
gegen Mardonios und schon früher bei Marathon die Plataeer.

Auch ein Heiligtum der Demeter mit Beinamen der eleu-   3
sinischen befindet sich in Plataeae und das Grabmal des Leïtos;
dieser Leïtos kehrte als einziger der Führer, die die Boeoter
nach Troia führten, nach Hause zurück. Den Brunnen Garga-
phia verschütteten Mardonios und die persische Reiterei, weil
das ihnen gegenüberliegende griechische Heer von ihm Wasser holte; später stellten die Plataeer ihn wieder her[3].

Auf dem Weg von Plataea nach Theben fließt der Fluß Oë-   4
roë[4]; Oëroë soll eine Tochter des Asopos sein. Geht man vor
dem Übergang über den Asopos[5] am Fluß selbst flußabwärts
etwa vierzig Stadien weit, liegen dort die Reste von Skolos[6].
Der Tempel der Demeter und Kore in den Ruinen ist unfertig,
ebenso sind auch die Kultstatuen für die Göttinnen nur halb.
Der Asopos trennt auch jetzt noch das Gebiet von Plataea
von dem von Theben[7] ...

Die Unterstadt von Theben war zu meiner Zeit ganz   7,6
unbewohnt, außer den Heiligtümern; sie bewohnen nur

noch die Akropolis, die Theben und nicht mehr Kadmeia genannt wird[1].

8,1   Wenn man den Asopos bereits überschritten hat und noch
etwa zehn Stadien von der Stadt entfernt ist, liegen da die
Trümmer von Potniai und darin ein Hain der Demeter und
Kore[2]. Die Kultbilder, die an dem bei Potniai vorbeifließenden
Fluß stehen, nennen sie die potniadischen Göttinnen. Zu einer
bestimmten Zeit versehen sie hier noch den üblichen Kult und
lassen dabei eben geborene Ferkel in die sogenannten Megara
hinab; diese Ferkel sollen in der folgenden Jahreszeit in Dodona ...[3], doch mag jemand anders diese Geschichte glauben.

2   Hier ist auch ein Tempel des Dionysos Aigobolos. Beim Opfer
an den Gott wurden sie nämlich einmal durch Trunkenheit
zum Übermut gebracht, so daß sie sogar den Priester des Dionysos töteten. Nach dem Mord ergriff sie sofort eine Krank-
heitsepidemie, und aus Delphi kam ihnen das Orakel zu, sie
sollten dem Dionysos einen schönen Knaben opfern. Einige
Jahre später habe der Gott ihnen dann als Opfertier eine Ziege
statt des Knaben eingetauscht. In Potniai wird auch ein Brunnen gezeigt, und die einheimischen Pferde, die von dem Wasser trinken, sollen rasend werden.

3   Am Weg von Potniai nach Theben liegt zur Rechten des
Weges eine nicht große Einfriedigung mit Säulen darin; hier
soll nach ihrer Meinung die Erde sich für Amphiaraos geöffnet
haben, und man erzählt dazu noch folgendes, daß sich weder
Vögel auf diese Säulen setzten, noch weder zahme noch wilde
Tiere das Kraut dort fräßen[4].

4   In Theben gab es in dem Ring der alten Stadtmauer sieben
Tore, und die sind noch jetzt vorhanden. Von ihren Namen
erfuhr ich, daß das eine nach Elektra, der Schwester des Kadmos, genannt wurde, das Proitidische nach einem Einheimischen; die Lebenszeit des Proitos und seine weitere Abstammung war schwierig zu erfahren. Das Neïtische soll nach fol-

gendem benannt sein; bei den Saiten nennt man die eine Nete
(«die unterste»), und diese Saite soll Amphion an diesem Tor
erfunden haben. Ich hörte aber auch, daß Neïs der Name des
Sohnes des Zethos, des Bruders des Amphion, gewesen sei und
dieses Tor nach diesem Neïs genannt sei. Das Quellentor und   5
das Höchste Tor nennen sie aus folgendem Grunde so ...[1],
an dem Höchsten Tor aber befindet sich ein Heiligtum des
Zeus mit dem Beinamen des Höchsten. Das folgende Tor
nennen sie das Ogygische, das letzte ist das Homoloïsche. Bei
diesem Tor schien mir auch der Name der jüngste zu sein, beim
Ogygischen Tor aber der älteste. Das Homoloïsche Tor soll   6
nach folgendem heißen. Als sie von den Argivern bei Glisas
besiegt wurden, flohen die meisten zusammen mit Eteokles'
Sohn Laodamas. Von ihnen gab ein Teil den Marsch nach Il-
lyrien auf, wandte sich nach Thessalien und besetzte Homole,
das von den thessalischen Bergen besonders guten Boden besaß und reich bewässert war. Als Thersander, Polyneikes'   7
Sohn, sie nach Haus zurückrief, nannte man das Tor, durch
das sie zurückkehrten, nach Homole das Homoloïsche[2]. Wenn
man von Plataea kommt, tritt man in Theben durch das Tor
der Elektra ein[3], und hier soll Kapaneus, des Hipponus Sohn,
bei heftigeren Angriffen gegen die Mauer vom Blitz getroffen
worden sein ...[4]

Nicht weit vom Tor befindet sich ein Massengrab; hier lie-   10,1
gen die, die gegen Alexander und die Makedonen fielen[5].
Nicht weit davon zeigt man die Stelle, wo man erzählt, wer es
glaubt, daß Kadmos die Zähne des Drachen, den er an dem
Brunnen tötete, säte und die Erde aus den Zähnen Männer
wachsen ließ[6].

Rechts vom Tor liegt ein dem Apollon heiliger Hügel; der   2
Hügel und der Gott heißen der ismenische nach dem dort vorbeifließenden Fluß Ismenios[7]. Zuerst stehen dort am Eingang
aus Marmor eine Athena und ein Hermes, Pronaoi genannt;

ihn soll Phidias geschaffen haben, die Athena aber Skopas; danach folgt der Tempel. Das Kultbild ist ebenso groß wie das
in Branchidai[1] und in seiner Gestalt gar nicht verschieden.
Wer von diesen Kultbildern das eine gesehen und den Künstler erfahren hat, braucht nicht viel Scharfsinn, wenn er auch
das andere sieht, um zu wissen, daß es ein Werk des Kanachos
ist. Sie unterscheiden sich nur insoweit, als der Gott in Bran-
3 chidai aus Bronze, der Ismenios aus Zedernholz ist. Es ist da
auch ein Stein, auf dem, wie sie sagen, Manto, die Tochter des
Teiresias, gesessen habe; dieser liegt vor dem Eingang und
heißt noch zu unserer Zeit Stuhl der Manto. Die aus Marmor
gemachten Statuen rechts vom Tempel sollen Abbilder der
Henioche und der Pyrrha sein, und diese seien Töchter des
Kreon, der als Vormund für Eteokles' Sohn Laodamas herrschte.
4 Folgendes geschieht, wie ich weiß, noch zu meiner Zeit in
Theben; sie machen für den ismenischen Apoll einen Knaben
aus vornehmem Hause, der selbst schön und stark ist, zum
jährlichen Priester. Er heißt «Lorbeerträger»; denn die Knaben tragen Kränze aus Lorbeerblättern. Ob nun alle gewese-
nen Lorbeerträger dem Gott einen bronzenen Dreifuß weihen,
kann ich nicht sagen, glaube aber, daß es nicht für alle Vorschrift ist, denn ich sah dort nicht viele stehen; es weihen
also nur die wohlhabenderen Knaben. Am meisten hervorragend durch sein Alter und den Ruhm des Weihenden ist der
Dreifuß des Amphitryon als Weihung für Herakles als Lorbeerträger.
5 Oberhalb des Ismenion sieht man den Brunnen, der Ares
heilig sein soll; über die Quelle soll von Ares ein Drache als
Wächter gesetzt sein[2]. An diesem Brunnen liegt das Grab des
Kaanthos; Kaanthos soll Bruder der Melia und Sohn des Okeanos gewesen und von seinem Vater geschickt worden sein,
um die geraubte Schwester zu suchen. Als er aber Apollon im
Besitz der Melia fand, vermochte er sie nicht wegzunehmen,

wagte aber, Feuer in dieses Heiligtum des Apollon zu werfen, das man jetzt Ismenion nennt. Daher erschoß ihn der Gott mit dem Bogen, wie die Thebaner erzählen. Das Grabmal des Kaanthos ist also hier, Söhne des Apollon aber von Melia sollen Teneros und Ismenios gewesen sein. Dem Teneros gab Apollon die Wahrsagekunst, von Ismenios erhielt der Fluß seinen Namen. Er war aber auch vorher nicht namenlos, wenn er wirklich vorher Ladon hieß, bevor Ismenios, der Sohn des Apollon, geboren wurde.

Links vom Tor, das sie das Elektrator nennen, liegen die Reste eines Hauses, wo Amphitryon gewohnt haben soll, als er wegen des Todes des Elektryon aus Tiryns floh[1]. Und in den Trümmern ist auch noch das Gemach der Alkmene zu erkennen. Das sollen dem Amphitryon Trophonios und Agamedes gebaut haben, und darauf soll eine Inschrift geschrieben gewesen sein:

> «Amphitryon, als er hierher als Frau führen wollte
> Alkmene, erwählte sich dies Gemach, das ihm
> Anchasios Trophonios baute und Agamedes[2].»

Das, sagen die Thebaner, sei dort geschrieben gewesen. Sie zeigen auch das Grabmal der Söhne des Herakles von der Megara, wobei sie über ihren Tod nichts anders erzählen, als wie es Stesichoros aus Himera und Panyassis in den Epen gedichtet haben. Die Thebaner erzählen auch das noch dazu, daß Herakles in seiner Raserei auch den Amphitryon habe töten wollen, daß ihn aber vorher der Schlaf befiel unter dem Schlag des Steins, und Athena sei es gewesen, die diesen Stein gegen ihn geworfen habe, den sie Beruhiger nennen. Hier befinden sich Frauenfiguren in Relief, doch sind sie schon recht undeutlich. Diese nennen die Thebaner Zauberinnen, und sie sollen von Hera geschickt worden sein, um die Wehen der Alkmene zu hindern. Die hinderten also Alkmene am Gebären, der Historis aber, der Tochter des Teiresias, sei es zur Täuschung der Zau-

6

11,1

2

3

berinnen eingefallen, in lautes Jubelgeschrei auszubrechen, so
daß sie es hörten, Alkmene habe geboren. So seien diese getäuscht abgezogen, Alkmene aber habe gebären können.

4   Hier ist auch ein Herakleion [1] mit einem Kultbild aus Marmor namens Promachos, einem Werk der Thebaner Xenokritos und Eubios. Das alte Holzbild sei ein Werk des Daidalos,
haben die Thebaner gemeint, und es kam mir auch so vor.
Dieses weihte, wie erzählt wird, Daidalos selbst zum Dank für
eine Wohltat. Als er nämlich aus Kreta floh, machte er für sich
und seinen Sohn Ikaros nicht große Schiffe und brachte auf
den Schiffen auch Masten an, was die damaligen Menschen
noch nicht erfunden hatten, damit sie der Ruderflotte des Mi-
5   nos mit günstigem Wind entkommen könnten. Da rettete sich
Daidalos selbst, aber das Schiff des Ikaros, der weniger gut zu
steuern verstand, sei gekentert, so erzählt man, und die Flut
trieb ihn an die damals noch namenlose Insel über Samos. Herakles kam dahin, erkannte den Leichnam und begrub ihn
dort, wo sich noch jetzt für ihn ein mäßig großer Hügel befindet, auf einem ins Aegaeische Meer vorspringenden Vorgebirge. Von diesem Ikaros erhielt die Insel den Namen [2] und das
6   Meer um sie. In Theben hat Praxiteles die Giebelfiguren geschaffen, die meisten der sogenannten zwölf Taten [3]; es fehlt
die Erlegung der Vögel bei Stymphalos und wie Herakles das
elische Land reinigte, statt dessen ist der Ringkampf mit An-
taios dargestellt. Thrasybul, des Lykos Sohn, und die Athener, die mit ihm die Tyrannis der Dreißig stürzten [4], von Theben ausziehend konnten sie nämlich zurückkehren, weihten
kolossale Relieffiguren der Athena und des Herakles aus pentelischem Marmor, Werke des Alkamenes, in das Herakleion.
7   An das Herakleion schließen sich ein Gymnasion an und ein
Stadion, beide nach dem Gott genannt. Über dem Stein «Beruhiger» befindet sich ein Altar des Apollon mit Beinamen
Spodios, der aus der Asche der Opfertiere hergestellt ist [5].

Hier wird aus Stimmen geweissagt, wie es auch, wie ich weiß, unter den Griechen besonders die Smyrnaeer tun; denn auch in Smyrna gibt es über der Stadt außerhalb der Mauer ein Heiligtum der Stimmen [1].

Dem Apollon Spodios opferten die Thebaner ursprünglich   12,1 Stiere. Und als einst das Fest war und die Zeit zum Opfer drängte und die nach dem Stier Geschickten nicht da waren, da opferten sie von einem gerade anwesenden Wagen das eine der Rinder dem Gott, und seit der Zeit nehmen sie Arbeitsrinder als Opfer. Auch diese Geschichte wird von ihnen erzählt, daß dem Kadmos, als er von Delphi nach Phokis ging, eine Kuh Führerin auf dem Weg war, die er von den Hirten des Pelagon gekauft hatte; auf jeder Seite der Kuh sei ein weißes Zeichen gewesen, wie das Rund des Mondes, wenn er voll ist. Kadmos und das Heer mit ihm sollten sich nach dem Orakel des   2 Gottes dort niederlassen, wo die Kuh sich vor Müdigkeit niederlegen würde; man zeigt nun auch diese Stelle. Dort befindet sich unter freiem Himmel ein Altar und ein Kultbild der Athena, das Kadmos geweiht haben soll. Wer aber glaubt, daß Kadmos, der ins thebanische Land kam, Aegypter und nicht Phoeniker gewesen sei, wird durch den Namen dieser Athena widerlegt, weil sie Onga nach der Sprache der Phoeniker und nicht Saïs nach der Sprache der Aegypter heißt [2].

Die Thebaner sagen, daß dort auf der Akropolis, wo sich   3 jetzt ihr Markt befindet, einstmals das Haus des Kadmos gewesen sei [3]. Von den Gemächern zeigen sie noch die Reste desjenigen der Harmonia und desjenigen, das sie als das der Semele bezeichnen; dieses hegen sie noch bis heute als für Menschen unzugänglich. Für die Griechen, die glauben, daß die Musen zur Hochzeit der Harmonia gesungen hätten, befindet sich auf dem Markt noch die Stelle, wo die Göttinnen gesungen haben sollen. Erzählt wird auch das, daß zugleich mit dem   4 in das Gemach der Semele geschleuderten Blitz ein Holzstück

vom Himmel gefallen sei, und Polydoros habe dieses Stück
Holz mit Erz geschmückt und Dionysos Kadmeios genannt.
In der Nähe ist ein Dionysosstandbild, und dieses hat Onasi-
medes gemacht ganz aus Bronze, und den Altar schufen die
Söhne des Praxiteles[1].

5   Es steht da eine Statue des Flötenspielers Pronomos[2], der
für die meisten am hinreißendsten spielte. Bis dahin besaßen
die Flötenspieler nämlich drei Arten von Flöten, und auf der
einen bliesen sie die dorische Weise, anders waren ihre Flöten
für die phrygische Musik gebaut, und auf wieder anderen Flöten wurde die sogenannte lydische Weise geblasen. Pronomos
aber war es, der zuerst Flöten erfand, die für jede Musikart
geeignet waren, und zuerst so verschiedene Melodien auf der-
6   selben Flöte blies. Es heißt auch, daß er durch sein Minenspiel
und die Bewegungen seines ganzen Körpers die Zuschauer
außerordentlich ergötzte; er hat auch ein Einzugslied nach
Delos für die Chalkidier am Euripos komponiert. Diesen stellten die Thebaner also hier auf und Epameinondas, den Sohn
des Polymnis ...[3]

15,6   An der Statue des Epameinondas befinden sich Verse, die
unter anderem sagen, daß er Gründer Messenes wurde und
die Griechen durch ihn die Freiheit erhielten. Die Elegie lautet
so:
«Durch unseren Ratschluß ging Sparta seines Ruhms verlustig,
das heilige Messene erhielt nach langem seine Söhne zurück.
Mit Thebes Hilfe ummauerte sich Megalopolis,
ganz Griechenland wurde selbständig in Freiheit.»
Das waren seine Ruhmestaten.

16,1   Nicht weit davon ist ein Tempel des Ammon; die Kultstatue weihte Pindar, und sie ist ein Werk des Kalamis. Pindar
sandte auch den Ammoniern in Lybien einen Hymnos auf
Ammon; dieser Hymnos befand sich noch zu meiner Zeit auf
einer dreieckigen Stele neben dem Altar, den Ptolemaios, La-

gos' Sohn[1], dem Ammon errichtete. In Theben befindet sich nach dem Ammonsheiligtum die sogenannte Vogelschauwarte des Teiresias und in der Nähe ein Tycheheiligtum; sie trägt den Plutosknaben. Wie die Thebaner sagen, schuf der Athener Xenophon Hände und Gesicht der Statue, der Einheimische Kallistonikos das übrige. Auch das ist eine kluge Erfindung dieser Künstler, einen Plutos der Tyche als Mutter oder Amme in die Hände zu geben, nicht weniger klug wie die des Kephisodotos. Denn auch dieser schuf den Athenern die Statue der Friedensgöttin mit dem Plutosknaben[2].

In Theben gibt es Holzbilder der Aphrodite, so alt, daß sie Weihgeschenke der Harmonia sein und aus den hölzernen Bugzieraten der Schiffe des Kadmos gemacht sein sollen. Die eine nennen sie Urania, die andere von ihnen Pandemos und die dritte Apostrophia. Die Beinamen gab Harmonia der Aphrodite, «die Himmlische» nach der reinen und von körperlicher Begierde freien Liebe, «die Allgemeine» nach dem Geschlechtsverkehr und drittens «die Abwenderin», daß sie das Menschengeschlecht von zuchtloser Begier und gottlosen Taten abwende. Harmonia wußte nämlich, daß sowohl bei den Barbaren, aber auch bei den Griechen schon viele Taten begangen worden waren, wie sie auch später über die Mutter des Adonis und über Minos' Tochter Phaidra und den Thraker Tereus vorgetragen werden[3]. Das Heiligtum der Demeter Thesmophoros soll einst das Haus des Kadmos und seiner Nachkommen gewesen sein, die Statue der Demeter ist bis zur Brust sichtbar. Auch bronzene Schilde sind hier geweiht; sie sollen von den in der Schlacht bei Leuktra gefallenen spartanischen Offizieren stammen[4].

Am sogenannten Proitidischen Tor[5] ist ein Theater gebaut und ganz in der Nähe des Theaters ein Tempel des Dionysos mit dem Beinamen Lysios («Löser»). Denn von den Thrakern gefangengenommene Thebaner befreite der Gott, als sie bei

der Wegführung im Gebiet von Haliartos waren, und überließ
ihnen die eingeschläferten Thraker zur Tötung[1]. Hier bezeichnen die Thebaner das eine Kultbild als das der Semele;
einmal jedes Jahr an bestimmten Tagen dürfen sie das Heilig-
7 tum öffnen. Auch die Reste des Hauses des Lykos und das Grabmal der Semele sind da. Von Alkmene gibt es kein Grab, sondern sie sei bei ihrem Tode zu einem Stein geworden, sagen
sie und stimmen über sie nicht mit den Megarern überein.
Auch sonst erzählen ja die Griechen meistens verschieden voneinander. Hier sind von den Thebanern auch die Grabmäler
der Kinder des Amphion errichtet, getrennt für die männlichen und für sich für die Mädchen[2].

17,1   In der Nähe ist ein Tempel der Artemis Eukleia; das Kultbild ein Werk des Skopas[3]. In dem Heiligtum sollen die
Töchter des Antipoinos begraben sein, Androkleia und Alkis.
Als nämlich die Schlacht der Thebaner und des Herakles gegen die Orchomenier stattfinden sollte, kam ihnen der Spruch
zu, sie würden im Kriege siegen, wenn derjenige von eigener
Hand sterben wolle, der von den Bürgern der hervorragendste nach dem Ansehen seines Geschlechts sei. Antipoinos nun,
dessen Vorfahren am ruhmreichsten waren, war es nicht angenehm, für das Volk zu sterben, den Töchtern des Antipoinos
aber gefiel es; so töteten sie sich selbst und erhielten dafür
2 diese Ehren. Vor dem Tempel der Artemis Eukleia steht ein
Löwe, aus Stein gemacht, und Herakles soll ihn geweiht haben, als er die Orchomenier und ihren König Erginos, den
Sohn des Klymenos, in der Schlacht besiegt hatte. In der Nähe
steht ein Apollon mit Beinamen Boëdromios und ein Agoraios
genannter Hermes, auch dieser Weihgeschenk Pindars. Der
Scheiterhaufen der Kinder des Amphion ist etwa ein halbes
Stadion von den Gräbern entfernt, und die Asche von dem
3 Scheiterhaufen ist heute noch vorhanden[4]. Zwei Marmorstatuen der Athena in der Nähe, mit dem Beinamen Zosteria, sol-

len Weihgeschenke des Amphitryon sein; er habe hier nämlich die Waffen empfangen, als er gegen die Euboeer und Chalkodon zu Felde ziehen sollte. Das Anlegen der Waffen nannten
die Alten nämlich «sich gürten», und auch wenn Homer gedichtet habe, daß Agamemnon dem Ares am Gürtel gliche,
sagen sie, habe er seine Waffenrüstung verglichen[1].

Das Grabmal für Zethos und Amphion ist ein gemeinsamer,   4
nicht großer Erdhügel ...[2]

Der Weg von Theben nach Chalkis geht durch dieses Proi-   18,1
tidische Tor. An der Landstraße wird das Grab des Melanippos gezeigt, der unter den Thebanern besonders kriegstüch-
tig war; und als die Argiver heranzogen, tötete dieser Melanippos den Tydeus und von den Brüdern des Adrast den Mekisteus, und er selbst soll, wie sie sagen, von Amphiaraos den
Tod gefunden haben. Ganz in der Nähe davon befinden sich   2
drei unbearbeitete Steine; die altertumskundigen Thebaner
behaupten, es sei Tydeus, der hier liege, und er sei von Maion
bestattet worden, und sie führen als Beweis den Vers aus der
Ilias an:

«Tydeus, den zu Theben umfängt der hüllende Hügel[3].»

Darauf folgen die Grabmäler der Kinder des Oedipus, und   3
was an ihnen geschieht, habe ich doch für wahr gehalten,
wenn ich es auch nicht gesehen habe. Die Thebaner sagen
nämlich, sie opferten außer anderen der sogenannten Heroen
auch den Kindern des Oedipus; wenn sie diesen opferten, teile
sich die Flamme und auch der Rauch aus der Flamme in zwei
Teile[4]. Sie überzeugten mich von der Glaubwürdigkeit ihrer
Erzählung, weil ich folgenden anderen Fall gesehen habe. In   4
Mysien am Kaïkos liegt ein Städtchen Pioniai[5], und ihr Gründer ist nach Angaben der Einheimischen Pionis, einer der
Nachkommen des Herakles; wenn sie ihm opfern wollen,
steigt von selbst Rauch aus seinem Grabe. Das habe ich selber
geschehen sehen, die Thebaner zeigen aber auch das Grab des

Teiresias gegen fünfzehn Stadien weiter, als das Grab der Kinder des Oedipus ist; auch sie geben allerdings zu, daß Teiresias im Gebiet von Haliartos seinen Tod gefunden habe¹, und bezeichnen das Grabmal bei ihnen als leer.

5   Es gibt auch ein Grab des Hektor, des Sohnes des Priamos, in Theben bei dem sogenannten Oedipusbrunnen. Sie sollen seine Gebeine auf Grund folgenden Orakels aus Ilion geholt haben:

«Thebaner, die ihr Kadmos' Stadt bewohnt,
wenn ihr die Heimat mit lobesamem Reichtum bewohnen
wollt,
dann holt des Priamiden Hektor Gebeine nach Haus
aus Asien, auf Weisung des Zeus ihn als Heros zu ehren.»

Der Oedipusbrunnen² erhielt seinen Namen davon, daß Oedipus in ihm das Blut des Vatermordes abwusch. An der Quelle befindet sich das Grab des Asphodikos, und dieser Asphodikos tötete in der Schlacht gegen die Argiver den Parthenopaios, des Talaos Sohn, wie die Thebaner erzählen, während die Verse in der Thebais betreffs des Todes des Parthenopaios sagen, Periklymenos habe ihn umgebracht.

19,1   An dieser Landstraße liegt der Ort Teumessos ...³ Links von
2   Teumessos sieben Stadien weiter liegen die Reste von Glisas⁴ und vor ihnen zur Rechten des Weges eine nicht große Erhöhung, beschattet von wilden Bäumen und Kulturbäumen⁵. Hier wurden die bestattet, die mit Aigialeus, dem Sohn des Adrast, den Zug gegen Theben machten, unter anderen Führern der Argiver auch Promachos, Parthenopaios' Sohn; daß für Aigialeus das Grabmal in Pagai errichtet wurde, habe ich
3   früher schon in dem Abschnitt über Megara gesagt. Am geraden Weg nach Glisas von Theben aus nennen die Thebaner eine von Feldsteinen eingehegte Stelle Schlangenkopf und erzählen, diese Schlange, was es immer für eine gewesen sein mag, habe hier den Kopf aus dem Nest hervorgestreckt, und Teiresias habe ihn, als er des Wegs kam, mit einem Messer abgeschnit-

ten. Diese Stelle heißt also deshalb so. Über Glisas liegt der Hypatos genannte Berg und darauf ein Tempel und Kultbild des Zeus Hypatos[1]. Den Wildbach nennen sie Thermodon. Kehrt man nach Teumessos und auf den Weg nach Chalkis zurück, trifft man auf das Grabmal des Chalkodon, der von der Hand des Amphitryon fiel in einer Schlacht der Euboeer gegen die Thebaner. Dann folgen die Ruinen der Städte Harma[2] und Mykalessos[3], und die eine soll ihren Namen davon erhalten haben, daß hier, wie die Tanagraeer behaupten, der Wagen des Amphiaraos verschwand, und nicht da, wo die Thebaner sagen[4]; Mykalessos heißt nach übereinstimmender Annahme danach, daß hier die Kuh brüllte, die Kadmos und das Heer mit ihm nach Theben führte. Auf welche Weise Mykalessos vernichtet wurde, habe ich im Buch über Athen berichtet[5]. Gegen das Meer von Mykalessos aus liegt ein Heiligtum der mykalessischen Demeter; es werde jede Nacht von Herakles geschlossen und wieder geöffnet, erzählt man, und Herakles sei einer der sogenannten idaeischen Daktylen. Man zeigt hier auch folgendes Wunder; zu Füßen der Statue legen sie nieder, was die Erde im Herbst hervorbringt, und das bleibt das ganze Jahr hindurch frisch.

Vom Euripos[6], der Euboea hier von Boeotien trennt, rechts liegt das Heiligtum der mykalessischen Demeter und ein wenig weiter Aulis[7]; es soll nach der Tochter des Ogygos genannt sein. Ein Tempel der Artemis ist hier und Statuen aus Marmor, die eine mit Fackeln, die andere gleicht einer Bogenschützin. Wie die Griechen auf dem Altar nach einer Wahrsagung des Kalchas die Iphigenie opfern wollten, habe die Göttin, so erzählt man, statt ihrer einen Hirsch zum Opfertier gemacht. Von der Platane, die schon Homer in der Ilias erwähnt hat[8], bewahren sie noch ein Stück Holz im Tempel auf. Man erzählt, daß die Griechen in Aulis keinen günstigen Wind fanden, und als sich dann plötzlich Rückenwind erhob, habe

jeder der Artemis geopfert, was er gerade hatte, weibliche und
männliche Opfertiere gleichzeitig; und davon ist in Aulis die
Sitte geblieben, daß alle Opfertiere erlaubt sind. Gezeigt wird
auch die Quelle, neben der die Platane wuchs, und auf einem
Hügel in der Nähe die Bronzeschwelle des Zelts des Agamem-

8 non¹. Vor dem Heiligtum wachsen Palmen, die zwar keine
ganz eßbare Frucht liefern wie in Palaestina, aber doch reifer
als die Früchte der Palmen in Ionien. Menschen wohnen in
Aulis nicht viel, und das sind Töpfer. Dieses Land und das um
Mykalessos und Harma gehört den Tanagraeern.

20,1 Zum Gebiet von Tanagra gehört am Meer auch das sogenannte Delion², und in dem Tempel befinden sich Statuen des
Apollon und der Artemis und der Leto. Die Tanagraeer behaupten, ihr Gründer sei Poimandros, der Sohn des Chairesi-
leos, des Sohnes des Iasios, des Sohnes des Eleuther, und dieser sei Sohn des Apollon und der Aithusa, der Tochter des Poseidon; Poimandros habe als Frau Tanagra, eine Tochter des
Aiolos, heimgeführt. Korinna³ hat von ihr aber gedichtet, sie

2 sei Tochter des Asopos. Da sie sehr lange lebte, hätten die
Umwohner ihren Namen fortgelassen und diese Frau und mit
der Zeit auch die Stadt Graia («die Alte») genannt. Der
Name sei so lange erhalten geblieben, daß auch Homer im Katalog dichtete:

«Thespia ferner und Graia und räumig zum Tanz

Mykalessos⁴.»

Einige Zeit später nahm man wieder den ursprünglichen Namen auf.

3 In Tanagra⁵ befindet sich das Grabmal des Orion und der
Berg Kerykion, wo Hermes geboren sein soll, und ein Polos
genannter Platz. Hier habe Atlas gesessen und allen Dingen
unter der Erde und den himmlischen nachgesonnen, und auch
Homer habe darüber gedichtet:

«Sie ist die Tochter des grimmigen Atlas, der sämtliche Tiefen

drunten im Meere kennt. Er hält die riesigen Säulen
ganz allein, die Himmel und Erde trennen und sondern[1].»
Im Tempel des Dionysos ist auch das Kultbild sehenswert aus   4
parischem Marmor und ein Werk des Kalamis, noch staunens-
werter aber ist der Triton …[2]

In Tanagra befindet sich neben dem Heiligtum des Diony-   22,1
sos ein Tempel der Themis und ein zweiter der Aphrodite, und
der dritte Tempel gehört Apollon und mit ihm der Artemis
und Leto. In bezug auf die Heiligtümer des Hermes, des Krio-
phoros und dessen, den sie Promachos nennen, erzählen sie
über den einen Beinamen, daß Hermes ihnen eine Epidemie
abwehrte, indem er einen Widder um die Mauer herumtrug,
und deshalb schuf Kalamis eine Kultstatue des Hermes mit
einem Widder auf den Schultern. Wer aber von den Epheben
als der schönste erklärt wird, dieser läuft am Fest des Hermes
rings um die Mauer, mit einem Schaf auf den Schultern. Von   2
dem Hermes Promachos aber erzählen sie, er habe, als die Eretrier mit Schiffen aus Euboea gegen das Land der Tanagraeer
fuhren, die Epheben zur Schlacht geführt und selber als Ephebe
mit dem Schaber gekämpft und am meisten zur Niederlage der
Euboeer beigetragen. Im Heiligtum des Promachos liegt noch
der Rest des Andrachlebaums, und unter diesem Baum soll nach
ihrer Meinung Hermes aufgewachsen sein. Nicht weit davon
ist ein Theater gebaut und dabei eine Säulenhalle. Gegenüber
den Göttern scheinen mir die Tanagraeer von den Griechen
die beste Gesinnung zu haben; denn ihre Häuser liegen für
sich und für sich die Heiligtümer jenseits von ihnen auf einem reinen Platz und außerhalb der Menschen. Von Korinna,   3
die als einzige in Tanagra Gesänge dichtete, von dieser befindet sich das Grabmal auf einem ansehnlichen Platz der Stadt
und ein Gemälde im Gymnasion, auf dem Korinna sich die
Binde um den Kopf legt wegen des Sieges, den sie über Pindar
in Theben im Gesang gewann[3]. Sie scheint mir aber wegen

ihrer Sprache gesiegt zu haben, weil sie nicht im dorischen
Dialekt dichtete wie Pindar, sondern in einem Dialekt, den
Aeolier verstehen konnten, und weil sie die schönste der
Frauen damals war, wenn man nach dem Gemälde urteilen
4 darf. Es gibt hier auch zwei Arten von Hähnen, die Kampf-
hähne und die sogenannten Kossyphoi. Diese Kossyphoi sind
so groß wie die lydischen Vögel, an Farbe einem Raben ähnlich und Bart und Kamm wie bei der Anemone; nicht große
weiße Flecken haben sie an der Spitze des Schnabels und des
Schwanzes. Die zeigen also ein solches Aussehen.

5   In Boeotien liegt links vom Euripos¹ das Messapion genannte Gebirge² und darunter am Meer die boeotische Stadt
Anthedon³. Ihren Namen hat die Stadt, wie die einen sagen,
von einer Nymphe Anthedon, die anderen sagen, Anthas habe
hier geherrscht, der Sohn des Poseidon und der Alkyone, der
Tochter des Atlas. In Anthedon befindet sich etwa in der
Mitte der Stadt ein Heiligtum der Kabiren und ein Hain
darum, und in der Nähe ein Tempel der Demeter und ihrer
6 Tochter mit Statuen aus Marmor. Ein Dionysosheiligtum mit
einem Kultbild ist vor der Stadt gegen das Festland zu gebaut. Hier liegen die Gräber der Söhne der Iphimedeia und
des Aloeus; daß sie ihr Lebensende durch Apollon fanden, haben Homer und ... übereinstimmend gedichtet ...⁴ Pindar, daß
ihr Schicksal sie auf Naxos, der Insel bei Paros, erreichte. Von
diesen sind also in Anthedon Grabmäler und am Meer der so-
7 genannte Glaukossprung. Daß er Fischer gewesen und, als er
von dem Kraut gegessen hatte, zu einem Daemon im Meer
geworden sei und den Menschen noch jetzt die Zukunft vor-
aussage, halten auch die anderen für wahr, und die Seefahrer
erzählen am meisten jedes Jahr über die Weissagungen des
Glaukos. Pindar und Aischylos haben es von den Anthedo-
niern erfahren, und der eine hat nicht viel über Glaukos gedichtet, Aischylos aber war es genügend für ein Drama.

In Theben liegt vor dem Proitidischen Tor[1] auch das soge-   23,1
nannte Gymnasion des Iolaos und ein Stadion, das ebenso wie
das in Olympia und Epidauros nur ein Erdwall ist; hier wird
auch das Heroon des Iolaos gezeigt. Iolaos soll in Sardinien gestorben sein, er selbst und die mit ihm gefahrenen Athener
und Thespieer, wie auch die Thebaner angeben. Überschrei-   2
tet man die rechte Seite des Stadions, liegt da ein Hippodrom
und darin das Grabmal Pindars ...[2]

Von dort nach Akraiphnion[3] führt ein meistens ebener   5
Weg. Die Stadt sei ursprünglich ein Teil des thebanischen
Gebiets gewesen, sagen sie, und ich fand auch, daß später Thebaner dorthin flohen, als Alexander Theben zerstörte. Da
sie vor Schwäche und Alter nicht mehr imstande waren, sich
nach Attika zu retten, blieben sie dort wohnen. Das Städtchen liegt auf dem Gebirge Ptoon, und an Sehenswertem
gibt es dort einen Dionysostempel und ein Kultbild.

Von der Stadt aus weiter etwa fünfzehn Stadien zur Rech-   6
ten befindet sich das Heiligtum des Apollon Ptoos[4]. Ptoos sei
Sohn des Athamas und der Themisto, nach dem Apollon den
Beinamen und das Gebirge seinen Namen erhielt, hat Asios in
seinem Epos gesagt. Vor dem Feldzug Alexanders und der
Makedonen und dem Untergang Thebens war hier ein un-
trügliches Orakel, und einst soll ein Mann aus Europos mit
Namen Mys von Mardonios geschickt worden sein und habe
seine Frage in ihrer Sprache gestellt, und der Gott habe ihm
das Orakel, ohne auch selbst Griechisch zu sprechen, in kari-
scher Sprache gegeben.

Nach Überschreiten des Ptoongebirges liegt am Meer die   7
boeotische Stadt Larymna; sie soll nach Larymna, der Tochter des Kynos, ihren Namen bekommen haben; ihre weiteren
Vorfahren werde ich in meinem Buch über Lokris nennen. Larymna gehörte nämlich ursprünglich zu Opus und trat, als die
Thebaner zu großer Macht gelangten, freiwillig zu den Boeo-

tern über. Hier ist ein Dionysostempel mit einer stehenden
Kultstatue gebaut. Ihr Hafen hat sogleich tiefes Wasser, und
die Berge über der Stadt bieten Jagd auf Wildschweine[1].

24,1   Geht man von Akraiphnion den geraden Weg zu dem Kephisis chen See, den andere auch den Kopaïschen nennen[2], liegt
da die sogenannte Athamantische Ebene[3]; in ihr soll Athamas
gewohnt haben. In den See ergießt sich der Fluß Kephisos, der
bei Lilaia in Phokis entspringt[4], und wenn man nach Kopai
hinüberfährt, – auch Kopai ist ein Städtchen am See, das schon
Homer im Katalog erwähnt hat[5] –, liegen dort Heiligtümer
2   der Demeter und des Dionysos und Sarapis. Die Boeoter erzählen, daß einst noch andere Städtchen am See gelegen hätten, Athenai und Eleusis, und daß der See sie zur Winterszeit
überschwemmt und vernichtet habe[6]. Die Fische im Kephisischen See haben nichts Besonderes gegenüber anderen Bin-
nenseefischen, aber die Aale werden dort am größten und
schmackhaftesten ...[7]

25,1   In Theben liegt ganz in der Nähe des Neïtischen Tores[8] das
Grabmal des Menoikeus, des Sohnes des Kreon; er gab sich
freiwillig den Tod nach dem Orakel aus Delphi, als Polyneikes
und das Heer mit ihm aus Argos kam. Über dem Grabmal des
Menoikeus ist ein Granatbaum gewachsen; wenn man an der
reifen Frucht die äußere Schale öffnet, findet man das Innere
wie Blut. Dieser Granatbaum ist also ein grünender Baum,
aber auch die Rebe soll bei ihnen zuerst gewachsen sein, behaupten die Thebaner, hatten aber keine Aufzeichnung dar-
2   über mehr aufzuweisen. Nicht weit vom Grabe des Menoikeus sollen die Söhne des Oedipus im Zweikampf miteinander
gefallen sein; als Andenken an ihren Kampf steht da eine Säule
mit einem Schild aus Stein daran. Hier wird auch eine Stelle
gezeigt, wo Hera nach Angabe der Thebaner den noch kleinen
Herakles gesäugt haben soll nach einer gewissen Täuschung
durch Zeus. Die ganze Stelle heißt «Zug der Antigone»; als

sie nämlich den Leichnam des Polyneikes aufheben wollte, gelang ihr das gar nicht, und darauf fiel ihr ein, ihn zu ziehen, bis sie ihn fortziehen und auf den brennenden Scheiterhaufen des Eteokles bringen konnte.

Überschreitet man den Fluß, der nach der Frau des Lykos Dirke heißt[1], – von dieser, geht die Sage, sei Antiope mißhandelt worden, und deshalb habe Dirke durch die Söhne der Antiope den Tod gefunden –, nach Überschreiten der Dirke also folgen die Reste des Hauses des Pindar[2] und ein Heiligtum der dindymischen Mutter[3], eine Weihung des Pindar und die Kultstatue ein Werk der Thebaner Aristomedes und Sokrates. Man darf das Heiligtum nur an einem Tag in jedem Jahr und nicht länger öffnen. Ich kam gerade an diesem Tage an und sah das Kultbild aus pentelischem Marmor, das Bild selbst und den Thron.

Am Wege vom Neïtischen Tor liegt einmal das Heiligtum der Themis mit einem Kultbild aus Marmor, weiterhin das der Moiren und das des Zeus Agoraios; dieser ist aus Marmor gemacht, die Moiren besitzen keine Kultbilder. Etwas weiter steht ein Herakles unter freiem Himmel mit Beinamen Rhinokolustes, weil er, wie die Thebaner erzählen, den Herolden zur Schändung die Nasen abschnitt, die von Orchomenos gekommen waren, um den Tribut einzufordern.

Fünfundzwanzig Stadien von dort weiter liegt ein Hain der Demeter Kabeiraia und der Kore; Eingeweihte dürfen ihn betreten. Von diesem Hain liegt das Heiligtum der Kabeiren gegen sieben Stadien entfernt[4]. Wer die Kabeiren sind und was für Kulthandlungen für sie und Demeter begangen werden, darüber Schweigen zu bewahren, mögen mir diejenigen verzeihen, die es gern hören möchten ...[5]

Rechts vom Kabeirion befindet sich eine Ebene, die nach dem Seher Teneros heißt[6], den sie für einen Sohn des Apollon und der Melia halten, und ein großes Heiligtum des Herakles

mit Beinamen Hippodetes («Pferdebinder»)[1]. Die Orchomenier sollen nämlich mit einem Heere hierhergekommen sein,
und Herakles habe ihnen nachts die Wagenpferde zusammen-
2 gebunden. Geht man weiter, folgt das Gebirge, von dem die
Sphinx ausgezogen sein soll[2], die zum Verderben der Geraub-
ten ihr Rätsel sang[3]. Andere sagen, sie sei mit einer Seemacht
zu Räubereien herumgezogen, in das Meer bei Anthedon[4] gekommen, habe dieses Gebirge besetzt und weiterhin Raub
getrieben, bis Oedipus sie mit einem übermächtigen Heere
3 vernichtete, mit dem er aus Korinth kam. Es wird auch erzählt, sie sei eine uneheliche Tochter des Laïos gewesen, und
Laïos habe sie aus Wohlwollen den Orakelspruch gelehrt, der
dem Kadmos aus Delphi gegeben worden war. Außer den Königen habe niemand anders das Orakel gekannt. Wenn nun
jemand kam, um bei der Sphinx Anspruch auf die Herrschaft
zu erheben, Laïos habe nämlich von Nebenfrauen Söhne gehabt, und der Spruch aus Delphi habe sich nur auf Epikaste
und die Söhne von ihr bezogen[5], habe die Sphinx den Brüdern
verfängliche Fragen gestellt, da sie ja wohl den an Kadmos ergangenen Orakelspruch als Söhne des Laïos kennen
4 würden. Und da sie nicht zu antworten wußten, habe sie sie
mit dem Tode bestraft, da sie unberechtigt Geschlecht und
Herrschaft beanspruchten. Oedipus hatte aber nun wohl im
5 Traum den Spruch erfahren, als er kam. Von diesem Gebirge
liegen die Reste der Stadt Onchestos[6] fünfzehn Stadien entfernt; hier soll Poseidons Sohn Onchestos gewohnt haben. Zu
meiner Zeit war noch der Tempel und das Kultbild des Poseidon Onchestios vorhanden und der Hain, den auch Homer
gerühmt hat[7].

6   Schlägt man vom Kabeirion den Weg nach links ein und
geht gegen fünfzig Stadien, liegt dort Thespia[8] unter dem
Gebirge Helikon. Thespia soll Tochter des Asopos gewesen
und nach ihr die Stadt genannt sein, andere sagen, Thespios

sei aus Athen gekommen und habe der Stadt den Namen gegeben; er stamme von Erechtheus. Die Thespier haben in der
Stadt eine Bronzestatue des Zeus Saotes; sie erzählen darüber, 7
als einst ein Drache ihre Stadt verwüstete, habe der Gott ihnen
befohlen, jedes Jahr den durchs Los bestimmten Epheben dem
Tier zu geben. An die Namen der Umgekommenen erinnern
sie sich nicht mehr, wie sie sagen; als aber Kleostratos ausge-
lost wurde, habe sein Liebhaber Menestratos folgendes ausge-
dacht. Er machte einen bronzenen Panzer, der an jeder Schuppe 8
einen nach oben stehenden Angelhaken besaß; diesen Panzer zog
er an und lieferte sich selber freiwillig dem Drachen aus, und
dadurch sollte mit ihm zusammen auch das Untier umkommen.
Dafür soll Zeus den Zunamen Saotes erhalten haben ...[1]

Von Göttern verehren die Thespier von Anfang an den Eros 27, 1
am meisten, und als ältestes Kultbild besitzen sie einen unbe-
arbeiteten Stein. Wer bestimmt hat, daß die Thespier den
Eros von den Göttern am meisten verehren sollten, weiß ich
nicht. Nicht weniger verehren ihn aber auch die Einwohner
von Parion am Hellespont, die ursprünglich Siedler aus Ionien,
und zwar Erythrai, waren und jetzt das römische Bürgerrecht
besitzen ...[2] Den Thespiern schuf später Lysipp einen bron- 3
zenen Eros und vor diesem Praxiteles einen aus pentelischem
Marmor. Die Geschichte von Phryne und der List der Frau gegen Praxiteles habe ich an anderer Stelle schon erzählt[3]. Zuerst
soll Gaius[4], der in Rom herrschte, das Standbild des Eros fortgenommen haben, und nachdem Claudius es den Thespiern
zurückgeschickt habe, Nero es dann wiederum fortgeschleppt
haben. Die Statue vernichtete dort eine Feuersbrunst[5]; von 4
den Frevlern an dem Gott aber gab der eine einem Soldaten
immer dasselbe Losungswort mit geheimem Spott und
brachte den Mann dadurch so in Wut, daß er ihn bei Ausgabe
des Losungsworts umbrachte[6], und von Nero gibt es außer
dem Verbrechen an der Mutter auch noch andere gottlose und

lieblose Taten gegen verheiratete Frauen. Den jetzt vorhandenen Eros in Thespiai schuf der Athener Menodoros in Nach-
5 ahmung des Werkes des Praxiteles. Hier stehen von Praxiteles
selbst auch eine Aphrodite und eine Statue der Phryne; sowohl Phryne wie die Göttin sind aus Marmor. An anderer
Stelle gibt es auch ein Heiligtum der Aphrodite Melainis und
ein Theater und einen sehenswerten Markt; hier steht ein
Hesiod aus Bronze. Nicht weit vom Markt befindet sich eine
Nike aus Bronze und ein nicht großer Tempel der Musen[1];
darin stehen kleine Kultstatuen aus Marmor.

6   Auch für Herakles gibt es in Thespiai ein Heiligtum; und
das Priesteramt für ihn versieht eine Jungfrau, bis das Schicksal sie erreicht ...[2]

28,1 Der Helikon[3] besitzt von den Gebirgen Griechenlands am
meisten guten Boden und ist voll von Fruchtbäumen, und
die Zweige des Andrachlebaums[4] bieten Ziegen die süßeste
Frucht von allen irgendwo wachsenden. Die Umwohner des
Helikon sagen, daß auch alle Kräuter und Wurzeln im Gebirge
am wenigsten für den Menschen todbringend sind. Ebenso
macht das Futter hier sogar das Schlangengift schwächer, so
daß die Gebissenen meistenteils auch davonkommen, wenn
sie einen Libyer aus dem Stamm der Psyller[5] oder sonst die ge-
2 eigneten Heilmittel finden. Das Gift der bösartigsten Schlangen ist nämlich schon sonst für Menschen und ebenso alle Tiere
verderblich, zur Stärke des Giftes trägt aber auch das Futter
nicht am wenigsten bei, da ich auch von einem Phoeniker gehört habe, daß im phoenikischen Bergland die Wurzeln die
Schlangen noch bösartiger machen. Er sagte, er habe selber
einen Menschen gesehen, der auf der Flucht vor dem Angriff
einer Schlange auf einen Baum geklettert sei, und die Schlange
habe, als sie zu spät kam, von ihrem Gift gegen den Baum ge-
spritzt, und der Mann habe nicht mehr gelebt. Das hörte ich
von diesem ...[6]

Den Musen auf dem Helikon sollen zuerst Ephialtes und   29,1
Otos geopfert und den Berg als den Musen heilig bezeichnet
haben, und sie sollen auch Askre gegründet haben; so hat denn
Hegesinus in seiner Atthis darüber gedichtet:

> «Der Askre aber wohnte bei der Erderschütterer Poseidaon,
> die ihm den Sohn gebar im Umlauf des Jahres, Oioklos,
> der zuerst mit Aloeus' Söhnen Askre gründete,
> das am Fuße des quellenreichen Helikon liegt.»

Dieses Gedicht des Hegesinus habe ich nicht gelesen, da es   2
schon vor meiner Geburt nicht mehr vorhanden war, aber der
Korinthier Kallippos zitiert in seiner Schrift über Orchomenos
die Verse des Hegesinus als Beweis für seine Aussage[1]; ebenso
habe ich es nun gemacht, da ich sie von Kallippos erfahren habe. Von Askre war aber zu meiner Zeit nur ein einziger Turm,
aber sonst nichts Bemerkenswertes mehr vorhanden ...[2]

Im Helikon liegt links vom Wege zum Hain der Musen[3] die   5
Quelle Aganippe, und Aganippe soll Tochter des Termessos
sein; auch dieser Termessos fließt am Helikon[4]; am geraden
Wege zum Hain steht ein Bild der Eupheme in Relief auf Stein;
Eupheme soll die Amme der Musen gewesen sein. Deren Bild   6
befindet sich also hier und nach ihr Linos an einem kleinen Felsen, der in Form einer Höhle gearbeitet ist; diesem opfern sie
jedes Jahr vor dem Opfer an die Musen ...[5]

Von Standbildern für die Musen kommen zuerst solche für alle   30,1
von der Hand des Kephisodotos, etwas weiter folgen drei, die
wieder von Kephisodotos sind, und ebenso viele andere von
Strongylion, einem Mann, der besonders Rinder und Pferde am
besten darstellte; die übrigen drei schuf Olympiosthenes. Auch
ein Apoll aus Bronze steht auf dem Helikon und Hermes, die
um die Leier kämpfen, und ein Dionysos von Lysippos; das
Bild des stehenden Dionysos aber weihte Sulla, das sehenswerteste Werk des Myron nach dem Erechtheus in Athen. Er hatte
es aber nicht von seinem Besitz geweiht, sondern den miny-

schen Orchomeniern fortgenommen. Das ist das, was die Griechen «die Gottheit mit fremdem Weihrauch ehren» nennen.

2   Statuen von Dichtern und sonst in der musischen Kunst Hervorragenden stellten sie folgende auf, einen Thamyris, der schon blind ist und eine zerbrochene Leier hält; auch Arion aus Methymna ist da auf einem Delphin. Der Bildhauer der Statue des Argivers Sakadas, der Pindars Vorwort auf ihn nicht verstand, stellte den Flötenbläser hinsichtlich der Körpergröße

3   nicht größer als die Flöten dar[1]. Auch Hesiod sitzt dort mit einer Kithara auf den Knien, einem für Hesiod gar nicht passenden Gegenstand; denn es ist schon aus seinen Versen selbst deutlich, daß er zu einem Lorbeerzweig sang[2]. Über das Lebensalter des Hesiod und Homer habe ich mich zwar auf das genaueste unterrichtet, mochte hier aber nicht darüber schreiben, da ich die Streitsucht anderer und nicht zum wenigsten derer kenne, die sich zu meiner Zeit mit der Ependichtung beschäf-

4   tigten[3]. Der Thraker Orpheus ist dargestellt mit Telete neben ihm stehend, und um ihn herum sind Tiere aus Marmor und Bronze dargestellt, die ihm beim Singen zuhören …[4]

31,1   Auch eine Statue der Arsinoë steht auf dem Helikon, die Ptolemaios heiratete, obwohl er ihr Bruder war[5]. Arsinoë reitet auf einem Strauß aus Bronze; diesen Straußen wachsen zwar auch Flügel ebenso wie den anderen Vögeln, doch können nen die Flügel sie wegen ihrer Schwere und Größe nicht in die Luft heben.

2   Hier steht auch eine Hirschkuh, die dem kleinen Telephos, dem Sohn des Herakles, Milch gibt, und ein Rind daneben und eine sehenswerte Priaposstatue. Diesem Gott werden auch an anderen Orten Ehren erwiesen, wo Weiden für Ziegen und Schafe oder auch Bienenschwärme sind, die Lampsakener verehren ihn aber mehr als die anderen Götter und behaupten, er sei Sohn des Dionysos und der Aphrodite.

3   Auf dem Helikon steht unter anderen Dreifüßen auch als äl-

tester der, den Hesiod in Chalkis am Euripos erhalten haben
soll, als er im Sangeswettkampf gesiegt hatte[1]. Um den Hain
herum wohnen auch Leute, und die Thespieer feiern hier ein
Fest und einen Wettkampf Museia; sie veranstalten auch für
den Eros Wettkämpfe, wobei sie Preise nicht nur für musische
Dinge, sondern auch für Athleten aussetzen. Steigt man von
diesem Hain gegen zwanzig Stadien hinauf, trifft man den sogenannten Roßbrunnen[2]; den soll das Pferd des Bellerophontes
hervorgerufen haben, indem es mit einem Huf die Erde be-
rührte ...[3]

Die Bewohner von Kreusis[4], dem Hafen von Thespiai, ha- 32,1
ben gemeinsam nichts, in einem Privathaus aber war ein aus
Gips gefertigtes und bemaltes Dionysosstandbild. Nach Kreusis gibt es eine Überfahrt vom Peloponnes aus, gewunden und
auch sonst nicht ruhig; es springen nämlich Vorgebirge vor,
daß man das Meer nicht gerade überqueren kann, und zugleich wehen heftige Winde von den Bergen herunter.

Fährt man von Kreusis nicht übers offene Meer, sondern an 2
Boeotien selbst entlang, liegt zur Rechten die Stadt Thisbe[5].
Zuerst liegt ein Berg am Meer; wenn man den überschritten
hat, kommt eine Ebene und nach dieser ein anderer Berg, an
dessen Abhängen die Stadt liegt. Hier befindet sich ein Heraklesheiligtum mit einem stehenden Kultbild aus Marmor, und
man feiert auch ein Fest Herakleia. Die Ebene zwischen den 3
Bergen würde infolge der Wassermenge ein See sein, wenn sie
nicht in der Mitte einen festen Damm gebaut hätten. So leiten
sie jedes zweite Jahr das Wasser auf die Seite jenseits des
Damms ab und können die andere Seite bebauen. Thisbe soll
eine einheimische Nymphe sein, nach der die Stadt den Namen erhalten hat.

Fährt man von hier weiter, folgt ein nicht großes Städtchen 4
am Meer, Tipha[6]. Die Tiphaeer haben ein Herakleion und
feiern ein Jahresfest. Sie behaupten, von den Boeotern seit

alters am meisten seekundig zu sein, indem sie daran erinnern, daß der Einheimische Tiphys als Steuermann der Argo auserschen wurde. Sie zeigen auch eine Stelle vor der Stadt, wo die Argo bei ihrer Rückkehr von den Kolchern geankert haben soll.

5   Geht man von Thespiai aufwärts gegen das Innere, folgt Haliartos[1]. Wer der Gründer von Haliartos und Koroneia war, möchte ich nicht von meinem Bericht über Orchomenos trennen. Beim Feldzug der Perser durchzog ein Teil des Heeres des Xerxes sengend Land und Stadt der Haliartier, die auf griechischer Seite standen. In Haliartos befindet sich das Grabmal des Spartaners Lysander. Als er nämlich die Stadtmauer von Haliartos angriff, indem sich ein Heer aus Theben und aus Athen befand, und die Feinde einen Ausfall machten, fiel er im Kampf ...[2]

33,1   In Haliartos ist also ein Grabmal des Lysander und ein Heroon des Kekrops, des Sohnes des Pandion. Das Tilphusiongebirge und die Tilphusa genannte Quelle[3] sind gegen fünfzig Stadien von Haliartos entfernt. Von den Griechen wird erzählt, daß die Argiver mit den Söhnen des Polyneikes nach der Eroberung von Theben außer anderer Beute auch Teiresias nach Delphi zum Gott brachten, und er habe, da er durstig war, unterwegs von der Tilphusa getrunken und dabei sein Leben aufgegeben; so befindet sich sein Grab bei der Quelle.

2   Die Tochter des Teiresias soll dem Apoll von den Argivern gegeben worden sein, und sie soll dann auf Geheiß des Gottes zu Schiff nach dem jetzigen Ionien und dort ins Gebiet von Kolophon gefahren sein. Dort heiratete Manto den Kreter Rhakios; das übrige über Teiresias, die Zahl der Jahre, die er nach den Schriftstellern gelebt haben soll, und wie er aus einer Frau in einen Mann verwandelt wurde, und daß Homer in der Odyssee dichtete, daß er allein von denen im Hades mit Verstand begabt war[4], das wissen wohl alle vom Hörensagen. Die Ha-

3   liartier haben unter freiem Himmel ein Heiligtum der Göttinnen, die sie Praxidikai nennen; sie schwören hier und machen

den Eid nicht übereilt. Deren Heiligtum liegt am Berge
Tilphusion, in der Stadt Haliartos befinden sich Tempel, die
keine Kultbilder und kein Dach mehr haben. Nicht einmal das
konnte ich erfahren, für wen sie gebaut waren ...[1]

Alalkomenai ist ein nicht großes Dorf und liegt an den un-   5
tersten Ausläufern eines nicht eben hohen Berges[2]. Die einen
sagen, es habe seinen Namen von einem Einheimischen Alalko-
meneus, und von diesem soll Athena aufgezogen worden sein;
die anderen sagen, auch Alalkomenia sei eine der Töchter des
Ogygos. Etwas von dem Dorf entfernt im ebenen Gelände war
ein Tempel der Athena gebaut mit einem alten Kultbild aus Elfenbein. Sulla hat sowohl gegen die Athener grausame und   6
dem römischen Charakter nicht entsprechende Taten verübt,
wie auch ähnliche gegen Theben und Orchomenos; dazu hat
er auch in Alalkomenai sogar das Kultbild der Athena geraubt.
Diesen, der sich so zügellos gegen griechische Städte und die
Götter der Griechen benahm, befiel dafür die allerscheußlichste
Krankheit; er wurde ganz von Läusen zerfressen, und was früher Glück schien, nahm für ihn ein solches Ende[3]. Das Heiligtum in Alalkomenai wurde seitdem vernachlässigt, als von der
Göttin verlassen. Zu meiner Zeit geschah auch noch folgendes   7
zur Zerstörung des Tempels; ein großer und mächtiger Epheu
wuchs daran, löste ihn aus den Fugen und drängte die Steine
voneinander. Hier fließt auch ein nicht großer Wildbach, den
man Triton nennt, weil es heißt, daß Athena am Tritonfluß
aufgewachsen sei, in der Meinung, daß dies der Triton sei und
nicht der in Libyen, der aus dem Tritonischen See in das Meer
bei Libyen mündet[4].

Bevor man nach Koroneia von Alalkomenai kommt, liegt   34, 1
dort das Heiligtum der Athena Itonia[5]; genannt wird es nach
Itonos, dem Sohn des Amphiktyon, und hier kommen die Boeoter zu ihrer gemeinsamen Versammlung zusammen. In dem
Tempel stehen aus Bronze gemachte Statuen der Athena Ito-

nia und des Zeus, Werke des Agorakritos, des Schülers und
Geliebten des Phidias. Zu meiner Zeit stellte man auch Statuen
2 der Chariten auf. Erzählt wird auch folgendes. Iodama, die
Priesterin der Göttin, sei nachts in das Heiligtum gekommen,
und ihr sei Athena erschienen, und an dem Chiton der Göttin
habe sich das Haupt der Medusa Gorgo befunden; Iodama sei
bei seinem Anblick zu Stein geworden. Und deshalb lege eine
Frau jeden Tag Feuer auf den Altar der Itonia und sage dazu drei-
mal im boeotischen Dialekt, Iodama lebe und verlange Feuer.

3 Koroneia[1] bot an Bemerkenswertem auf dem Markt einen
Altar des Hermes Epimelios und einen der Winde; etwas tiefer
befindet sich ein Heiligtum der Hera und ein altes Kultbild,
ein Werk des Thebaners Pythodoros; sie trägt Sirenen auf der
Hand. Die Töchter des Acheloos seien nämlich, so sagen sie,
von Hera beredet worden, gegen die Musen in einen Sanges-
wettstreit einzutreten; wie diese siegten, hätten sie den Sirenen die Federn ausgerupft und sich daraus Kränze gemacht.
4 Vierzig Stadien von Koroneia entfernt ist das Gebirge Libe-
thrion; darin befinden sich Statuen der Musen und Nymphen
mit dem Beinamen der libethrischen. Und Quellen sind da, die
eine Libethrias genannt, die andere Petra, wie Frauenbrüste,
und Wasser fließt von ihnen wie Milch[2].

5 Zum Gebirge Laphystion[3] und zum Bezirk des Zeus Laphy-
stios sind es von Koroneia gegen zwanzig Stadien. Das Kultbild ist aus Marmor. Als Athamas hier Phrixos und Helle opfern
wollte, sei den Kindern von Zeus ein Widder mit goldenem
Fell geschickt worden, und sie seien auf diesem Widder ent-
flohen. Höher hinauf befindet sich ein Herakles mit dem Beinamen Charops; hier soll nach Aussage der Boeoter Herakles
mit dem Hadeshund heraufgekommen sein[4]. Wenn man vom
Laphystion zum Heiligtum der Athena Itonia herabsteigt,
kommt man an den Fluß Phalaros, der in den Kephisischen See
mündet[5].

    Dem Laphystiongebirge gegenüber liegt Orchomenos[1], be-   6
rühmt wie nur irgendeine sonstige Stadt in Griechenland.
Einst zu größter Blüte gelangt, sollte auch sie ein Ende finden,
das dem von Mykenai und Delos nicht viel nachsteht ...[2]
Nachdem sie von den Thebanern vertrieben worden waren[3],   37,8
führte Philippos, der Sohn des Amyntas, sie nach Orchomenos zurück, göttliche Fügung ließ sie aber immer schwächer
werden.

    In Orchomenos ist (außer anderen Heiligtümern auch eines)   38,1
des Dionysos gebaut, das älteste ist aber das der Chariten[4]. Die
Steine verehren sie am meisten und sagen, sie seien dem Eteokles vom Himmel gefallen; die sorgfältig gearbeiteten Statuen
wurden erst zu meiner Zeit aufgestellt, auch sie sind aus
Stein. Sie haben auch einen sehenswerten Brunnen, in den man   2
zum Wasserholen hinabsteigt[5]. Das Schatzhaus des Minyas[6], ein
Wunderbau, der keinem anderen in Griechenland selbst oder
anderswo nachsteht, ist folgendermaßen gebaut; es ist aus Stein
hergestellt, rund in der Form und nach oben nicht sehr spitz
zugehend; der oberste Stein soll dem ganzen Gebäude den
Zusammenhalt geben. Es sind da die Gräber des Minyas und   3
Hesiods[7]. Hesiods Gebeine sollen sie auf folgende Weise bekommen haben. Als eine verheerende Krankheit Mensch und
Vieh ergriff, schickten sie Gesandte zum Gott. Diesen soll Pythia geantwortet haben, sie müßten die Gebeine des Hesiod
aus dem naupaktischen Land nach Orchomenos bringen, anders könnten sie keine Heilung finden. Da hätten sie zurück-
gefragt, wo sie sie im naupaktischen Land finden sollten, und
die Pythia habe ihnen wieder geantwortet, eine Krähe würde
es ihnen zeigen. Als dann die Gesandten an Land gegangen   4
waren, hätten sie einen Stein nicht weit vom Wege und den
Vogel auf dem Stein gesehen. Und sie fanden die Gebeine des
Hesiod in einer Höhlung des Steins. Und Verse standen auf
dem Grabmal:

«Askre ist das Vaterland, das saatenreiche, doch des
Toten Gebeine birgt das Land der rosseschlagenden Minyer,
Hesiods, dessen Ruhm am höchsten sich erhebt in Hellas,
derer, die nach der Weisheit Prüfstein beurteilt werden[1].»

5 Über Aktaion wurde von den Orchomeniern erzählt, ihr
Land sei heimgesucht worden von einem Gespenst[2]. Wie sie
in Delphi anfragten, befahl ihnen der Gott, sie sollten, was von
Aktaion übrig sei, aufsuchen und in der Erde verbergen; er befahl ihnen auch, ein Bronzeabbild des Gespenstes zu machen
und es mit Eisen an einen Stein zu schmieden. Diese ange-
schmiedete Statue habe ich noch selber gesehen, und dem Aktaion opfern sie jährlich.

6 Sieben Stadien von Orchomenos entfernt liegt ein Tempel
des Herakles mit einer nicht großen Statue. Hier sind die
Quellen des Melasflusses, und der Melas fließt ebenfalls in den
Kephisischen See[3]. Der See überschwemmt auch sonst den
größten Teil des orchomenischen Landes, besonders aber im
Winter, wenn zur Hauptsache Südwind weht, dringt das Was-
7 ser noch tiefer ins Land ein. Die Thebaner sagen, der Fluß Kephisos sei von Herakles in die orchomenische Ebene abgelenkt
worden; so lange sei er unter dem Gebirge ins Meer abgeflos-
sen, bis Herakles den Schlund durch das Gebirge verstopfte.
Aber auch Homer weiß, daß der Kephisische See bereits vorhanden war und nicht erst durch Herakles hergestellt wurde,
und sagt darüber:

«Dicht an dem See Kephisis[4].»

8 Es hat auch keine Wahrscheinlichkeit, daß die Orchomenier
die Öffnung nicht gefunden haben und durch Aufgraben des
Werks des Herakles dem Kephisos nicht seinen alten Durch-
fluß zurückgegeben haben sollten, da sie nicht einmal bis zu
dem Troïschen Krieg unvermögend an Geld waren. Auch Homer bezeugt es in der Antwort des Achill an die Gesandten des
Agamemnon:

«Was nach Orchomenos eingeht[1],»

offenbar doch, weil noch damals den Orchomeniern viele Güter zuflossen.

Aspledon[2] sollen die Bewohner aus Wassermangel verlassen   9
haben; ihren Namen soll die Stadt von Aspledon gehabt haben, und dieser sei ein Sohn der Nymphe Mideia und des Poseidon. Mit dieser ihrer Angabe stimmen auch die Verse überein, die Chersias, ein Orchomenier, dichtete:

«Von Poseidaon und der hochberühmten Mideia
stammte Aspledon als Sohn in der weiträumigen Stadt.»

An dieses Epos des Chersias gibt es zu meiner Zeit keine Erin-   10
nerung mehr, aber auch diese Worte zitierte Kallippos in derselben Schrift über Orchomenos[3]. Diesem Chersias schreiben die Orchomenier auch die Inschrift auf dem Grab des Hesiod zu[4].

Im Bergland wohnen Phoker über Orchomenos, in der Ebene   39,1
ist ihnen Lebadeia[5] benachbart. Die Stadt lag ursprünglich in der Höhe und hieß Mideia nach der Mutter des Aspledon; als Lebados aus Athen in die Stadt kam, stiegen die Menschen in die Ebene hinab und wurde die Stadt nach ihm Lebadeia genannt. Den Namen des Vaters des Lebados, und weshalb er kam, weiß man nicht, nur daß die Frau des Lebados Laonike war. Die Stadt ist im übrigen wie die wohlhabendsten   2
Städte der Griechen ausgestattet, und der Fluß Herkyna trennt den Hain des Trophonios von ihr ab[6]. Man erzählt, Herkyna habe hier einst mit Kore, der Tochter der Demeter, gespielt, eine Gans gehabt und sie gegen ihren Willen fahren lassen müssen; als der Vogel in eine Höhle hineinflog und sich unter einem Stein versteckte, ging Kore hinein und ergriff den unter dem Stein liegenden Vogel; das Wasser soll nun dort hervorgesprudelt sein, wo Kore den Stein aufhob, und der Fluß deswegen Herkyna genannt worden sein. Am Flußufer steht ein   3
Tempel der Herkyna und darin ein Mädchen mit einer Gans in den Händen. In der Höhle befinden sich die Quellen des

Flusses und aufrecht stehende Statuen, um deren Szepter sich
Schlangen ringeln. Man könnte danach vermuten, daß es Asklepios und Hygieia seien, es mögen aber auch Trophonios
und Herkyna sein, da man meint, auch die Schlangen seien
dem Asklepios nicht mehr heilig als dem Trophonios. An dem
Fluß befindet sich das Grabmal des Arkesilaos; Leïtos soll die
4 Gebeine des Arkesilaos aus Troia gebracht haben. Das Hervorragendste im Hain des Trophonios ist ein Tempel und
Kultbild, auch dies dem Asklepios ähnlich; Praxiteles schuf
das Kultbild. Auch ein Heiligtum der Demeter ist da mit dem
Beinamen Europe und ein Zeus Hyetios im Freien. Steigt man
zur Orakelstätte hinauf und geht von dort am Berg weiter, so
sind da die sogenannte Jagd der Kore[1] und ein Tempel des
Zeus Basileus. Diesen hat man wegen seiner Größe oder auch
wegen der unablässigen Kriege halbfertig gelassen, in einem
anderen Tempel stehen Statuen des Kronos, der Hera und des
Zeus. Auch ein Apollonheiligtum ist dort[2].

5 Bei dem Orakel geschieht folgendes[3]. Wenn jemand in die
Trophonioshöhle hinabsteigen will, verbringt er zuerst eine
bestimmte Zahl von Tagen in einem Hause; das Haus
ist dem guten Daimon und dem guten Geschick geweiht.
Während des Aufenthalts hier vollzieht er die sonstigen Reini-
gungsvorschriften, darf aber nicht warm baden, sondern zum
Baden dient der Fluß Herkyna. Er erhält auch reichlich Fleisch
von den Opfern; der Hinabsteigende opfert nämlich dem Trophonios selbst und den Söhnen des Trophonios, dazu dem
Apollon und dem Kronos und dem Zeus mit Beinamen Basileus und der Hera Henioche und der Demeter, die sie Europe
6 zubenennen und für die Amme des Trophonios ansehen. Bei
jedem Opfer ist ein Seher zugegen und beobachtet die Eingeweide des Opfertieres, und danach verkündet er dem Hinabsteigenden, ob ihn Trophonios günstig und gnädig empfangen
werde. Bei den übrigen Opfertieren nun zeigen die Eingeweide

nicht ebensogut die Meinung des Trophonios an, aber in
der Nacht, in der der Betreffende hinabsteigt, in dieser opfern sie einen Widder über einer Grube, unter Anrufung des
Agamedes. Wenn auch die früheren Opfer günstig geschienen
haben, hat es nichts zu bedeuten, wenn nicht auch die Eingeweide dieses Widders dasselbe aussagen; wenn aber auch diese
die Einwilligung geben, dann steigt jeder hoffnungsvoll hinab,
und zwar so. Zuerst führen ihn in der Nacht an den Fluß Her-   7
kyna und salben und waschen ihn dabei zwei etwa dreizehn
Jahre alte Bürgerssöhne, die Hermai heißen. Diese Knaben
also waschen den Hinabsteigenden und besorgen sonst das
Nötige, dann wird er von den Priestern noch nicht sofort zur
Orakelstätte geführt, sondern zu Quellen, die einander ganz
nahe sind. Dort muß er das sogenannte Wasser des Vergessens   8
trinken, damit er alles vergißt, was er bisher gedacht hatte,
und danach trinkt er ein anderes Wasser des Erinnerns, und
davon erinnert er sich an das, was er gesehen hat, wenn er hinabgestiegen ist[1]. Er sieht ein Kultbild, das Daidalos gemacht
haben soll, und das von den Priestern nur denen gezeigt wird,
die zum Trophonios gehen wollen. Nachdem er dieses Kultbild gesehen und verehrt und gebetet hat, geht er zur Orakelstätte, bekleidet mit einem leinenen Chiton und Binden um
den Chiton und in einheimischen Sandalen. Die Orakelstätte   9
befindet sich über dem Hain auf dem Berge. Eine Plattform
aus Marmor ist ringsum gebaut in der Größe wie eine ganz
kleine Tenne und weniger als zwei Ellen hoch. Auf der Plattform stehen Gitterstäbe, die ebenso wie die sie verbindenden
Bänder aus Bronze sind; durch sie ist eine Tür hergestellt. Innerhalb des Bezirks befindet sich ein Erdschlund, der nicht
einfach natürlich, sondern künstlich und sorgfältig aufs genaueste gebaut ist. Die Form dieses Bauwerks gleicht einer   10
Backpfanne[2]; in der Breite beträgt sein Durchmesser schätzungsweise wohl etwa vier Ellen, und auch die Tiefe des Bau-

werks kann·man wohl auf nicht mehr als acht Ellen hinabrei-
chend schätzen. Eine Treppe zum Boden ist von ihnen nicht
gebaut; wenn jemand zum Trophonios geht, bringt man ihm
eine schmale, leichte Leiter. Wenn man hinabgestiegen ist, ist da
ein Loch zwischen Boden und Bauwerk; die Breite schien zwei

11 Spannen, die Höhe eine Spanne zu betragen. Der Hinabsteigende legt sich nun auf den Boden, indem er mit Honig ge-
backene Kuchen in der Hand hält, schiebt zuerst seine Füße
in das Loch und folgt dann selber nach, worbei er darauf Be-
dacht nimmt, daß sich seine Knie in dem Loch befinden. Der
übrige Körper wird dann sofort ergriffen und folgt den Knien
nach, wie der größte und reißendste Fluß einen vom Strudel
erfaßten Menschen verschlingt. Von da an ist für die, die in
das Allerheiligste gelangt sind, die Art und Weise, wie sie die
Zukunft erfahren, nicht ein und dieselbe, sondern der eine
sieht, der andere hört etwas. Die Hinabgestiegenen kehren
durch dieselbe Öffnung wieder zurück und wieder mit den

12 Füßen voraus. Niemand von den Hinabgestiegenen soll je umgekommen sein außer einem von den Leibwächtern des Demetrios. Der habe aber, wie sie sagen, weder eine der vorgeschriebenen Handlungen im Heiligtum vollzogen, noch sei er
überhaupt hinabgestiegen, um den Gott zu befragen, sondern
in der Hoffnung, Gold und Silber aus dem Allerheiligsten zu
holen. Es wird auch erzählt, daß dessen Leichnam an anderer
Stelle aufgetaucht und nicht durch die heilige Öffnung hin-
ausbefördert worden sei. Betreffs dieses Menschen, von dem
auch anderes erzählt wird, habe ich den glaubwürdigsten Be-

13 richt wiedergegeben. Denjenigen, der vom Trophonios her-
aufkommt, nehmen wieder die Priester und setzen ihn auf den
sogenannten Thron des Erinnerns, der nicht weit vom Allerheiligsten steht, und fragen ihn dort, was er gesehen und erfahren hat. Danach überlassen sie ihn seinen Angehörigen.
Diese tragen ihn in das Haus, in dem er sich auch vorher auf-

hielt bei dem guten Geschick und dem guten Daimon, noch
ganz benommen vom Schrecken und ohne Bewußtsein seiner
selbst und seiner Umgebung. Im übrigen ist er dann später
durchaus nicht weniger bei Verstand als vorher, und das Lachen kommt ihm auch wieder[1]. Ich schreibe das nicht nur vom   14
Hörensagen, sondern weil ich andere gesehen und auch selber
das Orakel des Trophonios befragt habe. Die ins Heiligtum
des Trophonios hinabgestiegen sind, müssen das, was jeder
gehört oder gesehen hat, auf einer Tafel geschrieben aufstellen. Auch der Schild des Aristomenes ist hier noch vorhanden;
was mit ihm geschah, habe ich in den früheren Abschnitten
meines Buches erzählt[2].

Diese Orakelstätte, die früher nicht bekannt war, haben die   40, 1
Boeoter aus folgendem Grunde kennengelernt. Sie schickten
einmal Gesandte von jeder Stadt nach Delphi, da es bereits im
zweiten Jahr bei ihnen nicht regnete. Als sie um Behebung der
Dürre baten, befahl ihnen die Pythia, zu Trophonios nach Lebadeia zu gehen und von ihm das Heilmittel zu erfahren. Als   2
sie nun nach Lebadeia kamen und das Orakel nicht finden
konnten, da sah einer von den Männern aus Akraiphnion,
Saon, – er war auch der älteste der Gesandtschaft –, einen Bie-
nenschwarm ...[3], sie sollten folgen, wohin sie sich wenden
würden. Sofort sah er die Bienen an dieser Stelle in die Erde
hineinfliegen und tauchte mit ihnen in die Orakelstätte ein.
Dieser Saon soll von Trophonios den bestehenden Ritus, und
was sie sonst betreffs des Orakels tun, erfahren haben.

Von den Werken des Daidalos existieren also diese beiden   3
in Boeotien, ein Herakles in Theben[4] und in Lebadeia der Trophonios, und ebenso viele weitere Holzbilder gibt es noch in
Kreta, eine Britomartis in Olus und eine Athena in Knosos; hier
befindet sich auch der Reigen der Ariadne, den schon Homer in
der Ilias erwähnte[5], in Relief auf Marmor. Auch die Delier haben ein nicht großes Holzbild der Aphrodite, dessen rechter

Arm von der Zeit mitgenommen ist; statt der Füße läuft es
4 unten viereckig aus. Ich glaube, daß Ariadne dies von Daidalos
erhalten hat, und als sie dem Theseus folgte, wurde das Kultbild von zu Haus mitgenommen. Theseus aber, so sagen die
Delier, weihte, als er Ariadnes beraubt war, das Holzbild der
Göttin dem delischen Apollon, damit er nicht zu Hause dadurch stets an Ariadne erinnert würde und nicht immer neue
Pein aus Liebe erlitte. Sonst sind meines Wissens keine Werke
des Daidalos mehr vorhanden; denn die von den Argivern ins
Heraion geweihten und aus Omphake nach Gela in Sizilien ge-
brachten sind im Laufe der Zeit verschwunden [1].

5 An Lebadeia schließt sich Chaeronea [2] an. Auch diese Stadt
hieß ursprünglich Arne [3]; Arne soll Tochter des Aiolos gewesen und nach ihr auch eine andere Stadt in Thessalien genannt
worden sein. Den jetzigen Namen habe Chaeronea nach Chairon erhalten, der ein Sohn des Apollon und dessen Mutter
Thero die Tochter des Phylas gewesen sei. Das bezeugt auch
der Dichter der großen Eoeen [4]:

6 «Phylas erkor die Leipophile [5] sich, die der Held Iolaos
　　hatte gezeugt, von Gestalt den olympischen Göttinnen
　　　　　　　　　　　　　　　　　　　　　　ähnlich.
　　Diese gebar als Sohn ihm Hippotes in der Behausung,
　　auch die reizende Thero, dem Glanz der Selene
　　　　　　　　　　　　　　　　　　　　vergleichbar.
　　Aber von Thero darauf, die geruht in den Armen
　　　　　　　　　　　　　　　　　　　　Apollons,
　　wuchs mit gewaltiger Kraft der Rossebändiger Chairon [6].»
Homer wußte nach meiner Meinung, daß sie schon Chaeronea und Lebadeia hießen, gebrauchte aber doch die alten Namen für sie, wie er ja auch den Fluß Aigyptos nannte und
nicht Nil.

7 Die Chaeroneer haben zwei Siegesdenkmäler in ihrem Gebiet, die die Römer und Sulla aufstellten nach ihrem Siege

über Taxilos und das Heer des Mithridates[1]. Philipp, Amyntas' Sohn, stellte aber kein Siegeszeichen auf, weder hier noch bei den anderen Schlachten, in denen er Barbaren oder Griechen besiegte; denn es war keine makedonische Sitte, Siegeszeichen aufzustellen ...[2] Das bezeugt auch Alexander, der weder für seine Siege über Dareios noch für seine indischen Siege Denkmäler aufstellte.

9

Bei der Annäherung an die Stadt sieht man ein Massengrab der in dem Kampf gegen Philipp gefallenen Thebaner; eine Inschrift ist nicht darauf geschrieben, aber als Grabfigur ist ein Löwe darauf; er soll sich wohl auf den Mut der Männer beziehen, und eine Inschrift fehlt nach meiner Meinung deswegen, weil das ihnen von der Gottheit verhängte Schicksal gar nicht ihrer Tapferkeit entsprach[3]. Von Göttern verehren die Chaeroneer am meisten das Szepter, das nach Homer Hephaistos für Zeus gemacht haben soll, das dann von Zeus Hermes erhalten und dem Pelops gegeben, Pelops dem Atreus hinterlassen, Atreus dem Thyestes und Agamemnon von Thyestes bekommen haben soll[4]. Dieses Szepter verehren sie und nennen es Speer. Daß es etwas Göttlicheres ist, beweist nicht zum wenigsten der Ruhm, den es den Menschen bringt. Es soll an der Grenze zwischen ihnen und Panopeus in Phokis gefunden worden sein, und mit ihm zusammen hätten die Phoker auch Gold gefunden, sie hätten aber gern das Szepter statt Gold genommen. Ich meine, daß es von Agamemnons Tochter Elektra nach Phokis gebracht wurde. Ein Tempel ist dafür von Staats wegen nicht gebaut, sondern der jeweilige jährliche Priester verwahrt das Szepter in einem Hause. Auch die Opfer opfern sie jeden Tag, und ein Tisch steht daneben, voll mit aller Art Fleisch und Gebäck ...[5]

10

11

12

Über der Stadt befindet sich der Petrachos genannte Felsen[6]; hier, meinen sie, sei Kronos betrogen worden, indem er statt des Zeus einen Stein von Rhea erhielt, und eine nicht große

41,6

7 Statue des Zeus steht auf dem Gipfel des Berges. Hier in Chaeronea kocht man Salben aus Blumen von Lilien und Rosen und
Narzissen und Schwertlilien; sie dienen für die Menschen als
schmerzstillende Mittel. Wenn man mit der aus Rosen hergestellten Salbe aus Holz gearbeitete Statuen salbt, entgehen
auch sie der Fäulnis. Die Schwertlilie wächst in Sümpfen, ist
so groß wie eine Lilie, an Farbe nicht weiß und steht im Duft
der Lilie nach.

BUCH X

PHOKIS

Was vom phokischen Lande um Tithorea[1] und Delphi liegt,   1,1
hat offenbar seit ältesten Zeiten diesen Namen von dem Korinthier Phokos, dem Sohn des Ornytion[2], erhalten; nicht viele
Jahre später setzte er sich auch für das ganze heute so genannte
Phokis durch, als Aegineten zu Schiff in das Land hinüberka-
men zusammen mit Phokos, dem Sohn des Aiakos[3]. Auf der   2
einen Seite dem Peloponnes gegenüber (gegen die sogenannten
ozolischen Lokrer)[4] und gegen Boeotien reichen die Phoker bis
ans Meer, einerseits bis Kirrha, dem Hafen Delphis, andererseits bis zur Stadt Antikyra[5]. Auf der Seite gegen den Lamischen Golf dagegen hindern sie die hypoknemidischen Lokrer
daran, Küstenbewohner zu sein. Diese sind es nämlich, die
hier über Phokis wohnen, die Skarpheer jenseits von Elateia
und über Hyampolis und Abai die Bewohner der Stadt Opus
und von Kynos, dem Hafen von Opus[6] ...

Von Chaeronea[7] sind es zwanzig Stadien nach Panopeis[8],   4,1
einer phokischen Stadt, wenn man auch einen solchen Ort eine
Stadt nennen darf, der weder Amtsgebäude, noch ein Gymnasion, noch ein Theater, noch einen Markt besitzt, nicht einmal Wasser, das in einen Brunnen fließt, sondern wo man in Behausungen etwa wie den Hütten in den Bergen an einer Schlucht
wohnt. Und doch haben auch sie ihre Landesgrenzen gegen die
Nachbarn und schicken ebenfalls Vertreter in die phokische
Versammlung. Ihren Namen soll die Stadt von dem Vater des
Epeios erhalten haben, und sie selbst behaupten, nicht Phoker, sondern ursprünglich Phlegyer gewesen und in das phokische Land aus dem Gebiet von Orchomenos geflohen zu sein.
Den alten Mauerring von Panopeis schätze ich nach Augen-   2

schein auf etwa sieben Stadien [1]. Dabei fielen mir die Verse Homers ein [2], die er auf Tityos dichtete, wobei er die Stadt der Panopeer «die mit dem schönen Tanzplatz» nennt, und wie er bei dem Kampf um den Leichnam des Patroklos auch sagt, daß Schedios, Iphitos' Sohn, König der Phoker und von Hektor getötet, in Panopeus gewohnt habe. Das letztere schien mir seinen Grund darin zu haben, daß der König aus Furcht vor den Boeotern, weil nämlich hier ein Einfall aus Boeotien nach Phokis am leichtesten ist, hier wohnte, indem er Pano-

3　peus als Festung benutzte. Das andere aber, weshalb er Panopeus als «mit dem schönen Tanzplatz» bezeichnete, konnte ich nicht eher verstehen, als bis ich darüber durch die bei den Athenern so genannten Thyiaden belehrt wurde. Die Thyiaden sind attische Frauen, die jedes zweite Jahr zum Parnaß kommen und hier mit den Frauen Delphis zusammen dem Dionysos ein Fest feiern. Diese Thyiaden tanzen auf ihrem Wege von Athen an verschiedenen Stellen und so auch bei den Panopeern, und so scheint das homerische Beiwort für Panopeus auf diesen Tanz der Thyiaden hinzuweisen.

4　In Panopeus steht am Wege ein nicht großes Gebäude aus Lehmziegeln und darin eine Statue aus pentelischem Marmor, die die einen als Asklepios, die anderen als Prometheus bezeichnen; und dafür führen sie auch Beweise an. In der Schlucht liegen nämlich Steine, jeder von beiden etwa so groß wie eine ausreichende Wagenladung, und sie haben die Farbe von Lehm, nicht erdig, sondern wie er von einer Schlucht oder sandigem Gießbach entstehen würde. Sie strömen auch einen Geruch aus, am ehesten wie die Haut eines Menschen. Das soll von dem Lehm übriggeblieben sein, aus dem von Prome-

5　theus das ganze Menschengeschlecht geformt wurde. Hier an der Schlucht ist auch das Grabmal des Tityos, und der Umfang der Aufschüttung beträgt etwa ein Drittel Stadion. Der Vers, der in der Odyssee steht [3]:

«Ausgestreckt am Boden; neun Plethren deckte sein Körper»,
sei, wie sie behaupten, nicht auf die Größe des Tityos gedichtet, sondern wo Tityos begraben wurde, heiße der Ort Neun
Plethren ... [1]

Etwa sieben ... Stadien von Panopeus entfernt liegt Daulis [2]. 7
Die Menschen hier sind an Zahl nicht viel, aber an Größe und
Kraft noch zu meiner Zeit die angesehensten unter den Phokern. Der Name soll der Stadt gegeben worden sein von einer
Nymphe Daulis, und Daulis sei Tochter des Kephisos. Andere
haben behauptet, daß der Platz, wo die Stadt gegründet wurde,
dicht bewaldet gewesen sei, und die Wälder seien von den Alten
daula genannt worden; deshalb habe auch Aischylos den Bart
des Anthedoniers Glaukos daulos genannt [3]. Hier in Daulis 8
sollen die Frauen dem Tereus den Sohn vorgesetzt haben, und
das war für die Menschen der Anfang der Befleckungen bei
Tisch. Der Wiedehopf, in den Tereus der Sage nach verwandelt worden sein soll, ist ein wenig größer als eine Wachtel,
und die Federn auf seinem Kopf stehen wie ein Helmbusch
empor. Merkwürdig ist, daß in diesem Lande die Schwalben 9
weder Eier legen noch ausbrüten, und nicht einmal ein Nest
an einem Hausdach wird eine Schwalbe hier bauen. Die Phoker sagen, daß Philomela noch als Vogel Angst vor Tereus
und der Heimat des Tereus habe [4]. In Daulis gibt es ein Athenaheiligtum mit einer alten Statue, und das noch ältere Holzbild soll Prokne aus Athen gebracht haben ... [5]

Es gibt auch von Daulis aus einen Aufstieg auf den Gipfel 5,1
des Parnaß, weiter als der von Delphi her, aber nicht ebenso
schwierig [6]. Kehrt man auf den geraden Weg nach Delphi von
Daulis zurück und geht weiter, so liegt links vom Weg ein
Phokikon genanntes Gebäude, wohin aus jeder Stadt die
Phoker zusammenkommen. Das Gebäude ist groß, und darin 2
stehen Säulen der Länge nach. Von den Säulen gehen Stufen
an den beiden Wänden hinauf, und auf diesen Stufen sitzen die

versammelten Phoker. Am Ende befinden sich weder Säulen
noch Stufen, sondern sind Statuen des Zeus und der Athena
und der Hera aufgestellt, die eine auf einem· Thron, die des
Zeus, die auf den beiden Seiten, die eine rechts und die linke,
Athena, stehend[1].

3   Von dort weitergehend kommt man an den sogenannten
«Geteilten Weg»[2]; an diesem Weg vollbrachte Oedipus den
Vatermord. Erinnerungsmale an die Geschicke des Oedipus
sollten also über ganz Griechenland vorhanden bleiben. Nach
seiner Geburt bohrten sie Stacheln durch seine Fußknöchel
und setzten ihn im Gebiet von Plataeae im Kithaerongebirge
aus; Korinth und das Land am Isthmos zog Oedipus auf; Phokis und der Geteilte Weg empfingen die Befleckung des
Vatermordes, und die Thebaner haben darüber hinaus die Sage
4   von der Ehe des Oedipus und der Untat des Eteokles. Für Oedipus war also der Geteilte Weg und die Untat daran der
Anfang seines Unglücks, und die Grabmäler des Laïos und des
ihn begleitenden Dieners befinden sich hier mitten im Drei-
weg, und Feldsteine sind auf ihnen aufgehäuft. Damasistratos,
der in Plataeae König war, soll die daliegenden Toten gefunden und sie begraben haben.

5   Der Hauptweg von dort nach Delphi wird nun steiler und
auch für einen rüstigen Mann schwieriger. Es wird viel Ver-
schiedenes über Delphi selbst erzählt und mehr noch über das
Orakel des Apollon[3]. In ältester Zeit soll nämlich die Orakelstätte der Ge gehört haben, und Daphnis soll von Ge daran als
Wahrsagepriesterin eingesetzt worden sein; sie sei eine der
Nymphen des Gebirges[4] ...

9   Der älteste Tempel für Apollon[5] soll aus Lorbeer gemacht
und die Zweige von dem Lorbeerbaum im Tempetal geholt
worden sein; dieser Tempel muß wohl der Form einer Hütte
nachgebildet worden sein. Danach, so sagen die Delpher, sei
der Tempel von Bienen gebaut worden, von dem Wachs der

Bienen und aus Federn; er soll von Apollon zu den Hyperboreern gesandt worden sein. Es wird aber auch eine andere
Geschichte erzählt, daß ein Delpher den Tempel verfertigt
habe, der Pteras hieß; ebenso soll daher auch der Tempel benannt worden sein nach seinem Baumeister[1]. Nach diesem
Pteras soll auch eine kretische Stadt unter Hinzufügung eines
Buchstabens Aptera benannt worden sein. Die Geschichte
nämlich, die sich auf das in den Bergen wachsende Farnkraut
bezieht, daß sie den Tempel aus diesem noch grünen Kraut geflochten hätten, diese Geschichte erkenne ich überhaupt nicht
an. Betreffs des dritten Tempels, daß er aus Bronze gemacht
wurde, darüber braucht man sich nicht zu wundern, insofern
nämlich Akrisios für seine Tochter ein bronzenes Gemach herstellen ließ und in Sparta noch heute das Heiligtum der Athena
Chalkioikos[2] besteht und in Rom das wegen seiner Größe und
sonstigen Ausstattung bewundernswerte Forum ein bronzenes
Dach besitzt[3]. So wäre es wohl nicht unwahrscheinlich, daß
auch ein Tempel für Apollon aus Bronze gemacht worden
sein soll. Im übrigen allerdings hat mich weder die Sage überzeugt, daß der Tempel ein Werk des Hephaistos gewesen sein
soll, noch was Pindar über die goldenen Sängerinnen an jenem
Tempel gedichtet hat:

«Sechs goldene Keledonen
sangen über dem Giebel.»

Dieser dichtete das nach meiner Meinung in Anlehnung an die
Sirenen bei Homer[4]. Auch die Art und Weise, wie der Tempel
verschwand, fand ich nicht gleichmäßig erzählt; man sagt
nämlich sowohl, er sei in einen Erdspalt gefallen, wie vom
Feuer geschmolzen worden. Ein vierter wurde von Trophonios
und Agamedes gebaut[5], und man erinnert sich, daß er aus
Stein bestand; er verbrannte, als Erxikleides in Athen Archon
war, im ersten Jahr der 58. Olympiade, an der Diognetos aus
Kroton siegte[6]. Den jetzigen Tempel für den Gott bauten die

Amphiktyonen aus den heiligen Geldern, und sein Baumeister
war ein gewisser Spintharos aus Korinth[1] ...

7,1   Das Heiligtum in Delphi scheint schon von Anfang an von
sehr vielen Menschen heimgesucht worden zu sein. So griff es
dieser euboeische Räuber an[2] und Jahre später das Volk der
Phlegyer[3], ferner Pyrrhos, der Sohn Achills[4], und ein Teil des
Heeres des Xerxes[5] und diejenigen, die sich die längste Zeit
und am meisten an den Geldern des Gottes vergriffen, die
Machthaber in Phokis[6], und das Heer der Gallier[7]. Auch von
Neros Rücksichtslosigkeit gegen alles sollte es nicht unbe-
rührt bleiben, der dem Apoll fünfhundert Bronzestatuen von
Göttern und Menschen fortnahm.

2   Der älteste Wettkampf, und für den man zuerst Preise ausgesetzt habe, so berichtet man, sei gewesen, einen Hymnus
auf den Gott zu singen[8]; und es sang und siegte mit seinem
Gesang Chrysothemis aus Kreta, dessen Vater Karmanor Apollon entsühnt haben soll. Später als Chrysothemis habe, wie
man berichtet, Philammon mit einem Gesang gesiegt und nach
ihm Thamyris, Philammons Sohn. Orpheus aus Prahlerei mit
seinen Mysterien und wegen seines sonstigen Stolzes und Musaios wegen seiner Nachahmung des Orpheus in allem sollen
es abgelehnt haben, sich in einem musischen Wettkampf prüfen
3   zu lassen. Auch Eleuther soll einen pythischen Sieg errungen
haben wegen seiner lauten und angenehmen Stimme, obwohl
er keinen Gesang von sich selbst vortrug. Es wird auch erzählt, daß Hesiod zu dem Wettkampf nicht zugelassen worden
sei, da er nicht gelernt habe, zu seinem Gesang zugleich die
Kitharabegleitung zu spielen. Homer kam nach Delphi, um zu
fragen, was er nötig hatte, und obwohl er gelernt hatte, die
Kithara zu spielen, sollte auch ihm diese Kenntnis wegen sei-
4   nes Augenleidens nichts nützen[9]. In der 48. Olympiade, an der
Glaukias aus Kroton siegte, und zwar in ihrem dritten Jahre[10],
setzten die Amphiktyonen Preise aus für Kitharagesang wie

schon von Anfang an, dazu aber fügten sie noch einen Wettkampf im Flötengesang und Flötenspiel. Als Sieger wurden
ausgerufen der Kephallenier Melampus[1] im Kitharagesang,
der arkadische Flötensänger Echembrotos und Sakadas aus
Argos im Flötenspiel; dieser Sakadas errang den Sieg auch an
den folgenden beiden Pythiaden[2]. Damals setzten sie auch für   5
Athleten zum erstenmal Preise aus, indem sie die in Olympia bestehenden Wettkämpfe außer dem Wagenrennen mit dem Viergespann und selber den Langlauf und Doppellauf für Knaben
einrichteten. In der zweiten Pythiade riefen sie nicht mehr zum
Kampf um Preise auf, sondern bestimmten, daß der Wettkampf fortan um den Kranz gehe[3]. Den Flötengesang hoben
sie auf, da sie meinten, es sei nicht glückverheißend, ihn zu hören. Denn der Flötengesang bestand aus den düstersten Flö-
tenmelodien und aus zu den Flöten gesungenen Trauerliedern.
Das bezeugt mir auch das Weihgeschenk des Echembrotos, ein   6
bronzener Dreifuß, dem thebanischen Herakles geweiht; der
Dreifuß trägt die Inschrift:

«Echembrotos, der Arkader, weihte dem Herakles
dies Prunkstück vom Siege am Wettkampf der
                                    Amphiktyonen,
wo er den Griechen Lieder und Elegien sang.»

So wurde also der Wettkampf im Flötengesang abgeschafft;
hinzu fügten sie aber auch Pferderennen, und als Sieger mit
dem Wagen wurde Kleisthenes, der Tyrann von Sikyon, ausgerufen. In der 8.Pythiade[4] richteten sie dazu das Kitharaspiel
ohne Gesangsbegleitung ein, und der Tegeate Agelaos wurde
bekränzt. In der 23.Pythiade[5] fügte man den Waffenlauf hinzu, und darin errang Timainetos aus Phlius den Lorbeer, fünf
Olympiaden später, als Damaretos aus Heraia siegte. In der   7
48.Pythiade[6] setzten sie das Rennen mit dem Zweigespann
ein, und es siegte das Gespann des Phokers Exekestides. In der
fünften Pythiade danach[7] spannten sie Fohlen an den Wagen,

und das Viergespann des Thebaners Orphondas machte das
8 Rennen. Das Pankration bei den Knaben und das Fohlenzweigespann und das Reiten übernahmen sie erst viele Jahre später
von den Eleern, das eine in der 61. Pythiade¹, wobei der Thebaner Iolaïdas siegte; an der übernächsten² veranstalteten sie
das Reiten auf Fohlen und an der 69³. das Rennen mit dem
Fohlenzweigespann. Und beim Fohlenreiten wurde Lykormas
aus Larisa ausgerufen, beim Zweigespann der Makedone Ptolemaios; die Könige in Aegypten liebten es nämlich, Makedonen genannt zu werden, was sie ja auch waren⁴. Den Lor-
beerkranz für den Sieg an den Pythien gibt es, wie mir scheint,
aus keinem anderen Grunde, als weil Apoll nach der geltenden
Sage die Tochter des Ladon geliebt hat⁵.

8,1   Eine Versammlung von Griechen hier soll nach Meinung
der einen Amphiktyon, der Sohn des Deukalion, eingerichtet
haben, und danach hätten die Versammelten die Bezeichnung
Amphiktyonen bekommen. Androtion sagte aber in seiner
Attischen Geschichte, daß ursprünglich in Delphi Vertreter
von den Nachbarn zu Verhandlungen zusammenkamen, die
Versammelten Amphiktionen genannt wurden und sich mit
2 der Zeit ihr jetziger Name durchsetzte⁶. Von Amphiktyon
selbst sollen folgende Stämme Griechenlands zur gemeinsamen
Versammlung zusammengebracht worden sein, Ionier, Doloper, Thessaler, Ainianen, Magneten, Malier, Phthioten, Dorier, Phoker und die Phokis am Knemisgebirge benachbarten
Lokrer. Als die Phoker das Heiligtum besetzt hatten und im
zehnten Jahr danach der Krieg sein Ende fand, wurde auch die
Amphiktyonie geändert; die Makedonen erreichten es nämlich, zur Amphiktyonie zu gehören, und der Stamm der Phoker
und aus dem dorischen Stamm die Spartaner hörten auf, Mitglieder der Amphiktyonie zu sein, die Phoker wegen ihres Frevels, während die Spartaner für ihre Bundesgenossenschaft mit
3 den Phokern die Strafe erhielten⁷. Als aber Brennos das Heer

der Gallier gegen Delphi führte, zeigten die Phoker den größten Eifer unter den Griechen für den Krieg, und wegen dieser Leistung wurde ihnen gewährt, der Amphiktyonie wieder anzugehören und auch sonst ihre alte Stellung wieder zu erringen [1]. Der Kaiser Augustus wünschte, daß auch die Bewohner von Nikopolis bei Aktion an der Versammlung der Amphiktyonen teilnähmen; die Magneten und Malier und Ainianen und Phthioten sollten daher zu den Thessalern gehören und die Nikopoliten deren Stimmen und die der Doloper, da es keinen Stamm der Doloper mehr gab, führen. Die Amphiktyonen zu meiner Zeit waren dreißig an Zahl [2]. Aus Nikopolis und Makedonien und Thessalien waren es je sechs an Zahl, von den Boeotern, denn auch diese bewohnten in älterer Zeit Thessalien und hießen damals Aeolier, und Phokern und aus Delphi, von diesen je zwei und einer aus der alten Doris. Auch die sogenannten ozolischen Lokrer und die Euboea gegenüber schikken je einen, und es gibt einen Euboeer und von den Peloponnesiern aus Argos und Sikyon und Korinth mit Megara einen und einen Athener. Die Städte Athen und Delphi und Nikopolis schicken zu jeder Amphiktyonenversammlung ihre Vertreter, von den genannten Stämmen nimmt jede Stadt anteilsmäßig und im zeitlichen Wechsel an der Amphiktyonie teil.

Kommt man in die Stadt hinein [3], liegen dort nacheinander Tempel [4]; der erste von ihnen lag in Trümmern, der folgende war leer von Kultstatuen und anderen Standbildern, und der dritte und vierte von ihnen, davon besaß der dritte Standbilder von einigen wenigen früheren römischen Kaisern und heißt der vierte Tempel der Athena Pronoia. Von den Statuen ist die im Pronaos ein Weihgeschenk der Massalioten und größer als die Statue drinnen. Die Massalioten sind Kolonisten von Phokaia in Ionien, auch sie ein Teil der einst vor dem Meder Harpagos aus Phokaia Geflüchteten [5]; nachdem sie mit den Schiffen über die Karthager gesiegt hatten, bemächtigten sie sich des Landes, das sie jetzt haben, und kamen zu großem Wohlstand.

7   Das Weihgeschenk der Massalioten ist aus Bronze; von dem
goldenen Schild, der von dem Lyder Kroisos der Athena Pronoia geschenkt war, sagten die Delpher, daß Philomelos ihn
geraubt habe[1]. Bei dem Heiligtum der Pronoia befindet sich
ein Bezirk des Heros Phylakos, und von diesem Phylakos geht
bei den Delphern die Sage, er habe ihnen bei dem Feldzug der
8   Perser geholfen[2]. Im Raum des Gymnasions[3] soll einst wilder
Wald gestanden haben, und Odysseus soll, als er zu Autolykos
kam und mit den Söhnen des Autolykos jagte, damals hier die
Wunde über dem Knie von dem Eber erhalten haben. Wendet
man sich vom Gymnasion links und steigt nicht mehr als drei
Stadien, wie mir scheint, abwärts, trifft man auf den Pleistos
genannten Fluß; dieser Pleistos fließt gegen Kirrha, den Hafen
9   von Delphi, und das Meer dort. Wenn man vom Gymnasion
den Weg zum Heiligtum hinaufsteigt, liegt rechts vom Wege
die Quelle der Kastalia[4] ... und angenehm zu trinken. Den Namen soll der Quelle eine einheimische Frau gegeben haben, andere sagen, ein Mann Kastalios. Panyasis, der Sohn des Poly-
archos, der ein Epos auf Herakles gedichtet hat, sagt, Kastalia
sei eine Tochter des Acheloos; er sagt nämlich von Herakles:

«Den schneeigen Parnaß auf schnellen Füßen durchstreifend,
kam er zur unsterblichen Quelle der Acheloostochter

Kastalia.»

10   Auch folgendes habe ich noch gehört, daß das Wasser für die
Kastalia ein Geschenk des Flusses Kephisos sei. Das hat auch
Alkaios in seinem Prooimion auf Apollon gedichtet und ver-
sichern besonders die Lilaier[5], die an bestimmten Tagen in die
Quelle des Kephisos einheimische Kuchen und sonst übliche
Gegenstände werfen und behaupten, daß sie in der Kastalia
wieder zum Vorschein kämen[6].

Die Stadt Delphi zeigt in ihrer ganzen Ausdehnung eine steil
ansteigende Lage und ebenso wie die übrige Stadt auch der

heilige Bezirk des Apollon. Dieser ist groß an Ausdehnung und liegt zuoberst in der Stadt; es sind auch zusammenhängende Ausgänge durch den Bezirk angelegt[1].

Welche Sehenswürdigkeiten mir am meisten der Rede wert zu sein schienen, die will ich erwähnen[2]. Athleten nämlich und Teilnehmer an musikalischen Wettbewerben, die von den meisten Menschen nicht beachtet wurden, scheinen mir kein besonderes Interesse zu verdienen, die Athleten aber, die ein ruhmreiches Andenken hinterließen, habe ich in dem Buch über Elis erwähnt. Von Phayllos aus Kroton aber, – er errang in Olympia keinen Sieg, von denen in Pytho aber zwei im Fünfkampf und den dritten im Stadionlauf; er kämpfte auch mit einem eigenen Schiff in der Seeschlacht gegen die Perser und bemannte es mit den Krotoniaten, die sich in Griechenland befanden –, von diesem gibt es eine Statue in Delphi[3]. Mit dem Krotoniaten verhielt es sich also so. Beim Eingang in den heiligen Bezirk[4] ist ein bronzener Stier ein Werk des Aegineten Theopropos und Weihgeschenk der Korkyraeer[5]. Es wird erzählt, daß ein Stier auf Korkyra die übrigen Kühe verließ und von der Weide hinunterstieg und am Meer brüllte. Als sich jeden Tag dasselbe ereignete, stieg der Hirte ans Meer hinab und sah eine unerhörte Masse von Thunfischen. Er meldete das den Korkyraeern in der Stadt; und die mühten sich bei der Absicht, die Thunfische zu fangen, vergebens ab und schickten daher eine Gesandtschaft nach Delphi. Und so opfern sie dem Poseidon jenen Stier und fangen sofort nach dem Opfer die Fische, und das Weihgeschenk in Olympia und in Delphi ist der Zehnte von diesem Fang. Danach folgen Weihgeschenke der Tegeaten aus ihrem Sieg über die Spartaner, Apollon und Nike und die einheimischen Heroen, Kallisto, Lykaons Tochter, und Arkas, der Eponym des Landes, und Arkas' Söhne, Elatos und Apheidas und Azan und dazu Triphylos; die Mutter dieses Triphylos war aber nicht Erato, sondern Laodameia, die Toch-

9, 1

2

3

4

5

ter des Amyklas, des Königs von Sparta; auch Triphylos' Sohn
6 Erasos steht da. Die Künstler der Standbilder sind Pausanias
aus Apollonia, der den Apollon und die Kallisto, und der Sikyonier Daidalos, der die Nike und die Statue des Arkas schuf,
und Antiphanes aus Argos und der Arkader Samolas, von denen dieser den Triphylos und Azan, der Argiver aber den Elatos und Apheidas und Erasos arbeitete. Diese Weihgeschenke
sandten die Tegeaten nach Delphi, als sie Spartaner, die gegen
7 sie zu Felde zogen, gefangengenommen hatten [1]. Gegenüber
von diesen stehen Weihgeschenke der Spartaner von den Athenern [2], die Dioskuren und Zeus und Apollon und Artemis und
dazu Poseidon und Lysander, der Sohn des Aristokritos, der
von Poseidon bekränzt wird, und Agias, der damals Seher des
Lysander war, und Hermon, der das Admiralsschiff des Lysan-
8 der steuerte. Diesen Hermon sollte Theokosmos aus Megara
schaffen, weil er von den Megarern das Bürgerrecht erhalten
hatte; die Dioskuren sind ein Werk des Antiphanes aus Argos
und der Seher eines des Pison aus Kalaureia im Gebiet von
Troizen. Athenodoros und Dameas, von diesen schuf der eine
die Artemis und den Poseidon und dazu den Lysander, Athenodoros aber den Apollon und Zeus; diese sind Arkader aus
9 Kleitor. Hinter den Aufgezählten stehen noch diejenigen, die
mit Lysander an der Schlacht bei Aigospotamoi mitwirkten,
entweder von den Spartiaten oder den Bundesgenossen. Es
sind folgende, Arakos und Erianthes, der eine von ihnen aus
Sparta, Erianthes Boeoter, aus Erythrai und Chios gegenüber
der Mimashalbinsel, von dort Astykrates und die Chier Ke-
phisokles und Hermophantos und Hikesios, Timarchos und
Diagoras aus Rhodos, der Knidier Theodamos, aus Ephesos
10 Kimmerios und der Milesier Aiantides. Diese schuf Teisandros,
die folgenden Alypos aus Sikyon, Theopomp aus Melos und
Kleomedes aus Samos und von Euboea den Karystier Aristokles und den Eretrier Autonomos und Aristophantos von Ko-

rinth und Apollodor von Troizen und aus Epidauros in der Argolis Dion. Anschließend an diese kommen Axionikos, ein
Achaeer aus Pellene, aus Hermione Theares und der Phoker
Pyrrhias und Komon von Megara und Agasimenes von Sikyon
und aus Ambrakia und Korinth und Leukas Telykrates und
der Korinthier Pythodotos und der Ambrakiote Euantidas und
als letzte die Spartaner Epikydidas und Eteonikos; es sollen
Arbeiten des Patrokles und Kanachos sein. Die Athener sind   1
sich darüber einig, daß ihnen der Schlag von Aigospotamoi
nicht mit Recht zugefügt worden sei, denn sie seien von den
Strategen für Geld verraten worden, und Tydeus und Adei-
mantos seien es gewesen, die die Geschenke von Lysander erhielten[1]. Und als Beweis für die Behauptung führen sie die Verse aus den Orakeln der Sibylle an:

> «Und dann wird den Athenern klägliches Leid bereiten
>   der hochdonnernde Zeus, dessen Macht am größten ist,
>   den kriegbringenden Schiffen Kampf und
>   Schlachtgetümmel,
>   zugrunde gehend in trügerischer Weise durch die
>   Schlechtigkeit der Hüter.»

Und die folgenden führen sie aus den Orakeln des Musaios an:

> «Auch über die Athener kommt schändlicher Regen herab
>   durch die Schlechtigkeit der Führer; Trost aber wird sein
>   der Niederlage, daß sie der Stadt nicht entrinnen und
>   büßen werden.»

So viel sei darüber gesagt. Von dem Kampf der Spartaner und   1
Argiver um das sogenannte Thyrea hat ebenfalls die Sibylle
im voraus prophezeit, daß er unentschieden für die Städte enden würde, die Argiver aber behaupteten, in der Schlacht die
Oberhand gewonnen zu haben, und sandten daher ein Bronze-
pferd, das Hölzerne nämlich, nach Delphi; das Werk stammt
von Antiphanes aus Argos[2].

An der Basis unter dem Hölzernen Pferd steht eine In-   10,1

schrift, daß die Statuen aus dem Zehnten der Schlacht von
Marathon aufgestellt seien; es sind Athena und Apollon und
von den damaligen Feldherrn Miltiades; von den sogenannten
eponymen Heroen Erechtheus und Kekrops und Pandion und
Leos und Antiochos, der Sohn des Herakles von der Meda, der
Tochter des Phylas, und dazu Aigeus und von den Söhnen des
Theseus Akamas; diese gaben auch Phylen in Athen ihre Namen auf Grund des Orakels aus Delphi. Aber auch Melanthos'
Sohn Kodros und Theseus und Philaios ist da, die nicht mehr
zu den Eponymen gehören. Die Aufgezählten schuf Phidias,
und diese sind auch wirklich der Zehnte aus der Schlacht;

2 Antigonos aber und seinen Sohn Demetrios und den Aegypter
Ptolemaios schickten sie später nach Delphi, den Aegypter
auch wegen eines gewissen Wohlwollens ihm gegenüber, die
Makedonen aus Furcht vor ihnen[1].

3 In der Nähe des Pferdes stehen auch andere Weihgeschenke
der Argiver, die Führer derjenigen, die mit Polyneikes gegen
Theben zogen, Adrast, der Sohn des Talaos, und Tydeus,
Oineus' Sohn, und die Nachkommen des Proitos, Kapaneus,
Hipponus' Sohn, und Eteoklos, der Sohn des Iphis, und Polyneikes und Hippomedon, der Sohn einer Schwester des
Adrast, und Amphiaraos[2]; von Amphiaraos ist auch der Wagen
in der Nähe dargestellt und Baton auf dem Wagen stehend,
der Lenker der Pferde und dem Amphiaraos auch sonst ver-
wandtschaftlich nahestehend; der letzte von ihnen ist Hali-

4 therses. Diese sind Werke des Hypatodoros und Aristogeiton,
und sie stellten sie her, wie die Argiver selber sagen, aus der
Beute des Sieges, den sie bei Oinoë in der Argolis über die
Spartaner errangen, sie selbst und athenische Hilfstruppen[3].
Aus der Beute desselben Ereignisses stellten die Argiver, wie
mir scheint, auch die von den Griechen so genannten Epigonen
auf. Denn auch von diesen stehen Statuen da, Sthenelos und
Alkmaion, der wegen seines Alters nach meiner Meinung vor

Amphilochos geehrt ist, und dazu Promachos und Thersandros und Aigialeus und Diomedes; zwischen Diomedes und Aigialeus steht Euryalos[1]. Ihnen gegenüber stehen andere Statuen; diese stellten die Argiver auf, als sie sich an der Gründung von Messene mit den Thebanern und Epameinondas beteiligten. Es sind Heroenstatuen, Danaos, der von den Königen in Argos die meiste Macht besaß, und Hypermestra, die als einzige von den Schwestern reine Hände hatte; neben ihr steht auch Lynkeus und ihr ganzes weiteres Geschlecht, bis auf Herakles und noch früher bis auf Perseus reichend[2].

Von den Tarentinern stammen die Bronzepferde und gefangengenommene Frauen aus einem Sieg über Messapier, den Tarentinern benachbarte Barbaren, Werke des Argivers Ageladas ...[3] Nahe bei dem Weihgeschenk der Tarentiner befindet sich das Schatzhaus der Sikyonier. Schätze sieht man aber weder hier noch in einem anderen der Schatzhäuser[4]. Die Knidier brachten Statuen nach Delphi, Triopas, den Gründer von Knidos, neben einem Pferd stehend, und Leto und Apollon und Artemis, die ihre Pfeile auf Tityos schießen; der ist auch bereits am Körper verwundet. Diese stehen neben dem Schatzhaus von Sikyon[5].

Auch von den Siphniern wurde aus folgendem Grunde ein Schatzhaus gebaut[6]. Die Insel Siphnos besaß Goldbergwerke, und der Gott befahl ihnen, von den Einkünften den Zehnten nach Delphi abzuliefern. Die bauten also das Schatzhaus und lieferten den Zehnten ab. Als sie aber aus Habsucht die Ablieferung unterließen, überschwemmte das Meer die Bergwerke und ließ sie verschwinden. Auch die Liparaeer stellten Bildwerke auf, als sie in einer Seeschlacht die Etrusker besiegt hatten. Diese Liparaeer waren Kolonisten der Knidier, und der Führer der Kolonie soll ein Knidier gewesen sein; sein Name sei Pentathlos gewesen, sagt der Syrakusaner Antiochos, der Sohn des Xenophanes, in seiner Geschichte Siziliens.

Er sagt auch, daß sie am Kap Pachynos auf Sizilien eine Stadt
gründeten, zwar von den Elymern und Phoenikern im Kriege
bedrängt vertrieben wurden, aber danach die Inseln besetzten, entweder noch unbewohnt oder nach Vertreibung ihrer
Bewohner, die schon in den homerischen Epen und so noch
4 heute Aiolosinseln heißen. Von diesen wohnen sie auf Lipara,
wo sie eine Stadt gründeten, und Hiera und Strongyle und
Didymai bebauen sie, indem sie mit Schiffen zu ihnen hinüber-
fahren. Auf Strongyle ist auch Feuer zu sehen, das aus der
Erde herauskommt, und auf Hiera brennt von selber Feuer auf
der Spitze der Insel und gibt es geeignete Bäder am Meer,
wenn das Wasser einen erträglich aufnimmt, da es sonst wegen der Hitze schwierig ist hineinzusteigen[1].

5   Das Schatzhaus der Thebaner stammt aus Kriegsbeute und
ebenso das der Athener; von den Knidiern weiß ich nicht, ob
sie es wegen eines Sieges bauten oder zur Schaustellung ihres
Reichtums, während das Schatzhaus der Thebaner von der
Schlacht bei Leuktra und das der Athener aus ihrem Siege
über die mit Datis bei Marathon Gelandeten stammt[2]. Die
Kleonaeer wurden ebenso wie die Athener von der Pest bedrängt und opferten nach einem Orakelspruch aus Delphi der
Sonne bei ihrem Aufgehen einen Bock und schickten daher,
als sie von dem Unheil befreit wurden, einen bronzenen Bock
dem Apollon[3]. Von den Potidaeaten aus Thrakien und von
den Syrakusanern aber, von den einen stammt das Schatzhaus
von der großen athenischen Niederlage, die Potidaeaten aber
bauten es aus Verehrung für den Gott[4].

6   Die Athener bauten auch eine Säulenhalle von dem Geld,
das sie in dem Kriege von den Peloponnesiern und den mit
den Peloponnesiern verbündeten Griechen erbeuteten. Es
hängen da auch die Bugzierate von Schiffen und bronzene
Schilde; die Inschrift an ihnen zählt die Städte auf, von deren
Beute die Athener die Weihgeschenke sandten, Elis und Spar-

ta, Sikyon und Megara und Pellene in Achaia und Ambrakia und Leukas und Korinth selbst; wegen dieser Seeschlachten sei auch dem Theseus und dem Poseidon am sogenannten Rhion ein Opfer dargebracht worden. Und die Inschrift scheint sich mir auf Phormion, den Sohn des Asopichos, zu beziehen und auf Phormions Taten[1].

Ein Felsblock erhebt sich über den Boden, und auf diesem, 12,1 sagen die Delpher, habe eine Frau gestanden und ihre Orakelsprüche gesungen, mit Namen Herophile und dem Beinamen Sibylle ...[2] Einen aus Bronze verfertigten Kopf eines Wisents, 13,1 einer paionischen Rinderart, schickte Dropion, der Sohn des Leon, König der Paionen, nach Delphi ...[3] Dem bronzenen Wi- 4 sentkopf gegenüber steht eine Statue, die mit einem Panzer und einer Chlamys über dem Panzer bekleidet ist, ein Weihgeschenk der Andrier; die Delpher sagen, es sei ihr Gründer Andreus[4]. Die Statuen des Apollon und der Athena und der Artemis sind Weihgeschenke der Phoker von den Thessalern, die ihnen, außer soweit die hypoknemidischen Lokrer sie trennen, benachbart und immer feindlich waren[5]. Auch die 5 Thessaler in Pharsalos stellten Weihgeschenke auf und von den Makedonen die Bewohner der Stadt Dion am Pieriagebirge und die Kyrenaeer von Griechen in Libyen, diese den Wagen und auf dem Wagen eine Statue des Ammon, die Makedonen in Dion den Apollon, der die Hirschkuh gefaßt hat, die Pharsalier Achill auf einem Pferd, und Patroklos läuft neben ihm und dem Pferd her[6]. Die dorischen Korinthier bauten ebenfalls ein Schatzhaus, und das Gold aus Lydien war hier aufgestellt[7]. Die Statue des Herakles ist ein Weihge- 6 schenk der Thebaner, als sie mit den Phokern den sogenannten Heiligen Krieg führten[8]. Es stehen da auch Bronzestatuen als Weihgeschenk der Phoker, als sie im zweiten Zusammenstoß die Reiterei aus Thessalien in die Flucht schlugen[9]. Die Phliasier brachten nach Delphi einen bronzenen Zeus und zusammen mit Zeus eine Statue der Aigina. Aus Mantineia in Arkadien stammt ein bronzener Apollon als Weihung; dieser steht nicht weit vom Schatzhaus der Korinthier entfernt[1].

7   Herakles und Apollon fassen den Dreifuß und treten zum Kampf um ihn an; Leto und Artemis beruhigen Apollon, Athena den Herakles. Auch das ist ein Weihgeschenk der Phoker, als Tellias aus Elis sie gegen die Thessaler führte[2]. Die übrigen Statuen haben Diyllos und Amyklaios gemeinsam, die Athena und Artemis aber Chionis geschaffen; das sollen
8   Korinthier gewesen sein, sagt man. Von den Delphern wird erzählt, daß die Seherin Xenokleia dem Herakles, dem Sohn des Amphitryon, als er zum Orakel kam, nicht weissagen wollte wegen des Mordes an Iphitos. Der habe den Dreifuß ergriffen und aus dem Tempel getragen, und die Seherin habe da gesagt:

«Ein anderer Herakles also aus Tiryns, nicht aus Kanobos»[3]; der aegyptische Herakles war nämlich schon vorher nach Delphi gekommen. Da gab der Sohn des Amphitryon dem Apollon den Dreifuß zurück und erfuhr von Xenokleia, was er wünschte. Die Dichter übernahmen die Geschichte und singen daher von einem Kampf des Herakles mit Apollon um den Dreifuß.

9   Gemeinsam weihten die Griechen aus der Schlacht bei Plataeae einen goldenen Dreifuß, der auf einer bronzenen Schlange stand. Was an dem Weihgeschenk aus Bronze war, war auch zu meiner Zeit noch unversehrt; das Gold aber haben die Füh-
10   rer der Phoker nicht ebenfalls übriggelassen[4]. Die Tarentiner schickten noch einen weiteren Zehnten nach Delphi von einem Sieg über die barbarischen Peuketier[5]. Die Weihgeschenke sind ein Werk des Onatas aus Aegina und des Kalynthos… Statuen von Fußkämpfern und Reitern und der Iapygenkönig Opis, den Peuketiern zu Hilfe kommend. Dieser ist als in der Schlacht gefallen dargestellt, und die an dem Gefallenen Ste-

henden sind der Heros Taras und Phalanthos aus Sparta und nicht weit von Phalanthos ein Delphin; bevor er nämlich nach Italien gekommen sei, habe Phalanthos im Krisaeischen Meer Schiffbruch erlitten und sei von einem Delphin ans Land gebracht worden. Die Beile sind ein Weihgeschenk des Periklytos, des Sohnes des Euthymachos, aus Tenedos, wegen einer alten Geschichte ...[1]   14,1

Die Griechen, die gegen den Großkönig Krieg führten,   5 weihten nach Olympia einen bronzenen Zeus und nach Delphi einen Apollon von den Seeschlachten bei Artemision und Salamis[2]. Man erzählt auch, daß Themistokles nach Delphi kam, um dem Apollon aus der Perserbeute zu bringen. Als er wegen der Weihgeschenke fragte, ob er sie innerhalb des Tempels aufstellen dürfe, befahl ihm die Pythia, sie überhaupt aus dem Heiligtum wieder fortzutragen. Die darauf bezügliche Stelle des Orakelspruchs lautet so:

«Lege mir nicht von der Perserbeute schönen Schmuck in den Tempel; schick es schnellstens heim.»

Ich wunderte mich nun, ob er es bei ihm allein ablehnte, die   6 Perserbeute zuzulassen, und die einen meinten, der Gott hätte wohl alles von den Persern gleichermaßen zurückgewiesen, wenn auch die anderen wie Themistokles Apollon gefragt hätten, bevor sie es weihten; die anderen sagten, der Gott habe gewußt, daß Themistokles Schutzflehender bei den Persern werden würde[3], und habe deshalb die Geschenke nicht annehmen wollen, um den Haß gegen ihn, wenn er etwas geweiht habe, seitens der Perser nicht unaufhörlich zu machen. Den Feldzug des Barbaren gegen Griechenland kann man vorausgesagt finden in den Orakeln des Bakis, und noch früher sind die Verse des Euklus[4] darauf.

Von den Delphern selber stammt ein Weihgeschenk in der   7 Nähe des großen Altars, ein bronzener Wolf[5]. Man erzählt, daß einmal ein Mensch Schätze des Gottes geraubt habe, er

habe sich dann zusammen mit dem Gold verborgen gehalten,
wo der Parnaß am dichtesten mit wilden Bäumen bestanden
war, und ein Wolf habe ihn im Schlaf angegriffen, und er sei
von dem Wolf getötet worden, und daß der Wolf dann täglich
in die Stadt kam und heulte. Da sie nun meinten, daß ihnen
das nicht ohne göttliches Zutun geschehe, so folgten sie dem
Tier und fanden das heilige Gold und stellten dem Gott einen
bronzenen Wolf auf.

Die vergoldete Statue der Phryne schuf Praxiteles, auch er ihr
Liebhaber, die Statue aber ist eine Weihung der Phryne selbst[1].

15,1   Von den auf sie folgenden Weihgeschenken stellten von den
Apollonstatuen die eine die Epidaurier in der Argolis aus Beute
von den Persern auf, die andere die Megarer nach ihrem Sieg
über die Athener in der Schlacht bei Nisaia[2], von den Plataeern
aber ist da ein Stier, als auch sie in ihrem eigenen Lande Mardo=
nios, den Sohn des Gobryas, mit den anderen Griechen abwehr=
ten[3]. Und wieder folgen zwei Apollonstatuen, die eine von den
Herakleoten am Schwarzen Meer, die andere von den Amphi=
ktyonen, als sie den Phokern, die das Land des Gottes bebauten,
eine Geldstrafe auferlegten. Dieser Apollon wird von den Del=
phern Sitalkas genannt und ist 35 Ellen hoch[4]. Die aetolischen
Feldherren und die Statuen der Artemis und der Athena und
die zwei des Apollon sind Weihungen der Aetoler, als sie den
Krieg gegen die Gallier beendet hatten[5] ...

4   Reiterkommandanten, die auf Pferde gestiegen sind, stell=
ten die Pheraeer bei dem Apollon auf, als sie die attische Rei=
terei geschlagen hatten[6]. Den bronzenen Palmbaum stellten
die Athener auf und eine vergoldete Statue der Athena auf dem
Palmbaum von dem Sieg, den sie am Eurymedon am selben
Tage teils zu Fuß, teils mit den Schiffen im Fluß errangen[7].
An diesem Standbild sah ich das Gold darauf an manchen Stel=
5   len beschädigt. Ich schob die Schuld daran Verbrechern und
Dieben zu, Kleitodemos aber, der älteste von denen, die die

einheimische attische Geschichte schrieben, sagt in seiner attischen Geschichte, daß, wie die Athener die Flotte gegen Sizilien ausrüsteten, ein riesiger Schwarm Raben sich in Delphi niederließ, und sie hackten an dieser Statue herum und rissen ihr mit den Schnäbeln das Gold ab; er sagt auch, daß die Raben die Lanze und die Eulen, und was an Früchten an der Palme in Nachahmung der Ernte dargestellt war, ebenfalls zertrümmerten[1]. Kleitodemos erzählte auch von anderen Vorzeichen, die den Athenern abrieten, nach Sizilien auszufahren. Die Kyrenaeer stellten in Delphi Battos auf einem Wagen auf, der sie auf Schiffen von Thera nach Libyen führte. Wagenlenkerin ist Kyrene, und auf dem Wagen stehen Battos und Libye, die ihn bekränzt; Amphion, Akestors Sohn, aus Knosos schuf es[2]. Als Battos Kyrene gründete, soll auch seine Stimme auf folgende Weise geheilt worden sein. Als er das Land der Kyrenaeer bereiste, sah er in seinen äußersten, noch wüsten Gegenden einen Löwen, und die Angst bei dem Anblick zwang ihn, deutlich und laut zu rufen. Nicht weit vom Battos stellten die Amphiktyonen noch einen anderen Apollon auf aus dem Unrecht der Phoker gegen den Gott.

　　Von den Weihgeschenken, die die lydischen Könige schickten, war nichts mehr übrig als nur der eiserne Untersatz des Mischkessels des Alyattes[3]. Das ist ein Werk des Chiers Glaukos, der das Schweißen des Eisens erfand. Jedes Stück des Untersatzes ist an dem anderen nicht mit Nadeln oder Stiften befestigt, sondern nur die Verbindungsmasse hält es zusammen und ist selbst für das Eisen die Verbindung. Die Gestalt des Untersatzes ist etwa wie ein Turm, der von einer breiteren Grundfläche aus spitz zugeht; jede Seite des Untersatzes ist nicht ganz geschlossen, sondern die eisernen Querbänder sind wie die Sprossen an einer Leiter; die aufsteigenden Eisenteile biegen sich an der Spitze nach außen, und das war das Auflager für den Mischkrug.

3   Von dem von den Delphern so genannten Omphalos, aus Marmor hergestellt, behaupten die Delpher selbst, das sei der Mittelpunkt der ganzen Welt, und in einer Ode hat auch Pin-

4 dar dementsprechend gedichtet[1]. Von den Spartanern befindet sich hier ein Weihgeschenk, ein Werk des Kalamis, Hermione, die Tochter des Menelaos, die mit Orestes, dem Sohn des Agamemnon, verheiratet war und davor mit Neoptolemos, dem Sohn Achills. Den Eurydamos, den Feldherrn der Aetoler, der die Führung gegen das Heer der Gallier hatte, stellten die Aetoler auf.

5   In den kretischen Bergen gibt es noch jetzt eine Stadt Elyros[2]; diese nun schickten eine bronzene Ziege nach Delphi, und die Ziege gibt den kleinen Kindern Phylakides und Philandros Milch; die Elyrier sagen, sie seien Söhne des Apollon und der Nymphe Akakallis und Apollon habe der Nymphe Akakallis in der Stadt Tarrha und im Hause des Karmanor bei-

6 gewohnt. Die Karystier aus Euboea stellten ebenfalls ein bronzenes Rind bei dem Apollon aus der persischen Beute auf[3]. In Form von Rindern ließen die Karystier und Plataeer ihre Weihgeschenke deswegen herstellen, weil sie nach meiner Meinung mit der Abwehr der Barbaren ihren sonstigen Wohlstand in Sicherheit wieder gewannen und die Möglichkeit, ihr Land frei zu beackern. Feldherrnstatuen und Apollon und Artemis schickte der Stamm der Aetoler nach Unterwerfung der ihnen

7 benachbarten Akarnanen[4]. Das Seltsamste geschah, wie ich erfuhr, den Liparaeern mit den Etruskern. Den Liparaeern befahl nämlich die Pythia, mit möglichst wenig Schiffen gegen die Etrusker zu kämpfen. So fuhren sie mit fünf Trieren gegen die Etrusker aus. Diese fuhren ihnen mit ebenso vielen Schiffen entgegen, da sie keine schlechteren Seeleute sein wollten als die Liparaeer. Diese nun eroberten die Liparaeer und überwanden weitere fünf, die sich ihnen später entgegenstellten, und eine dritte Fünfergruppe von Schiffen und ebenso eine

vierte. So weihten sie nun nach Delphi ebenso viele Apollo-
statuen wie die eroberten Schiffe[1]. Echekratidas aus Larisa   8
weihte den kleinen Apollon, und dieses soll von allen Weihgeschenken als erstes aufgestellt worden sein, behaupten die Delpher.

    Von den westlichen Barbaren schickten die Bewohner der   17,1
Insel Sardinien ihren Eponymos als Bronzestatue ...[2] Das Pferd,   18,1
das anschließend an die Statue des Sardos folgt, hat der Athener Kallias, Lysimachides' Sohn, geweiht, wie er sagt, der aus
dem Krieg gegen die Perser eigene Reichtümer gewann. Die
Achaeer stellten eine Athenastatue auf, als sie eine Stadt in
Aetolien durch Belagerung erobert hatten. Phana hieß die
Stadt[3], die sie eroberten. Die Belagerung soll keine geringe
Zeit gedauert haben; und wie sie nicht mehr imstande waren,
die Stadt zu nehmen, schickten sie Gesandte nach Delphi,
und es ging ihnen der Spruch zu:

    «Bewohner von Pelops' Land und Achaia, die ihr nach Pytho   2
    kamt zu erfahren, wie ihr die Stadt gewönnet,
    wohlan, überlegt, welcher Teil jeden Tag
    der trinkenden Männer Stadt rettet, die getrunken hat,
    sowohl könntet ihr das turmbewehrte Dorf Phana nehmen.»

Da sie nicht verstanden, was der Spruch besagen wollte, über-   3
legten die einen, die Belagerung abzubrechen und nach Haus
zu fahren, und die innerhalb der Mauer bekümmerten sich
auch sonst nicht mehr um sie, und eine Frau ging aus der Befestigung heraus, um Wasser aus der Quelle unter der Mauer
zu holen. Da liefen einige aus dem Heer hin und nahmen die
Frau gefangen, und die Achaeer erfuhren von ihr, daß sie das
wenige Wasser aus der Quelle, wenn sie es jede Nacht erhielten, verteilten, und daß die Leute drinnen keine andere Abwehr gegen den Durst hatten. So schütteten die Achaeer die
Quelle zu und eroberten die Stadt.

    Die Rhodier in Lindos stellten neben dieser Athena die   4

Apollostatue auf, und auch die Ambrakioten weihten einen bronzenen Esel, als sie die Molosser in einem Nachtkampf besiegt hatten[1]. Die Molosser legten ihnen nämlich in der Nacht einen Hinterhalt; als nun ein Esel, der damals gerade vom Felde fortgetrieben wurde, eine Eselin mit dem sonstigen Ungestüm und wildem Gebrüll verfolgte und ebenso auch der Mann, der den Esel trieb, undeutlich und wüst rief, da standen die im Hinterhalt liegenden Molosser verwirrt auf, und die Ambrakioten entdeckten, was gegen sie geplant war, griffen sie in der Nacht an und besiegten die Molosser in der Schlacht.

5   Die Orneaten in der Argolis[2] gelobten dem Apollon, als die Sikyonier sie mit Krieg bedrängten, wenn er das Heer der Sikyonier aus ihrem Lande vertreibe, würden sie ihm jeden Tag in Delphi einen Umzug veranstalten und die und die und soundso viele Opfertiere opfern. Sie besiegten die Sikyonier in der Schlacht, und wie sie nun jeden Tag das Gelübde erfüllten und die Kosten dafür groß waren und die Mühe noch größer als der Aufwand, da kamen sie auf den Ausweg, dem Gott als Opfer und Umzug Bronzewerke zu weihen[3].

6   Hier steht auch von den Taten des Herakles der Kampf mit der Hydra, Weihung und Werk zugleich des Tisagoras[4], sowohl die Hydra wie der Herakles aus Eisen; Eisenarbeit an Statuen ist äußerst schwierig und mühsam. So ist also auch das Werk des Tisagoras ein Wunder, wer Tisagoras auch gewesen sein mag, nicht das geringste Wunder sind aber auch in Pergamon Köpfe eines Löwen und eines Wildschweins, ebenfalls aus Eisen; man ließ sie als Weihgeschenke für Diony-

7   sos herstellen. Die Bewohner von Elateia in Phokis[5], – sie hielten nämlich der Belagerung durch Kassander unter Beihilfe des Olympiodoros aus Athen stand, – schickten dem Apollon einen bronzenen Löwen nach Delphi. Der Apollon ganz nahe bei dem Löwen ist eine Weihung der Massalioten von der Seeschlacht gegen die Karthager[6]. Von den Aetolern ist ein Sie-

gesdenkmal errichtet und die Statue einer gerüsteten Frau, die Aitolia nämlich[1]. Das weihten die Aetoler, als sie die Gallier für ihre Roheit gegen Kallion bestraft hatten. Eine vergoldete Statue, ein Weihgeschenk des Gorgias aus Leontinoi, ist Gorgias selber[2].

Neben dem Gorgias steht als Weihgeschenk der Amphikty- 19,1 onen der Skionaeer Skyllis, von dem der Ruf geht, er habe auch in die tiefsten Tiefen jedes Meeres tauchen können; er lehrte auch seine Tochter Hydna das Tauchen. Als am Pelion- 2 gebirge die Flotte des Xerxes ein heftiger Sturm überfiel, brachten diese ihnen weiteres Verderben, indem sie die Anker und sonstigen Sicherungen der Trieren fortzogen. Dafür weihten die Amphiktyonen den Skyllis selbst und seine Tochter. Unter den Statuen, die Nero aus Delphi nahm, füllte auch die Statue der Hydna die Zahl auf[3].

Jetzt komme ich, um eine lesbische Geschichte zu erzählen. 3 Fischern in Methymna brachten die Netze aus dem Meer ein Gesicht aus Ölbaumholz gemacht herauf. Das zeigte ein zwar irgendwie göttliches, aber fremdes und bei griechischen Göttern nicht vorhandenes Aussehen. Die Methymnaeer fragten nun die Pythia, von welchem Gott oder Heros das Bild sei, und sie befahl ihnen, den Dionysos Sphalen[4] zu verehren. Deshalb verehren die Methymnaeer das Holzbild aus dem Meer, das sie bei sich behalten haben, mit Opfern und Gebeten, und schickten ein bronzenes nach Delphi.

Die Giebelfiguren[5] stellen Artemis und Leto und Apollon 4 und Musen und den Untergang des Sonnengottes und Dionysos und die Thyiaden dar. Die ersten von ihnen schuf der Athener Praxias, ein Schüler des Kalamis. Als sich die Bauzeit des Tempels in die Länge zog, raffte das Schicksal den Praxias dahin, und den Rest des Schmucks in den Giebeln schuf Androsthenes, auch er von Abstammung Athener und Schüler des Eukadmos. Von den goldenen Waffen an den Epistylien weih-

ten die Athener die Schilde aus der Beute der Schlacht von
Marathon, die Aetoler diejenigen rückwärts und links, Waffen
von Galliern[1]; ihre Form kommt den persischen Flechtschil-
den am nächsten ...[2]

24,1   Im Pronaos in Delphi sind Lebensweisheiten für die Menschen angeschrieben; geschrieben wurden sie von Männern,
die die Griechen als weise bezeichnen. Das waren aus Ionien
Thales von Milet und Bias von Priene, von den Aeoliern auf
Lesbos Pittakos von Mitylene, von den Doriern in Asien Kleo-
bulos aus Lindos und der Athener Solon und der Spartiate
Chilon; als den siebten zählte Platon, der Sohn Aristons, an-
statt Periander, den Sohn des Kypselos, Myson von Chenai;
Chenai war ein Dorf im Oitegebirge. Diese Männer nun ka-
men nach Delphi und weihten dem Apollon die berühmten
Sprüche «Erkenne dich selbst» und «Nichts im Übermaß».
Diese schrieben also hier die genannten Sprüche auf[3].

2   Man sieht auch ein Bronzebild Homers an einer Stele[4] und
liest dazu den Orakelspruch, der dem Homer zuteil geworden
sein soll:

«Glücklicher und Unseliger, denn zu beidem wurdest du
geboren,
das Vaterland suchst du; ein Mutterland, kein Vaterland
hast du.
Ios, die Insel, ist das Vaterland der Mutter, das dich im Tode
empfangen wird. Doch hüte dich vor dem Rätsel der
Jungen.»

Die Iëten zeigen auch ein Grabmal des Homer auf der Insel
und an anderer Stelle eines der Klymene und behaupten, Kly-
3   mene sei die Mutter Homers gewesen. Die Kyprier aber, denn
auch sie schreiben sich den Homer zu, sagen, Themisto, eine
von den einheimischen Frauen, sei seine Mutter, und meinen,
die Geburt Homers sei von Euklus in folgenden Versen vorausgesagt worden:

« Und dann wird im meerumspülten Kypros ein großer
                                        Sänger sein,
  den Themisto gebären wird auf dem Lande, die göttliche
                                        der Frauen,
fern vom reichen Salamis, dem hochberühmten.
Kypros aber verlassend, dahingetragen von flüchtigen
                                        Wogen,
  des weiten Griechenland Ruhm als erster allein singend,
  wird er unsterblich sein, nie alternd alle Tage. »

Obwohl ich dies gehört und die Orakel gelesen habe, schreibe
ich selber keine besondere Ausführung weder über die Heimat
noch über die Lebenszeit Homers.

Im Tempel[1] ist ein Poseidonaltar errichtet, weil das älteste   4
Orakel auch Besitz des Poseidon war[2]. Es stehen da auch zwei
Statuen der Moiren, und statt der dritten steht Zeus Moiragetes und Apollon Moiragetes neben ihnen[3]. Man kann hier
auch einen Herd sehen, auf dem der Priester des Apollon den
Neoptolemos, den Sohn Achills, tötete. Über das Ende des
Neoptolemos habe ich an anderer Stelle gesprochen[4]. Nicht   5
weit von dem Herd steht ein Thron Pindars; der Thron ist
aus Eisen, und auf ihm soll Pindar gesessen haben, wenn
er nach Delphi kam, und die Gesänge gesungen haben, die
sich auf Apollon beziehen[5]. In das Innerste des Tempels dürfen nur wenige eintreten, und es ist dort eine andere goldene
Statue des Apollon aufgestellt[6].

Geht man zum Tempel hinaus und wendet sich links, ist   6
dort ein umgrenzter Bezirk und darin das Grab des Neoptolemos, des Sohnes Achills, und die Delpher opfern ihm jährlich[7].
Oberhalb des Grabmals befindet sich ein nicht großer Stein;
diesen begießt man täglich mit Öl und legt bei jedem Fest
rohe Wolle darauf, und es knüpft sich der Glaube an ihn, der
Stein sei dem Kronos statt des Kindes gegeben worden und
Kronos habe ihn wieder ausgespien[8]. Geht man wieder in   7

Richtung auf den Tempel nach der Betrachtung des Steins, trifft man auf die Kassotis genannte Quelle; an ihr befindet sich eine nicht große Mauer, und man steigt durch die Mauer zur Quelle hinauf. Von dieser Kassotis sagt man, daß ihr Wasser in die Erde eindringe und im Allerheiligsten des Gottes die Frauen hellsehend mache; die der Quelle den Namen gegeben hat, soll eine der Nymphen am Parnaß gewesen sein[1].

25,1 Über der Kassotis befindet sich ein Gebäude mit Gemälden des Polygnot, eine Weihung der Knidier, das von den Delphern Lesche genannt wird[2], weil sie hier ursprünglich zusammenkamen und sich über die wichtigeren und die sagenhaften Dinge unterhielten. Daß es solche viel in ganz Griechenland gab, deutete Homer in der Schmährede der Melantho auf Odysseus an:

«Willst du nicht endlich gehn und in der Esse des Schmiedes oder der Lesche schlafen? Statt dessen schwatzst du hier endlos[3].»

2 Wenn man in dieses Gebäude eintritt, stellt die ganze rechte Seite des Gemäldes die Eroberung von Ilios und die Abfahrt der Griechen dar. Für Menelaos bereiten sie die Abfahrt vor, und ein Schiff ist da gemalt und unter den Seeleuten Männer und Knaben miteinander; in der Mitte des Schiffes steht der Steuermann Phrontis mit zwei Stangen. Homer hat gedichtet, wie sich Nestor mit Telemach unter anderem auch über Phrontis unterhält, daß er Sohn des Onetor und Steuermann des Menelaos, der angesehenste in seiner Kunst, gewesen sei, und daß ihn, als er schon an Sunion in Attika vorbeifuhr, das Schicksal ereilte[4]. Und so lange fuhr Menelaos mit Nestor zusammen, nun verließ er ihn aus diesem Grunde, um für Phrontis das Grabmal und die sonstigen Totenehren zu bereiten.

3 Dieser ist also auf dem Gemälde des Polygnot dargestellt und unter ihm ein Ithaimenes, der ein Gewand bringt, und Echoi-

ax, der auf der Schiffsleiter hinabsteigt mit einem bronzenen
Krug[1]. Polites und Strophios und Alphios brechen auch das
Zelt des Menelaos ab, das nicht weit vom Schiff ist; und ein
anderes Zelt bricht Amphialos ab. Unter den Füßen des Amphialos sitzt ein Knabe; er hat keine Beischrift, und einen Bart
hat allein Phrontis. Und auch nur von diesem hat er den Namen aus dem Gedicht auf Odysseus erfahren; die Namen der
anderen hat nach meiner Meinung Polygnot selber erdichtet[2].
Briseïs stehend und Diomede über ihr und Iphis vor beiden   4
scheinen Helenas Gestalt zu betrachten. Helena selber sitzt
und ebenso Eurybates in der Nähe; ich vermute, es ist der
Herold des Odysseus, er hatte aber noch keinen Bart. Von den
Dienerinnen Elektra und Panthalis steht die eine neben Helena, die andere, Elektra, legt der Herrin die Sandalen an. Auch
diese Namen sind verschieden von denen, die Homer in der
Ilias gab, wo er Helena und zugleich mit Helena die Sklavin-
nen zur Mauer gehen läßt[3]. Über Helena sitzt ein Mann mit   5
einem Purpurmantel bekleidet und aufs äußerste niederge-
schlagen; daß es Helenos, Priamos' Sohn, sei, kann man schon
vermuten, ehe man noch die Beischrift gelesen hat[4]. In der Nähe
von Helenos befindet sich Meges; Meges ist am Arm verwundet, wie auch Lescheos aus Pyrrha, der Sohn des Aischylinos, in
der Iliupersis gedichtet hat[5]; er sei, als die Troër in der Nacht
kämpften, unter der Achsel von Admet, dem Sohn des Augeias,
verwundet worden, sagt er. Auch Lykomedes ist neben Meges   6
gemalt, der Sohn Kreons, mit einer Wunde am Handgelenk;
Lescheos sagt, er sei so von Agenor verwundet worden. Es ist
also klar, daß Polygnot ihre Verwundungen sonst nicht so gezeichnet hätte, wenn er nicht das Gedicht des Lescheos gelesen
hätte; dazu gab er jedoch dem Lykomedes noch eine Wunde
am Knöchel und eine dritte am Kopf. Verwundet ist auch Euryalos, der Sohn des Mekisteus, am Kopf und am Handgelenk.
Diese sind also oberhalb von Helena auf dem Gemälde darge-   7

stellt, an Helena anschließend sind da Theseus' Mutter, kahl-
geschoren, und von den Söhnen des Theseus Demophon, der
nach seiner Haltung überlegt, ob er Aithra wird retten können[1]. Die Argiver sagen, daß Theseus auch von der Tochter
des Sinis einen Sohn gehabt habe, Melanippos, und daß Melanippos einen Sieg im Wettlaufen errang, als die sogenannten
Epigonen nach Adrastos zum zweitenmal nemeïsche Spiele
8 veranstalteten. Lescheos hat über Aithra gedichtet, sie sei, als
Ilion erobert wurde, entwichen und ins Lager der Griechen
gekommen und von den Söhnen des Theseus erkannt worden,
und wie Demophon sie von Agamemnon verlangt habe; er
sagte, er wolle ihm zwar den Gefallen erweisen, würde es aber
nicht eher tun, als bis Helena eingewilligt habe; als er einen
Herold schickte, erwies ihm Helena die Gunst. Der Eurybates
auf dem Gemälde scheint also der Aithra wegen zu Helena gekommen zu sein und ihr den Auftrag des Agamemnon auszu-
9 richten. Die troischen Frauen sind bereits gefangen und scheinen zu jammern. Andromache ist dargestellt, und ihr Kind
steht neben ihr, das sich an ihrer Brust hält. Von ihm sagt Lescheos, es sei von dem Turm herabgestürzt worden und habe
so sein Ende gefunden, aber nicht auf Beschluß der Griechen,
sondern Neoptolemos habe aus eigenem Ansporn der Täter
sein wollen. Auch Medesikaste ist dargestellt, auch sie eine
der unehelichen Töchter des Priamos, und Homer sagt, sie sei
nach der Stadt Pedaion übergesiedelt als Gattin des Imbrios,
10 des Sohnes des Mentor[2]. Andromache und Medesikaste tragen Kopftücher, Polyxene aber trägt nach der Sitte der Jungfrauen ihr Haar geflochten; daß sie am Grab des Achilleus getötet worden sei, singen Dichter und habe ich auf Gemälden
in Athen und Pergamon am Kaïkos gesehen, die sich auf die
11 Schicksale der Polyxene beziehen[3]. Er hat auch Nestor gemalt
mit einer Kappe auf dem Kopf und einer Lanze in der Hand,
und ein Pferd sieht aus, wie wenn es sich im Staub wälzen will.

Bis zu dem Pferd erscheinen Strand und Kiesel darauf, von da
an scheint es nicht mehr Meer zu sein.

Über den Frauen zwischen Aithra und Nestor befinden sich   26,1
ebenfalls Kriegsgefangene, Klymene und Kreusa und Aristomache und Xenodike. Klymene hat Stechichoros in der Iliupersis unter den Gefangenen aufgezählt[1]; ebenso dichtete er auch
in den Nosten, daß Aristomache eine Tochter des Priamos und
Frau des Kritolaos, des Sohnes des Hiketaon, gewesen sei. Ich
kenne aber keinen Dichter oder Geschichtsschreiber, der Xenodike erwähnt hat; von Kreusa erzählt man, daß die Göttermutter und Aphrodite sie aus der Sklaverei bei den Griechen
retteten; Kreūsa sei nämlich auch die Frau des Aeneas gewesen, Lescheos aber und das Epos der Kyprien geben Eurydike
dem Aeneas zur Frau. Auf einem Ruhebett über diesen sind   2
dargestellt Deïnome und Metioche und Peisis und Kleodike;
von diesen erscheint in der sogenannten Kleinen Ilias nur der
Name der Deïnome, die Namen der anderen hat Polygnot,
wie mir scheint, erfunden. Auch Epeios ist da gemalt, nackt die
Troërmauer einreißend[2]; über ihr erhebt sich der Kopf des
hölzernen Pferdes allein für sich. Polypoites ist da, Peirithus'
Sohn, mit einer Binde um den Kopf und neben ihm Theseus'
Sohn Akamas mit einem Helm auf dem Kopf; auf dem Helm
ist ein Helmbusch gemalt. Und Odysseus ist da ...[3], und Odys-   3
seus hat einen Panzer angezogen. Aias, Oïleus' Sohn, ist an den
Altar getreten mit einem Schild und schwört wegen seiner
Tat an Kassandra. Kassandra sitzt am Boden und hält das
Athenabild, da sie das Holzbild von der Basis mit abriß, als
Aias sie als Schutzflehende fortzog. Auch die Söhne des Atreus
sind da gemalt, auch diese mit Helmen auf dem Kopf[4]. Bei
Menelaos, der einen Schild hält, ist eine Schlange auf dem
Schild dargestellt wegen des Untiers, das ihm in Aulis bei den
Opfertieren erschien[5]. Unter diesen, die Aias' Eid abnehmen,   4
in gerader Richtung von dem Pferd bei Nestor, befindet sich

Neoptolemos, der Elasos getötet hat, wer nun auch Elasos sein
mag. Dieser sieht aus, wie wenn er noch etwas Leben hat; den
Astynoos aber, dessen auch Lescheos Erwähnung getan hat,
und der ins Knie gesunken ist, erschlägt Neoptolem mit dem
Schwert[1]. Den Neoptolem hat Polygnot allein von den Griechen noch die Troër mordend dargestellt, weil das ganze Gemälde oberhalb des Grabes des Neoptolem angebracht werden
sollte[2]. Dem Sohn des Achill gibt Homer in seinem ganzen
Dichtwerk den Namen Neoptolemos; die Kyprien aber sagen,
daß ihm der Name Pyrrhos von Lykomedes, Neoptolemos von
Phoinix gegeben worden sei, weil Achill schon in jugendlichem
5 Alter Krieg zu führen begann[3]. Ein Altar ist da gemalt und
ein kleiner Knabe, der sich angstvoll am Altar hält, und auf
dem Altar liegt auch ein Bronzepanzer. Zu meiner Zeit war
diese Panzerform selten, doch in alter Zeit trug man sie. Es
waren zwei Bronzestücke, das eine passend für die Brust und
die Bauchgegend, das andere als Schutz für den Rücken. Sie
hießen Mulden. Das eine legten sie vorne, das andere hinten
an und hefteten sie dann mit Nadeln aneinander. Das schien
6 ihnen genügend Sicherheit zu bieten auch ohne Schild. Deshalb hat Homer auch den Phryger Phorkys ohne Schild dargestellt, weil er bei ihm einen Muldenpanzer trug[4]. Ich habe
diesen von Polygnot gemalt gesehen, und im Tempel der ephesischen Artemis hat der Samier Kalliphon Frauen gemalt, die
7 dem Patroklos die Mulden des Panzers zusammenfügen[5]. Jenseits des Altars hat er Laodike stehend gemalt; diese fand ich
von keinem Dichter unter den gefangenen Troërinnen aufgezählt, und es schien mir auch nichts anderes wahrscheinlich zu
sein, als daß Laodike von den Griechen freigelassen wurde.
Homer hat jedenfalls in der Ilias von der gastlichen Aufnahme
des Menelaos und Odysseus bei Antenor gesprochen, und daß
Laodike mit Helikaon, dem Sohn Antenors, verheiratet war[6].
8 Lescheos sagt, Helikaon sei in dem Nachtkampf verwundet

und von Odysseus erkannt und lebend aus der Schlacht gebracht worden. Es war also wohl eine Folge der Fürsorge des
Menelaos und Odysseus für das Haus des Antenor, daß auch
der Frau des Helikaon nichts Unglimpfliches von Agamemnon und Menelaos geschah. Der Chalkidier Euphorion hat
ohne jede Wahrscheinlichkeit über Laodike gedichtet[1]. Anschließend an Laodike steht ein steinerner Untersatz und ein
bronzenes Waschbecken auf dem Untersatz; Medusa sitzt auf
dem Boden und hält den Untersatz mit beiden Händen; nach
der Ode des Himeraeers[2] kann man auch sie unter die Töchter
des Priamos rechnen. Neben Medusa steht eine kahlgescho-
rene Alte oder ein Eunuch und hält ein nacktes Kindchen auf
den Knieen; das ist mit der Hand aus Furcht vor den Augen
dargestellt.

Von Toten liegt der eine nackt, Pelis mit Namen, auf dem
Rücken, und unter Pelis liegen Eïoneus und Admet, noch mit
den Panzern bekleidet, und von ihnen sagt Lescheos, Eïoneus
sei von Neoptolem, Admet von Philoktet getötet worden. Andere liegen über diesen, über dem Waschbecken Leokritos, der
Sohn des Pulydamas, von Odysseus getötet, über Eïoneus und
Admet Koroibos, Mygdons Sohn. Von diesem ist ein ansehn-
liches Grabmal gebaut an der Grenze von Stektorion in Phrygien, und nach ihm ist es bei den Dichtern Sitte geworden,
den Phrygern den Namen Mygdonen beizulegen[3]. Koroibos
kam zur Werbung um Kassandra und starb, wie die gewöhnliche Angabe lautet, von der Hand Neoptolems, nach Lescheos' Dichtung jedoch durch Diomedes. Auch oberhalb von
Koroibos liegen Tote, Priamos und Axion und Agenor. Priamos sei nicht am Altar des Herkeios gestorben, sagte Lescheos,
sondern vom Altar fortgerissen und daher von Neoptolem so
nebenher an der Tür seines Hauses umgebracht worden. In
bezug auf Hekabe dichtete Stesichoros in der Iliupersis, sie sei
von Apollon nach Lykien entrückt. Axion sei Sohn des Pria-

mos und von Eurypylos, Euaimons Sohn, getötet worden, sagt Lescheos. Den Agenor tötete nach demselben Dichter Neoptolemos eigenhändig, und so scheint Echeklos, Agenors Sohn, von Achill, Agenor selbst von Neoptolemos getötet zu sein.

3 Den Leichnam des Laomedon tragen Sinon, der Gefährte des Odysseus, und Anchialos fort. Es ist auch ein anderer Toter gezeichnet mit Namen Eresos; über Eresos' und Laomedons Schicksal hat unseres Wissens niemand gedichtet. Da ist auch das Haus des Antenor und ein Pantherfell über den Eingang gehängt als verabredetes Zeichen für die Griechen, sich von Antenors Haus fernzuhalten[1]. Und Theano ist dargestellt und ihre Söhne, Glaukos auf einem aus Mulden zusammengefügten

4 Panzer sitzend und Eurymachos auf einem Felsen. Neben ihm steht Antenor und weiterhin Antenors Tochter Krino, und Krino trägt ein unmündiges Kind. Aller Gesichter machen den Eindruck der Trauer. Diener laden eine Kiste und anderes Gepäck auf einen Esel, und auf dem Esel sitzt auch ein kleines Kind. An dieser Stelle des Gemäldes befindet sich auch ein Epigramm des Simonides[2]:

> «Es malte Polygnot, der Thasier, Aglaophons
> Sohn, der Burg von Ilios Zerstörung.»

28,1   Der andere Teil des Gemäldes zur linken Hand stellt Odysseus dar, der in den sogenannten Hades hinuntergestiegen ist, um den Schatten des Teiresias wegen seiner Rückkehr in die Heimat zu befragen[3]. Das Bild sieht folgendermaßen aus. Wasser scheint ein Fluß zu sein, der Acheron natürlich, und Rohr wächst darin, und die Gestalten der Fische sind so undeutlich, daß man sie eher für Schatten als für Fische halten könnte. Und ein Schiff befindet sich auf dem Fluß und der Fährmann an den

2 Rudern. Polygnot folgte, wie mir scheint, der Dichtung Minyas; denn in der Minyas heißt es in bezug auf Theseus und Peirithus[4]:

> «Dort nun trafen sie das Totenschiff, das der greise
> Fährmann Charon führte, nicht am Landeplatz an.»

Danach also hat auch Polygnot den Charon hinsichtlich seines
Alters schon als Greis gemalt. Bei den Insassen des Schiffs ist
nicht ganz deutlich, zu welchen sie gehören. Tellis scheint im
Ephebenalter[1] zu stehen und Kleoboia noch Jungfrau zu sein;
sie hält eine Kiste auf den Knieen, wie sie für Demeter hergestellt werden. In bezug auf Tellis hörte ich, daß der Dichter
Archilochos der dritte Nachfahr des Tellis sei, und Kleoboia
soll zuerst die Demetermysterien von Paros nach Thasos gebracht haben[2]. Am Ufer des Acheron ist besonders sehenswert,
daß unter[3] dem Schiff des Charon ein Mann, der gegen seinen
Vater nicht gerecht war, von seinem Vater erdrosselt wird. Die
Alten hielten nämlich ihre Eltern in höchsten Ehren, wie man
unter anderem auch in Katane von den sogenannten «Frommen» entnehmen kann, die, als das Feuer vom Aetna auf Katane zufloß, Gold und Silber für nichts achteten, sondern flohen, der eine die Mutter, der andere den Vater tragend. Da sie
nun so nur schwer vorwärts kamen, erreichte sie das nach-
drängende Feuer mit seinen Flammen, und da sie auch jetzt
die Eltern noch nicht niedersetzten, soll der Strom sich in zwei
Teile gespalten haben, und das Feuer floß an den Jünglingen
selber und mit ihnen an den Eltern vorbei, ohne ihnen zu schaden. Diese nun werden jetzt noch bei den Katanaeern verehrt[4]. Im Gemälde des Polygnot erhält neben dem Mann, der
seinen Vater mißhandelte und deshalb im Hades Schlimmes
erleidet, ein Tempelräuber seine Strafe; die Frau, die ihn bestraft, kennt außer anderen auch für den Menschen qualvolle
Gifte. Die Menschen befleißigten sich also noch sehr der Frömmigkeit gegen die Götter, wie die Athener bewiesen, als sie
das Heiligtum des olympischen Zeus bei Syrakus eroberten
und dabei nichts von den Weihgeschenken anrührten, sondern
sogar den syrakusanischen Priester als Wächter bei ihnen be-
ließen[5]. Das bewies auch der Meder Datis mit seinen Worten,
die er zu den Deliern sprach[6], und durch die Tat, als er in ei-

nem phoenikischen Schiff eine Apollonstatue fand und sie den
Tanagraeern nach Delion zurückgab[1]. So hielten alle damals
die Gottheit in Ehren, und aus diesem Grunde malte Polygnot
7 die Bestrafung des Tempelräubers. Über den Aufgezählten ist
Eurynomos dargestellt. Die delphischen Erklärer sagen, Eurynomos sei ein Daemon im Hades, und daß er das Fleisch von
den Toten ringsum abfresse und nur die Knochen übriglasse.
Homers Gedicht über Odysseus und die sogenannte Minyas
und die Nosten, in denen auch der Hades und die dortigen
Schrecknisse geschildert werden, kennen aber keinen Daemon
Eurynomos. So will ich also erklären, wie Eurynomos und in
welcher Gestalt er dargestellt ist; in der Farbe ist er zwischen
Blau und Schwarz, wie auch die Fliegen sind, die auf Fleisch
sitzen, er zeigt seine Zähne und sitzt, und die Haut eines Gei-
8 ers ist unter ihm ausgebreitet[2]. Nach Eurynomos folgen Auge
aus Arkadien und Iphimedeia. Und Auge kam zu Teuthras
nach Mysien und gebar von allen Frauen, mit denen Herakles
zusammengekommen sein soll, einen Sohn, der dem Vater
noch am meisten glich[3]; der Iphimedeia[4] werden von den Ka-
rern in Mylasa große Ehren erwiesen.

29,1 Über den bisher von mir Aufgezählten befinden sich die Gefährten des Odysseus Perimedes und Eurylochos, Opfertiere
tragend; die Opfertiere sind schwarze Widder[5]. Nach ihnen
sitzt da ein Mann, und die Beischrift besagt, der Mann sei
Oknos. Er ist ein Seil flechtend dargestellt, und eine Eselin
steht dabei und frißt das gerade geflochtene Stück des
Seils[6]. Dieser Oknos, sagt man, sei ein fleißiger Mann gewesen
und habe eine verschwenderische Frau gehabt; und was er
auch durch seine Arbeit erworben habe, wurde nicht viel spä-
2 ter von ihr wieder aufgebraucht. Damit habe also Polygnot
auf die Frau des Oknos anspielen wollen, meinen sie. Ich weiß,
daß auch von den Ioniern, wenn sie jemand an nichts Nutz-
bringendem sich mühen sehen, gesagt wird, dieser Mann ver-

fertige die Schnur des Oknos. Die Vogelschauer unter den Se-
hern nennen Oknos auch einen Vogel, und dieser Oknos ist
der größte und schönste der Reiher und gehört zu den selten-
sten Vögeln[1]. Auch Tityos ist gemalt, nicht mehr, wie er bestraft wird, sondern von der dauernden Pein schon völlig verzehrt, ein undeutliches und unvollständiges Schattenbild[2].
Geht man im Gemälde weiter, so sieht man zunächst dem Seil-
drehenden Ariadne; sie sitzt auf einem Felsen und schaut auf
ihre Schwester Phaidra, die mit dem übrigen Körper auf einem
Seil schaukelt und sich mit beiden Händen auf beiden Seiten am
Seil festhält; die Darstellung ließ, wenn auch ins Gefälligere
gewendet, Phaidras Todesart vermuten[3]. Die Ariadne raubte
dem Theseus, sei es, daß er zufällig dazukam oder ihr absichtlich auflauerte, Dionysos, der mit einer größeren Flotte heran-
fuhr, kein anderer nach meiner Meinung, sondern derjenige,
der zuerst mit einem Heere nach Indien zog und zuerst den
Euphratfluß überbrückte; und Zeugma wurde eine Stadt genannt an der Stelle des Landes, wo der Euphrat überbrückt
wurde[4], und hier ist zu meiner Zeit noch das Seil vorhanden,
mit dem er den Fluß überbrückte, aus Wein- und Epheuranken
geflochten. Über Dionysos wird ja sowohl von den Griechen
wie von den Aegyptern viel erzählt[5]. Unter Phaidra lehnt
Chloris an den Knieen der Thyia. Man wird auch nicht fehlge-
hen, wenn man sagt, daß sie einander befreundet waren, als
die Frauen noch lebten; die eine, Chloris, war nämlich aus Orchomenos in Boeotien, die andere ...[6] des Landes. Man erzählte
auch eine andere Geschichte über sie, daß nämlich Poseidon
der einen von ihnen beigewohnt habe, der Thyia, und Chloris
Poseidons Sohn Neleus geheiratet habe. Neben Thyia steht
Prokris, die Tochter des Erechtheus, und nach ihr Klymene;
Klymene dreht ihr den Rücken zu. In den Nosten ist gedichtet, daß Klymene des Minyas Tochter sei, daß sie mit Kephalos, Deïons Sohn, verheiratet gewesen und ihr Sohn Iphiklos

gewesen sei. Die Geschichte der Prokris besingen alle, wie sie
vor Klymene mit Kephalos verheiratet war und auf welche
Weise sie von ihrem Mann den Tod fand[1]. Weiter innen von
7 der Klymene sieht man Megara aus Theben. Diese Megara
hatte Herakles zur Frau und schickte sie nach einiger Zeit
fort, weil er der Söhne von ihr beraubt wurde und glaubte,
daß er sie nicht zu seinem Glück geheiratet habe. Über dem
Kopf der genannten Frauen sitzt die Tochter des Salmoneus,
Tyro, auf einem Felsen, und neben ihr steht Eriphyle, die
durch den Chiton die Finger an den Hals hält, und im Bausch
des Chitons könnte man vermuten, daß sie in der einen Hand
8 jenen Halsschmuck hält[2]. Über Eriphyle malte er Elpenor und
Odysseus kniend mit dem Schwert über der Grube, und der
Seher Teiresias geht auf die Grube zu[3]. Nach Teiresias ist
Odysseus' Mutter Antikleia auf einem Felsen dargestellt. Elpenor ist mit einer Matte statt eines Gewandes bekleidet, ei-
9 nem gewöhnlichen Bekleidungsstück für die Seeleute. Unter
Odysseus sitzen auf Thronen Theseus, der die Schwerter des
Peirithus und seines in beiden Händen hält, und Peirithus, der
auf die Schwerter blickt, und man kann vermuten, daß er sich
über die Schwerter grämt, daß sie unbrauchbar und nutzlos
für ihre Unternehmungen gewesen waren[4]. Panyasis dichtete, daß Theseus und Peirithus auf ihren Thronen nicht wie
Gefesselte säßen, sondern daß der Fels mit ihnen statt Fesseln
10 verwachsen sei. Die sprichwörtliche Freundschaft des Theseus
und Peirithus hat Homer in seinen beiden Gedichten erwähnt;
und zwar sagt Odysseus zu den Phaeaken[5]:

«Hätte auch Männer der Vorzeit, soviel ich verlangte,
                                   gesehen,
Theseus, Peirithoos wohl, die gepriesenen Söhne der Götter»,
und auch in der Ilias heißt es von Nestor, daß er zur Besänfti-
gung des Agamemnon und Achill unter anderem auch folgende
Worte sprach[6]:

«Nie mehr sah ich Männer wie die, werd' nimmer sie sehen,
wie den Peirithoos und den Dryas, den Hüter der Völker,
Kaineus, Exadios auch, Polyphem, den Götterentstammten,
Theseus auch, den Aigiden, der Himmlischen herrliches
Abbild.»

Anschließend malte Polygnot die Töchter des Pandareos. 30,1
Bei Homer heißt es in den Worten der Penelope[1], daß ihnen
schon als Jungfrauen die Eltern durch Götterzorn gestorben
seien, daß sie als Waisen von Aphrodite aufgezogen seien und
auch von anderen Göttern etwas empfangen hätten, von Hera,
verständig und schön zu sein, und daß Artemis ihnen die
Größe des Körpers geschenkt habe und sie von Athena in
den Frauen zukommenden Arbeiten unterwiesen worden
seien. Aphrodite nun sei in den Himmel emporgestiegen, 2
um bei Zeus eine glückliche Heirat für die Mädchen zu er-
wirken, und in ihrer Abwesenheit seien sie von den Har-
pyien geraubt und von ihnen den Erinyen übergeben worden.
Das hat Homer über sie gedichtet; Polygnot hat sie als Mädchen gemalt, mit Blumen bekränzt und mit Würfeln spielend,
und ihre Namen sind Kameiro und Klytië. Pandareos war Milesier aus dem kretischen Milet[2], muß man wissen, und mit
Tantalos an dem Unrecht des Diebstahls und dem Betrug hinsichtlich des Eides beteiligt[3]. Nach den Töchtern des Panda- 3
reos steht Antilochos da mit dem einen Fuß auf einem Felsen
und Gesicht und Kopf in beiden Händen haltend[4]. Agamemnon steht nach Antilochos da, das Szepter unter die linke Achsel gestützt und mit den Händen ...[5] einen Stab haltend. Protesilaos blickt auf den sitzenden Achill, und auch Protesilaos
erscheint in der Gestalt eines Sitzenden[6]; über Achill steht Patroklos. Diese haben außer Agamemnon keinen Bart. Über 4
ihnen ist Phokos gemalt[7], dem Alter nach ein Jüngling, und
Iaseus, der einen kräftigen Bart trägt und dem Phokos aus
folgendem Grunde einen Ring von der linken Hand zieht. Mit

Phokos, dem Sohn des Aiakos, der aus Aegina in das jetzt so
genannte Phokis übersiedelte und die Herrschaft über die
Menschen in diesem festländischen Gebiet erhalten und selber
dort wohnen wollte, kam Iaseus in ein besonderes Freund-
schaftsverhältnis und schenkte ihm natürlich sonst mancherlei
Geschenke und ein in Gold gefaßtes Siegel aus Stein. Als Phokos nach nicht langer Zeit nach Aegina zurückkam, trachtete
ihm Peleus sofort nach dem Leben; und deshalb ist in dem Gemälde zur Erinnerung an jene Freundschaft dargestellt, wie
Iaseus den Siegelring sehen will und Phokos ihn den Ring neh-
5   men läßt. Über diesen sitzt Maira auf einem Felsen; über sie
ist in den Nosten gedichtet, daß sie schon als Jungfrau aus dem
Leben schied und Tochter des Proitos, des Sohnes des Thersandros, war, und dieser sei Sohn des Sisyphos gewesen. An
Maira anschließend ist da Aktaion, der Sohn des Aristaios, und
Aktaions Mutter, die ein Hirschkalb in den Händen halten
und auf einem Hirschfell sitzen; ein Jagdhund liegt neben ihnen wegen der Lebensweise des Aktaion und der Art seines
Todes[1].

6   Schaut man wieder zu den unteren Teilen des Gemäldes, so
sitzt des weiteren nach Patroklos Orpheus wie auf einem Hügel und faßt auch mit der Linken eine Kithara, in der anderen
Hand sind es Weidenzweige, die er anfaßt, und er ist an den
Baum gelehnt. Der Baum scheint der Hain der Persephone zu
sein, wo nach Homers Meinung Pappeln und Weiden wachsen[2]. Das Aussehen des Orpheus ist griechisch, und weder
7   seine Kleidung noch seine Kopfbedeckung ist thrakisch. An
die Weide ist auf der anderen Seite Promedon[3] angelehnt. Die
einen meinen, der Name des Promedon sei von Polygnot in
dichterischer Absicht eingeführt worden, andere sagen, er sei
ein Grieche, der jede andere Musik gern gehört habe und be-
8   sonders den Gesang des Orpheus. An dieser Stelle des Gemäldes ist Schedios dargestellt, der Führer der Phoker nach Troia[4],

und nach ihm Pelias auf einem Thron sitzend, gleichermaßen grau an Bart und Kopfhaar; er sieht auf Orpheus. Schedios hat einen Dolch und ist mit einem Wegekrautkranz bekränzt. Dem Thamyris, der ganz nahe bei Pelias sitzt, sind die Augen zerstört, und er macht einen ganz jämmerlichen Eindruck und hat viel Haar auf dem Kopf, und ebenso am Bart; eine Leier ist zu seinen Füßen hingeworfen mit zerbrochenen Armen und zerrissenen Saiten[1]. Über diesem sitzt auf einem Felsen Marsyas[2], und neben ihm befindet sich Olympos in der Gestalt eines schönen Knaben, der im Flötenspiel unterrichtet wird. Die Phryger in Kelainai behaupten, daß der Fluß, der durch ihre Stadt fließt, einst jener Flötenspieler gewesen sei, und behaupten auch, daß die Flötenweise im Kult der Göttermutter eine Erfindung des Marsyas sei; sie erzählen auch, daß sie das Heer der Galater abgewehrt hätten, weil ihnen Marsyas gegen die Barbaren mit Wasser vom Fluß und Flötenspiel zu Hilfe kam[3].

Sieht man wieder auf den oberen Teil des Gemäldes, dann ist da anschließend an Aktaion Aias aus Salamis und Palamedes und Thersites, die mit Würfeln spielen, der Erfindung des Palamedes; der andere Aias schaut ihnen beim Spielen zu. Dieser Aias ist in der Farbe so, wie ein Schiffbrüchiger wird, wenn ihm das Salz noch auf der Haut sitzt[4]. Polygnot stellte absichtlich die Feinde des Odysseus in derselben Gruppe zusammen. Zur Feindschaft gegen Odysseus kam Aias, der Sohn des Oïleus, weil Odysseus den Griechen riet, Aias wegen seines Vergehens gegen Kassandra zu steinigen; Palamedes sei erwürgt worden, als er zum Fischfang ausging, und der Mörder sei Diomedes gewesen und Odysseus, so habe ich in den Kyprien gelesen. Meleager, Oineus' Sohn, befindet sich höher als Aias, Oïleus' Sohn, in dem Gemälde und scheint auf Aias zu blicken. Diese tragen außer Palamedes einen Bart. In bezug auf das Ende des Meleager heißt es bei Homer, daß die Erinys die Verwünschungen der Althaia gehört habe und Meleager aus die-

sem Grunde gestorben sei[1]; die sogenannten Eoeen und die
Minyas aber stimmen miteinander überein. Diese Dichtungen
erzählen nämlich, Apollon habe den Kureten gegen die Aetoler geholfen und Meleager sei von Apollon getötet worden.

4 Die Geschichte von dem Holzscheit aber, daß es von den Moiren der Althaia gegeben wurde und Meleager nicht eher den
Tod finden sollte, als bis das Scheit vom Feuer verzehrt worden sei, und daß Althaia es im Zorn verbrannte, auf diese Geschichte hat zuerst Phrynichos[2], der Sohn Polyphradmons, in
dem Drama «Die Pleuronierinnen» hingewiesen:

«Dem grausigen Geschick
  entrann er nicht, und die schnelle Flamme verzehrte ihn,
  da das Holzscheit vernichtet wurde durch die schreckliche,
  Böses sinnende Mutter.»

Phrynichos hat aber wohl diese Geschichte nicht weiter ausge-
führt, wie jemand eine eigene Erfindung ausführen würde, sondern sie nur berührt, weil sie damals schon in der ganzen
griechischen Welt verbreitet war.

5 In den unteren Teilen des Gemäldes sitzt nach dem Thraker
Thamyris Hektor; er hält beide Hände um das linke Knie[3]
und sieht betrübt aus; nach ihm ist da Memnon, auf einem
Felsen sitzend, und Sarpedon an Memnon anschließend; Sarpedon stützt das Gesicht auf beide Hände, und die eine Hand

6 Memnons ruht auf Sarpedons Schulter. Alle haben sie Bärte,
und auf der Chlamys des Memnon sind auch Vögel dargestellt.
Die Vögel heißen Memnoniden, und die Hellespontier behaupten, sie flögen jährlich an bestimmten Tagen zum Grab des
Memnon, und was von dem Grabmal von Bäumen und Pflanzen frei ist, das fegen die Vögel und besprengen es mit
ihren mit dem Wasser des Aisepos angefeuchteten Flügeln.

7 Neben Memnon ist auch ein nackter aethiopischer Knabe dargestellt, weil Memnon König des Volks der Aethiopen war.
Nach Ilion kam er aber nicht aus Aethiopien, sondern aus dem

persischen Susa und vom Fluß Choaspes, nachdem er alle Völker, die dazwischen wohnten, untertan gemacht hatte. Die
Phryger zeigen auch noch den Weg, auf dem er sein Heer
führte, wobei er die kürzesten Strecken des Landes wählte; der
Weg ist durch die Haltepunkte eingeteil t[1].

Über Sarpedon und Memnon befindet sich Paris, bartlos; er   8
klatscht in die Hände etwa wie das Händeklatschen eines Bauern; man wird sagen, daß es so aussieht, als ob er durch das
Händeklatschen Penthesileia zu sich rufen wolle. Auch Penthesileia ist da, auf Paris blickend, nach der Neigung ihres Ge-
sichts scheint sie ihn aber zu übersehen und gar nicht zu be-
achten. Die Gestalt der Penthesileia ist die einer Jungfrau mit
einem Bogen wie die skythischen und einem Pantherfell auf
den Schultern. Die Frauen über Penthesileia tragen Wasser in   9
zerbrochenen Krügen, und die eine von ihnen ist noch schön
an Gestalt dargestellt, die andere schon in vorgerücktem Alter; im einzelnen steht keine Beischrift bei jeder der beiden
Frauen, gemeinsam steht aber über beiden, daß sie zu den
nicht eingeweihten Frauen gehörten[2]. Über diesen ist Lykaons   10
Tochter Kallisto und Nomia und Neleus' Tochter Pero; für
diese verlangte Neleus als Brautgeschenke die Rinder des
Iphiklos[3]. Kallisto hat statt einer Decke ein Bärenfell[4] und hält
ihre Füße auf den Knieen der Nomia. In den früheren Abschnitten meines Buchs habe ich berichtet, daß die Arkader sagen,
Nomia sei eine bei ihnen einheimische Nymphe[5]. Die Nymphen sollen zwar eine lange Anzahl von Jahren leben, doch
nicht ganz unsterblich sein, sagen die Dichter von ihnen.

Nach der Kallisto und den weiteren Frauen bei ihr ist eine
Art Abhang dargestellt und Sisyphos, der Sohn des Aiolos, der
sich müht, den Felsblock den Abhang hinaufzuwälzen. Es ist   11
auch ein Faß in dem Gemälde und ein alter Mann und noch
ein Knabe und Frauen, eine junge unter dem Felsen und neben
dem Alten eine, die ihm im Alter gleicht; die übrigen tragen

Wasser, der Alten scheint offenbar der Wasserkrug zerbrochen
zu sein, und was an Wasser in dem Bruchstück noch vorhanden war, das gießt sie wieder in das Faß aus. Ich vermutete, daß
auch diese zu denen gehören, die sich um die Mysterien in
Eleusis nicht kümmerten [1]. Die älteren Griechen hielten nämlich die Feier in Eleusis um so viel höher in Ehren als alles, was
sonst zur Frömmigkeit gehört, wie Götter über Heroen.

12   Unter diesem Faß ist Tantalos dargestellt mit all den Leiden, die ihm Homer angedichtet hat [2], und dazu kommt für
ihn noch die Furcht vor dem über ihm hängenden Felsblock.
Polygnot ist also offenbar der Fassung des Archilochos gefolgt;
ob aber Archilochos die Geschichte von dem Felsen von anderen erfahren oder selbst in die Dichtung eingeführt hat, weiß
ich nicht.

So reich an Inhalt und so schön also ist das Gemälde des Tha-
siers.

32, 1   An die Umfassungsmauer des Heiligtums schließt sich ein
sehenswertes Theater an [3]. Steigt man aus dem heiligen Bezirk
hinauf, ... eine Statue des Dionysos hier ist, ein Weihgeschenk
der Knidier [4]. Das Stadion befindet sich im obersten Teil ihrer
Stadt; es war aus dem Stein gemacht, wie es sie am Parnaß
meistens gibt, bis der Athener Herodes es in pentelischem
Marmor umbaute [5]. So viel und solches war zu meiner Zeit in
Delphi noch vorhanden, was in meinem Buch zu erwähnen war.

2   Steigt man von Delphi auf den Gipfel des Parnaß, so befindet
sich gegen sechzig Stadien über Delphi eine Bronzestatue, und
der Anstieg zu der korykischen Grotte ist für einen rüstigen
Mann leichter als für Maultiere und Pferde [6]. Diese Grotte soll
ihren Namen von der Nymphe Korykia erhalten haben, habe
ich etwas vorher gesagt; sie schien mir von den Höhlen, die
7   ich gesehen habe, die sehenswerteste zu sein ... [7] Die korykische Grotte übertrifft die genannten an Größe, und man kann
sehr weit auch ohne Lampen in ihr gehen. Die Decke steht ge-

nügend vom Boden ab, und Wasser, teils aus Quellen, mehr aber noch von der Decke tropft herab, so daß auch am Boden die Spuren von Tropfsteinbildungen in der ganzen Höhle sichtbar sind. Die Leute am Parnaß glauben, daß sie den korykischen Nymphen und besonders dem Pan heilig sei. Von der korykischen Grotte aus ist es auch für einen rüstigen Mann schwierig, zu den Gipfeln des Parnaß zu gelangen; einmal liegen die Gipfel über den Wolken, und zum anderen schwärmen auf ihnen die Thyiaden für Dionysos und Apollon herum[1].

Tithorea[2] liegt von Delphi schätzungsweise achtzig Stadien entfernt auf dem Wege über den Parnaß[3]; der nicht ganz gebirgige, sondern auch für Wagen geeignete Weg sollte noch mehr Stadien lang sein. Über den Namen der Stadt, so weiß ich, heißt es bei Herodot im Persischen Krieg und in den Orakeln des Bakis verschieden. Bakis nannte die Menschen hier Tithoreer, bei Herodot lautet der Bericht über sie, daß beim Anrücken des Barbaren die dortigen Bewohner auf den Gipfel geflohen seien und die Stadt Neon, der Parnaßgipfel aber Tithorea heiße. Es scheint also im Laufe der Zeit zuerst das ganze Land, danach, als sie aus den Dörfern zusammengesiedelt waren, auch die Stadt Tithorea und nicht mehr Neon genannt worden zu sein. Die Einheimischen sagen, daß der Name Tithorea nach einer Nymphe Tithorea gegeben worden sei, wie sie vor alters nach Aussage der Dichter sowohl von anderen Bäumen wie besonders von den Eichen entstanden. Eine Generation vor meiner Geburt wandte die Gottheit die Verhältnisse in Tithorea zum Schlechteren. Vorhanden ist die Einrichtung eines Theaters und der Bezirk eines älteren Marktes; von den Dingen in der Stadt sind am meisten zu erwähnen ein Hain der Athena und ein Tempel und Kultbild, und ein Grab der Antiope und des Phokos ist auch da. In den Abschnitten meines Buchs über Theben habe ich erzählt, wie Antiope wegen des Zorns des Dionysos wahnsinnig wurde, und aus welchem Grunde sie sich die Heimsuchung durch den Gott zuzog,

11 und habe auch erzählt, wie sie Phokos, den Sohn des Ornytion, der sie lieb gewann, heiratete und mit Phokos zusammen bestattet wurde, und was bei dem Spruchdichter Bakis gemeinsam über dieses Grab und das des Zethos und Amphion in Theben gesagt wird[1]. Außer dem Genannten gab es in dem Städtchen sonst nichts Bemerkenswertes. Ein Fluß, der an der Stadt der Tithoreer vorbeifließt, liefert ihnen das Trinkwasser, indem sie zu seinem Ufer hinabsteigen und das Wasser schöpfen; er heißt Kachales[2].

12 Siebzig Stadien von Tithorea entfernt liegt ein Tempel des Asklepios[3] mit Namen Archagetas; verehrt wird er sowohl von den Tithoreern selbst wie von den anderen Phokern; innerhalb der Umfassungsmauer liegen die Behausungen der Schutzflehenden und der Diener des Gottes. In der Mitte befindet sich der Tempel und ein Kultbild aus Marmor, das einen Bart von über zwei Fuß Länge hat; zur Rechten des Kultbildes steht eine Kline, und sie opfern ihm gleichermaßen alles außer Ziegen.

13 Vom Asklepiosbezirk etwa vierzig Stadien entfernt ist der Bezirk und das Heiligtum der Isis, das heiligste, das Griechen der aegyptischen Göttin gebaut haben[4]. Denn nach dem Glauben der Tithoreer darf man hier weder wohnen, noch dürfen andere in das Heiligtum eintreten als jene, die Isis selber auswählt und durch Träume ruft. Dasselbe tun auch in den Städten am Maeander die unterirdischen Götter; die sie nämlich in die Heiligtümer eintreten lassen wollen, denen schicken sie

14 Traumgesichte. Im Land der Tithoreer feiern sie der Isis auch zweimal jedes Jahr ein Fest, das eine im Frühling, das andere als Herbstfest. Jeweils am dritten Tage vorher bei jedem der Feste reinigen diejenigen, die die Erlaubnis haben einzutreten, das Heiligtum auf eine geheime Weise, und was sie dabei von den Opfertieren, die bei dem früheren Fest aufgelegt wor-

den waren, noch übrig finden, bringen sie immer an dieselbe Stelle und vergraben es dort; ich schätzte, daß es zwei Stadien von dem Heiligtum bis zu dieser Stelle sind. An diesem Tage also verrichten sie so viel an dem Heiligtum; am folgenden Tage errichten die Händler Hütten aus Rohr und sonstigem gerade vorhandenem Material, und am letzten der drei Tage halten sie Markt, indem sie Sklaven und alle Art Vieh und dazu Kleidungsstücke und Silber und Gold verkaufen. Nach der Tagesmitte wenden sie sich dem Opfer zu. Die Reicheren opfern Rinder und Hirsche, die weniger wohlhabend sind, auch Gänse und Perlhühner; Schweine jedoch und Schafe und Ziegen dürfen sie nicht zum Opfer nehmen. ...[1] und sıe müssen die Opfertiere mit Leinen- und Byssosbinden umwickeln; die Art der Herrichtung ist die aegyptische[2]. Alles, was sie geopfert haben, bildet einen Festzug, und die einen geleiten nun die Opfertiere in das Heiligtum, die anderen opfern vor dem Heiligtum die Hütten und gehen selber eilends fort. Und man erzählt, daß einmal jemand von denen, die nicht ins Heiligtum gehen, sondern ein Ungeweihter, als das Opferfeuer anfing zu brennen, aus Neugierde und Kühnheit doch ins Heiligtum hineingegangen sei, und es sei ihm alles voll von Geistern erschienen und er sei zwar nach Tithorea zurückgekehrt, habe aber den Geist aufgegeben, als er erzählte, was er gesehen hatte. Etwas Ähnliches hörte ich von einem Phoeniker, daß die Aegypter der Isis das Fest feiern, wenn sie sagen, daß sie um Osiris trauren; dann beginnt auch der Nil bei ihnen zu steigen, und viele Einheimische behaupten, daß es die Tränen der Isis sind, die den Fluß anschwellen und die Fluren bewässern lassen. Damals nun habe der Römer, dem die Verwaltung Aegyptens anvertraut war, einen Mann mit Geld bestochen und in das Heiligtum der Isis in Koptos geschickt; und der Hineingeschickte kehrte zwar aus dem Heiligtum zurück, er sei aber, wie ich erfuhr, als er erzählte, was er gesehen hatte, ebenfalls

15

16

17

18

sofort gestorben. Das Wort Homers scheint also wahr zu sein, daß es dem Menschengeschlecht zum Verderben gereiche, die Götter unmittelbar zu sehen[1].

19   Das Öl im Land der Tithoreer steht zwar an Menge dem attischen und sikyonischen nach, übertrifft aber in Farbe und Wohlgeschmack das iberische und das von der Insel Istrien[2]; man kocht daraus auch verschiedenerlei Salben und bringt das Öl zum Kaiser.

33,1   Ein anderer Weg von Tithorea führt nach Ledon; einst wurde auch Ledon als Stadt betrachtet, zu meiner Zeit aber hatten die Ledontier aus Schwäche die Stadt verlassen, und nur noch gegen siebzig Menschen wohnten am Kephisos; ihre Siedlung heißt nun Ledon, und auch sie sind als Mitglieder des Bundes der Phoker anerkannt, ebenso wie die Panopeer. Von den Menschen, die am Kephisos wohnen, vierzig Stadien entfernt befinden sich die Reste des alten Ledon, und die Stadt soll nach

2   einem Einheimischen benannt worden sein[3]. Unheilbares Unglück erfuhren auch andere Städte durch den Frevel Einheimischer; der vollständigen Vernichtung fielen Ilion anheim wegen des Frevels des Alexandros gegen Menelaos und die Milesier wegen der Leidenschaftlichkeit des Hestiaios und seines Verlangens, einmal nach der Stadt bei den Edonen, dann Ratgeber des Dareios zu werden, und dann wieder, nach Ionien zurückzukehren[4]. Und so bewirkte auch Philomelos, daß die Ledontier seine Gottlosigkeit allgemein büßen mußten[5].

3   Lilaia[6] ist einen Tagesmarsch auch zur Winterszeit von Delphi entfernt, wenn man über den Parnaß hinabsteigt; an Stadien schätzte ich den Weg auf 180. Die Menschen dort sollten, auch als ihre Stadt wieder aufgebaut war, ein zweites Mal[7] von einem Unglück von Makedonien her betroffen werden. Als sie nämlich von Philipp, dem Sohn des Demetrios[8], belagert wurden, ergaben sie sich nach Übereinkunft, und es wurde eine Besatzung in ihre Stadt gelegt, bis ein Einheimischer, er hieß

Patron, die erwachsenen Bürger gegen die Besatzung zusam-
menführte, die Makedonen in einer Schlacht besiegte und sie   4
zwang, die Stadt gegen freien Abzug zu räumen; für diese
Wohltat stellten die Lilaier seine Statue in Delphi auf[1]. Es gibt
in Lilaia ein Theater und einen Markt und Bäder; es gibt auch
Heiligtümer von Göttern, eines des Apollon und eines der Artemis; die stehenden Kultstatuen sind attische Arbeit und aus
den Steinbrüchen des Pentelikon. Lilaia soll eine der sogenannten Naïden und Tochter des Kephisos gewesen und nach dieser
Nymphe der Stadt ihr Name gegeben worden sein, und der
Fluß hat hier seine Quellen[2]. Er kommt aus der Erde nicht im-   5
mer still hervor, sondern meistenteils ereignet es sich etwa
gegen die Tagesmitte, daß er beim Heraufkommen ein Geräusch erzeugt; man könnte das Geräusch des Wassers mit
einem Brüllen vergleichen. Lilaia ist auch in bezug auf die Jahreszeiten im Herbst und Sommer und Frühling angenehm; daß
der Winter nicht ebenso milde ist, verhindert das Parnaß-
gebirge[3] ...

Nach Amphikleia[4] ist es von Lilaia ein Weg von sechzig Sta-   9
dien. Den Namen dieses Amphikleia entstellten die Einheimischen, und zwar nannte Herodot sie Amphikaia der ganz alten
Sage entsprechend, als aber die Amphiktyonen den Beschluß
über die Zerstörung der Städte in Phokis faßten, gaben sie ihr
den Namen Amphikleia ...[5] Sie begehen sehr sehenswerte My-   11
sterien für Dionysos, man darf aber in das Heiligtum nicht eintreten, und sie haben auch kein sichtbares Kultbild. Von
den Amphikleiern wird angegeben, dieser Gott sei ihr Wahrsager und Helfer in Krankheiten; die Krankheiten heilt er
den Amphikleiern selbst und ihren Nachbarn durch Träume,
Weissagepriester aber ist der Priester, und er gibt die Orakel
des Gottes im Zustand der Ergriffenheit ...[6]

Elateia[7] ist von den Städten in Phokis die größte nach Del-   34, 1
phi; es liegt Amphikleia gegenüber, und der Weg dahin von

Amphikleia beträgt 180 Stadien, zur Hauptsache eben und dann wieder nicht viel ansteigend, wo er ganz in die Nähe der Stadt Elateia kommt. In der Ebene fließt der Kephisos, und von Vögeln leben besonders die sogenannten Trappen am Ke-
2 phisos. Den Elateern gelang es, Kassander und das makedonische Heer abzuwehren, und sie retteten sich auch aus dem Kriege, den Taxilos als Feldherr des Mithridates führte[1]; für diese Leistung haben ihnen die Römer die Vergünstigung gewährt, frei zu sein und ihr Land abgabenfrei zu besitzen. Sie behaupten, fremder Abstammung und ursprünglich Arkader zu sein; denn Elatos, der Sohn des Arkas, soll, als die Phlegyer gegen das Heiligtum in Delphi zogen, dem Gott geholfen haben und zugleich mit seinem Heere in Phokis geblieben und
6 Gründer von Elateia geworden sein …[2] Der Markt ist selber sehenswert und auch Elatos, der in Relief auf einer Stele dargestellt ist; ich weiß nicht sicher, ob sie die Stele ihm als ihrem Gründer zu Ehren oder auch als Aufsatz auf seinem Grabmal herstellten. Für Asklepios ist ein Tempel gebaut und gibt es eine bärtige Kultstatue; die Namen der Künstler der Statue sind Timokles und Timarchides, und sie sind von attischer Abstammung. Am rechten Ende der Stadt befindet sich ein Theater und eine alte Bronzestatue der Athena; diese Göttin habe ihnen, so erzählen sie, gegen die Barbaren unter Taxilos geholfen.
7 Ungefähr zwanzig Stadien von Elateia ist ein Heiligtum der Athena mit Beinamen Kranaia entfernt[3], und der Weg ist so wenig ansteigend, daß es gar nicht lästig ist und man sein Ansteigen fast nicht merkt. Am Ende des Weges liegt ein Hügel, zwar im allgemeinen steil, aber weder sehr groß noch sehr hoch; auf diesem Hügel ist das Heiligtum gebaut, und es sind da Säulenhallen und Wohnungen in den Säulenhallen, wo diejenigen wohnen, denen es obliegt, den Dienst beim Gott zu
8 versehen, und unter ihnen besonders der Priester. Den Priester

nehmen sie aus den noch nicht erwachsenen Knaben, wobei
sie darauf achten, daß die Zeit seines Priesteramts früher zu
Ende geht, als er erwachsen wird; er bekleidet das Priesteramt
fünf Jahre nacheinander, in welchen er im allgemeinen bei der
Göttin lebt und ihm auch als Bad die Badewannen nach der
alten Weise dienen. Auch dieses Kultbild stellten die Söhne
des Polykles[1] her, es ist gerüstet wie zum Kampf, und auf dem
Schild sind Nachbildungen der Darstellungen auf dem Schild
der von den Athenern so genannten Parthenos in Athen angebracht.

Nach Abai und nach Hyampolis kann man auch von Elateia   35,1
aus auf einem Bergweg zur Rechten von der Stadt Elateia gelangen; die Hauptstraße nach Opus von Orchomenos führt
ebenfalls zu diesen Städten[2]. Wenn man also nach Opus von
Orchomenos geht und nicht weit nach links abbiegt, führt der
Weg nach Abai[3]. Die Leute in Abai sagen, sie seien aus Argos
ins Land Phokis gekommen und die Stadt habe ihren Namen
von dem Gründer Abas erhalten und der sei Sohn des Lynkeus
und der Hypermnestra, der Tochter des Danaos. Sie sind des
Glaubens gewesen, daß auch Abai dem Apollon von alters her
heilig sei, und es gab auch hier ein Orakel des Apollon. Dem   2
Gott in Abai erwiesen die Römer und die Perser nicht die gleiche Ehre, sondern die Römer gewährten aus Ehrfurcht gegen
Apollon den Abaiern die Selbstverwaltung, das Heer des Xerxes verbrannte auch das Heiligtum in Abai. Die Griechen, die
dem Barbaren Widerstand geleistet hatten, beschlossen, die
verbrannten Heiligtümer nicht wieder aufzubauen, sondern
für alle Zukunft als Denkmäler des Hasses zu belassen[4]; und
deshalb stehen die Tempel im Gebiet von Haliartos[5] und bei
Athen der Tempel der Hera an der phalerischen Straße[6] und
der der Demeter in Phaleron[7] noch jetzt halbverbrannt da.
Das ist nach meiner Meinung damals auch das Aussehen des   3
Heiligtums in Abai gewesen bis zu dem Zeitpunkt, wo die

Thebaner im Phokischen Kriege Phoker, die in der Schlacht
besiegt und nach Abai geflohen waren, und zwar die Schutz-
suchenden und das Heiligtum zum zweitenmal also nach den
Persern dem Feuer überlieferten; es stand also noch bis zu meiner Zeit ein ganz bescheidener Teil der Gebäude, die die Flamme verzehrt hatte, zuerst im Perserbrand beschädigt und dann
4   vom boeotischen Feuer ganz vernichtet. Neben dem großen
Tempel befindet sich ein anderer Tempel, der jenem an Größe
nachsteht; der Kaiser Hadrian erbaute ihn dem Apollon, aber
die Statuen sind älter und Weihgeschenk der Abaier selbst und
sind aus Bronze gemacht und alles stehende Figuren, Apollon
und Leto und Artemis [1]. Die Abaier haben ein Theater und
auch einen Markt, beides nach älterer Bauart.

5   Kehrt man auf den geraden Weg nach Opus zurück, dann
empfängt einen danach Hyampolis [2]. Von den Menschen dort
verrät schon der Name, wer sie ursprünglich waren und von
woher sie in dieses Land kamen; denn die Hyanten aus Theben kamen auf der Flucht vor Kadmos und seinem Heere hierher. In älterer Zeit wurde sie von den Anwohnern Stadt der
Hyanten genannt, einige Zeit später setzte sich aber der Name
6   Hyampolis durch. Obschon sowohl der König Xerxes die Stadt
verbrannte und auch Philipp sie neuerdings zerstörte, waren
an Resten doch noch vorhanden ein Markt älterer Bauart und
ein Rathaus, ein nicht großes Gebäude, und ein Theater, nicht
weit von den Toren entfernt. Kaiser Hadrian baute eine Säulenhalle, und die Halle heißt nach dem Kaiser, der sie errichtete. Sie haben einen Brunnen, und nur von diesem nehmen
sie das Trink- und Waschwasser; von nirgendwo sonst haben
7   sie Wasser außer dem Regenwasser zur Winterszeit. Sie verehren vor allem Artemis und haben auch einen Artemistempel; wie die Statue ist, vermag ich nicht zu sagen; denn sie
dürfen das Heiligtum nur zweimal jedes Jahr und nicht mehr
öffnen. Das Vieh, das sie als der Artemis geweiht bezeichnen,

von dem behaupten sie, daß es ohne Krankheit und fetter als das andere aufwachse.

Als Einfallstor von Chaeronea nach Phokis[1] gibt es nicht nur den geraden Weg nach Delphi, der über Panopeus und an Daulis und dem «Geteilten Weg» vorbeiführt[2]; es führt auch ein anderer, rauher und meistenteils gebirgiger Weg von Chaeronea zur phokischen Stadt Stiris[3]; die Länge des Weges beträgt 120 Stadien. Die Leute dort behaupten, nicht Phoker, sondern ursprünglich Athener zu sein und aus Attika zusammen mit Orneus' Sohn Peteos gekommen zu sein, der von Aigeus aus Athen vertrieben wurde; weil dem Peteos zur Hauptsache Leute aus dem Demos der Stireer folgten, sei die Stadt danach Stiris genannt worden[4]. Die Stiriten wohnen an einem hohen und felsigen Ort; dort nun haben sie im Sommer Mangel an Wasser, denn es gibt da weder viele Brunnen, noch liefern sie geeignetes Wasser. Das benutzen sie zum Waschen und für die Saumtiere zum Tränken; die Menschen holen ihr Trinkwasser gegen vier Stadien weit hinuntersteigend aus einer Quelle; die ist in Felsen ausgeschlagen, und man steigt zum Wasserschöpfen zu der Quelle hinab[5]. In Stiris gibt es ein Heiligtum der Demeter mit dem Beinamen der stiritischen; das Heiligtum besteht aus ungebrannten Ziegeln, die Statue aus pentelischem Marmor, die Göttin mit Fackeln darstellend. Neben ihr steht eine mit Binden umwickelte Statue, die alt ist wie nur irgendeine, die es zu Ehren der Demeter gibt.

Nach Ambrosos[6] sind es gegen sechzig Stadien von Stiris; der Weg ist eben, eine Ebene, die inmitten von Bergen liegt. Der größte Teil der Ebene besteht aus Weinfeldern, und im Gebiet von Ambrosos wachsen auch die Sträucher, wenn auch nicht zusammenhängend wie die Weinstöcke. Diesen Strauch nennen die Ionier und die anderen Griechen kokkos; die Galater landeinwärts von Phrygien in ihrer einheimischen Sprache hys. Dieser Kokkos wird etwa so groß wie der sogenannte

Wegdorn und hat Blätter, die schwärzer und weicher sind als
2   die des Mastixbaums, im übrigen aber ihnen ähneln. Seine
Frucht ist ähnlich der Frucht des Nachtschattens und so groß
wie eine Kichererbse. In der Kokkosfrucht lebt ein kleines
Tier; wenn es nach Reifwerden der Frucht an die Luft gelangt, fliegt es sofort davon und gleicht dann etwa einer Mük-
ke; jetzt aber sammelt man die Kokkosfrucht, bevor sich das
Tier bewegt hat, und das Blut des Tieres dient zum Färben
von Wolle[1].

3   Ambrosos liegt unter dem Parnaß jenseits von Delphi, und
der Name soll der Stadt nach dem Heros Ambrosos beigelegt
worden sein. Die Thebaner umzogen beim Beginn des Krieges
mit den Makedonen und Philipp Ambrosos mit einer doppelten Mauer; die eine ist aus einheimischem Stein, der schwarz
und besonders fest ist; beide Mauerringe haben eine Dicke
von etwas weniger als einer Klafter und eine Höhe von zwei-
4   einhalb Klaftern, wo die Mauer nicht gelitten hat; der Abstand vom ersten Mauerring zum zweiten beträgt eine Klafter, und Türme und Brustwehren, und was sonst noch zur
Ausstattung einer Mauer gehört, hat man alles zu bauen unterlassen, da man nur zur sofortigen Abwehr baute. Es gibt in
Ambrosos einen nicht großen Markt, und von den aus Marmor gemachten Statuen darauf sind die meisten zerbrochen.
5   Wenn man sich gegen Antikyra[2] wendet, geht der Weg zuerst bergauf; nach etwa zwei Stadien Aufstieg ist das Gelände
eben, und zur Rechten des Weges liegt ein Heiligtum der Artemis mit dem Beinamen Diktynnaia. Diese halten die Am-
broseer besonders in Ehren; das Kultbild ist aeginaeische Arbeit und aus schwarzem Stein gemacht. Vom Heiligtum der
Diktynnaia an führt der Weg nach Antikyra ständig abwärts.
In älterer Zeit soll der Name der Stadt Kyparissos gewesen
sein und Homer habe ihr im Phokerkatalog den Namen geben
wollen[3] ... weil es schon damals Antikyra hieß; denn Anti-

kyreus habe zur Zeit des Herakles gelebt. Die Stadt liegt   6
gegenüber den Ruinen von Medeon¹; ich habe im Anfang
des Buches über Phokis berichtet ...² daß sie gegen das Heiligtum in Delphi sich vergangen hätten. Antikyra zerstörte Philipp, Amyntas' Sohn, und ein zweites Mal tat das der Römer
Otilius, weil auch sie Untertanen des Philipp, des Sohnes des
Demetrios, des Königs der Makedonen, waren; Otilius war
von Rom geschickt, um den Athenern gegen Philipp zu hel-
fen³. Die Berge über Antikyra sind sehr felsig, und auf ihnen   7
wächst vor allem die Nieswurz; die schwarze Nieswurz wirkt
beim Menschen abführend und ist magenreinigend, die andere, weiße Art bewirkt Reinigung durch Erbrechen; das
Reinigungsmittel ist die Wurzel der Nieswurz. Die Antiky-   8
reer haben auf dem Markt Bronzestatuen und am Hafen ein
nicht großes Heiligtum für Poseidon, aus Bruchsteinen gebaut; innen hat es Kalkbewurf. Das Kultbild ist eine stehende
Bronzestatue und steht mit dem einen Fuß auf einem Delphin; auf dieser Seite hält sie auch die Hand auf dem Schenkel, in der anderen Hand hat sie einen Dreizack. Gegenüber   9
dem Gymnasion, in dem auch ihre Bäder gebaut sind, befindet sich ein anderes altes Gymnasion; darin steht eine Bronzestatue, und die Inschrift darauf besagt, der Pankratiast Xeno-
damos aus Antikyra hábe bei den Männern einen olympischen Sieg errungen. Wenn die Inschrift richtig ist, hat Xe-
nodamos wohl in der 211. Olympiade den Ölzweig erhalten;
diese Olympiade wird aber in den elischen Listen allein von
allen übergangen⁴. Über dem Markt befindet sich in einem
Brunnen eine Quelle; als Schutz gegen die Sonne ist über dem
Brunnen ein Dach, und Säulen tragen das Dach. Ein wenig   10
höher als der Brunnen liegt ein aus irgendwelchen Steinen
gebautes Grabmal; hier sollen die Söhne des Iphitos begraben
liegen, von denen der eine von Ilion zurückgekehrt und in
seiner Heimat gestorben sei. Schedios aber soll zwar im

troïschen Lande sein Ende gefunden haben, aber auch seine
Gebeine sollen nach Hause gebracht worden sein¹.

37,1   Rechts von der Stadt gegen zwei Stadien von ihr weiter befindet sich ein hoher Fels, und der Fels ist Teil eines Berges,
und an ihm ist ein Artemisheiligtum gebaut²; sie gehört
zu den Werken des Praxiteles, hat in der rechten Hand eine
Fackel und über den Schultern einen Köcher, und neben
ihr zur Linken ist ein Hund; die Statue ist größer als die größte
Frau.

2   Dem phokischen Land benachbart liegt die Stadt, die nach
Bulon, der die Kolonie führte, benannt wird und aus Städten
in der alten Doris besiedelt wurde³. ... Nach Bulis sind es von
dem boeotischen Thisbe achtzig Stadien; ob es von Antikyra
in Phokis zu Land überhaupt einen Weg gibt, weiß ich nicht,
so unzugänglich und rauh sind die Berge zwischen Antikyra
und Bulis. Zum Hafen⁴ sind es von Antikyra hundert Stadien,
und vom Hafen aus schätze ich, daß es noch etwa sieben Sta-
3   dien Fußweg nach Bulis sind. Hier mündet auch ein Wildbach
ins Meer, den die Einheimischen Herakleios nennen. Bulis liegt
in der Höhe und an der Strecke, wenn man von Antikyra zum
korinthischen Hafen Lechaion fährt. Die Menschen hier sind
mehr als zur Hälfte Fischer von Purpurschnecken. Bauten sind
in Bulis sonst nicht besonders zu bewundern, es gibt aber Heiligtümer von Göttern, der Artemis und ein anderes des Dionysos. Die Kultbilder sind aus Holz gemacht, wer aber ihr
Verfertiger war, vermochte ich nicht zu mutmaßen. Den Gott,
den die Bulier am meisten verehren, nennen sie «den Größten», und das ist nach meiner Meinung ein Beiname des Zeus.
Auch eine Quelle gibt es in Bulis mit Namen Saunion.

4   Nach Kirrha, dem Hafen von Delphi⁵, ist es ein Weg von
sechzig Stadien von Delphi, und nach dem Abstieg in die Ebene trifft man auf einen Hippodrom, und dort veranstalten sie
die Pferderennen der Pythien⁶. Über den Taraxippos in Olym-

pia habe ich in meinem Buch über Elis gesprochen[1]; der Hippodrom des Apollon mag wohl auch einmal einem der Pferdelenker schaden, da die Gottheit den Menschen bei jeder Sache Gutes und Schlechtes zugleich beschert; der Hippodrom selber aber ist nicht so beschaffen, bei den Pferden Verwirrung zu stiften, weder auf Veranlassung eines Heros noch aus einem anderen Grunde. Die Ebene von Kirrha an ist ganz kahl, und sie wollen dort keine Bäume pflanzen, entweder auf Grund eines Fluches, oder weil sie wissen, daß das Land zur Baumzucht ungeeignet ist[2]. Über Kirrha wird erzählt ... und daß der heutige Name dem Ort nach der Kirrha gegeben worden sei. Homer jedoch nennt die Stadt Krisa sowohl in der Ilias wie im Hymnus auf Apollon[3] mit dem ursprünglichen Namen. Eine Zeitlang später vergingen sich die Leute in Kirrha auch sonst gegen Apollon und trennten ein Stück des Landes des Gottes ab. Deshalb beschlossen die Amphiktyonen, gegen die Kirrhaer Krieg zu führen[4], und stellten Kleisthenes, den Tyrannen von Sikyon, als Führer an die Spitze und holten Solon aus Athen als Ratgeber. Als sie wegen des Sieges anfragten, gab die Pythia das Orakel:

«Nicht eher werdet ihr einen Turm dieser Stadt nehmen
und stürzen,
als bis gegen mein Heiligtum der blauäugigen Amphitrite
Woge brandet, über das weinfarbene Meer rauschend.»

Solon überredete sie nun, dem Gott das Land von Kirrha zu weihen, damit das Meer Nachbar des Heiligtums des Apollon würde. Auch eine andere List gegen die Kirrhaer wurde von Solon erfunden; das Wasser des Pleistos[5], das durch einen Graben in ihre Stadt floß, lenkte Solon anderswohin ab. Und die hielten nun gegen die Belagerer doch noch stand, da sie aus Brunnen und Regenwasser trinken konnten; er aber warf die Nieswurzwurzeln in den Pleistos, und als er merkte, daß das Wasser genug von dem Gift enthielt, lenkte er es wieder in

den Graben zurück. Und so verließen die einen, die Kirrhaeer
tranken nämlich in Massen das Wasser, die auf der Mauer, wegen des unaufhörlichen Durchfalls ihre Posten, und die Am-

8 phiktyonen übten, als sie die Stadt genommen hatten, für den
Gott Vergeltung an den Kirrhaeern, und so ist Kirrha Hafen
von Delphi. Es bietet auch an Sehenswürdigkeiten einen Tempel des Apollon und der Artemis und der Leto mit Statuen von
bedeutender Größe und attischer Arbeit. Adrasteia ist an derselben Stelle aufgestellt, aber an Größe den anderen Statuen
nachstehend.

38, 1   Das Land der sogenannten ozolischen Lokrer grenzt bei Kir-
4 rha an Phokis[1] ... 120 Stadien von Delphi entfernt liegt Amphissa[2], die größte und namhafteste Stadt der Lokrer. Sie
rechnen sich selbst zu Aetolien aus Scham vor dem Namen
der Ozoler, und es hat auch die Wahrscheinlichkeit für sich,
daß, als der römische Kaiser die Aetoler in die Neugründung von Nikopolis verpflanzte, der Hauptteil des Volkes
nach Amphissa fortzog. Ursprünglich aber gehören sie zu den
Lokrern, und der Name soll der Stadt gegeben sein, so sagt
man, von Amphissa, der Tochter des Makar, des Sohnes des
Aiolos, und Apollon soll Liebhaber der Amphissa gewesen sein.

5 Die Stadt ist im allgemeinen gut ausgebaut, und am bemerkenswertesten sind das Grabmal der Amphissa und das des
Andraimon; mit ihm sei auch Gorge, die Tochter des Oineus,
die mit Andraimon verheiratet war, begraben, sagen sie. Auf
der Akropolis haben sie einen Tempel der Athena und eine
stehende Bronzestatue, und sie sei, wie sie sagen, von Thoas
aus Ilion mitgebracht und gehöre zur Beute von Troia; aber

6 davon haben sie mich nicht überzeugt. In den früheren Abschnitten meines Werks habe ich erzählt, daß die Samier Rhoikos, Philaios' Sohn, und Theodoros, Telekles' Sohn, die Erfinder davon waren, Erz aufs genaueste zu schmelzen; diese gossen es auch als erste[3]. Von Theodoros habe ich nichts mehr

gefunden von Werken aus Bronze; aber im Heiligtum der
ephesischen Artemis gegen das Gebäude zu, das die Gemälde
enthält, befindet sich eine steinerne Brüstung über dem Altar
der Protothronië genannten Artemis; auf der Brüstung steht
unter anderen Statuen am Ende auch ein Frauenstandbild, eine
Arbeit des Rhoikos, die die Ephesier die Nacht nennen. Dieses   7
Standbild nun ist sowohl nach seinem Aussehen älter als das
der Athena in Amphissa wie roher in der Arbeit. Die Amphis-
seer begehen auch ein Fest der sogenannten Anaktesknaben;
welche Götter aber die Anaktesknaben sind, wird nicht übereinstimmend angegeben, sondern die einen sagen, es seien die
Dioskuren, andere die Kureten, und die mehr zu wissen glauben, Kabiren.

Zu diesen Lokrern gehören noch folgende andere Städte,   8
oberhalb über Amphissa gegen das Inland Myonia, dreißig
Stadien von Amphissa entfernt; dies sind auch die Myanen,
die dem Zeus in Olympia den Schild geweiht haben[1]. Das
Städtchen liegt auf einer Höhe, und sie haben einen Hain und
einen Altar der «Gnädigen Götter»; die Opfer für die Gnädigen Götter finden bei Nacht statt, und es ist Vorschrift, das
Fleisch ebendort zu verzehren, ehe die Sonne aufgeht. Auch
ein Bezirk des Poseidon liegt über der Stadt mit Namen Posei-
donion; darin befindet sich ein Poseidontempel, aber das Kultbild war zu meiner Zeit nicht mehr da.

Diese also wohnen über Amphissa, am Meer aber liegt Oian-   9
theia[2] und diesem benachbart Naupaktos. Außer Amphissa werden die übrigen von den Achaeern von Patrai beherrscht durch
Verleihung des Kaisers Augustus[3]. In Oiantheia gibt es ein
Aphroditeheiligtum und etwas über der Stadt einen Hain aus
Zypressen und Kiefern und einen Tempel der Artemis und eine
Statue in dem Hain; Malereien an den Wänden waren im Laufe
der Zeit verblaßt und nichts mehr von ihnen zu sehen. Ich ver-   10
mute, daß die Stadt nach einer Frau oder Nymphe genannt wur-

de, während ich über Naupaktos weiß, daß es heißt, die Dorier
unter den Söhnen des Aristomachos hätten hier ihre Schiffe gebaut, mit denen sie zum Peloponnes übersetzten; und davon,
sagt man, habe der Ort den Namen erhalten[1]. Meine Erzählung
über die Naupaktier, daß die Athener den bei dem Erdbeben
in Sparta Abgefallenen in Ithome Naupaktos zum Besiedeln
gaben, das sie den Lokrern fortgenommen hatten, und daß die
Spartaner später nach der Niederlage der Athener bei Aigospotamoi die Messenier auch aus Naupaktos vertrieben, habe ich
ausführlicher in meinem messenischen Buch gegeben; als die
Messenier die Stadt gezwungen verlassen hatten, sammelten

11   sich die Lokrer wieder in Naupaktos[2]. Das von den Griechen
Naupaktia genannte Epos schreiben die meisten einem Milesier zu; Charon, der Sohn des Pythes, sagt aber, der Naupaktier Karkinos habe es verfaßt. Auch ich schließe mich der Meinung des Lampsakeners an[3], denn was hätte es für einen Sinn,
einem Epos eines Milesiers auf Frauen den Namen Naupaktia

12   zu geben? Hier befindet sich am Meer ein Tempel des Poseidon und eine stehende Bronzestatue und auch ein Heiligtum
der Artemis mit einer Marmorstatue; sie ist speerschleudernd
dargestellt und hat den Beinamen «die Aetolische» erhalten.
Aphrodite wird in einer Höhle verehrt; sie beten auch wegen
anderer Dinge zu ihr, und besonders die Witwen erbitten eine

13   Heirat von der Göttin. Das Heiligtum des Asklepios[4] lag in
Trümmern, ursprünglich hatte es ein Privatmann Phalysios
gebaut. Als er nämlich an den Augen erkrankt und schon fast
blind war, schickte ihm der Gott in Epidauros Anyte, die
Ependichterin[5], mit einer versiegelten Schreibtafel. Das schien
der Frau ein Traumgesicht zu sein, war aber sofort Wirklichkeit; und sie fand in ihren Händen eine versiegelte Schreibtafel, fuhr nach Naupaktos und befahl dem Phalysios, das Siegel zu entfernen und das Geschriebene zu lesen. Dem schien
es eigentlich nicht möglich zu sein, die Buchstaben zu sehen

bei dem Zustand seiner Augen; da er aber auf etwas Günstiges von Asklepios hoffte, entfernte er das Siegel, sah auf das Wachs und war gesund und gab der Anyte, was auf der Schreibtafel geschrieben stand, zweitausend Goldstatere.

ANHANG

ERLÄUTERUNGEN

Der Kommentar will nur das Notwendigste zum Verständnis des Textes in kurzer Form geben, soweit dieser nicht für sich selber spricht. Zu ihm gehören auch die beiden Verzeichnisse am Schluß, die ihn entlasten sollen, ein Verzeichnis griechischer Fachausdrücke mit ihrer Erklärung und das Verzeichnis der im Text erwähnten griechischen Künstler mit ihren Lebensdaten.

Wer sich genauer zu unterrichten wünscht, sei hingewiesen auf die beiden großen kommentierten Pausaniasausgaben: Des Pausanias Beschreibung von Griechenland, mit kritischem Apparat herausgegeben von Hermann Hitzig, mit erklärenden Anmerkungen versehen von Hermann Hitzig und Hugo Blümner, 6 Bde., Leipzig, O. R. Reisland 1896–1910, dazu Karte von Griechenland zur Zeit des Pausanias sowie in der Gegenwart, bearbeitet von Hugo Blümner, Maßstab 1 : 500000, Geographischer Kartenverlag Bern und Leipzig 1911, Nachdruck Darmstadt 1963/64, und Pausanias' description of Greece, translated with a commentary by J. G. Frazer, 6 Bde., London, Macmillan 1898, Neudruck 1913 und New York 1964, mit einem Atlas: Graecia antiqua, maps and plans to illustrate Pausanias' description of Greece, compiled by J. G. Frazer with explanatory text by A. W. van Buren, London, Macmillan 1930.

Die antike Geographie Griechenlands ist zusammenfassend behandelt durch Conrad Bursian, Geographie von Griechenland, 2 Bde., Leipzig, B. G. Teubner 1862–1872; Ernst Curtius, Peloponnesos, 2 Bde., Gotha, Justus Perthes 1851/52.

Eine ausführliche Landeskunde Griechenlands liegt jetzt vor in Alfred Philippson, Die griechischen Landschaften, 4 Bde. in mehreren Teilen, Vittorio Klostermann, Frankfurt am Main 1950–1959. Den ersten beiden Bänden sind Abschnitte über die historische Landeskunde der behandelten Landschaften von der Prähistorie bis zur Neuzeit aus der Feder von Ernst Kirsten beigegeben, der auch die Bände 2–4 nach dem Tode des Verfassers herausgegeben hat.

Beschreibung der antiken Denkmäler mit Karten und Plänen ferner besonders in Karl Baedeker, Griechenland, Handbuch für Reisende, 5. Aufl. Leipzig 1908 (danach französische Übersetzung 1910); Les guides bleus, Grèce, Paris, Hachette 1935 (mehrere Neudrucke) und 1953 (mehrere Neudrucke, auch deutsch 1963); Ernst Kirsten und Wilhelm Kraiker, Griechenlandkunde. Ein Führer zu klassischen Stätten, Carl Winter Verlag, Heidelberg 1955, 4. Aufl. 1962; Atlas antiquus, entworfen und bearbeitet von Heinrich Kiepert, Berlin, Dietrich Reimer 1884. Über Neufunde und neue Ausgrabungen berichtet hervorragend der jährliche Bericht in dem Archaeologischen Anzeiger des Jahrbuchs des Deutschen Archaeologischen Instituts (erschienen bis 1943). Andere regelmäßige Berichte in den Zeitschriften Bulletin de correspondance hellénique, American journal of archaeology und Journal of hellenic studies.

Alle Gebiete der Altertumswissenschaft behandelt ausführlich das vielbändige Handbuch der klassischen Altertumswissenschaft, in systematischer Darstellung herausgegeben von Iwan von Müller, Neubearbeitung unter dem Titel Handbuch der Altertumswissenschaft, begründet von Iwan von Müller, neu herausgegeben von Walter Otto, München, C. H. Beck. Erschöpfende Auskunft über alle Sachfragen der Altertumswissenschaft erhält man in der alphabetischen Paulys Realencyclopädie der classischen Altertumswissenschaft, neue Bearbeitung herausgegeben von Georg Wissowa, Wilhelm Kroll, Karl Mittelhaus, Konrat Ziegler, Stuttgart, J. B. Metzler 1893 ff. (nahezu vollendet). Dazu erscheint seit 1961 der Kleine Pauly, herausgegeben von Konrat Ziegler und Walther Sontheimer, Alfred Druckenmüller Verlag, Stuttgart, der auf vier Bände berechnet ist (Band II 1967 vollendet). Ferner sei als wichtigstes Nachschlagewerk erwähnt Ch. Daremberg, Edm. Saglio, Dictionnaire des antiquités grecques et romaines, 10 Bde., Paris 1877–1919. W. H. Roscher, Ausführliches Lexikon der griechischen und römischen Mythologie, 6 Bde. und 4 Supplementbände, Leipzig, B. G. Teubner 1884–1937. A. Baumeister, Denkmäler des klassischen Altertums zur Erläuterung des Lebens der Griechen und Römer in Religion, Kunst und Sitte, 3 Bde., München, R. Oldenbourg 1885–1888. Kürzer in einem Band, Friedrich Lübkers Reallexikon des klassischen Altertums, 8. Aufl., herausgegeben von J. Geffcken und E. Ziebarth, Leipzig, B. G. Teubner 1914. The Oxford classical dictionary, edited by M. Cary, J. O. Denniston u. a., Oxford 1949, 2. Aufl. 1950. Lexikon der Alten Welt, Artemis Verlag, herausgegeben von Carl Andresen, Hartmut Erbse, Olof Gigon, Karl Schefold, Karl Friedrich Stroheker und Ernst Zinn, Zürich-Stuttgart 1965.

10 *1* s. jetzt Fr. Pfister, Die Reisebilder des Herakleides, Sitzungsberichte der Wiener Akademie Bd. 227, 2, 1951, Einleitung, Text,
Übersetzung und ausführlicher Kommentar. Deutsche Übersetzung
auch in Festgabe Hugo Blümner, Zürich 1914, 1 ff.: Hermann Hitzig,
Die griechischen Städtebilder des Herakleides.

12 *1* X 4, 1 (S. 479). – *2* X 33, 1 (S. 526). – *3* IX 32, 1 (S. 465).

14 *1* Über die verschiedenen Schriftsteller des Namens s. RE XVIII
2402 ff. Nr. 15–22. Der einzige andere Schriftsteller, der für eine
Gleichsetzung überhaupt in Frage kommt, ist der syrische «Chronograph» oder Geschichtsschreiber, der ein Buch über die Gründungsgeschichte syrischer und kleinasiatischer Städte geschrieben hat und
den der antiochenische Historiker Johannes Malalas verschiedentlich
zitiert und ausschreibt, ebenso Stephanus von Byzanz siebenmal.
Nach der Art der Zitate sollte man annehmen, daß er aus Antiocheia
am Orontes stammte. Andererseits nennt der byzantinische Kaiser
Konstantinos Porphyrogennetos in seinem Werk De thematibus I
p. 17, 19 ff. unter den berühmtesten geographischen Schriftstellern
auch «Pausanias den Damascener»; danach stammte dieser syrische
Schriftsteller also aus Damaskus. Man hat diesen Widerspruch zwar
auch durch eine an sich leichte Textänderung beseitigt, indem man
«weder Pausanias noch der Damascener» (nämlich der oft zitierte
Historiker Nikolaos von Damaskus) las, doch ist das bedenklich;
ebenso bedenklich ist es wohl auch, deshalb zwei syrische Schriftsteller des Namens Pausanias anzunehmen, einen aus Damaskus und
einen aus Antiocheia. Es ist gar keine Frage, daß sowohl Stephanus
von Byzanz wie Konstantinos Porphyrogennetos diesen syrischen
Pausanias für denselben gehalten haben wie unseren Schriftsteller.
Ebenso hat diese Ansicht auch in neuerer Zeit immer wieder Anhänger gefunden, so zuletzt besonders Carl Robert in seinem Pausaniasbuch S. 271 ff. Aber das ist ganz unwahrscheinlich. Die langen
Auszüge, die Malalas aus diesem syrischen Pausanias gibt, stimmen
in ihrer geistigen Haltung und ihrem Stil recht wenig zu unserem
Pausanias; auf andere Gegengründe aus dem Vergleich der Fragmente mit unserem Pausanias macht Gurlitt S. 65 aufmerksam. Wohl
ist es richtig, daß unser Pausanias über Syrien recht gut unterrichtet
ist und mehrfach auf Örtlichkeiten und Denkmäler in Syrien und
Palästina hinweist, die er selber gesehen hat (die Stellen bei Gurlitt
S. 66), aber es ist doch keine einzige Stelle darunter, die ein näheres

Verhältnis des Schriftstellers zu diesem Lande vermuten ließe, und
der Name Damaskus kommt bei Pausanias überhaupt nicht vor. Sollen wir auch wirklich glauben, daß ein aus Syrien stammender
Schriftsteller in der philosophischen Diskussion zwischen ihm und
einem Phöniker (VII 23, 7 f.; S. 367) so entschieden für die Griechen Partei nimmt und die Ansprüche des Phönikers so fast hoch-
mütig abweist, wie es Pausanias hier tut? Und sollen wir weiter
glauben, daß ein Schriftsteller aus Damaskus seinen Lesern solche
Märchen über Arabien auftischt, wie es Pausanias tut (VIII 22, 4–6;
IX 28, 3 f.), für den Arabien am Ende der Welt liegt (IX 21, 5)?

15 *1* Die Stellen bei Gurlitt S. 87 f. Anm. 45. – *2* IX 30, 7. – *3* Frazer I
S. XXI. – *4* Die Stellen bei Gurlitt S. 66. – *5* Bes. I 42, 3; dazu Gurlitt S. 88 f. – *6* IX 16, 1; Gurlitt 90.

16 *1* Gurlitt 90, dazu Metapont VI 19, 11; Leontinoi VI 17, 9 (?); Heberdey Reisen 28; 38. Im allgemeinen zu den Reisen Frazer I S.
XXff. – *2* III 12, 4; IX 21, 5; IV 31, 5; V 7, 4. – *3* I 19, 6 (S. 71 f.);
Paul Graindor, Un milliardaire antique, Herodes Atticus et sa fa-
mille, Kairo 1930, bes. 179 ff. – *4* VII 20, 6 (S. 360). – *5* Graindor
l. c. 86 ff. – *6* Wenn die zu S. 62 Anm. 5 gemachte Bemerkung
richtig ist, wäre die Abfassungszeit von Buch I noch genauer auf
etwa 143–150 n. Chr. bestimmt. – *7* s. dazu Comfort, The date of
Pausanias book II, Amer. journ. of archaeol. 35, 1931, 310 ff. – *8* s.
S. 114 mit Anm. 4; David Magie, Roman rule in Asia Minor, Princeton 1950, I 631; II 1491 f. Anm. 6. – *9* Als M'Acilius Glabrio Legat
der Provinz Asia war, der als nächste Stellung im Jahre 152 n. Chr.
das Konsulat bekleidete; s. dazu Groag Prosopographia Imperii
Romani I² 11 f. Nr. 73. In dem nach 173 n. Chr. geschriebenen
Buch VII 5, 9 (S. 353) ist es als fertig noch einmal genannt. – *10* s.
S. 123 mit Anm. 1.

17 *1* s. S. 134 mit Anm. 2. – *2* RE XI 1505 ff. – *3* I 5, 5 (S. 60). – *4* P.
Graindor, Athènes sous Hadrien, Kairo 1934, 18 ff. – *5* V 21, 15
(S. 279).

18 *1* I 18, 6 (S. 69). Auch die Reise nach Aegypten liegt vor der Nieder-
schrift einer Stelle im jetzigen ersten Buch, I 42, 3 (S. 101 f.), doch
steht sie in dem von der Beschreibung Attikas zu trennenden Kapitel
über Megara. – *2* Gurlitt 69 Anm. 14; Frazer I S. XVII f.; dagegen
allerdings Robert 218 ff.

19 *1* Die Belege in den Einleitungen der Kommentare zu den einzelnen
Büchern in der Ausgabe von Hitzig-Blümner. – *2* I 24, 5 = IX 26, 2;
andere Verweise Gurlitt 69 Anm. 15. – *3* I 26, 4 (S. 80).

20 *1* VII 21, 2, «die Bewohner dieses Festlandes, die Aetoler und die
ihnen benachbarten Akarnanen und Epiroten»; vgl. Polyb. XVIII
5, 8. – *2* Paus. V 23, 3; VII 18, 8 f.; 21, 1; X 38, 4. – *3* I 13, 2 f.; II
23, 5; IV 2, 3; VI 5, 2 ff. (S. 303); IX 30, 9 ff. – *4* IV 2, 3 : Thessalien
und «Griechenland» in Gegensatz gesetzt. – *5* Ptolem. III 12, 42 f.;
13, 4; 8; 14, 2; 13; RE I 194; VIA 135, 29 ff. – *6* IV 2, 3. – *7* VIII
14, 12. – *8* VIII 1, 5. – *9* IX 18 f. (S. 451 ff.). – *10* s. auch gleich unten.

21 *1* X 35, 1 (S. 529); 35, 5 (S. 530). – *2* IX 23, 7. – *3* II 19, 8 (S. 124). –
4 X 1, 10 p. 447.

22 *1* Die Belege s. in den Einleitungen zu den Kommentaren der einzelnen Bücher in der Ausgabe von Hitzig und Blümner; das ist bei
Pausanias insbesondere wie so vieles Nachahmung Herodots, Pasquali, Hermes 48, 1913, 221. – *2* s. bes. Steph. Byz. s. Ἐρινιάτης,
κώμη Μεγαρίδος. Παυσανίας α΄ = I 44, 5; Τύπαιον, ὄρος
Ἤλιδος, Παυσανίας Ἠλιακῶν α΄ = V 6, 7.

23 *1* Aelian var. hist. XII 61 = Paus. VIII 36, 6. – *2* s. o. S. 14 Anm. 1. –
3 s. Reitzenstein, Hermes 29, 1894, 235 ff. – *4* Fr. Spiro, Festschrift
Vahlen, Berlin 1900, 135 ff. – *5* Steph. Byz. s. Θυραῖον bezeichnet
Hypsus als Gründer der Stadt. Das beruht auf der Stelle Pausanias
VIII 3, 3, wo hinter dem Namen des Hypsus die Namen Melaineus
als Gründer von Melaineai (VIII 26, 8), Thyraios als Gründer von
Thyraion (VIII 35, 7) und Haimon als Gründer von Haimoniai (VIII
44, 1) ausgefallen sind. Vgl. dazu auch Wilamowitz, Hermes 29,
1894, 244; Spiro, Festschrift Vahlen 136.

24 *1* I 39, 3 (S. 99); III 11, 1 (S. 152); V 21, 1 (S. 277); VI 1, 1 f. (S. 294);
17, 1 (S. 326); VIII 54, 7 (S. 435); X 9, 1 (S. 489) und öfters. – *2* Herod. I, 1 «die menschlichen Taten und große und wunderbare Werke». – *3* Über die periegetische Literatur im allgemeinen s. bes.
Max Bencker, Der Anteil der Periegese an der Kunstschriftstellerei
der Alten, Diss. München 1890; G. Pasquali, Die schriftstellerische
Form des Pausanias, Hermes 48, 1913, 161 ff.; RE XIX 726 ff.; zu
Polemon insbesondere L. Preller, Polemonis periegetae fragmenta,
Leipzig 1838, und Deichgräber RE XXI, 1288 ff.

29 *1* Pasquali, Hermes 1913, 191 ff., bes. 194. – *2* Trendelenburg, Pausanias' Hellenika 15 ff.

30 *1* So besonders Carl Robert S. 6; Pasquali, Hermes 1913, 192;
Christ/Schmid, Geschichte der griechischen Literatur II, 2⁶, 760. –
2 Pasquali, Hermes 1913, 161.

31 *1* I 19, 6 (S. 71); III 18, 10 (S. 171).

33 *1* I 19, 6 (S. 71). – *2* I 30, 4; V 6, 4 (S. 245). – *3* I 44, 2 (S. 104).

34 *1* I 22,4 (S. 74). – *2* V 25,9 (S. 288). – *3* V 27,8 (S. 292). – *4* VI 4,5
(S. 302). – *5* VI 5,1 (S. 303). – *6* VI 15,10 (S. 324). – *7* X 15,4
(S. 498). – *8* X 18,7 (S. 503). – *9* VIII 11,1 (S. 385). – *10* Im allgemeinen ist dafür auf den Kommentar zu verweisen; für Delphi ist die
strikte Befolgung der örtlichen Reihenfolge nachgewiesen in dem
Buch von G. Daux, Pausanias à Delphes, Paris 1936, für Olympia
(allerdings mit einigen irrigen Annahmen) durch A. Trendelenburg,
Pausanias in Olympia, Berlin 1914, für die athenische Agora haben
es die neuen amerikanischen Ausgrabungen erwiesen, ebenso für
Korinth. Zu Olympia s. noch bes. VI 17,1 (S. 326) «Rundgang nach
meinen Angaben».

35 *1* V 14,4 (S. 261); 14,10 (S. 263).

36 *1* s. o. S. 16 f. – *2* IX 29,2 (S. 463); 38,10 (S. 471). – *3* Zur Frage der
Quellenbenutzung s. bes. auch Heberdey Reisen 5 ff.

37 *1* I 22,3 (S. 74); vgl. V 11,11 (S. 257). – *2* I 31,5; 35,8; 41,2; 42,4;
II 9,7; 23,6; 31,4; IV 33,6; V 6,6; 10,7; 18,6; 20,4; 21,8;
21,9; VII 6,5; IX 3,3. – *3* I 41,2 (S. 100); V 10,7 (S. 253); während
in I 42,4 sicher eine literarische Quelle gemeint ist. – *4* VIII 37,3
(S. 416). – *5* I 33,2 (S. 91). – *6* V 27,3 f. (S. 291). – *7* VI 14,6 ff.
(S. 322).

38 *1* Phaidros 268 c; für Herodot s. H. Diels, Hermes 22, 1887, 411 ff.;
Jacoby, RE Suppl. Bd. II 402 ff.; Wilh. Schmid und O. Stählin, Geschichte der griechischen Literatur (Handbuch der klass. Altertumswissenschaft VII) I, 2, 1934, 626 ff. Eine erschöpfende Zusammenstellung der betreffenden Stellen bei Gurlitt 91 ff. Anm. 48. Es sei
dazu daran erinnert, daß man im Altertum laut las und sich oft vor-
lesen ließ, also wirklich «hörte». – *2* s. die Zusammenstellungen
bei Frazer I S. LXXII ff. und den Index der Ausgabe von Siebelis
Bd. V 183 ff. – *3* I 14,3; 22,7; II 1,1; 37,3; IV 4,1; VI 18,6; VIII
18,1; IX 9,5; 27,2; X 38,11; s. auch die Stellen, an denen sich
Pausanias auf seine Homerstudien beruft, IX 30,3; X 24,3.

39 *1* J. O. Pfundtner, Pausanias periegeta imitator Herodoti, Diss. Kö-
nigsberg 1866; C. Wernicke, De Pausaniae periegetae studiis Hero-
doteis, Diss. Berlin 1884; Jos. Obrecht, Der echte und der soziative
Dativ bei Pausanias, Diss. Zürich, Genf 1919, 18 f.; Segre, Historia,
studi storici I, 1927, 207 ff. Das geht so weit, daß selbst ein so persönlich gefärbter Satz wie der: «Ich muß eben berichten, was von
den Griechen gesagt wird, muß aber durchaus nicht alles glauben»
(VI 3,8; S. 300) aus Herodot stammt (VII 152,3). – *2* O. Fischbach,
Die Benutzung des Thukydideischen Geschichtswerks durch den

Periegeten Pausanias, Wiener Studien 15, 1893, 161 ff.; Segrè s. o.
209. – *3* I 2, 2 (S. 57); 9, 4 (S. 63); 23, 10 (S. 77); 29, 3 (S. 85); II
30, 4; 30, 9; III 17, 7 (S. 168); umgekehrt I 6, i (S. 61); X 17, 13. –
4 Segrè, Pausania come fonte storica, Historia, studi storici I, 1927,
209 ff.; Note storiche su Pausania periegeta, Athenaeum 17, 1929,
475 ff.; La fonte di Pausania per la storia dei diadochi, Historia II,
1928, 217 ff.

40 *1* Segrè, Historia I 209 ff.; note storiche 475 ff.; Fritz Kreis, histo-
risch-kritische Beiträge zu Pausanias dem Periegeten, Diss. Zürich
1910. – *2* Wilamowitz, Glaube der Hellenen II 536 ff.; RE IA 783;
ebenso der Abriß der arkadischen Geschichte, Hiller von Gärtringen, Klio 21, 1927, 1 ff. und der an sich wertvolle Exkurs über den
Galliereinfall in Griechenland im 10. Buch, Segrè, Historia I 18 ff.
und die Exkurse über die frühhellenistische Geschichte, Segrè, Historia II 217 ff. – *3* VI 19, 9 (S. 331). Für Alexander Polyhistor als
Quelle des Pausanias s. Atenstädt, Philologus 80, 1924, 312 ff.;
Radke, Würzburger Jahrbücher III, 1948, 85 ff. – *4* s. S. 466 mit
Anm. 1 (IX 32, 5); Holleaux, Pausanias et la destruction d'Haliarte
par les Perses, Revue de philologie 19, 1895, 109 ff. – *5* Charakteristisch z. B. die Bemerkung über Lepreon S. 243 oder Psophis S.
402. – *6* z. B. VIII 41, 10 (S. 422 f.) über die Quelle im Kotiliongebirge.

41 *1* Diese Aufgabe ist gelöst in dem wichtigen Buch von R. Heberdey,
Die Reisen des Pausanias in Griechenland, Wien 1894. – *2* Attika,
Argos, Epidauros, Mantineia, Megalopolis, Orchomenos, Sparta,
Heberdey 115. – *3* Heberdey 46 ff.; 51; 59 ff.; 65 ff.; 72 ff.; 77 ff.;
92; 102; 104; 109. – *4* Es ist überflüssig, auf diese überholte Literatur heute noch im einzelnen einzugehen; ihre krasseste Äußerung
ist das Buch von A. Kalkmann, Pausanias der Perieget, Berlin 1886,
dessen einziges bleibendes Verdienst darin besteht, zu seiner Wider-
legung die sorgfältige und gründliche Arbeit Gurlitts hervorgerufen
zu haben.

42 *1* Heberdey, bes. 5 ff.; besondere Betonung der Autopsie z. B. IV
31, 5 (S. 233); V 12, 3 (S. 257 f.); 20, 8 (S. 276); IX 39, 14. – *2* Heberdey passim.

43 *1* VIII 22, 7 (S. 399); vgl. II 11, 6. – *2* IX 33, 7 (S. 467). – *3* Eine
lange Liste solcher Stellen bei Frazer I S. XIV f. – *4* VIII 13, 2 (S. 388)
und dazu RE XVIII 891 ff. – *5* VIII 18, 8 (S. 396); RE XIII 1890 ff.
bes. 1899.

44 *1* VIII 9, 6 ff. (S. 383). – *2* VII 21, 10 (S. 362). – *3* VIII 19, 1 (S. 396). –

4 V 12,6 (S. 258). – *5* V 25,9 (S. 288); 26,3 (S. 290); IX 27,3 (S. 461); X 7,1 (S. 484); 19,2 (S. 503). – *6* II 17,6 (S. 123); V 12,8 (S. 259). – *7* V 21,15 (S. 279). – *8* s. S. 78 Anm. 1. Weitere Denkmäler seiner eigenen Zeit II 35,3 (S. 145); IX 34,1 (S. 468); 38,1 (S. 469). – *9* VIII 21,2 (S. 397). – *10* z. B. VI 26,1 f. (S. 344); VIII 41,6 (S. 422); X 35,7 (S. 530); das Umgekehrte IX 25,3 (S. 459); sonst z. B. II 35,8 (S. 146); VIII 10,2; IX 18,3. – *11* X 11,1 (S. 493).

45 *1* z. B. I 2,4 (S. 58); 18,3 (S. 68); II 27,3 (S. 133); V 17,6 (S. 268); 22,3 (S. 280); 25,9 (S. 288); VI 15,8 (S. 324); 19,5 (S. 330); 19,6 (S. 330). – *2* V 17,9 (S. 269); 17,11 (S. 269 f.); 18,4 (S. 271); 19,7 (S. 273); IX 40,10 (S. 477); X 25,3 (S. 507).

46 *1* S. 489 f. mit Anm. 1.

47 *1* Belege bei Gurlitt 193 ff.; 311 ff.; 349 ff.; 360 ff.

48 *1* s. auch die Liste bei Gurlitt 296 ff. Anm. 2.

49 *1* s. bes. I 8,2 f. (S. 61 f.); 18,8 (S. 70). – *2* s. bes. I 5,5 (S. 60 f.) und VIII 43,3 ff. (S. 426 f.). – *3* II 30,4; VIII 42,11 (S. 425). – *4* Stellen bei Frazer I S. LV ff.; Gurlitt 85 ff. Anm. 42; 43.

50 *1* IX 39,5–14 (S. 472 ff.). – *2* I 14,3 (S. 64); 37,4 (S. 96); 38,7 (S. 97); II 37,6 (S. 149); IV 33,5 (S. 238); VIII 25,7 (S. 404); IX 25,5 (S. 459); vgl. V 10,1 (S. 251); X 31,11 (S. 522). – *3* VIII 8,3 (S. 381). – *4* VII 23,7 f. (S. 367).

52 *1* Zum Stil des Pausanias s. bes. Carl Robert, Pausanias als Schriftsteller, Berlin 1909, und Adolf Engeli, Die oratio variata bei Pausanias, Diss. Zürich, Berlin 1907; L. Weber, Rhein. Museum 75, 1926, 291 f.

BUCH I · ATTIKA

Eine Zusammenfassung des gesamten Wissens über das antike Athen mit erschöpfenden Literaturangaben findet man bei Walther Judeich, Topographie von Athen, 2. Aufl. München 1931 (Handbuch der Altertumswissenschaft III. Abt., II. Teil, 2. Bd.). Seitdem haben die 1931 begonnenen amerikanischen Ausgrabungen, vor allem des Staatsmarkts Athens, unsere Kenntnis Altathens in vielen Punkten bedeutend gefördert. Veröffentlicht werden die Ergebnisse dieser Grabungen in der Zeitschrift Hesperia Bd. I, 1932 ff., mit mehreren Supplementbänden. Die endgültige Publikation erscheint seit 1953 unter dem Titel The Athenian Agora. Results of excavations, Princeton, bis jetzt 10 Bände. Daneben werden einzelne Denkmälergruppen und Themen in populärer Form von verschiedenen Verfassern dargestellt in den kleinen Heften Excavations of the Athenian Agora. Picture books, Princeton, seit 1960, bis jetzt 9 Hefte. Einbändiger Führer von Homer A. Thompson, The Athenian Agora. A guide to the excavation and museum, American School of Classical studies, Athen 1954, 2. Aufl. 1962. Neu ferner Ida Thallon Hill, The ancient city of Athens, London 1953. Die städtebauliche Entwicklung Athens vom Altertum bis in die Neuzeit behandelt J. Travlos, Ἡ πολεοδομικὴ ἐξέλιξις τῶν Ἀθηνῶν, Athen 1960.

Für die Akropolis insbesondere sei an neuerer wichtiger Literatur außerdem noch genannt: Martin Schede, Die Burg von Athen, Berlin, Schoetz und Parrhysius 1922; Otto Walter, Führer durch Griechenland, erstes Heft, Athen Akropolis, Wien 1929; L'acropole d'Athènes, Paris, Albert Morancé (großartiges Tafelwerk mit Text), M. Collignon, G. Fougères, Le Parthénon, 1911; 1924; Charles Picard, L'acropole, 2 Bde., 1929/32; Die Akropolis, aufgenommen von Walter Hege, beschrieben von Gerhard Rodenwaldt, 2. Aufl. Berlin, Deutscher Kunstverlag 1935 (hervorragende Aufnahmen); ferner verschiedene Aufsätze von Gorham Ph. Stevens in der genannten Zeitschrift Hesperia. Sammlung aller antiken Nachrichten und gute Abbildungen und Pläne: Arx Athenarum a Pausania descripta, edid. Otto Jahn et Adolf Michaelis, Bonn, Marcus und Weber 1901.

55 1 Pausanias beginnt sein Werk wie eine persönliche Reisebeschreibung. Nur Reisende aus nördlicher oder östlicher Richtung, wie z. B. von der kleinasiatischen Küste her, fahren auf der Fahrt nach Athen zuerst am Kap Sunion vorbei. So wird Pausanias selber gereist sein, der wahrscheinlich aus Lydien stammte. Dieser unvermittelte Anfang des Werkes ohne jede eigentliche Einleitung entspricht den Stileigentümlichkeiten des Schriftstellers. Der erste Satz enthält aber auch in versteckter Form das Thema des Buches, indem die ersten Worte «das griechische Festland» sind, dem das Werk gelten soll, und der erste Satz mit dem Wort «Attika» schließt, womit der Hauptinhalt des ersten Buches angegeben ist. – Auf der Spitze des Kaps steht der berühmte, wahrscheinlich um 440 v. Chr. erbaute Tempel des Poseidon, dessen weiße Marmorsäulen noch heute zum Teil aufrecht stehen. Nach dem überlieferten Text hätte Pausanias diesen Tempel als Athenatempel bezeichnet, ein sehr auffallender schwerer Irrtum gleich zu Beginn seines Werkes. Es gab tatsächlich auch einen Athenatempel auf Sunion, der aber viel kleiner war und auf einer niedrigeren Kuppe etwa 500 m nordöstlich lag. Will man daher Pausanias einen so groben Fehler nicht zutrauen oder nicht

die ebenso unbefriedigende Annahme machen, daß Pausanias nur
den kleinen rückwärts gelegenen Tempel der Athena und nicht den
großen auffallenden Poseidontempel auf der Spitze des Kaps genannt
hat, so muß man annehmen, daß im überlieferten Text nach Athena
Sunias einige Worte ausgefallen sind und zu lesen wäre: «und ein
Tempel der Athena Sunias und ein weiterer des Poseidon auf der
Spitze des Vorgebirges». – 2 Heute Gaidaronisi; Episode aus dem
sogenannten Chremonideischen Krieg, 266–262 v. Chr. Der Berg-
werksbezirk (Silberbergwerke oder genauer silberhaltiger Blei-
glanz) lag hauptsächlich auf dem Bergrücken zwischen der Ostküste
Attikas und dem westlich Sunion mündenden Legraenatal und an
den Westabhängen dieses Bergrückens, so daß es verständlich ist,
daß Pausanias Laurion westlich von Sunion nennt.

56 1 Leosthenes, Kommandant des Griechischen Bundes im Lamischen
Kriege gegen Antipater, den Statthalter Alexanders des Großen in
Makedonien. – 2 Seeschlacht bei Knidos 394 v. Chr. – 3 Diesen Tempel erwähnt Pausanias als seit den Perserkriegen halbzerstört dalie-
gend später noch einmal, s. S. 529.

57 1 Das heutige Vorgebirge Hagios Kosmas südöstlich der Bucht von
Phaleron. – 2 Das soll heißen, es sei so schön und von einem so bedeutenden Künstler, daß es wohl auch Mardonios verschont haben
würde, wenn es damals bereits existiert hätte, während er das alte
Kultbild mit dem Tempel zerstören ließ. Als halbzerstört seit den
Perserkriegen erwähnt Pausanias den Tempel später noch einmal,
s. S. 529. – 3 Dieses auch sonst erwähnte Grabmal lag beim Ito-
nischen Tor·im Süden der Stadt, zu dem der direkte Weg von Phaleron nach der Stadt führte. Die Beschreibung Athens schließt Pausanias aber nicht an diesen Weg an, sondern beschreibt als neuen
Weg zur Stadt denjenigen vom Hafen Piraeus nach Athen. – 4 Men-
ander, Dichter der neueren Komödie, ca. 342–292 v. Chr. – 5 Euripides soll von Hunden zerrissen worden sein. – Es folgt ein Exkurs
über Dichter an Königshöfen.

58 1 Pausanias beginnt seine Beschreibung Athens an dem berühmten
Haupttor Athens, dem sogenannten Dipylon, das mit seiner Umgebung heute noch in bedeutenden wieder ausgegrabenen Resten erhalten ist. Von ihm und dem unmittelbar südlich benachbarten
«Heiligen Tor» gingen die wichtigsten Straßen aus, die Athen mit
Eleusis und damit mit dem gesamten Peloponnes einerseits und Boeotien und Nordgriechenland andererseits verbanden sowie auch mit
der Hafenstadt Piraeus. Vor dem Tor lag der Staatsfriedhof Athens

mit den Gräbern der im Kriege Gefallenen und der berühmtesten
Staatsmänner und anderer bedeutender Persönlichkeiten, und von
hier ging auch die breite, gerade, von Hallen umsäumte Prachtstraße
des «Dromos» aus, die das Dipylon mit dem Staatsmarkt Athens
verband. – Pausanias' Beschreibung Athens folgt im allgemeinen
einem Rundgang, der ihn vom Dipylon zum Staatsmarkt am Nordabhang der Akropolis führt, dann nördlich um diese herum zu den
großen Denkmälern im Südosten der Stadt mit einem Abstecher in
die dortigen Vorstädte vor den Toren und weiter über den Südabhang der Burg auf die Akropolis hinauf. Von der Akropolis wendet
sich Pausanias wieder zum Dipylon zurück und beschreibt den
Staatsfriedhof vor dem Tor und die sonstigen Denkmäler außerhalb
des Dipylons. Doch ist der zusammenhängende Rundgang der Beschreibung mehrfach durch Sprünge unterbrochen, und von den uns
heute bekannten großen Denkmälern Athens hat der Schriftsteller
eine ganze Reihe nicht für der Erwähnung wert gehalten und übergangen. – Das «Gebäude zur Herrichtung der Festzüge», das Pompeion, lag unmittelbar innerhalb des Dipylons im Winkel zwischen
dem einspringenden Torbau und der Stadtmauer. Es war zu Pausanias' Zeiten kurz vorher wieder aufgebaut worden, nachdem es seit
der Sullanischen Zerstörung wüst gelegen hatte. – *2* Die Basis für das
Kultbild der Demeter und Kore mit der Künstlersignatur des Praxiteles ist im Jahre 1936 in einem Gebäude des 1. Jh.s v. Chr. verbaut
gefunden worden. Wohl deshalb war zu Pausanias' Zeit statt der
verschwundenen Originalbasis der Name des Künstlers an der Wand
eingemeißelt. – *3* Unter Kerameikos versteht Pausanias, wie zu seiner Zeit üblich, den Staatsmarkt (Agora), während damit früher allgemein die Gegend innerhalb und außerhalb des Dipylons bezeichnet
wurde. – *4* Das große von Pausanias näher beschriebene Hallengebäude lag an der linken (nördlichen) Seite des Dromos. – *5* Gemeint
ist der Mysterienfrevel des Jahres 415 v. Chr., an dem auch Alkibiades beteiligt gewesen sein soll. – *6* Reste des Denkmals des Eubulides mit der Künstlerinschrift sind nördlich des Theseionbahnhofs an
der Ecke der Hermes- und Asomatonstraße noch gefunden. – *7* Sage
von Amphiktyon. – *8* Mit diesem Kapitel beginnt Pausanias die Beschreibung des attischen Staatsmarkts (Agora) und zählt zuerst die
Gebäude auf, die am Westrand der Agora am Fuß des Markthügels
lagen. Die meisten hier genannten Monumente sind durch die amerikanischen Ausgrabungen gefunden und identifiziert worden, die zuerst genannte «Königshalle» jedoch nicht, da sie außerhalb des Gra-

bungsbezirk unmittelbar nördlich des Einschnitts der Bahn von Athen nach Piraeus gelegen haben muß. Siehe den Plan der Agora, Plan 2.

59 *1* Kleine Textlücke. – *2* Die «Zeushalle» ist in der 2. Hälfte des 5. Jh.s v. Chr. gebaut worden. – *3* Schlacht bei Mantinea in Arkadien 362 v. Chr.

60 *1* Der etwa um 330 v. Chr. gebaute Tempel des Apollon Patroos lag südlich neben der Zeushalle. Die überlebensgroße Kultstatue des Tempels ist bereits 1907 gefunden und jetzt im Agoramuseum aufgestellt. – *2* Die komplizierte Gebäudegruppe des «Metroon» (Heiligtums der Göttermutter) nahm den südlichen Teil der Westseite der Agora ein. In der von Pausanias gesehenen Form datiert diese Gebäudegruppe erst aus hellenistischer Zeit (ca. 140 v. Chr.). Das Buleuterion (Sitzungssaal des Rats der 500) lag hinter dem Metroon und stammte mit mancherlei späteren Umbauten aus dem 5. Jh. v. Chr. – *3* Galliereinfall nach Griechenland 279 v. Chr. – *4* Kap. 4 mit der Geschichte des Galliereinfalls fortgelassen. – *5* Der Rundbau der Tholos war der letzte Staatsbau an der Westseite der Agora. Die Tholos entstand etwa um 470 v. Chr. und wurde mehrfach zerstört oder beschädigt und neugebaut. Pausanias biegt in seiner Beschreibung nun hier an wieder um und beschreibt die Hauptdenkmäler, die den bisher genannten östlich gegenüberlagen, in südnördlicher Richtung. – *6* Die von Pausanias angedeutete Phylenreform stammt von Kleisthenes (ca. 508 v. Chr.). Die Statuen der Heroen standen wahrscheinlich nebeneinander auf einer langen Basis, die von einem Holzgitter mit steinernen Pfosten auf einem Steinfundament umgeben war. Dieses etwa 21 m lange schmale Bauwerk liegt dem Metroon gegenüber (s. d. Plan) und ist neuerdings teilweise wieder aufgebaut. Im Text folgen die Namen und Mythen der Phylenheroen. – *7* Attalos I., König von Pergamon, 241–197 v. Chr. – *8* Ptolemaios III. von Aegypten, 246–221 v. Chr.

61 *1* Es folgt ein längerer Exkurs über die Geschichte der Dynastie der Ptolemaeer und Attaliden. – *2* Lykurg, bedeutender athenischer Staatsmann der 2. Hälfte des 4. Jh.s v. Chr., besonders bekannt durch die von ihm veranlaßte ausgedehnte Bautätigkeit in Athen. – *3* Kalliasfriede 448 v. Chr.

62 *1* Der Arestempel ist in der Mitte des Marktes wiedergefunden worden. Es war ein dorischer Tempel normaler Form mit 6 : 13 Säulen, fast genau gleich groß wie das sogenannte «Theseion» (s. u.) und auch etwa aus derselben Zeit, ca. 440 v. Chr. Er stand aber ursprünglich an einer anderen Stelle und wurde erst in der Zeit des Kaisers

Augustus an seinem alten Platz sorgfältig abgebrochen und auf dem Markt wieder aufgebaut. Die Vermutung Dinsmoors, daß er ursprünglich auf dem Gelände stand, auf dem ebenfalls in augusteischer Zeit das römische Marktgebäude errichtet wurde, von dem heute noch bedeutende Reste stehen, ist wohl richtig. Neuerdings wird auch vermutet, daß der Tempel ursprünglich in Acharnai nördlich von Athen gestanden habe, wo Areskult bezeugt ist. – *2* Gänzlich unbekannt; das griechische Wort könnte statt mit «Gesetzen» allenfalls auch mit «Liedweisen» übersetzt werden, so daß es sich um einen Musiker handeln würde. Möglicherweise ist statt Kalades der Name des berühmten Flötenbläsers Sakadas (s. S. 129 Anm. 3) zu lesen. – *3* Teile der Basis der Tyrannenmörder mit der Inschrift sind in der Gegend, in der sie nach Pausanias gestanden haben müssen, wiedergefunden. – *4* Die ältere, von Xerxes nach Susa verschleppte Gruppe des Antenor wurde 477 v. Chr. durch eine neue der Künstler Kritios und Nesiotes ersetzt. Nach besserer Quelle hat bereits Alexander der Große den Athenern die ältere Gruppe zurückgesandt, wieder andere Schriftsteller nennen Seleukos, den Begründer der Seleukidendynastie. – *5* Das aus augusteischer Zeit stammende Odeion, das um 150 n. Chr. nach einem Dacheinsturz umgebaut wurde, lag südlich des Arestempels. Zur Fassade des umgebauten Odeions gehörten die bisher so rätselhaften Statuen der «Giganten», die als stets sichtbare Reste des alten Staatsmarktes in die spätere «Gigantenhalle» verbaut waren. Pausanias scheint das Odeion noch vor dem Umbau in der alten Form gesehen zu haben, womit Besuch und Abfassungszeit des ersten Buches in die Jahre vor etwa 150 n. Chr. datiert wären. – *6* Pausanias' Erklärung ist falsch; Philometor ist kein Spottname, sondern offizieller Regierungsname und heißt der «Mutterliebende». Es folgen weitere Ausführungen über die Geschichte Ptolemaios Philometors.

63 *1* Lysimachos, Statthalter und später König von Thrakien, 323–281 v. Chr. Es folgt ein längerer Exkurs über seine Geschichte. – *2* Pyrrhos, König von Epirus, 319–272 v. Chr.; ebenfalls längerer Exkurs über Pyrrhos. – *3* Der von Pausanias als Enneakrunos bezeichnete Brunnen muß das tatsächlich aus dem 6. Jh. v. Chr. stammende Brunnengebäude sein, das die amerikanischen Ausgrabungen im südöstlichen Teil des Marktes festgestellt haben. Das kann aber nur entweder Irrtum des Pausanias oder spätere Bezeichnung sein, da dieses Gebäude nicht die berühmte Kallirrhoe-Enneakrunos am Ilisos, die Thukydides beschreibt, sein kann. Das von Dörpfeld in

der Senke zwischen Akropolis und Pnyx gefundene Brunnenhaus der Tyrannenzeit ist weder diese Enneakrunos noch die von Pausanias gemeinte. – *4* Das «Eleusinion», der heilige Bezirk der Demeter und Kore, lag an der Ostseite der Panathenaeenfeststraße, südlich des Marktes, am unteren Nordabhang der Akropolis. Die große Panathenaeenfeststraße durchzog den Ostteil des Marktes von Nordwesten nach Südosten und stieg von dort zur Senke zwischen Akropolis und Areopag hinauf. Auf unserem Plan 1 ist das Eleusinion angegeben. Pausanias nennt hier und im folgenden zwei Tempel, einen der Demeter und Kore und einen anderen mit einem Kultbild des Triptolemos, letzteren sicher im Eleusinion. Da im Eleusinion nur ein Tempel gefunden ist (Anfang 5. Jh. v. Chr.), muß der Tempel der Demeter und Kore wohl mit dem «Südosttempel» (Plan 2, Nr. 1) an der Panathenaeenfeststraße östlich der Enneakrunos gleichgesetzt werden. Er stammt aus der frühen Kaiserzeit mit einer Vorhalle von sechs dorischen Säulen des 5. Jh.s v. Chr., die ähnlich wie beim Arestempel von einem abgerissenen klassischen Tempel hierher versetzt sind. Im Tempel sind Bruchstücke einer großen weiblichen Gewandstatue klassischer Zeit gefunden, die zur Kultstatue gehört haben werden. Man nimmt an, daß sowohl die genannte Statue wie die Säulen aus Thorikos an der Südostküste Attikas stammen.

64 *1* Nicht näher bekannt.

65 *1* Pausanias unterbricht hier seine Beschreibung, die ihn von der Nordwestecke des Marktes in einem zusammenhängenden Rundgang in die Südostecke geführt hatte, und wendet sich dem den Markt westlich überragenden «Markthügel» (Kolonos agoraios) zu. Der Hephaistostempel, der nach Pausanias' Angaben dem Hephaistos und der Athena gemeinsam galt, ist das bisher meist sogenannte «Theseion», der einzige so gut wie vollständig erhaltene griechische Tempel auf griechischem Boden. Daß die Bezeichnung «Theseion» für diesen schönen klassischen Tempel der Mitte des 5. Jh.s v. Chr. falsch ist, war längst bekannt, die neueren Untersuchungen sichern seine Bezeichnung als Hephaisteion vollständig. – *2* Reste des Tempels der Aphrodite Urania sind wahrscheinlich am Nordabhang des Markthügels gefunden (s. den Plan der Agora). – *3* Die in den nächsten Kapiteln beschriebenen Denkmäler und Bauten lagen an der noch unausgegrabenen Nordseite des Marktes. – *4* Kassander, Statthalter und später König von Makedonien, 319–296 v. Chr. Näheres über diesen Sieg ist nicht bekannt. – *5* Die Stoa Poikile, die «Bunte

Halle», war durch Kimons Schwager Peisianax um das Jahr 457 v. Chr. erbaut worden. Die Gemälde in der Halle stammten von den berühmtesten Malern der Zeit, Polygnot, Mikon und Pleistainetos, dem Bruder des Phidias (s. u. zu S. 255, wo Pausanias die Halle noch einmal erwähnt). – *6* Schlacht bei Oinoë an der argivisch-spartanischen Grenze um 460 v. Chr.

66 *1* s. o. S. 90. – *2* Stadt auf der Halbinsel Chalkidike, 423 v. Chr. von Athen abgefallen und wieder unterworfen. – *3* Gefangennahme der Spartaner auf der Insel Sphakteria im Peloponnesischen Krieg, 425 v. Chr.; von diesen Schilden sind noch Stücke gefunden.

67 *1* Seleukos I., Gründer des Seleukidenreichs in Vorderasien, 312 bis 281 v. Chr.; folgt geschichtlicher Exkurs. – *2* Dieser «Altar des Mitleids» ist wahrscheinlich derselbe wie der «Altar der zwölf Götter», dessen Stelle im Nordteil der Agora gefunden wurde (s. den Plan der Agora). Um den Altar war durch eine steinerne Schranke ein viereckiger Platz abgegrenzt. Der ursprüngliche Bau stammte bereits aus dem späteren 6.Jh. v. Chr. und galt als Mittelpunkt des attischen Straßennetzes. «Altar des Mitleids» war die spätere Benennung, die in späthellenistischer Zeit aufkam, vielleicht nach Verlegung des alten Zwölfgötteraltars an eine andere Stelle. – *3* Die Beschreibung des athenischen Staatsmarkts ist damit abgeschlossen. Von bedeutenden Denkmälern auf dem Markt, die Pausanias nicht zu erwähnen für nötig befunden hat, seien genannt die beiden großen Säulenhallen im Süden der Ágora, die die neuen Grabungen aufgedeckt haben, beide aus hellenistischer Zeit stammend, die «Mittelhalle» und die «Südhalle», ferner die «Attalosstoa» am Ostrand der Agora, vom pergamenischen König Attalos II. (159–138 v. Chr.) gestiftet und heute noch großenteils aufrecht stehend und als Agoramuseum ganz aufgebaut, und die aus literarischen Notizen bekannte, wahrscheinlich von Kimon um die Mitte des 5.Jh.s v. Chr. erbaute «Hermenhalle» mit einer langen Reihe von Hermen davor und in der Nähe, die neben der «Bunten Halle» gestanden haben muß. – Die im folgenden beschriebene Denkmälergruppe, die nicht mehr am Markt lag, ist durch Pausanias' und andere Angaben am Nordabhang der Akropolis, östlich der Agora, lokalisiert. – *4* Das Gymnasion Ptolemaieion war wahrscheinlich eine Stiftung Ptolemaios' II. (285–246 v. Chr.). Juba, König von Mauretanien, 25 v.– 22/23 n. Chr., Chrysippos, ca. 280–206 v. Chr., Neubegründer der stoischen Philosophie. – *5* Gemeint ist die Statue der Athena Parthenos im Parthenon.

68 *1* Exkurs über den Tod des Theseus. – *2* Der Orakelspruch sprach
von «hölzernen Mauern», die Themistokles auf die Schiffe deutete.
Die Perser benutzten zum Aufstieg eine noch heute in Resten und
Spuren vorhandene und in neuerer Zeit genauer untersuchte Treppe,
die in einem natürlichen, zum Teil unterirdischen Felsspalt auf die
Burg hinaufführte und dort etwas westlich des Erechtheions mündet.
Am unteren Ende dieser Treppe lag das Aglaurion, ein größerer
offener Bezirk. Dieselbe Treppe benutzten die «Arrephoroi», von
denen Pausanias (o. S. 82) spricht.

69 *1* Die Beschreibung macht hier wieder einen größeren Sprung und
wendet sich unvermittelt den Denkmälern im Südosten Athens zu,
beginnend mit dem Riesenbau des Olympieions, des größten Tempels Athens, von dessen gewaltigen Säulen noch 15 aufrecht stehen.

70 *1* Isokrates, bedeutender attischer Lehrer der Beredsamkeit, Politiker und Schriftsteller, ca. 436/35 bis nach 338 v. Chr. Seine Cha-
rakteristik durch Pausanias ist gänzlich entstellt im Sinne einer Zeit,
der freiheitliches politisches Leben unvorstellbar geworden war,
sein angeblicher Selbstmord nach der Schlacht bei Chaeronea, in der
Philipp von Makedonien die vereinigten Athener und Thebaner
schlug, Legende. – *2* Die von Pausanias hier anhangsweise erwähnten Bauten Hadrians sind sonst unbekannt, immerhin ist mit dem
etwas näher beschriebenen hundertsäuligen Bau mit der Bibliothek
so gut wie sicher das große Gebäude östlich des Staatsmarkts gemeint, von dem heute noch imposante Reste, zum Teil bis zu voller
Höhe, aufrecht stehen und das als Hadriansbibliothek gilt. Die von
Pausanias als besondere Kostbarkeit genannten Säulen aus phrygi-
schem Marmor waren schon im Altertum wieder entfernt und durch
bescheidenere ersetzt worden. – *3* Die im folgenden Abschnitt genannten Bauten sind nicht genauer bekannt, doch müssen sie vom
Olympieion aus in südlicher oder südwestlicher Richtung gelegen
haben. Ein heute verschwundener kleiner ionischer Tempel stand
noch im 18. Jh. südlich des Olympieions auf dem südlichen Ilisosufer
fast ganz aufrecht und wurde 1778 abgebrochen und verbaut. Fundamente eines anderen kleinen Tempels sind nur 50 m südlich des
Peribolos des Olympieions gefunden worden, vielleicht zu dem von
Pausanias genannten Kronostempel gehörend. Etwas südwestlich davon, am rechten Ilisosufer, lag nach Inschriftenfunden das Heiligtum des pythischen Apollon. Den erwähnten ionischen Tempel hält
man für das von Pausanias nicht genannte «Metroon in Agrai», den
Tempel der Göttermutter in der Vorstadt Agrai. – *4* Gründungs-

legende. – 5 Die «Gärten» lagen bereits außerhalb der Stadtmauer am Ilisos.

71 1 Die genaue Stelle des Gymnasions Kynosarges ist noch nicht gefunden, es lag aber etwas weiter südlich außerhalb der Stadtmauer. – 2 Das Gymnasion Lykeion lag in ganz anderer Gegend, nämlich östlich von Athen und südlich des Lykabettos. Daß Pausanias seine Erwähnung hier anschließt ohne örtlichen Zusammenhang, mag dadurch veranlaßt sein, daß das Heraklesheiligtum des Kynosarges und das Apolloheiligtum des Lykeions zugleich Gymnasien waren. – 3 Aus der Nisossage. – 4 Der Ilisos entspringt östlich Athens am Hymettos, fließt südlich des antiken Athen vorbei und mündete im Altertum in die Bucht von Phaleron. Der Eridanos, heute ganz verschwunden, entsprang südlich des Lykabettos, durchfloß das nördliche Stadtgebiet schon im Altertum großenteils kanalisiert und trat durch das «Heilige Tor» südlich des Dipylons aus. Mit dem keltischen Eridanos, ursprünglich einem rein mythischen Flußnamen, ist hier die Rhone gemeint. – 5 Bei ihrer Anfahrt nach Griechenland erlitt die persische Flotte an der thessalischen Küste durch Nordsturm schwere Verluste. – 6 Die Beschreibung setzt wieder beim Olympieion an und führt wie vorher in südlicher und südwestlicher Richtung so jetzt in östlicher Richtung. – 7 Das Stadion, in einer natürlichen hufeisenförmigen Mulde gelegen, ist für die Olympischen Spiele des Jahres 1896 an seiner alten Stelle ganz in Marmor wieder aufgebaut worden. – 8 Herodes Atticus, ungeheuer reicher Athener, durch seine Gemahlin Regilla sogar mit dem Kaiserhaus verwandt, von ca. 101–177 n. Chr., wohl der bei weitem reichste Privatmann seiner Zeit in der ganzen Welt. Auf seine fürstliche, mit den Kaisern wetteifernde Freigebigkeit gehen in Athen und an mehreren anderen Orten Griechenlands, Kleinasiens und Italiens eine ganze Anzahl zum Teil großartiger Bauten zurück. – Das Stadion in Athen entstand in den Jahren 139/40–143/44 n. Chr.

72 1 Mit diesem Kapitel setzt die Beschreibung wieder mit einem großen Sprung an dem schon (S. 68) erwähnten Prytaneion am Nordabhang der Burg an und führt um die Akropolis herum. – 2 Die Dreifußstraße führte nördlich und östlich um die Burg herum zum Theater. Diese Dreifüße waren Siegespreise, die siegreiche Chöre an den Festen erhielten, und als Weihgeschenke aufgestellt. Als Basis dafür wurden oft ganze Gebäude aufgeführt wie das heute noch aufrecht stehende schöne Lysikratesmonument im Südosten der Akropolis, das einst an dieser Straße gestanden haben wird. Daß diese Unter-

bauten sogar die Gestalt richtiger Tempel erhielten, ist ebenfalls mehrfach bezeugt. Ebenso wurden unter die Dreifüße nicht selten Statuen gestellt, um ihren Wert zu erhöhen. Von den antiken Denkmälern an der «Dreifußstraße» ist heute noch das «Monument des Lysikrates» aus dem Jahr 335/34 v. Chr. vollständig erhalten, das im Altertum einen bronzenen Dreifuß trug, den der Stifter als Leiter eines Chors gewonnen hatte. – *3* Anekdote über diesen Satyrn. Der Satz vorher ist verderbt überliefert und nach dem ungefähren Sinn übersetzt. – *4* Mit dem «Zelt des Xerxes» ist das von Perikles gebaute, etwa quadratische Odeion gemeint, von dem geringe Reste unmittelbar östlich neben dem Theater ausgegraben sind. Es besaß ein zeltartiges Dach. – *5* Geschichte der Belagerung Athens durch Sulla 87/86 v. Chr.

73 *1* Eine Anekdote über Sophokles. – *2* Die heute noch vorhandene Höhle war im Mittelalter in eine Kirche verwandelt worden. Der Höhleneingang wurde 320 v. Chr. durch Thrasyllos zu einem Prunkportal ausgestaltet, auf dem Dreifüße standen. Die heute noch darüber aufrechtstehenden zwei Säulen gehören nicht dazu, sondern sind weitere choregische Denkmäler. – *3* Sipylosgebirge in Kleinasien, östlich von Smyrna.

74 *1* Sauromaten oder Sarmaten, Volk in Südrußland. – *2* Beschreibung des Panzers und sarmatischer Sitten. – *3* Die zwischen Asklepieion und Propylaeen am Südabhang der Burg genannten Heiligtümer sind nicht näher bekannt, die zuletzt genannten der Ge Kurotrophos und der Demeter Chloë lagen bereits unmittelbar unter den Propylaeen. – Die beiden großen Bauten, die heute außer dem Dionysostheater das Bild des Südabhangs der Akropolis bestimmen, nennt Pausanias nicht, nämlich das sogenannte Odeion des Herodes Atticus, ein Theater römischer Form, und die mächtige, 163 m lange Säulenhalle des Eumenes, von dem pergamenischen König Eumenes II. (197–159 v. Chr.) gestiftet. Ersteres existierte aber zur Zeit seines Besuchs in Athen noch nicht, wie Pausanias selber an einer späteren Stelle seines Werks (o. S. 360) sagt, wo er es rühmend hervorhebt. – *4* Hippolytossage. – *5* Die beiden Reiterstatuen, deren Basisplatten mit der Inschrift noch erhalten sind, standen beiderseits des Burgaufgangs, die eine auf der vorspringenden Mauerzunge vor der Pinakothek, die andere auf dem gegenüberliegenden östlichen Stirnpfeiler der kleinen Seitentreppe, die zum Nikepyrgos führt. Tatsächlich waren es Weihgeschenke von athenischen Rittern aus der Mitte des 5. Jh.s v. Chr. Die Deutung auf die Söhne Xenophons

stammt daher, daß der eine der drei Reiteroberst, die die Weihinschrift nennt, Xenophon hieß. – *6* Die Nike, der der schöne,
heute wieder ganz aufgebaute, kleine ionische Tempel auf dem Vorsprung des Burgfelsens vor den Propyläen, dem Nikepyrgos, gehört, heißt Apteros, die «ungeflügelte», da es sich bei ihr um eine
Erscheinungsform der Athena handelt.

75 *1* Die «Pinakothek», der linke äußere Flügel der Propyläen. –
2 Alkibiades war auf den Knien der personifizierten Nemea sitzend
dargestellt. – *3* Daß die genannten Statuen (oder Reliefs) von Sokrates stammten, ist sehr unsicher. Die Chariten als Werk des Sokrates
erwähnt auch Pausanias noch einmal (IX 35,7). Der Hermes Propy-
laios ist außerdem durch zwei Kopien als Werk des Alkamenes bezeugt. Dieser Widerspruch ließe sich allerdings durch eine leichte
Textänderung beseitigen, womit der Text heißen würde: «Am Eingang in die Akropolis selbst befindet sich ein Hermes, den man Pro-
pylaios nennt, und soll die Chariten Sokrates» usw. – Anacharsis, ein
mythischer Weiser, Skythe und Zeitgenosse Solons von Athen.

76 *1* Irrtum; die Geschichte ist auch schon vor Pausanias literarisch
überliefert, ebenso nach ihm mehrfach. – *2* Leaina heißt «Löwin»;
die Figur stand in den Propyläen. – *3* Die Basis für das Weihgeschenk des Kallias mit der Inschrift ist gefunden, ebenso vielleicht
diejenige für Diitrephes mit der Künstlersignatur des Kresilas. –
4 Geschichte der Eroberung von Mykalessos in Boeotien durch Diitrephes im Peloponnesischen Kriege mit einer Auseinandersetzung
über Bogenschießen bei den Griechen. – *5* Die bisher genannten
Denkmäler standen in und vor den Propyläen, mit Z. 19 beginnt
Pausanias die Beschreibung des Burginneren. Sein Rundgang beginnt
an der südlichen (rechten) Tür der Propyläen, die nach den vorhandenen Spuren der gewöhnlich allein geöffnete Eingang gewesen zu
sein scheint, und folgt dann zunächst der Prozessionsstraße, die von
hier nördlich am Parthenon vorbei zu seiner Ostfront, der Hauptfront des Tempels, führt. Nach einem Abstecher an die Südmauer
der Akropolis wendet sich Pausanias dem Erechtheion zu und kehrt
auf dem nördlichen Fußweg, der vom Erechtheion zu den Propylaeen führte, dorthin zurück. Es ist etwa der gleiche Rundgang, den
auch der moderne Besucher heute noch zu machen pflegt. – *6* Pausanias nennt zuerst Denkmäler an der Südseite des Prozessionsweges. Der Bezirk der Athena Hygieia lag unmittelbar vor der südlichsten Säule der inneren Vorhalle der Propyläen. Es sind noch mehrere Basen für Weihgeschenke und Statuen, zum Teil durch Inschrif-

ten bezeichnet, und Reste des Altars vorhanden. – *7* Über die Satyr-
inseln im Atlantischen Ozean. – *8* Der Bezirk der Artemis Brauronia
liegt als auf zwei Seiten von Hallen umgebene, besondere, ummauerte Terrasse rechts (südlich) von den Propylaeen.

77 *1* Das «hölzerne Pferd», mit dem die Griechen der Sage nach als
Kriegslist Troia eroberten. Hiermit setzt Pausanias die Aufzählung
der Denkmäler an der Prozessionsstraße fort, zuerst derjenigen an
der Südseite. Von dem riesigen Bronzebild des Pferdes, auf das bereits Aristophanes in seiner Komödie «Die Vögel» anspielt (v. 1128),
sind vier Blöcke der Basis mit der Künstlersignatur des Strongylion
im Brauroniabezirk gefunden worden. – *2* Textlücke, in der die Statue des Oinobios genannt gewesen sein muß. Die Basis des Epicha-
rinos ist noch vorhanden; sie nennt als Künstler Kritios und Nesiotes, dieselben, die auch die berühmte Gruppe der Tyrannenmörder
auf dem Markt schufen. Kritias ist im späteren Altertum übliche
irrtümliche Namensform. – *3* Der Geschichtschreiber Thukydides. –
4 Anekdote über Phormion. – *5* Die im folgenden genannten Bildwerke standen also an der nördlichen Seite des Prozessionsweges. –
6 Weil er den Widder gesandt haben sollte, auf dem Phrixos und
Helle nach Kolchis gelangten, s. o. S. 468. – *7* Die Riesenfigur dieses
bronzenen Stiers wurde in Athen sprichwörtlich. – *8* In den in der
Übersetzung ausgelassenen mehrfach entstellten Sätzen war von der
Athena Ergane die Rede, deren heiliger Bezirk nach neuerer Annahme am Nordende der großen Weihgeschenktreppe vor der Westfront des Parthenons lag.

78 *1* Mit der Statue der Ge, der Erdgöttin, ist wieder ein sicherer
Punkt in der Führung des Pausanias erreicht. Die Weihinschrift
steht heute noch lesbar auf dem Burgfelsen selber, etwa 9 m nördlich der 7. Säule der Nordfront des Parthenons von Westen. Die Inschrift stammt übrigens erst aus der Zeit um 100 n. Chr., also nur
einige Jahrzehnte vor Pausanias. Unmittelbar daneben liegen die
Reste der halbrunden Basis für die Statuen des Konon und seines
Sohnes Timotheos (athenische Feldherren und Politiker des 4. Jh.s
v. Chr.). – *2* s. u. S. 481 Anm. 4. – *3* Der mit altertümlichen Riten
gefeierte Kult des Zeus Polieus, des «Stadtgottes», des ältesten
Hauptgottes der Burg, ist wahrscheinlich nordöstlich des Parthenons
anzusetzen, auf der höchsten Stelle der Burg, wo noch Spuren eines
ausgedehnten ummauerten Bezirks mit verschiedenen Innenbauten
sichtbar sind. Es folgt im Text noch eine kultische Einzelheit. –
4 Pausanias ist nun vor der Hauptfront des Parthenons, der Ost-

front, angelangt. – *5* s. o. S. 460. – *6* Exkurs über Greifen. – *7* Iphikrates, attischer Feldherr in der 1. Hälfte des 4. Jh.s v. Chr.

79 *1* Beobachtungen des Pausanias über Heuschrecken in Kleinasien. – *2* Die Periklesstatue erwähnt Pausanias o. S. 84 vor den Propylaeen.– *3* Attalos I. (241–197 v. Chr.) oder II. (159–138 v. Chr.), Könige von Pergamon. – *4* An die Erwähnung des Olympiodoros, eines athenischen Politikers der frühhellenistischen Zeit, schließt sich ein längerer Exkurs an über die Geschichte Athens nach der Schlacht bei Chaeronea und unter den Diadochen. Olympiodoros' Hauptleistung war die Erstürmung der makedonischen Befestigung auf dem Musenhügel im Südwesten Athens. Innerhalb dieses Exkurses steht der einzelne übersetzte Satz über den Musenhügel. – *5* Grabmal des C. Iulius Antiochus Philopappus, erbaut zwischen 114 und 116 n. Chr., eines Nachkommen der Könige der nordsyrischen Landschaft Kommagene und römischen Konsuls im Jahre 109, von dem heute noch große, wenn auch stark beschädigte Reste weithin sichtbar stehen. – Auffallenderweise erwähnt Pausanias den kleinen Rundtempel der Roma und des Augustus nicht, der zu seiner Zeit vor der Ostfront des Parthenons stand.

80 *1* Das Erechtheion betritt Pausanias durch die Nordhalle, wo der zuerst genannte Altar stand. Pausanias bezeichnet mit «Erechtheion» nur den tieferen westlichen, dem Erechtheus heiligen Teil des Gebäudes, der durch die Nordhalle und die gegenüberliegende Korenhalle zugänglich war, da er den Ostteil nachher stets «Tempel der Athena Polias» nennt. Diesen tiefer gelegenen Westteil bezeichnet er nur als «Gebäude», nicht als Tempel, da er nicht einem Gott geweiht war. – *2* Das «Salzmeer» befand sich unter dem Fußboden des Westteils des Erechtheions. – *3* Das Dreizackmal befindet sich unter der Nordhalle des Erechtheions. Der Fußbodenbelag der Halle ist darüber ausgespart, ebenso ein Teil der Decke der Halle, da es sichtbar und unter freiem Himmel bleiben mußte. – *4* Das besonders alte Kultbild der Athena befand sich in der östlichen, höher gelegenen Hälfte des Erechtheions, die nur durch die Osthalle zugänglich war. Sie hieß hier Polias, «Stadtgöttin». Pausanias will diesen Beinamen aus der alten Bezeichnung der Burg von Athen, «Polis», in früherer Zeit oft belegt statt «Akropolis», wie man später sagte, erklären.

81 *1* Gemeint ist Asbest, der auch im Altertum bekannt war. – *2* «der die Kunstfertigkeit schmilzt, auflöst», wohl im Sinne der Überwindung aller technischen Schwierigkeiten gemeint. – *3* Der heilige

Ölbaum der Athena stand westlich des Erechtheions im Pandrosos-
bezirk, welcher sich unmittelbar an die Westseite des Erechtheions
anschloß. – *4* Anspielung auf den o. S. 68 erzählten Mythos.

82 *1* Die Wohnung der Arrephoroi identifiziert man gewöhnlich mit
den Resten eines an die Nordmauer der Burg angebauten Gebäudes,
einige Meter nordwestlich des Erechtheions. Von hier führt die
schon o. S. 68 erwähnte Felstreppe an den Nordabhang der Burg
hinunter. Der Bezirk der «Aphrodite in den Gärten», nicht identisch mit dem gleichnamigen früher genannten am Ilisos, ist vor
wenigen Jahren etwas östlich des unteren Ausgangs dieser Felstreppe
aufgefunden worden als bescheidenes offenes Naturheiiigtum an den
Felsen des Nordabhangs der Burg. – *2* Die Basis der Statue der Sye-
ris (?) ist gefunden. Wie der Name zu lesen ist, ist aber unsicher;
bei Pausanias ist er entstellt überliefert, und auf der Inschrift ist nur
Sye… erhalten. – *3* Textlücke. – *4* Tolmides, athenischer Stratege
im Peloponnesischen Kriege. Exkurs über seine Taten.

83 *1* Folgt die Sage vom marathonischen Stier und vom Minotauros. –
2 Der Sieg Kylons, der in Athen einen mißglückten Versuch zur
Aufrichtung einer Tyrannis machte, ist in die 35. Olympiade (640
v. Chr. nach der traditionellen Chronologie) datiert. – *3* Die Riesen-
statue der «Athena Promachos» war gegen 10 m hoch. Die Standspuren und Reste der Basis sind heute noch, etwa halbwegs zwischen
Propylaeen und Erechtheion, vor der Mitte der Propylaeen zu erkennen. Auch von der Weihinschrift sind Stücke noch vorhanden.
Aufgestellt wurde sie etwa um 460 v. Chr., und die Beziehung auf
Marathon ist wohl nicht richtig. Die Bemerkung, daß Lanzenspitze
und Helmbusch schon sichtbar seien, «wenn man von Sunion
kommt», ist nicht so gemeint, daß sie bereits von Kap Sunion aus
sichtbar gewesen sein sollen, wie oft gesagt wird, aber unmöglich
ist, sondern, daß man diese Teile der Statue bereits von der See aus
die Gebäude überragen sah, die den Südrand der Akropolis einnah-
men. Die berühmte Statue brachte Kaiser Justinian nach Konstantinopel, wo sie noch bis zum Jahre 1203 n. Chr. stand.

84 *1* Sieg über Boeoter und Chalkidier 507 v. Chr. – *2* Diese Periklesstatue, deren Basis mit der Künstlersignatur des Kresilas gefunden
ist, war die berühmteste des Altertums. – *3* Pelasger, sagenhaftes,
angebliches Urvolk Griechenlands. Man bezeichnete im klassischen
Altertum die vorgeschichtlichen, nach der Mitte des 2. Jahrtausends
v. Chr. gebauten Burgmauern und den von ihnen umschlossenen
Raum, insbesondere einen Teil des Westabhangs, als Pelargikon,

«Storchenmauer», mißdeutet als Pelasgikon, «Pelasgermauer», woraus sich Pausanias' Bemerkung erklärt. Kurzer Exkurs über diesen Bau. – *4* Die berühmte Klepsydra, die noch heute existiert; über ihr liegen in den Felsen der Nordwestecke der Burg die Pan- und Apollogrotten. – *5* Im folgenden ist der Text lückenhaft überliefert. In der Lücke ist die heilige Grotte des Gottes Pan erwähnt, deren Gründungslegende die folgende Geschichte erzählt.

85 *1* Hom. Il. XXIII 678ff.; es folgt ein Exkurs über die athenischen Gerichtshöfe. – *2* Das auf Rädern laufende Schiff, auf dem das der Athena geweihte Gewand im Panathenaeenfestzug zur Burg gefahren wurde, hatte seinen Standort in der Senke zwischen Areopag und Akropolis, da es wegen der Steilheit des Westabhanges nicht weiter fahren konnte. Die Panathenaeenfeststraße ist jetzt in ihrem ganzen Verlauf genau bekannt. Sie führte von dem o. S. 58 genannten Pompeion am Dipylontor über den von Pausanias ebenfalls beschriebenen Dromos an die Nordwestecke der Agora, von dort an die Ostseite des Staatsmarkts und dieser folgend in flachem Bogen unmittelbar unter der Klepsydra vorbei in die Senke zwischen Areopag und Akropolis. Das «Schiff in Delos» ist das Admiralsschiff, das der makedonische König Antigonos Gonatas nach der Seeschlacht von Kos (ca. 256 v. Chr.) im Heiligtum von Delos aufstellen ließ. Es gab übrigens sehr viel größere Schiffe im Altertum als dieses, so daß Pausanias' Angabe unrichtig ist. – Die mächtige Anlage des Volksversammlungsplatzes, der Pnyx, der Akropolis gegenüber, erwähnt Pausanias wieder nicht. Das mag sich in diesem Fall daraus erklären, daß er, wie viele seiner Äußerungen zeigen, für das politische Leben eines sich selbst in demokratischen Formen regierenden Staates keinerlei Verständnis mehr besaß. – *3* Von dem großen Staatsfriedhof vor dem Dipylontor und den sich südlich anschließenden Privatgräberstraßen vor dem «Heiligen Tor» sind große Flächen freigelegt und manche Grabbauten heute noch an Ort und Stelle erhalten oder wieder aufgerichtet. Die Hauptgräberstraße, an deren beiden Seiten die Gräber der im Kriege Gefallenen und der bedeutendsten Staatsmänner Athens und anderer berühmter Personen lagen, war im Anfang 40 m breit und führte schnurgerade vom Dipylon in nordwestlicher Richtung zur Akademie. Von einzelnen der bei Pausanias genannten Gräber sind Reste oder Inschriften erhalten. – *4* s. o. S. 89. – *5* Nach neueren Funden lag das Kallisteheiligtum ungefähr 250 m vor dem Dipylon.

86 *1* Die Toten von Marathon lagen in dem heute noch erhalten

Grabhügel auf dem Schlachtfeld selbst bestattet. – *2* Niederlage von Drabeskos 465 v. Chr. – *3* Der Zug nach Sardinien ist mythisch. – *4* Sie nahmen zusammen mit den Argivern an der Schlacht von Tanagra teil (457 v. Chr.); von dem Grabstein sind Reste erhalten. Pausanias spricht bei der Geschichte von Argos aber nicht noch einmal davon.

87 *1* Anlaß dieser Hilfeleistung in der Schlacht bei Tanagra 457 v. Chr. – *2* Eingeschoben eine allgemeine Sentenz. – *3* Grabsteine von Gefallenen des Peloponnesischen Krieges neben einzelnen älteren und jüngeren Gräbern. Die athenische Hilfeleistung an Rom ist unbekannt. Bei der Flottensendung wird es sich aber wohl um den 3. Punischen Krieg (149–146 v. Chr.) gehandelt haben. – *4* Vermutung, weshalb der Name des Nikias auf der Stele fehlte.

88 *1* Gemeint ist entweder die Doppelschlacht am Eurymedon an der Südküste Kleinasiens ca. 470 v. Chr. oder wahrscheinlicher die Schlacht bei Salamis auf Cypern 450 v. Chr. – *2* Lykurg, s. S. 61; Lachares, Tyrann von Athen 298–295 v. Chr.

89 *1* Geringe Reste des großen, ummauerten, in jeder Richtung mehrere hundert Meter messenden Parks der Akademie sind 1 $^1/_2$ km nordwestlich des Dipylons auf dem rechten Ufer des Kephisos ausgegraben; die bisher gefundenen Bauten lassen sich aber mit den bei Pausanias genannten noch nicht in Beziehung setzen. Genannt ist der Bezirk nach einem Heros Akademos oder älter Hekademos. – *2* Anekdote dazu. – *3* Anekdote über Platon. Turm des Timon. – *4* Der besonders durch das Chorlied in Sophokles' Oed. Col. 668 ff. berühmte Kolonos Hippios («Pferdehügel») ist eine niedrige Felskuppe, etwa 1800 m nordnordwestlich des Dipylons, heute innerhalb einer häßlichen Vorstadtgegend gelegen. Er trägt die Grabsteine der Archaeologen Karl Otfried Müller († 1840) und Charles Lenormant († 1859). – *5* Antigonos Gonatas im Chremonideischen Krieg 266–262 v. Chr. Im fortgelassenen 31. Kapitel sind Kulte in den Landgemeinden aufgezählt. – *6* Skythisches Volk in Südrußland; kurzer Exkurs über die Honiggewinnung der Alazonen.

90 *1* Der Anchesmos wird nur hier genannt und ist wohl mit dem heute Turkovuni genannten Höhenzug nordöstlich von Athen gleichzusetzen. – *2* Der Grabhügel der Athener ist noch heute das Wahrzeichen der Marathonischen Ebene. Der Name Echetlaios, o. S. 66 übrigens Echetlos, kommt von dem griechischen Wort für den Pflugsterz. Der antike Ort Marathon lag am Südrand der Ebene am Fuß des Agrielikiberges, während das heutige Dorf Marathon in einem nordwestlichen Seitental liegt. Der von Pausanias genannte

Sumpf füllt die Nordostecke der Ebene aus, die Quelle Makaria liegt ebenfalls im nordöstlichen Teil der Ebene am Bergfuß beim heutigen Dorf Kato-Suli. Die Panshöhle ist neuerdings wiedergefunden.

91 *1* Legende. – *2* Der Name Brauron, ca. 20 km südlich von Marathon, ist im heutigen Ortsnamen Vraona erhalten. Das Artemisheiligtum ist in den Jahren 1948 und folgenden ausgegraben und teilweise wieder aufgebaut. Der kleine klassische dorische Tempel lag auf einer niedrigen Felsterrasse bei einer Kapelle des Hg. Georgios, anschließend ein besonderes Heiligtum mit dem «Grab» der Iphigeneia (Euripides Iphig. in Tauris 1462 ff.), ursprünglich Göttin und Inhaberin des Heiligtums. Vor dem Tempel am Fuß des Hügels ist ein Hof auf drei Seiten von Säulenhallen des 5. Jh.s v. Chr. umgeben, an deren Nordseite die Aufenthaltsräume der «Bärinnen» lagen, 5- bis 10 jähriger Mädchen im Dienst der Göttin, und anstoßend eine nach außen offene Säulenhalle. – *3* s. u. S. 166. – *4* Vom Nemesisheiligtum in Rhamnus, etwa 14 km nördlich von Marathon, sind noch bedeutende Reste erhalten und ausgegraben, darunter der Haupttempel aus dem 5. Jh. v. Chr. und ein kleiner älterer Tempel daneben. Auch von der Kultstatue und den Reliefs an der Basis sind Teile gefunden worden.

92 *1* Erklärung dazu. – *2* Oinoë, Dorf bei Marathon. – *3* Auch vom Amphiaraosheiligtum in Oropos sind Reste des Tempels sowie der Altar und mehrere weitere Gebäude des heiligen Bezirks ausgegraben; die heilige Quelle wenige Meter östlich des Tempels ist noch vorhanden. Pausanias' Angabe über die Aufteilung des Altars in fünf Teile ist durch die Reste des Altars und Inschriften daran bestätigt. – Ausgelassen ein Exkurs über die Kultlegende und sonstigen Amphiaraoskult.

93 *1* Er ermordete auf Veranlassung seines Vaters seine Mutter Eriphyle, weil diese Amphiaraos gegen seine bessere Einsicht zur Teilnahme am Zug der Sieben gegen Theben veranlaßt hatte, s. o. S. 516. – *2* Über das Amphiaraosorakel. – *3* Heute Makronisi, vor der Südostküste Attikas. – *4* Zur Geschichte von Salamis.

94 *1* Verschiedene Legenden und Anekdoten. – *2* Heute Lipsokutali vor dem Eingang zum Sund von Salamis. – *3* Pausanias beginnt seine Beschreibung wieder am Dipylontor. – *4* Es handelt sich um ein den eleusinischen Göttinnen geweihtes Stück Land an der Grenze zwischen Athen und Megara. – Das Grab des 431 v. Chr. auf dieser Gesandtschaft nach Megara umgekommenen Anthemokritos lag

gleich außerhalb des Tores. – *5* 349/48 v. Chr.; Abfall Euboeas von
Athen; Plutarch, athenischer Parteigänger in Eretria. – *6* Legende.

95 *1* Philipp V., 221–179 v. Chr. – *2* Zur Geschichte Philipps V. von
Makedonien. Weitere Gräber fortgelassen.

96 *1* Es stand nach anderen Nachrichten auf der Paßhöhe etwas östlich
des Klosters Daphni, von wo aus man von Westen kommend Athen
zuerst sieht. – *2* Der Apollotempel lag beim Kloster Daphni, in das
einige Stücke des Tempels verbaut sind. Es folgt die Gründungslegende des Tempels. – *3* Reste des Aphroditeheiligtums mit umgebenden Gebäuden und längere Stücke der antiken Straße sind unmittelbar neben der modernen Straße sichtbar bei ihrem Austritt
aus dem Aigaleosgebirge in die Eleusinische Ebene. – *4* Legenden.

97 *1* Die Fundamente des Tempels der Artemis Propylaia aus römischer Zeit, der «Artemis vor den Toren», sind etwa 20 m vor den
großen Propylaeen des heiligen Bezirks von Eleusis erhalten. Der
Brunnen Kallichoron liegt unmittelbar neben den Propylaeen ebenfalls außerhalb des ummauerten heiligen Bezirks.

98 *1* Reste von Eleutherai sind beim Khan von Kaza gefunden, wo die
Straße nach Boeotien in das Kithaerongebirge eintritt. Pausanias
scheint allerdings nach seiner Beschreibung das schöne, heute noch
ausgezeichnet erhaltene Kastell (Panakton) darüber zu meinen, das
man heute in der Regel auch als Eleutherai zu bezeichnen pflegt. –
2 Legende.

99 *1* Es folgt die mythische Geschichte Megaras. – *2* Die ausgegrabenen
Reste des Brunnenhauses mit der zugehörigen Wasserleitung sind
die einzigen bemerkenswerten Überbleibsel des antiken Megara.
Sie liegen in der Senke zwischen den beiden Gipfeln des Stadtberges, an denen die antike und die heutige Stadt liegen. Theagenes
lebte in der 2. Hälfte des 6. Jh.s v. Chr. – *3* S. 83. – *4* Legende. –
5 Von den beiden Gipfeln des Stadtberges ist der westliche höhere
die «Burg des Alkathoos», der niedrigere östliche die Karia. Die
Lage des Olympieions am nordwestlichen Abhang dieser östlichen
Kuppe ist durch einige Mauerreste und Inschriften gesichert, ebenso
sind die Fundamente des Athenatempels auf der westlichen Kuppe
noch kenntlich.

100 *1* Exkurs über diesen Krieg, der um 600 v. Chr. stattgefunden haben
soll. – *2* Legende.

101 *1* VIII 5, 1. – *2* Im allgemeinen wird der spätere Zug so bezeichnet,
der der Sage nach zwei Generationen später zur Eroberung des Peloponnes führte. Da Herakliden streng genommen «Söhne des He-

rakles» heißt, will Pausanias sagen, daß dieser Zug mehr Anrecht auf diese Bezeichnung habe. – *3* Legende. – *4* Legende. – *5* Vgl. o. S. 99 Anm. *5*. – *6* Weiteres zu diesem mythischen Mauerbau. – *7* Die berühmten «Memnonskolosse» auf dem Westufer des Nils gegenüber der alten Hauptstadt Aegyptens, die selber auf dem Ostufer lag, tatsächlich Sitzstatuen des Pharaos Amenophis III. (1400 bis 1362 v. Chr.). Pausanias' Beschreibung zeigt, daß die beiden Statuen zu seiner Zeit schon so aussahen wie heute. Phamenoph ist eine gute Wiedergabe der aegyptischen Namensform des Königs (etwa Amenhotep mit dem aegyptischen Artikel davor). Die richtige Zuweisung war also den einheimischen Fremdenführern zu Pausanias' Zeit noch bekannt. Auch in den zahlreichen griechischen Besucherinschriften, die an dem rechten Koloß eingegraben sind, ist die Statue vereinzelt mit diesem richtigen Namen bezeichnet. Ebenso ist die angebliche Zerstörung durch den persischen König Kambyses in diesen Inschriften mehrfach erwähnt, aber erst eine späte Legende, die wohl auch von den Fremdenführern erzählt wurde. Sesostris ist der legendäre Erobererkönig Aegyptens, in dessen Gestalt die Erinnerung an alle großen Pharaonen zusammengeflossen ist und der seinen Namen von den historischen Königen der aegyptischen 12. Dynastie (1994–1780 v. Chr.) herleitet. Mit den Syringen sind die aegyptischen Königsgräber im Tal der Königsgräber gemeint.

102 *1* Exkurs über Ebenholz. – *2* Legende über seinen Tod. – *3* Legende dazu. – *4* Andere Version der Iphigenielegende.

104 *1* Legende. – *2* Pausanias' Angabe stammt aus einer Inschrift, die in einer späten Kopie erhalten ist, anscheinend mit einem kleinen Mißverständnis, da in der Inschrift steht, daß er von den Nachbarn besetztes Land zurückgewonnen habe; Orsippos soll in der 15. Olympiade (720 v. Chr.) gesiegt haben.

105 *1* Es folgt die Beschreibung der Hafenstadt Nisaia und der Landstädte Pagai und Aigosthena. Gräber am Wege von Megara nach Korinth. – *2* Gleich westlich von Megara brechen die Ausläufer des Geraneiagebirges in hohen, fast senkrechten Felswänden (Skironische Klippen) ins Meer ab. Der Weg an diesen Wänden entlang war im Altertum und bis in die Neuzeit als sehr gefährlich und unsicher berüchtigt. – *3* Legende. – *4* Heute ganz verschwundene, bescheidene Reste des Heiligtums sind auf der Höhe über den erwähnten Skironischen Klippen ausgegraben worden; es folgt die Kultlegende des Tempels.

BUCH II · ARGOLIS

106 *1* Angeblicher alter Ependichter, den Pausanias mehrfach zitiert. –
2 Zerstörung Korinths 146 v. Chr.; Gründung der Colonia Laus
Iulia Corinthiensis durch Caesar 44 v. Chr.

107 *1* «Die» Kiefer ist der Baum, an dem Melikertes von dem Delphin
an Land gebracht worden sein soll, s. gleich unten. – *2* Einen Kanal
durch den Isthmos soll zuerst der korinthische Tyrann Periander
(ca. 584–544 v. Chr.) geplant haben, dann Demetrios Poliorketes
(um 300 v. Chr.), später Caesar und Kaiser Caligula. Ernsthaft begonnen wurde das Werk aber nur durch Nero. Bedeutende Reste
dieser antiken Kanalbauarbeiten waren noch bis in die Neuzeit
sichtbar und sind erst durch den modernen Kanal zerstört worden,
der genau in der Linie der von Nero beabsichtigten Führung verläuft. Daß diese Arbeiten nur bis an das felsige Gelände fortgesetzt
worden seien, stimmt nur für den östlichen Teil, den Pausanias selber gesehen hatte; auf der Westseite des Isthmos war auch schon
mit der Abtragung der Felspartien begonnen worden. Am Westende
des Kanals sind seit einigen Jahren längere Strecken des «Diolkos»
freigelegt, der Fahrbahn, auf der Schiffe über den Isthmos gezogen werden konnten.

108 *1* Von dem isthmischen Heiligtum sind Reste, einschließlich derjenigen des Tempels, etwa einen Kilometer südwestlich der östlichen Ausmündung des Kanals erhalten und zum Teil ausgegraben. Auch die Stellen des Theaters und Stadions sind deutlich. –
2 Es sei ausdrücklich bemerkt, daß es Fichten in Griechenland nicht
gibt; «Poseidons Fichtenhain» bestand aus Strandkiefern oder
Aleppokiefern, dem gewöhnlichsten Waldbaum der küstennahen
Gebiete Griechenlands. – *3* Da der Text so keinen brauchbaren
Sinn gibt, muß eine Textlücke angenommen werden. Der Tempel
mißt $50^1/_2 : 25$ m. – *4* Herodes Atticus s. S. 71. – *5* Über Kult von
Nereiden an anderen Orten. – *6* Die Dioskuren.

109 *1* «Große Eoeen», griechisches Epos, das in verschiedenen Gedichten die göttliche Herkunft der mythischen Stammväter berühmter
Geschlechter erzählte, meist fälschlich dem Hesiod zugeschrieben. –
2 Lechaion war der korinthische Hafen nördlich der Stadt am Korinthischen Golf, Kenchreai lag südöstlich von Korinth am Saronischen Golf. Reste der Hafenanlagen mit Lagergebäuden meistens
römischer Zeit sind in neuerer Zeit ausgegraben oder heute unter
Wasser liegend festgestellt. Die starke, schwach salzige Quelle,

etwa 20 Minuten südlich der Ruinen dieser Hafenstadt, am Südufer
der Bucht, ist heute nur etwa 15° warm.

110 *1* Der für seine Anspruchslosigkeit sprichwörtliche Philosoph, der
«Kyniker». – *2* Die verschiedenen Angaben über Laïs und die zwei
Gräber in Korinth und Thessalien erklären sich daraus, daß es mindestens zwei berühmte Hetaeren dieses Namens gab, die beide in
Korinth lebten, von denen die eine in Korinth, die andere in Thessalien begraben war. Von letzterem Grab ist das Grabepigramm literarisch überliefert. – *3* Pausanias' Bemerkung über die Sehenswürdigkeiten Korinths gilt heute genau gleich. Abgesehen von dem eï-
gentlichen Wahrzeichen Altkorinths, den noch aufrecht stehenden
Säulen des Apollontempels aus dem 6. Jh. v. Chr., sind fast alle heute
sichtbaren oder ausgegrabenen Reste erst römisch. Immerhin haben
die Ausgrabungen unter den Anlagen der römischen Neugründung
mehrfach noch Reste des alten griechischen Korinth freigelegt und
gezeigt, daß der Stadtplan im großen ganzen der gleiche war wie in
römischer Zeit. Gleich geblieben ist vor allem die Lage der von
Lechaion einmündenden Prachtstraße mit ihren beidseitigen, schon
in griechischer Zeit vorhandenen Säulenhallen, die Lage des Marktes mit seinen Säulenhallen auf beiden Seiten, die monumentalen
Brunnenhäuser, das Theater und anderes. Zum Teil sind die Reste
der griechischen Bauten sogar unmittelbar von der römischen Stadt
wieder benutzt worden. Die Berichte über die Ausgrabungen sind
veröffentlicht in den Zeitschriften American journal of archaeology
und Hesperia, dazu das noch im Erscheinen begriffene, vielbändige
Hauptwerk Corinth, results of excavations, Cambridge (Mass.)
1926 ff. Führer: Ancient Corinth. A guide to the excavations,
6. Aufl., American School of Classical studies, Athen 1960. Ferner
George Roux, Pausanias en Corinthie, Annales de l'Université de
Lyon III, 31, Paris 1958. – Vgl. den rekonstruierten Plan des
Staatsmarkts in römischer Zeit, Plan 4. – Die bisher ausgegrabenen Gebäude lassen sich nur in einigen Fällen mit den von Pausanias
genannten identifizieren. Das Gelände um Korinth steigt in mehreren treppenartig übereinanderliegenden Plateaus an, die jeweils mit
deutlichen Steilrändern abfallen. Die antike Stadt breitete sich auf
der ersten und zweiten dieser Plateaustufen über der Küstenebene
aus; die wichtigsten Staatsgebäude und Tempel um den Staatsmarkt
als Mittelpunkt lagen auf der zweiten Stufe. – Pausanias betrat den
Staatsmarkt auf der von Kenchreai hereinführenden Straße von Süden her, durch den Durchgang, der neben dem hufeisenförmigen

Sitzungssaal des Stadtrats durch die Südstoa in römischer Zeit hin-
durchführte. – *4* Da nur an der Westseite des Staatsmarkts Tempel
unmittelbar am Markt liegen, müssen das die von Pausanias genannten sein. Die auf dem Plan verzeichneten Tempel J und H
standen zu Pausanias' Zeit noch nicht, sondern sind erst in den Jahren 184/85 und 190 n. Chr. gebaut worden. Also sind die Tempel
der Tyche und Aller Götter die Tempel F und G, der Poseidon-
brunnen mit der Poseidonstatue die Brunnenanlage, die durch die
Tempel H und J überbaut wurde, während die Statue des Apollon
Klarios oder der Aphrodite vielleicht in dem Rundtempelchen des
nach dem Stifter Gn. Babbius Philinus genannten «Babbiusmonu-
ments» stand. Das Dionysosheiligtum vermutet man in dem drei-
räumigen Gebäude mit mittlerem apsidalem Raum und Vorhalle in
der Südwestecke des Marktes in der Verlängerung der «mittleren
Läden».

111 *1* Für den Hermestempel kommt nach der Reihenfolge bei Pausanias
am ehesten Tempel D in Frage. – *2* Von den Propylaeen in Form eines römischen Triumphbogens, durch die man von der Lechaionstraße aus den Markt betrat, stehen heute noch größere Reste. –
3 Das große Brunnenhaus der Peirene, das vom 6. Jh. v. Chr. bis in
byzantinische Zeit mehrfach umgebaut und vergrößert wurde, gehört noch heute zu den imposantesten Ruinen Altkorinths. Pausanias sah die Anlage noch vor dem pompösen Ausbau, den ihr der
große Mäzen Herodes Atticus gab und der heute das äußere Bild der
Ruine bestimmt. Weder hier noch bei anderen Bauwerken Korinths erwähnt Pausanias die Bautätigkeit des Herodes Atticus, was
er sonst sicher getan hätte. – *4* «Korinthisches Erz» war berühmt;
Pausanias will aber sagen, daß es keine besondere Art natürlichen
Erzes sei, sondern seine Eigenschaften durch die geschilderte Behandlung erhalte. – *5* Der große Peribolos des Apollon stößt un-
mittelbar nördlich an den Hof der Peirene an. – *6* Exkurs über Her-
mes als Hirtengott. – *7* C. Iulius Eurykles, reicher Spartaner der
Zeit des Augustus oder eher sein noch berühmterer gleichnamiger
Enkel in der Zeit Traians und Hadrians. Die Bäder des Eurykles iden-
tifiziert man gewöhnlich mit den heute so genannten «Bädern der
Aphrodite», etwa 170 m nördlich des Dorfplatzes des heutigen Dorfes
Altkorinth, das sich nördlich an das Ausgrabungsgelände anschließt.
Doch lag auch gleich nördlich des Apollonperibolos, östlich von
der Lechaionstraße, eine große Thermenanlage, die dafür in Frage
kommt (am oberen Rand des Plans, ohne Bezeichnung). Der Stein von

Krokeai ist ein besonders schöner grüner Porphyr, der seiner Farbe wegen in der Kaiserzeit gerade für Badebassins geschätzt war.

112 *1* Von der Wasserleitung, die das Wasser des Sees von Stymphalos in Arkadien nach Korinth leitete, sind oberirdisch und unterirdisch noch mehrfach Reste vorhanden. – *2* Der Apollontempel ist das heutige Wahrzeichen Korinths, der archaische dorische Tempel auf dem den Markt nördlich überragenden Hügel, gebaut um 550–525 v. Chr. – *3* Die stark zerstörten Reste der aus dem natürlichen Fels gehauenen Wasserkammern der Glauke liegen etwa 70 m westlich des Apollontempels. Nach der Sage verstieß Iason seine Gemahlin Medea und heiratete als zweite Frau Glauke. Zur Rache schickte Medea der Glauke als Brautgeschenk ein Gewand, das bei der Berührung in Flammen aufging. – *4* Das Odeion ist etwa 40 m nordwestlich der Glauke ausgegraben; es ist das Gebäude, dessen Ostseite in der linken oberen Ecke des Plans noch erscheint. Aus einer anderen Notiz (Philostrat vita soph. II 1, 5), zusammen mit den Ergebnissen der Ausgrabung, weiß man, daß Herodes Atticus das Odeion umbauen und reich ausstatten ließ. Da Pausanias davon nichts sagt, ist anzunehmen, daß er vor diesem Neubau in Korinth war. Die gleiche Feststellung machten wir kurz vorher schon bei der Peirenequelle. – *5* Legenden über das Grab. Medeasage. – *6* Erklärung des Beinamens. – *7* Hier schiebt Pausanias seine Darstellung der mythischen Geschichte Korinths ein. – *8* Geringe Reste des großen Theaters, das den natürlichen Geländeabfall von der zweiten zur ersten Stufe benutzte, sind nördlich des Odeions ausgegraben. – *9* Der Lernabezirk mit Brunnenhaus und einem von Säulenhallen umgebenen quadratischen Hof lag 400 m nördlich des Theaters (ca. 550 m nordnordwestlich des Apollontempels), unmittelbar an der Stadtmauer, am Abhang des ersten Plateaus über der Küstenebene. Die von Pausanias besonders erwähnten Bänke zum Ausruhen standen an den Wänden einiger gesonderter Räume an der Ostseite des Hofs. – Östlich an den Lernabezirk stieß der etwas höher auf dem ersten Plateau gelegene Bezirk des Asklepios an, ein an zwei Seiten von Hallen umgebener Hof mit einem kleinen dorischen prostylen Tempel des 4. Jh.s v. Chr. und Altar und anderen Einrichtungen. Der Kult an dieser Stelle geht bereits ins 6. Jh. v. Chr. zurück. Den noch nicht gefundenen Zeustempel vermutet man westlich an den Lernabezirk anstoßend. – Zu dem von Pausanias vorher genannten Gymnasium gehört wahrscheinlich eine Reihe von großen Säulenbasen, die etwa 90 m südlich des Lernabezirks heute noch im Bo-

den stecken. – *10* Von den am Aufstieg nach Akrokorinth genannten Heiligtümern ist das der Demeter und Kore im Jahr 1961 über einer Terrassenmauer gefunden und ausgegraben.

113 *1* Der Aphroditetempel stand auf der höchsten (östlichen) Kuppe (575 m) der ausgedehnten Gipfelfläche des Burgfelsens von Akrokorinth. – *2* Die von Strabo so genannte «obere Peirenequelle», heute Drakonera, liegt 280 m südlich des Hauptgipfels, unmittelbar innerhalb der Burgmauer auf 500 m Höhe. – *3* Legende. – *4* Tenea, 20–25 Minuten südlich des heutigen Dorfs Chiliomodi, an dem kürzesten Weg von Korinth in die Ebene der Argolis. Die von Pausanias berichtete Legende ist nur aus der Namensähnlichkeit zwischen Tenea und Tenedos, einer Insel vor dem Hellespont, herausgesponnen. – *5* Sikyon, die westliche Nachbarstadt von Korinth, südwestlich des heutigen Orts Kiato gelegen. – *6* Darüber spricht Pausanias im 9. Kap. von Buch III noch einmal, wonach der Brand im Jahre 396 v. Chr. geschehen sei.

114 *1* Folgt die mythische Geschichte Sikyons. – *2* Das antike Sikyon lag beim heutigen Dorf Vasiliko, etwa 3 km südwestlich Kiato. Die Stadt nahm ein durch Steilabfälle abgesetztes Plateau über der Küstenebene zwischen den Flüssen Asopos im Süden und Südosten und Helisson im Nordwesten ein, über dem sich im Osten ein kleineres Plateau als Akropolis erhob. Reste der Stadtmauern und von verschiedenen Gebäuden sind teils immer sichtbar gewesen oder in neuerer Zeit ausgegraben. Geringe Spuren zeigen, daß die ältere Stadt der klassischen Zeit in der Küstenebene mehr gegen Osten lag. Demetrios Poliorketes 337/36–283 v. Chr. Die Neugründung von Sikyon gehört in die Jahre 303 ff. v. Chr. (Plan bei G. Roux, Pausanias en Corinthie fig. 28). – *3* Il. II 117. – *4* Wahrscheinlich ist ein Erdbeben um 140 n. Chr. in der Regierungszeit des Kaisers Antoninus Pius (138–161 n. Chr.) gemeint, von dem Pausanias auch an einer anderen Stelle spricht (o. S. 426). Der Orakelspruch auf Rhodos ist vielleicht Oracula Sibyllina VII 1–3.

115 *1* Fundamente eines kleinen Tempels auf der Akropolis über dem Theater sind wohl diejenigen des Tychetempels. – *2* Von dem Theater sind als einer der ansehnlichsten Ruinen Sikyons größere Reste erhalten und ausgegraben. Es lag am Abhang der Akropolis im westlichen Teil der Stadt. – *3* Arat, bedeutender Staatsmann des 3. Jh.s v. Chr. (271–213 v. Chr.), begründete vor allem die Machtstellung des Achaeischen Bundes. – *4* Anlaß der Gründung. – *5* Die Fundamente eines Tempels, der wohl derjenige der Artemis ist, sind in passender Lage gefunden worden. – *6* An der Agora lagen wahrscheinlich zwei große, in neuerer Zeit ausgegrabene Gebäude südöstlich des Theaters, eine mächtige, 106 m lange Säulenhalle und ein etwa quadratischer Saalbau von ca. 40^1/$_2$: 33^1/$_4$ m mit 16 Innensäulen, anscheinend ein Buleuterion (Rathaus), daneben. Es müssen wohl die von Pausanias genannten Gebäude sein, nur kann die Halle dann nicht von dem Tyrannen Kleisthenes aus dem 6. Jh. v. Chr. stammen, da nach Pausanias' eigener Angabe die Stadt dieser Zeit in der Ebene lag. Das ausgegrabene große Hallengebäude stammt aus der Zeit um 300 v. Chr. und wird identisch sein mit der aus anderen Angaben bekannten «Bunten Halle», die die Mätresse des Stadtgründers Demetrios Poliorketes, Lamia, den Sikyoniern stiftete. – *7* Kultlegende.

116 *1* Geschichte Arats. – *2* Kleisthenes, Tyrann von Sikyon im Anfang des 6. Jh.s v. Chr. Der genannte Krieg ist der sogenannte Erste Heilige Krieg um 590 v. Chr. – *3* Legende. – *4* Kultgebräuche und Legenden.

117 *1* Kultlegende.

118 *1* Das Gymnasion des Kleinias ist wahrscheinlich identisch mit dem großen Gymnasion südlich des Theaters, das neuerdings vollständig ausgegraben ist; es lehnt sich in zwei Terrassen an den Abhang der Akropolis und mißt 72 : 64 m. Kleinias war der Vater des oben genannten Arat. – *2* Es folgt die Beschreibung weiterer Heiligtümer und Orte in der Umgebung Sikyons. Titane. – *3* Ausgedehnte, wenn auch spärliche Reste der alten Stadt Phlius liegen etwa 3^1/$_2$ km nordwestlich der heutigen Kleinstadt Hagios Georgios auf und unter einem langgestreckten Burgberg, der die gesamte ausnehmend fruchtbare Ebene beherrscht. Die Mulde des Theaters ist an der Südwestecke des Burgberges noch kenntlich, die sonstigen Reste sind mit den von Pausanias genannten Denkmälern im einzelnen nicht sicher zu identifizieren. – *4* Den Rest des Kapitels nimmt die mythische Geschichte von Phlius ein.

119 *1* Homer- und andere Zitate. – *2* Kultlegende.

120 *1* Es folgt eine phliasische Lokalsage, an ein weiteres Gebäude anschließend, dann der Ort Keleai mit seinen Sagen. – *2* Der Mauerring und andere Ruinen von Kleonai liegen in Luftlinie etwa 13 km südwestlich von Korinth, nordöstlich der Bahnstation Hagios Vasilios, im obersten Talbecken des Longopotamos. – *3* Die beiden Wege sind der Fußpfad über das heutige Dorf Hagios Vasilios und die weiter westlich ausbiegende Hauptstraße durch den Dervenakiengpaß,

die einzige bequ .me Verbindung von Norden her in die Ebene der Argolis, der heute auch Fahrstraße und Eisenbahn folgen. – *4* Das Heiligtum von Nemea, das ursprünglich zu Kleonai gehörte, liegt etwa 6 km westlich von Kleonai in einer besonderen kleinen Talmulde. Von dem Zeustempel des 4.Jh.s v. Chr. stehen heute noch 3 Säulen aufrecht; einzelne Gebäude sind außerdem ausgegraben, die von Pausanias erwähnte Quelle liegt östlich des Heiligtums. Schon seit dem 5.Jh. v. Chr. gehörte Nemea zu Argos, und seit dem 3.Jh. v. Chr. wurden auch die Nemeischen Spiele in Argos abgehalten (s.S. 131 Z.16ff.). Die «Winternemeen» scheinen nur ein vorübergehender Versuch des Kaisers Hadrian gewesen zu sein, die Spiele an der alten verwaisten Stelle wiederzubeleben.

121 *1* Der Apesas ist der charakteristische, das Tal von Nemea nördlich überragende Tafelberg, der heute Phuka heißt (873 m). Auf seinem Gipfel sind die Spuren von Brandopfern noch festgestellt. – *2* Mythische Geschichte von Mykenai. – *3* Mykene war im 2.Jahrtausend v. Chr. die bedeutendste Herrscherburg des östlichen Peloponnes; die Kultur dieser Zeit, ca. 1550–1125 v. Chr., des Höhepunkts der Bronzezeit Griechenlands, bezeichnet man danach als die «mykenische». Die von Pausanias beschriebenen Ruinen stehen heute noch in imponierenden Resten. Besonders berühmt ist das «Löwentor», der Haupteingang zur Burg, danach benannt, daß die Abschlußplatte des sogenannten Entlastungsdreiecks über dem Türsturz mit den Reliefs zweier Löwinnen beiderseits einer Säule geschmückt ist. Die Mauern galten als das Werk der sagenhaften Kyklopen, da den Griechen bewußt war, daß diese mächtigen Mauern aus riesigen Blöcken aus sagenhafter Vorzeit stammten. Die Quelle Perseia ist vor kurzem ebenfalls wiedergefunden; es war ein hellenistisches Brunnenhaus kurz vor dem Eingang zur Burg. Das «Schatzhaus des Atreus» (ca. 1350 v. Chr.) und seiner Söhne sind die großartigen unterirdischen Kuppelgräber der Herrscher von Mykenai, außerhalb der Burg am Weg dorthin gelegen, neben den Burgmauern das großartigste Baudenkmal jener Zeit. Zu Mykene s. jetzt A. J. B. Wace, Mycenae, an archaeological history and guide, Princeton 1949, Neudruck New York 1964; George F. Mylonas, Ancient Mycenae. The capital city of Agamemnon, Princeton 1957; Helen Wace, Mycenae. Guide, 2. Aufl. Athen 1962. – *4* Mit den Gräbern des Agamemnon und der mit ihm Ermordeten können nur die Schachtgräber unter dem von einem Steinplattenring umschlossenen Gräberrund gleich innerhalb des Löwentors gemeint sein,

deren reicher Inhalt an Gold und sonstigen Kostbarkeiten einen großen Saal des Athener Nationalmuseums füllt. Es sind im ganzen 6 Gräber für 9 Männer, 8 Frauen und 2 Kinder, um 1550–1500 v. Chr. angelegt, die Gräber einer älteren Dynastie, die bei der Erweiterung der Burg in diese einbezogen wurden. Pausanias scheint nach seinem allerdings nicht ganz klaren Text vier Gräber anzunehmen. Auch das von Pausanias gesondert genannte Grab des Atreus gehört wohl dazu, da es nach dem Zusammenhang der Erwähnungen ebenfalls in der Burg gewesen sein muß. – 5 s. o. S. 174. – 6 Textlücke, in der stand, daß das Grab der Elektra sich nicht in Mykene befand, da Elektra Pylades geheiratet hatte und, wie Pausanias an anderer Stelle sagt, mit ihm nach Phokis gezogen war (IX 40, 12, o. S. 477).

122 *1* Mit den Gräbern der Klytaimnestra und des Aigisthos außerhalb der Burg muß wohl das 1951 entdeckte ältere «Gräberrund B» etwas außerhalb der Burg gemeint sein, das schon aus «mittelhelladischer» Zeit stammt, aus der Zeit von etwa 1650–1550 v. Chr. Es sind im ganzen 25 größere und kleinere Gräber, von denen 15 Schachtgräber sind, das Ganze von einem gleichen Plattenring umgeben wie das berühmte Gräberrund gleich innerhalb des Löwentores. – *2* Die Ruinen des großen Tempelbezirks des argivischen Heraions liegen auf drei Terrassen übereinander über dem Ostrand der Argivischen Ebene, etwa 4^1/$_2$ km südöstlich Mykene. Der alte Tempel auf der obersten Terrasse brannte nach Thukydides, der darüber ebenso berichtet, im Jahre 423 v. Chr. ab. Die von Pausanias genannten Reliefs des jüngeren Tempels sind sowohl Giebelfiguren wie Metopen, von denen viele Bruchstücke erhalten sind. Die Herastatue des Polyklet war eines seiner berühmtesten Werke. Der Berg über dem Heraion heißt noch heute Euboia. Der Asterion muß der heute namenlose Bach hinter (östlich) der Bergkette sein, an der das Heraion liegt, der südlich des Heraions in einer Schlucht diese Bergkette durchbricht, in der er im allgemeinen versiegt. Die danach genannte Pflanze ist nicht sicher identifizierbar. – *3* Hom. II. XVII 59f.

123 *1* Sie war also bei Pausanias' Besuch nicht mehr vorhanden, ist aber auf Münzen aus der Regierungszeit des Kaisers Antoninus Pius (138 bis 161 n. Chr.) noch dargestellt. – *2* Der Text des Pausanias ist wohl gestört; gemeint sein muß, daß durch den brennenden Leuchter die Kränze Feuer fingen. – *3* Fortgelassen einige Denkmäler am Wege von Mykenai nach Argos und die mythische Geschichte von Argos. –

4 Die antiken Reste von Argos, das noch heute mit gleichem Namen
an gleicher Stelle liegt, sind sehr spärlich und unbedeutend, doch
ist die Lage der Stadt am Ostfuß der imposanten Larisa (289 m) sehr
schön. – *5* Der Tempel des Apollon Lykeios lag nach anderer Nachricht am Markt, den Pausanias ausdrücklich erst später erwähnt.
Der Schriftsteller beginnt also seine Beschreibung wie so oft mit
dem Staatsmarkt.

124 *1* Kultlegende. – *2* Argivischer Dichter des 3.Jh.s v.Chr. – *3* Legende. – *4* Textlücke. – *5* Es folgen einige Heroengräber. – *6* Legende über die Weihung dieser Statue. – *7* Die berühmte Geschichte des Kleobis und Biton, die ihre Mutter, eine Herapries-
terin, selber ins Heraion zogen und darauf im Heiligtum für immer einschliefen, womit die Göttin das Gebet der Mutter, ihren
Söhnen den schönsten Lohn zuteil werden zu lassen, erfüllte, steht
schon bei Herodot (I 31). Auch in Delphi stand eine archaische
Gruppe des Kleobis und Biton mit kurzer Inschrift, die wiedergefunden ist. Die Geschichte ist wohl nur eine aus dem delphischen
Denkmal herausgesponnene Legende. Alle bisher genannten Denkmäler standen noch im Heiligtum des Apollon Lykeios, wie aus anderen Erwähnungen einzelner dieser Denkmäler hervorgeht. – Auch
die folgenden Denkmäler lagen an und auf dem Markt, was für das
Danaosgrab anderweitig direkt bezeugt ist.

125 *1* Legende. – *2* Weiteres über den Zug der Sieben gegen Theben. –
3 Den «Richtplatz» erkennt man in einer etwas erhöhten, von einer
antiken Mauer aus polygonalen Blöcken gehaltenen Terrasse mit
einzelnen antiken Resten am Südostfuß der Larisa, etwas nördlich
des gleich zu erwähnenden Theaters. – *4* Das Theater am Südostfuß
des Burgbergs ist die ansehnlichste Ruine des alten Argos; darüber
steht in den Felsen des Bergs die Kapelle des heiligen Georg an der
Stelle des Aphroditeheiligtums. – *5* Das war eine berühmte, legendäre Geschichte, die schon Herodot I 82 erzählt, der Kampf der
300 Argiver mit 300 Spartanern um den Besitz der Landschaft Thyreatis, angeblich im Jahre 548 v.Chr., wobei auf beiden Seiten fast
alle umkamen bis auf einen oder zwei Überlebende. – *6* Geschichte
der Telesilla, einer argivischen Dichterin um 500 v.Chr., die Argos gegen einen Angriff des spartanischen Königs Kleomenes vertei-
digt haben soll.

126 *1* Die Stelle des Staatsmarkts ist durch spärliche Reste östlich des
Theaters festgestellt. – *2* Der König Pyrrhos von Epirus fiel im
Jahre 272 v.Chr. in Argos im Straßenkampf.

127 *1* Legende. – *2* Gorgophone heißt Gorgotöterin; die Tötung der
Gorgo ist der Hauptbestandteil der Perseussage.

128 *1* Hom. Il. XXIV 609. – *2* Ein Denkmal unklarer Form und Diskussion des Pausanias darüber. – *3* Anaktes, «Herren» = Dioskuren.

129 *1* Das Gymnasium Kylarabis erkennt man in den ausgedehnten Ruinen eines Gymnasions ca. 700 m südöstlich des Theaters. Es lag
nach anderen antiken Nachrichten außerhalb der Stadtmauer. – *2* Il.
II 661 ff. – *3* s. o. S. 485. – *4* Nach Kapaneus, dem Vater des gleich
darauf genannten Sthenelos. – *5* Kultlegende.

130 *1* Legende des Baton. – *2* Polemik des Pausanias gegen die Angaben.
– *3* Dieses angebliche Gefängnis der Danaë ist vielleicht wiederzuerkennen in einem längeren ausgemauerten Gang südöstlich unter
dem Gipfel des Hügels Hg. Elias («Aspis» s. u.). Dann wären auch
die übrigen zuletzt und im folgenden genannten Bauten an diesem
Hügel anzusetzen, was auch sonst wahrscheinlich ist. – *4* Kultlegende.

131 *1* Zur Akropolis (Larisa) steigt Pausanias von Nordosten her von
dem dortigen, 54 m hohen Sattel Deiras aus auf. Das heutige Kloster der Panagia Rachiotissa («Muttergottes in den Felsen») bezeichnet die Stelle des Tempels der Hera Akraia. Der durch Ausgrabungen freigelegte ummauerte Bezirk des Heiligtums des Apollon und der Athena lag in dem Sattel an dem Abhang der nordöstlich über dem Sattel ansteigenden flachen Höhe des «Aspis»
(«Schild», 80 m). – *2* Hom. Il. V 127 f. – *3* Lerna s. o. S. 147 ff. – *4* Der
Gipfel der Larisa ist heute von einem mittelalterlichen Kastell gekrönt. Im Hof des Kastells sind die Fundamente der von Pausanias
erwähnten Tempel durch Ausgrabungen festgestellt.

132 *1* Vermutung des Pausanias über die Dreiäugigkeit. Fortgelassen
weitere kleinere Denkmäler und Orte der Landschaft Argolis an
den Straßen von Argos nach Tegea, Mantinea, Lyrkeia, Orneai und
Epidauros. – *2* Der flache isolierte Felshügel von Tiryns (26 m über
dem Meer) liegt in der Nähe der Küste, 3 $^1/_2$ km nördlich von Nauplia. Der mächtige Mauerring, in drei verschiedenen Perioden von
ca. 1400 bis 1200 v. Chr. gebaut, ist wesentlich besser und vollständiger erhalten als derjenige von Mykene. Heute sind außer dem,
was Pausanias sah, auch die Fundamente des Herrscherpalastes im
Innern der Burg freigelegt und Reste der offenen Unterstadt in der
Ebene. Gute neuere Darstellung Georg Karo, Führer durch Tiryns, 2. Aufl. Athen 1934. – *3* Es folgt die Erwähnung der kleineren
Orte am Wege zum Asklepiosheiligtum von Epidauros, Midea und

Lessa. – *4* Name wohl entstellt überliefert. – *5* Asklepioslegende. –
6 Die ausgedehnten Reste des Asklepiosheiligtums sind beim heutigen Dorf Ligurio in der Mitte der Halbinsel der argolischen Akte
ausgegraben und gehören zu den bedeutendsten klassischen Ruinen-
stätten Griechenlands, s. den Plan 5. – Der Hauptausbau des Heiligtums gehört ins 4. Jh. v. Chr. Hauptwerke: P. Kavvadias, Fouilles
d'Epidaure, Athen 1893; ders., To hieron tu Asklepiu en Epidauro
(Griechisch), Athen 1900; Fernand Robert, Epidaure, Paris 1935.

133 *1* Den Ort, an dem die Heilungsuchenden schliefen, um im Traum
geheilt zu werden oder ihre Anweisungen zu empfangen, vermutet
man in der langen, zum Teil zweistöckigen Halle nördlich und
nordwestlich des Asklepiostempels. – *2* Der Rundbau der Tholos
aus dem 4. Jh. v. Chr., von dem außer den Fundamenten noch zahlreiche Architekturreste erhalten sind, war durch den Reichtum,
die Feinheit und künstlerische Qualität seines architektonischen
Schmucks eines der schönsten Gebäude Griechenlands überhaupt.
Trotz seiner geringen Größe war an diesem Bau aber auch gegen
dreißig Jahre gebaut worden; seine Zweckbestimmung ist unbekannt. – *3* Von drei dieser Stelen mit Geschichten wunderbarer
Heilungen sind noch größere Teile vorhanden. – *4* Das Heiligtum
der Diana von Aricia lag am Nordufer des Nemisees in Latium. –
5 Das Theater des Asklepieions von Epidauros ist das weitaus schönste und besterhaltene Griechenlands. Heute ist es besonders auch
durch seine hervorragende Akustik berühmt.

134 *1* Der Artemistempel lag südlich des Haupttempels des heiligen Bezirks, der Aphroditetempel ist wahrscheinlich nördlich des Asklepiostempels festgestellt. – *2* Der aus mehreren Inschriften bekannte
«Senator Antoninus» hieß mit vollem Namen Sextus Iulius Maior
Antoninus Pythodorus und stammte aus Nysa in Kleinasien. Das
«Bad des Asklepios» ist mit dem großen römischen Badegebäude
(über älteren Resten) nördlich des Asklepiostempels zu identifizieren, von dem auch Ziegel gefunden sind, die den Namen des Antoninus nennen. Der Tempel der «aegyptischen Götter» ist inschriftlich in einem kleinen Tempel an der Nordseite des Gymnasions festgestellt. Zwar nicht die genannten Bauten, aber andere
Stiftungen des Antoninus in Epidauros scheinen durch eine Inschrift auf das Jahr 163 n. Chr. datiert zu sein. – *3* Die Halle des
Kotys lag östlich des Stadions und ist besonders durch Ziegel mit
dem Namen des Antoninus identifiziert. – *4* Das Kynortion ist der
Berg südöstlich über dem Heiligtum, heute Charani, auf dem noch

Reste des Maleatasheiligtums vorhanden sind. – 5 Exkurs über eine besondere Schlangenart in Epidauros. – 6 Stätten und Denkmäler am Weg nach Epidauros mit ihren Legenden.

135 1 Von der Stadt Epidauros, deren Name bis heute an der Stelle haftengeblieben ist, ist außer den Resten der Stadtmauer fast nichts erhalten geblieben; sie lag auf und an einer felsigen vorspringenden Landzunge, heute Nisi, die die Bucht in zwei Hälften teilte und dadurch auch zwei Häfen im Norden und Süden bildete. – 2 Lücke im Text. – 3 Legenden und Geschichte von Aegina. – 4 Die antiken Reste der Stadt Aegina, die genau an der Stelle der heutigen gleichnamigen Stadt lag, aber nach Ausweis der vor einem Jahrhundert noch sichtbaren Mauerreste erheblich größer war, sind sehr spärlich. Erhalten sind vor allem Reste der alten Hafenmolen und Stadtmauerstrecken an der Küste, die heute zum Teil unter Wasser liegen. Durch starke Abbröckelung und eine Küstensenkung um einige Meter hat sich die Küstenlinie im Gebiet der Stadt heute gegenüber dem Altertum nicht unbeträchtlich verändert. Aegina besaß im Altertum zwei Häfen nebeneinander, einen nördlichen Kriegshafen, Pausanias' «verborgenen Hafen», und einen südlichen Handelshafen, den noch heute benutzten, dessen Molen auf den antiken Molenresten ruhen. Der Ausgangspunkt der Stadt war eine flache Hügelkuppe nördlich der Häfen, der «Kolonnahügel», auf dem bereits seit der jüngeren Steinzeit eine bedeutende Siedlung lag und sich später immer die wichtigsten Staatsgebäude befanden. – Der «Hafen, in dem man meistens landet», ist der südliche, heutige Hafen, das Heiligtum der Aphrodite daher nicht, wie früher meistens angenommen, der Tempel auf dem Kolonnahügel. Der «hervorragendste Platz der Stadt» ist eben dieser Kolonnahügel. Der Tempel auf der Hügelkuppe, von dem heute noch eine einzelne einsame Säule aufrecht steht, ist wahrscheinlich der von Pausanias genannte Apollontempel, der Haupttempel der Stadt, schon aus dem 6. Jh. v. Chr. stammend. Unmittelbar unter der Südostecke des Tempels bezeichnet eine künstliche Terrasse das Aiakeion; von den Reliefs sind Stücke gefunden. Ein kreisrundes Fundament von 7 m Durchmesser gleich westlich des Tempels ist wohl mit dem Phokosgrab gleichzusetzen. Auch die Theatermulde ist am Südostabhang des Hügels festgestellt und einige Sitzstufen des Stadions. – 5 Kultlegende.

136 1 Legende zu dem Stein. – 2 Die Nike Apteros ist die Nike, der der schöne ionische Tempel auf dem «Nikepyrgos» vor den Propy-

laeen der Akropolis von Athen gilt; Hekate Epipyrgidia = «Hekate auf dem Pyrgos». – *3* Der Aphaiatempel, die eigentliche Sehenswürdigkeit Aeginas, gehört durch seine Erhaltung und seine herrliche Lage auf waldigem Höhenrücken über dem Saronischen Golf zu den schönsten Tempeln Griechenlands. Die Giebelskulpturen aus der Zeit um 490/480 v. Chr. befinden sich als kostbarster Besitz in der Münchner Glyptothek. – Daß der Tempel der Aphaia von der Stadt Aegina aus am Wege zum «Berg des panhellenischen Zeus» liege, ist übrigens unrichtig; der Aphaiatempel liegt von der Stadt aus in östlicher Richtung in der Nordostspitze der Insel, der «Oros», der höchste, weithin beherrschende Gipfel (531 m) südöstlich in der Südspitze der Insel. Auf dem Gipfel sind Reste des Altars und darunter mehrere Nebengebäude erhalten und ausgegraben. – *4* Über Aphaia und ihre Identität mit der kretischen Britomartis. – *5* Eine Statuengruppe dort. – *6* Mythische Geschichte Troizens.

137 *1* Die ziemlich ausgedehnten, aber wenig bedeutenden Ruinen des antiken Troizen liegen in der fruchtbaren Küstenebene nordwestlich des heutigen Dorfs Damala. Das Territorium der Stadt umfaßte die ganze Ostspitze der Argolischen Halbinsel. Alle zunächst aufgezählten Gebäude und Denkmäler einschließlich des Theaters sind um den am Bergfuß gelegenen Staatsmarkt herum anzuordnen. Hier sind auch Fundamentreste eines Tempels, wahrscheinlich der Artemis Soteira, ausgegraben. Über Troizen s. Gabriel Welter, Troizen und Kalaureia, Berlin 1941. – *2* Kultlegende. – *3* s. S. 182.

138 *1* s. S. 465.

139 *1* Der in dieser Form unverständliche Beiname ist wahrscheinlich Polylygios zu lesen, von lygos, «Weide», der «Hermes des Weidengebüschs». – *2* Der Chrysoroas muß der auch heute noch reichlich Wasser führende Hauptbach der Ebene, heute Potami, sein, der unmittelbar westlich der antiken Stadt floß. – *3* Der ausgedehnte Bezirk des Hippolytos mit vielen Gebäuden lag nordwestlich außerhalb der Stadt, jenseits des eben genannten Potami (Chrysoroas), auf einem in mehreren Terrassen ansteigenden Plateau. Hier sind die Fundamente des Hippolytostempels und anderer kleinerer Tempel und ansehnliche Reste von sonstigen Gebäuden ausgegraben. Innerhalb des Hippolytosbezirks lag auch ein Asklepieion, dessen Ärzte die Wirkungen einer hier entspringenden Magnesiumschwefelquelle, des von Pausanias genannten Heraklesbrunnens, ausnutzten, aber von der Priesterschaft des großen Asklepieions von

Epidauros als unbequeme Konkurrenz heftig bekämpft wurden. Es bestand in Pausanias' Zeit nicht mehr. – *4* Sternbild des Fuhrmanns.

140 *1* Kleine Textlücke. – *2* Der Tempel der Aphrodite Akraia ist auf einer kleinen, besonders ummauerten Terrasse (100 m Meereshöhe) am Abhang der steilen Akropolis (313 m) anzusetzen, auf der die Fundamente und Architekturreste eines Tempels aus dem 6. Jh. v. Chr. zutage gekommen sind.

141 *1* Die von Pausanias berichtete Legende will den Beinamen Phytalmios erklären aus den Worten Phyta (Pflanzen) und Halme (Salzwasser). – *2* Die Stelle des Demetertempels ist durch zahlreiche Einzelfunde östlich des antiken Stadt unmittelbar südwestlich des Dorfs Damala gesichert. – *3* Das Psiphaeische Meer ist die seichte Bucht westlich der Halbinsel Methana, an der der antike Name heute noch als Ortsbezeichnung existiert; Reste des Artemistempels mit Inschriften liegen am innersten Ende der Bucht etwas landeinwärts. – *4* Die Insel Sphairia ist heute mit der größeren Insel Kalaureia (heute Poros) zusammengewachsen; auf ihr steht der heutige Ort Poros. Reste des Athenaheiligtums liegen im Zentrum der heutigen Stadt herum. Der von Pausanias erzählten Legende liegt die falsche Ableitung des Beinamens Apaturia der Athena von dem griechischen Wort apatan, «täuschen, betrügen», zugrunde, eine Auslegung des Namens, die erst ganz jungen Datums sein kann. Recht ansehnliche Reste des heiligen Bezirks des Poseidon sind in der Mitte der Insel Poros erhalten und ausgegraben, neben den Resten der kleinen antiken Stadt Kalaureia.

142 *1* Geschichte der Verbannung des Demosthenes. – *2* Die Halbinsel Methana ist vulkanischer Natur und besteht aus Trachyt. An ihrer Nordwestseite erstreckt sich von einem besonderen alten Vulkankegel ein Lavastrom ins Meer, an dem in nächster Küstennähe eine 36° heiße salzige Schwefelquelle entspringt, die von Pausanias erwähnte. Andere ähnliche Quellen entspringen an der Südostseite der Halbinsel. Antigonos, der Sohn des Demetrios, ist der makedonische König Antigonos Gonatas (277–240 v. Chr.). Reste der antiken Stadt Methana sind im Südwesten der Halbinsel ebenfalls erhalten.

143 *1* Zum Mythos und der Geschichte von Hermione. Der sehr merkwürdige Satz vorher über die Halbinsel Methana erklärt sich wahrscheinlich daher, daß er aus einer literarischen Küstenbeschreibung in veränderter Form übernommen worden ist. – *2* Sowohl der Ort Eileoi wie das Heiligtum der Demeter Thermasia leben in heutigen Ortsnamen weiter, ersterer als Name einer Talmulde im Inneren

Ilia, letzteres in dem mittelalterlichen Kastell und Kap Thermisi östlich Hermione. Das Kap Skyllaion ist die Ostspitze der Argolis, heute Skyli. Es folgen kleinere Orte an der Ostspitze und die Inseln davor.

144 *1* Auch dieser Satz stammt aus der eben erwähnten Küstenbeschreibung, woraus sich erklärt, daß die Halbinsel in der Richtung von der Spitze gegen das Festland zu statt umgekehrt beschrieben wird. – *2* Die Ruinen des antiken Hermione, von denen noch manches erhalten ist, besonders die Stadtmauer, liegen in und bei dem heutigen Dorf Kastri an der buchtenreichen Südostküste der argolischen Akte. Eine Landzunge springt hier weit nach Osten ins Meer vor. Zu Pausanias' Zeiten nahm die Stadt nur noch den mehr westlichen Teil innerhalb des Mauerrings ein, während die erwähnte Landzunge, Pausanias' «alte Stadt», unbewohnt war.

145 *1* Das Heiligtum der Demeter auf dem Berge Pron lag außerhalb der Stadtmauer. – *2* Legende.

146 *1* Man glaubte auf den Blumen die Buchstaben Aiai zu erkennen. Gemeint ist der Gartenrittersporn.

147 *1* Kleinere Orte an der Küste. – *2* Asine, an einem charakteristischen isolierten Felsklotz im Innern einer besonderen Bucht etwa 8 km südöstlich von Nauplia gelegen, in prähistorischer Zeit bedeutender Ort. Es folgt die Geschichte der Zerstörung von Asine durch Argos. – *3* Der Lernabezirk, der Schauplatz des Kampfes des Herakles mit der lernaeischen Hydra, liegt beim heutigen Myli, 10 km südlich Argos, wo reichliche starke Quellen dicht am Meeresufer entspringen. Sie bilden den unterirdischen Ausfluß der großen ostarkadischen Hochebene. Auch der schilfumstandene Sumpf des «Alkyonischen Sees» ist heute noch vorhanden und gilt noch immer als unergründlich, von dem Platanenhain und den baulichen Anlagen des Heiligtums gibt es aber kaum noch Spuren.

149 *1* Beschreibung von Temenion. – *2* Von Nauplia, das seinen antiken Namen stets behalten hat (heute Navplion, italienisch Napoli di Romania), ist vor allem die antike, wohl aus hellenistischer Zeit stammende Stadtmauer unter den Mauern der Festung Itsch-kale über der heutigen Stadt erhalten. Im Altertum war Nauplia immer nur ein unwichtiger, schon früh von Argos abhängiger Ort; größere Bedeutung erhielt die Stadt erst in Mittelalter und Neuzeit als stark ausgebaute Festung.

150 *1* Küste südlich Lerna und Landschaft Thyreatis. – *2* Der Tanaos ist der heutige Fluß von Luku.

BUCH III · LAKONIEN

151 *1* Im Anfang des 3. Buchs gibt Pausanias zunächst in den ersten neun
Kapiteln die Geschichte Spartas von den mythischen Zeiten bis zum
Erlöschen der beiden Königshäuser in hellenistischer Zeit, hier
fortgelassen. – *2* Die Ringmauer von Sellasia und andere Reste sind
auf einem Hügel Palaeogulas im mittleren Kelephina-(Oinus-)tal,
dem die Straße von der Thyreatis her folgt, noch erhalten. Schlacht
bei Sellasia 222 oder 221 v. Chr. – *3* Das Apollonheiligtum von
Thornax lag nordöstlich von Sparta, am Ausgang des Tals von Sellasia, beim heutigen Kokkinorrachi. – *4* s. S. 173.

152 *1* Die Reste des antiken Sparta sind äußerst dürftig und unansehn-
lich, und daher ist eine genauere Ansetzung der von Pausanias genannten Gebäude und Denkmäler nur in einigen Einzelfällen möglich. – Die antike Stadt lag unmittelbar am Eurotas, an seinem rechten, westlichen Ufer. Im Norden und Süden wird das Stadtgebiet
durch zwei in den Eurotas mündende Bäche begrenzt, im Norden
den Musgabach, im Süden den Magulabach. Die Bachläufe und das
Eurotasufer sind von einigen Hügelgruppen begleitet, zwischen denen sich etwa 15 m über dem Eurotas eine ebene Fläche ausdehnt.
Die Hügel selber sind, wie Pausanias sagt, sehr niedrig und erheben
sich auch mit den höchsten Erhebungen weniger als 20 m über die
umgebende Ebene. Auf der Hügelgruppe im Süden des antiken
Stadtgebiets liegt die moderne offene Landstadt Sparta, in dichten
Gärten vergraben, erst 1834 entstanden. Ihr gegenüber ist eine
nördliche Hügelgruppe, zu der die alte «Akropolis» gehört, von
einer besonderen spätantik-byzantinischen Befestigungsmauer umzogen. Das klassische Sparta war eine offene Dorfsiedlung von vier
einzelnen Dörfern mit freien Flächen dazwischen; erst nach dem
Jahr 195 v. Chr. erhielt die Stadt zum erstenmal eine vollständige
Stadtmauer, von der noch geringe Reste vorhanden sind. Der
Markt, mit dem Pausanias wie gewöhnlich seine Beschreibung beginnt, lag etwa im Mittelpunkt der Stadt, östlich der Akropolis.
Pausanias' Beschreibung Spartas führt auf drei vom Markt ausgehen-
den Wegen nach Süden, Nordosten und Nordwesten, zunächst über-
all nur bis an die Stadtmauer. An den dritten Weg schließt sich ein
Weg an, der im Bogen vom Nordwesten des Stadtgebiets zunächst
südlich in die westlichen Stadtteile und von dort quer durch die
Stadt nach Osten verläuft. Erst S. 170 verläßt er das eigentliche
Stadtgebiet. – *2* Die Perserhalle beschreibt auch Vitruv de architec-

tura I 1,6; danach waren die von Pausanias erwähnten Barbaren-
figuren Gebälkträger zwischen den Säulen und dem Gebälk des
Dachs.

154 *1* Die Aphetaïs führte vom Markt nach Süden. – *2* Legende.

155 *1* Die Erzählung ist eine reine Namenserklärung; «Booneta» heißt
«für Rinder gekauft».

156 *1* Die Eurypontiden sind das eine der spartanischen Königshäuser. –
Da in Z. 6 die Stadtmauer erwähnt ist, geht die weitere Beschreibung offenbar wieder von Süden nach Norden zum Markt zurück
und betrifft die gegenüberliegende Straßenseite. – *2* Der «andere
Weg» führt nach Norden und Nordosten an den Eurotas. – *3* Nach
einer anderen Nachricht war die Skias ein Rundbau. – *4* Die Nachricht ist so, wie sie im Pausaniastext überliefert ist, falsch. Eisen-
guß war im ganzen Altertum unbekannt. Dagegen ist von Theodoros
und Rhoikos als Erfindern des Bronzegusses auch bei Pausanias mehrfach die Rede (s. S. 390). Statt «Eisen» ist daher «Bronze» zu lesen.

158 *1* Der Kornelkirschbaum heißt griechisch kraneia. – *2* Kolona heißt
«Hügel». Wir befinden uns also jetzt im Gebiet der nördlichen
Hügelkette des spartanischen Stadtgebiets; auch im folgenden ist
mehrere Male von Hügeln die Rede. Der «Kolona»hügel ist viel-
leicht der heute Tympanon genannte südöstliche Ausläufer dieser
Hügelkette. – *3* Textlücke.

159 *1* Das Heiligtum lag also wohl bereits jenseits der Hügel gegen den
Eurotas zu. – *2* Siege des Hipposthenes an den Olympiaden 37;
39–43 (632; 624–608 v. Chr.), die des Sohnes sind nicht näher bekannt. – *3* Hier beginnt der dritte Weg durch die Stadt in westlicher und nordwestlicher Richtung. – *4* Das Theater am Nordwest-
abhang des Akropolishügels ist die einzige bedeutende antike Ruine
Spartas; es ist eines der größten Griechenlands, stammt aber erst
aus römischer Zeit, mit einer darunterliegenden älteren Anlage
hellenistischer Zeit. – *5* In den «vierzig Jahren» steckt ein Fehler,
wohl der handschriftlichen Überlieferung. Vielleicht ist achtzig
Jahre zu lesen, was auf das Jahr 400 v. Chr. führen würde. Damals
war Pausanias II. König in Sparta. – *6* Die Agiaden sind das andere
spartanische Königshaus. – *7* Pitane ist der nordwestliche Stadtteil
Spartas, in dem die in diesem Kapitel genannten Bauten liegen.

160 *1* Über Chionis s. auch o. S. 319. – *2* Der «Dromos» und der anschließend genannte «Platanistas» sind im Westen Spartas, in der
Nähe des Magulabaches zu suchen. – *3* Zu Eurykles s. S. 111.

161 *1* Der Keuschbaum heißt griechisch agnos.

162 *1* s. S. 258; 295. – *2* Alkman, berühmter spartanischer Dichter des 7. Jh.s v. Chr., angeblich aus Sardes in Lydien gebürtig. – *3* Weitere Legenden.

163 *1* Die Vulkaninsel Thera im Aegaeischen Meer, italienisch Santorin.

164 *1* Da Pausanias hier das schon früher genannte Gebäude Booneta der Aphetaïsstraße nennt, ist anzunehmen, daß die Beschreibung in diesem Kapitel einer westöstlichen Straße folgt, die die Aphetaïs in der Nähe der Booneta kreuzt. – *2* Wieder zur nördlichen Hügelkette gehörend. – *3* «Kyprien», ein nicht erhaltenes Epos eines unbekannten Dichters, das die dem Trojanischen Krieg vorangehenden Ereignisse erzählte.

165 *1* Silphion war die schon im späteren Altertum verschwundene Charakterpflanze von Kyrene in Nordafrika. – *2* Der Text ist hier zwar gestört, aber wahrscheinlich herzustellen, wie in der Übersetzung gegeben. Anthene war eine Stadt in der Landschaft Kynuria am Westufer des Argolischen Golfs. – *3* Legende und Geschichte des Zuges des Dorieus um 500 v. Chr. – *4* Unbekannt, wahrscheinlich verderbt überliefert. – *5* Das Limnaion ist unmittelbar am Eurotas, also im Osten des Stadtgebiets ausgegraben. Die Funde in diesem sehr alten Heiligtum beginnen bereits im Anfang des 1. Jahrtausends v. Chr., in römischer Zeit wurde an den Tempel eine Art Amphitheater angebaut für die Zuschauer der von Pausanias beschriebenen Geißelung der spartanischen Epheben.

166 *1* Vgl. o. S. 91. – *2* Die vier alten Dörfer, später Stadtteile von Sparta. Die Lage von Limnai am Eurotas und Pitane im Nordwesten ist sicher, die von Mesoa im Südwesten wahrscheinlich, womit für Kynosureis der Südosten verbleibt.

167 *1* Fundamente und andere Reste des Heiligtums der Athena Chalkioikos sind auf dem Akropolishügel über dem Theater gefunden. Die Bezeichnung Chalkioikos, «Erzhaus», kommt von der Ausstattung des äußerlich sehr einfachen Heiligtums mit Bronzereliefplatten. Der Künstler Gitiadas ist sonst unbekannt, muß aber im 6. Jh. v. Chr. gelebt haben.

169 *1* Der Priestertitel «Seelengeleiter» besagt, daß in Phigalia ein Orakel bestand, an dem die Toten aus der Unterwelt heraufbeschworen und befragt werden konnten. – *2* Il. XIV 231; XVI 672. – *3* Das Alpion lag ganz im Norden der Stadt, nördlich der Akropolis.

170 *1* Der Beiname Ophthalmitis leitet sich von dem griechischen Wort für Auge, ophthalmos, her. – *2* Ammon, berühmtes Orakel in der Oase Siwa in Nordafrika. Es folgt eine Anekdote aus der Geschichte

Lysanders. – *3* Amyklai lag etwa 5 km südlich von Sparta bei dem heutigen Dorf Tsausi. Das berühmte Heiligtum des amyklaeischen Apollon lag auf der Hügelkuppe südwestlich des heutigen Dorfes, die nach einer Kapelle der Hagia Kyriaki benannt ist. Es war ein offenes Heiligtum, ohne Tempel, das die ganze, von einer schönen Quaderstützmauer umgebene Hügelkuppe einnahm. An Bauten befanden sich in dem Heiligtum nur der «Thron» und ein runder Stufenaltar für Apollon von etwa 10 m Durchmesser. Von dem «Thron» sind ein etwa 6 m langes Stück des Fundaments aus Quadern und zahlreiche Bruchstücke und Einzelteile des Aufbaus aus Marmor gefunden, die aber nicht genügen, um von dem Ganzen eine klare Vorstellung zu geben. Der Erbauer des «Throns», Bathykles aus Magnesia am Maeander in Kleinasien, ist sonst unbekannt, sicher nur, daß der «Thron» um 500 v. Chr. gebaut ist, während das «Grab» des Hyakinthos, des älteren, vor Apollon hier verehrten Gottes, und die archaische Apollonstatue darauf älter waren.

171 *1* Von diesen Dreifüßen waren also nur die Künstler bekannt, offenbar aus der Inschrift, der Anlaß der Weihung aber nur vermutet. Beziehung auf die Messenischen Kriege ist aus chronologischen Gründen nicht gut möglich, da Gitiadas im 6.Jh. v. Chr. lebte (s. S. 167), Kallon (richtiger Kalon) im frühen 5.Jh. Zur Chronologie der Messenischen Kriege s. u. S. 591; bei Kallon könnte man an den Messenischen Aufstand um 490 v. Chr. denken. – *2* Die Worte «und Herakles» sind nicht überliefert, aber wahrscheinlich zu ergänzen, da auch sonst stets zwei- und mehrfigurige Gruppen dargestellt sind, in diesem Falle also die Begegnung zwischen Atlas und Herakles. Sonst müßte man annehmen, daß Atlas noch zur erstgenannten Gruppe des Raubs seiner Töchter gehörte.

173 *1* Hom. Od. IV 351 ff. – *2* Das Bild des Malers Nikias, das den jugendlichen Hyakinthos darstellte, war besonders berühmt. Augustus hatte es aus Alexandrien als Kriegsbeute nach Rom gebracht.

174 *1* Kotyle bedeutet griechisch die Höhlung, auch Gelenkpfanne, in diesem Fall die Hüftgelenkpfanne. – *2* Il. XXIV 41.

175 *1* Therapne lag Sparta südöstlich gegenüber auf dem linken Ufer des Eurotas, auf einem zum Eurotas steil abfallenden Hügelzug. Von dem Tempel sind die Fundamente ausgegraben. In historischer Zeit bestand hier außer dem Menelaos- (ursprünglich vielmehr Helena-) heiligtum keine Siedlung mehr; vor der Eroberung Lakoniens durch die Spartaner war Therapne jedoch Hauptort der Landschaft gewesen. – *2* Legenden um Helena. – *3* Der nämlich bei Homer Il. VI 457

genannt ist. – 4 Das Phoibaion lag auf dem rechten westlichen Ufer des Eurotas, Therapne gegenüber, also südlich von Sparta. – 5 Die Phellia ist wahrscheinlich der heutige Bach von Riviotissa. – 6 Pharis (Homer Il. II 582) ist wahrscheinlich die prähistorische Siedlung ca. 7^1/$_2$ km südlich von Sparta, am rechten Ufer des Eurotas, auf einem doppelgipfligen Hügel bei dem heute verschwundenen Dorf Vaphio, zu der das bekannte große Kuppelgrab mykenischer Zeit gehörte.

176 1 Die Stelle des Eleusinions ist wiedergefunden bei den Kalyvia Sochas, etwa 7^1/$_2$ km südwestlich von Sparta, an den Vorhöhen des Taygetos; die Stelle von Bryseai (Homer Il. II 583) mit dem Dionysosheiligtum lag etwa eine halbe Stunde weiter nördlich. Die von Pausanias genannten Höhen Taleton und Euoras gehören nicht zum Hauptkamm des Gebirges, sondern ebenfalls noch zu den Vorhöhen unmittelbar über den von Pausanias genannten Örtlichkeiten. In dem lückenhaft überlieferten und in der Übersetzung ausgelassenen Satz stand anscheinend in Anspielung auf eine Stelle in der Odyssee (Od. VI 102 ff.), daß Leto hier von den Gipfeln des Taygetos herab ihrer Tochter Artemis bei der Jagd zugeschaut haben sollte. Die weiterhin genannten Orte lagen weiter südlich in und über der Südwestecke des Talbeckens von Sparta. – 2 Il. II 584. – 3 Weitere Orte und Denkmäler an der Straße nach Arkadien. Orte Pellana und Belemina.

177 1 Die antiken Steinbrüche von Krokeai, die einen besonders schönen grünen Porphyr lieferten, sind zwischen den heutigen Dörfern Alaibei und Stephania, am Südabfall der Hügelkette der Vardunochoria, die die obere lakonische Ebene von der Küstenebene trennt, wiederentdeckt. Pausanias überspringt also in der Beschreibung dieses Weges alle Orte, die noch in der Spartanischen Ebene lagen und auf dem früher beschriebenen Rundgang genannt waren. – 2 Der Text ist hier gestört. – 3 Das antike Aigiai lag bei dem heutigen Dorf Limni im Tal des Varduniaflusses, etwa 5^1/$_2$ km nordwestlich von Gytheion. Der von Pausanias beschriebene Teich existiert nicht mehr. Die Homerstelle ist Il. II 583. – 4 Unbedeutende Ruinen des antiken Gytheion liegen etwas nördlich der im 19. Jh. neu erstandenen Hafenstadt, die heute den antiken Namen wieder angenommen hat.

178 1 Il. XVIII 140 f. – 2 Fortgelassen Kap. 22 mit den Kleinstädten und Küstenpunkten an der Nord- und Ostseite des Lakonischen Golfs. Trinasos, Helos, Akriai, Geronthrai, Palaia, Marios, Glyppia, Selinus, Asopos, Achaioi Parakyparissioi, Hyperteleaton, Vorgebirge Onugnathos, Boiai. Die Entfernungsangaben in diesen und den fol-

genden Kapiteln sind alle für die Küstenfahrt zu Schiff gerechnet,
daher ohnehin nur ungefähr geschätzt und auch mehrfach von der
Wirklichkeit stark abweichend, wohl auch zum Teil fehlerhaft überliefert. An der felsigen, weglosen Ostküste des Parnon ist eine
Landverbindung der Orte miteinander auch gar nicht möglich. –
3 Boiai ist das heutige Vatika, in dem der antike Name steckt. –
4 Kap Platanistus ist die Nordspitze von Kythera, heute Kap Spathi,
Kap Onugnathos («Eselskinnbacken») ist die felsige Halbinsel, die
die Bucht von Vatika (Boiai) im Westen begrenzt, heute aber Insel
ist und Elaphonisi heißt. – *5* Von dem antiken Hafenort Skandeia
(Bucht von Avlemona, im Osten der Insel) und der Stadt Kythera
mit dem besonders berühmten Aphroditeheiligtum sind nicht unbedeutende Reste noch sichtbar.

179 *1* Epidelion, heute Kap Kamilo, etwa 12 km nördlich von Kap Ma-
lea mit noch einigen Resten. – *2* Die Zerstörung von Delos durch
die Flotte des pontischen Königs Mithridates VI. geschah im Jahre
88 v. Chr. Die angeschlossene Geschichte von dem Überfall der delischen Kaufleute auf die pontische Flotte kann so nicht wahr sein.
Einmal war nach zuverlässiger Überlieferung nicht Menophanes,
sondern Archelaos Kommandant der Flotte, und zweitens lebten
sowohl Menophanes wie Archelaos noch lange nach 88 v. Chr. –
3 Epidauros Limera, heute Palaeo-Monemvasia, etwa 4½ km nördlich von Monemvasia, im innersten Winkel an derselben Bucht gelegen. Gut erhaltene Stadtmauern und andere Reste sind noch vorhanden, ebenso der sehr tiefe «Teich der Ino», nordöstlich der antiken Stadt am Meer.

180 *1* Das Vorgebirge Minoa ist die bizarre Felsenhalbinsel, auf der im
frühen Mittelalter die Stadt Monemvasia (Malvoisie) an Stelle des
verlassenen Epidauros entstand. – *2* Zarax, an der tiefen und sicheren, fjordartigen Hafenbucht Jeraka, nördlich des gleichnamigen
Kaps. Einige altertümliche Ruinen der antiken Stadt am Nordufer
der Bucht noch vorhanden.

181 *1* Kleonymos, Angehöriger des spartanischen Königshauses der
Agiaden, der nicht zum Königtum gelangte, in der Zeit von etwa 310
bis 270 v. Chr. Die sonst unbekannte Eroberung von Zarax gehört
wahrscheinlich in den Zug des Pyrrhos gegen Sparta, an dem Kleonymos teilnahm. Agesipolis ist nicht Vater, sondern Bruder Kleomenes' II., des Vaters des Kleonymos. – *2* Überliefert sind 6 Stadien. – *3* Kyphanta, heute Bucht von Kyparissi. – *4* Brasiai, sonst
stets Prasiai genannt, lag am Südrand der Bucht von Leonidi auf ei-

ner Plaka oder Hagios Athanasios genannten Ruinenstätte; Stadtmauern und andere Reste noch vorhanden. – Die Namensform mit
B statt P ist offenbar nur der phantastischen Etymologie zuliebe erfunden worden, die Pausanias erzählt.

182 *1* Es folgen die Städte und Küstenpunkte an der Westseite des Lakonischen Golfs, Las, Hypsoi, Pyrrichos, Teuthrone. – *2* Die Häfen
Achilleios und Psamathus lagen nach anderen geographischen Nachrichten beiderseits des Kaps Tainaron (Matapan), Achilleios im Westen, jetzt Bucht von Marinari, Psamathus im Osten, heute Porto
Kalion (Quaglio, «Wachtelbucht»). Sie engen den niedrigen Isthmos, der die eigentliche Halbinsel Matapan mit dem Festland verbindet, auf etwa 540 m Breite ein. – *3* Das Poseidonheiligtum mit
seiner etwa 10 m tiefen und etwas breiteren Höhle befand sich am
innersten Ende der Hafenbucht Asomato, die an der Ostseite des
eigentlichen Kaps nördlich von diesem liegt. Vor die Höhle war im
Altertum ein einfacher viereckiger Bau gebaut, der äußerlich nicht
die Form eines Tempels besaß und durch dessen Rückwand die
Höhle zugänglich war, wodurch sich Pausanias' Bemerkung über
das Heiligtum erklärt. – *4* Il. VIII 368; Od. XI 623; Chimaira Il. VI
179 ff. – *5* Die später erst auf den Dichter Arion gedeutete Bronze-
figur eines Mannes auf einem Delphin erwähnt bereits Herodot I 24;
sie wird auch sonst erwähnt. Geschichten von dankbaren Delphinen, auf denen Menschen reiten konnten, wurden im Altertum
mehrfach erzählt. Neuere Beobachtungen haben ergeben, daß Delphine in der Tat leicht und weitgehend zähmbar sind. Auch das
«Reiten» von Kindern auf Delphinen ist heute in sicheren Fällen an
der Küste Neuseelands beobachtet und anscheinend daraus zu erklären, daß Delphine neugeborene oder verletzte Artgenossen
durch Unterschwimmen an die Oberfläche bringen, s. im allgemeinen Antony Alpers, Delphine, Wunderkinder des Meeres, Alfred
Scherz Verlag, Bern 1962. Poroselene ist eine Insel zwischen Lesbos und der kleinasiatischen Küste.

183 *1* Städte an der Ostküste des Messenischen Golfs. Kainepolis, Messa,
Oitylon, Thalamai, Pephnos, Leuktra, Kardamyle, Gerenia, Ala-
gonia.

BUCH IV · MESSENIEN

184 *1* Das vierte Buch über Messenien hebt sich dadurch aus allen anderen heraus, daß von den 36 Kapiteln dieses Buches nicht weniger als

29 der geschichtlichen Einleitung gewidmet sind und nur die letzten 7 Kapitel der Beschreibung Messeniens gelten. Der Grund dafür ist die Armut des erst spät zu staatlicher Selbständigkeit gelangten Landes an bemerkenswerten Denkmälern. Pausanias mußte sich daher, um das Buch gegenüber den anderen nicht unverhältnismäßig kurz werden zu lassen, dadurch helfen, daß er die geschichtliche Einleitung entsprechend ausdehnte. Auf diese Weise ist aber der ausführliche Bericht über die beiden Messenischen Kriege als kostbares Vermächtnis altgriechischer erzählender Literatur auf uns gekommen, der daher auch in die Übersetzung unverkürzt aufgenommen ist. – Wie Pausanias selber auf S. 188 f. angibt, liegt der Erzählung des Ersten Messenischen Krieges als Quelle die stark rhetorisch ausgemalte Prosadarstellung des Myron von Priene zugrunde, der wahrscheinlich in der ersten Hälfte des 3. Jh.s v. Chr. geschrieben hat, der Erzählung der Belagerung von Hira im Zweiten Messenischen Kriege das Epos des Rhianos von Bene auf Kreta, der in der zweiten Hälfte des 3. Jh.s v. Chr. gelebt hat. In diesem Teil von Pausanias' Erzählung ist auch die dichterische Vorlage in Wortwahl, Satzbau und Darstellungsart noch mehrfach selbst in der Ausdrucksweise des Pausanias zu spüren. Pausanias hat aber diese beiden Quellen nicht mehr selber im Original benutzt, sondern seine gesamte Darstellung der messenischen Geschichte geht auf ein Werk zurück, in dem diese beiden Quellen mit anderen Darstellungen verbunden und in ein chronologisches Schema gebracht verarbeitet waren. Da Pausanias' Darstellung bis ca. 180 v. Chr. reicht, muß dieses Werk später geschrieben sein. In der Darstellung tritt ein stark frömmelnder Ton hervor, Orakel und das Walten der Götter spielen eine große Rolle, ferner ist das Heiligtum der Großen Götter von Andania stark in den Vordergrund geschoben und auf Schritt und Tritt erwähnt, das aber erst im Jahre 91 v. Chr., wie eine berühmte große Inschrift meldet, nach längerem Verfall neu organisiert worden ist. Die Darstellung stammt also offenbar aus Kreisen, die diesem Heiligtum nahestehen, muß aber noch erheblich später geschrieben worden sein, da in dieser Darstellung der Kult von Andania als eine Filiale der berühmten Mysterien von Eleusis angesehen wird, was durchaus falsch ist und wovon selbst die genannte Inschrift im Jahre 91 v. Chr. noch nichts weiß. – Die lebhafte, farbenprächtige Darstellung der Messenischen Kriege darf nicht darüber hinwegtäuschen, daß historisch darüber fast nichts bekannt ist und alle Einzelheiten dichterische Ausschmückungen

sind, in denen es besonders beim Ersten Kriege von Anachronismen nur so wimmelt. Besonders das Epos des Rhianos mit seiner romanhaften Ausschmückung der erzählten Begebenheiten trägt alle Züge an sich, die für die griechische Literatur der hellenistischen Zeit charakteristisch sind. Tatsächlich war schon den antiken Historikern der beiden Kriege nicht mehr bekannt, als sich aus den Gedichten des Tyrtaios, der während des Zweiten Krieges lebte und dichtete, entnehmen ließ. Ebenso konstruiert ist das chronologische Gerüst der Kriege; auch hier weiß man nur aus Tyrtaios, daß der Zweite Krieg zur Zeit des spartanischen Königs Theopompos, der Erste zur Zeit «der Väter unserer Väter» stattgefunden und zwanzig Jahre gedauert hatte. Pausanias' Quelle setzt den Ersten Krieg in die Jahre 743/42–724/23 v. Chr., den Zweiten in die Jahre 685/84–668/67 v. Chr., andere Historiker und Chronographen gaben andere Ansätze, tatsächlich muß die Eroberung Messeniens durch Sparta, der sogenannte Erste Krieg, um etwa 700 v. Chr. gewesen sein, der erste große Aufstand, der sogenannte Zweite Krieg, zu dessen Zeit Tyrtaios dichtete, um oder kurz vor 600 v. Chr. – Nahezu zeitlos ist vor allem der berühmte messenische Freiheitsheld Aristomenes, von dem noch in später Zeit das messenische Volkslied sang. Es ist aus verschiedenen Angaben deutlich, daß Rhianos, der ihn insbesondere in seinem Epos verherrlichte, die 22 jährigen Kämpfe um Hira, die im Mittelpunkt seiner Darstellung stehen, in die Zeit um 500–490 v. Chr. ansetzte, und wahrscheinlich gehört der historische Aristomenes auch wirklich in diese Zeit, in der nach einzelnen anderen Notizen ein größerer Aufstand in Messenien stattfand. Der Bearbeiter der messenischen Geschichte, die bei Pausanias vorliegt, hat ihn und damit die ganze Darstellung des Rhianos dann hinaufgeschoben in die Zeit des sogenannten Zweiten Krieges, wobei es nicht ohne verschiedene chronologische Gewaltsamkeiten abging, und Myron von Priene konnte ihn, wie Pausanias sagt, sogar in die Zeit des Ersten Krieges hinaufrücken. – *2* Die Choiriosschlucht ist das Tal des heutigen Sandava; der Kaiser ist Augustus. Es folgt die mythische Geschichte Messeniens. – *3* Nach der traditionellen Zählung 764 v. Chr.

186 *1* Amphiktyonien sind Verbände griechischer Staaten um ein Heiligtum zum Zweck seiner Verwaltung. Es gab mehrere solcher Amphiktyonien, von denen diejenige von Delphi, die auch eine bedeutende politische Rolle spielte und vielfach auch als Gericht fungierte, die bedeutendste und berühmteste ist. Nur diese kann hier

gemeint sein. – *2* Im sogenannten Dritten Heiligen Kriege 356–346
v. Chr. – *3* Etwa 279–276 v. Chr., berüchtigt durch seine Grau-
samkeit; Kassandreia ist das alte Poteidaia an der Halbinsel Chalkidike.

188 *1* Ampheia ist wahrscheinlich wiederzuerkennen in den antiken und
mittelalterlichen Ruinen des Palaeokastro Kokla (Kokkala), südlich
des Hellenitsagebirges, an dem wichtigsten und bequemsten direkten Übergang von Messenien nach Lakonien. – *2* Das Jahr ist 743/42
v. Chr. – *3* Das Wort muß falsch überliefert sein, gemeint sein muß
«nach den Angegriffenen».

189 *1* s. zu dieser Auseinandersetzung des Pausanias o. die allgemeinen
Bemerkungen zum 4. Buch. Die von Pausanias zitierten Verse des
Tyrtaios beweisen übrigens nicht, daß Theopompos erst nach Be-
endigung des Krieges gestorben sein kann.

190 *1* Die Lage des später völlig verschollenen Stenykleros, nach dem
die Obere Messenische Ebene im Altertum hieß, ist unbekannt.

193 *1* s. S. 239.

196 *1* Der Ithome ist der prachtvolle, ganz Messenien beherrschende
Bergkegel am Westrand der Messenischen Ebene, heute Vurkano,
802 m. Die im Homerischen Schiffskatalog (Il. II 729) genannte
Stadt ist nicht das messenische Ithome, sondern in Thessalien gelegen. Daß der Ithome ebenso hoch sein soll wie die höchsten Gebirge des Peloponnes und besonders schwer zu besteigen, ist eine
seltsame Übertreibung. Sie mag sich etwas erklären aus dem überragenden Eindruck, den der beherrschende, weithin sichtbare und
ziemlich isoliert stehende Berg im Gelände macht.

202 *1* Odysseus soll sich als Bettler verkleidet in Ilion eingeschlichen haben, um die Örtlichkeiten auszukundschaften (Od. IV 244 ff.).

203 *1* Vgl. o. S. 206. Mit den «schlimmen Bewohnern» müssen die Dreifüße gemeint sein, mit der «Umkränzung der Chöre», wenn die
Worte so richtig überliefert sind, der heilige Bezirk des Zeus.

206 *1* Die kurze Notiz über diese Schlacht steht in auffallendem Gegensatz zu den ausführlichen Schilderungen der früheren Schlachten.
Hier lag eben das Werk des Myron nicht mehr vor, das nach Pausanias' Angabe mit dem Tod des Aristodemos schloß.

207 *1* 724/23 v. Chr. – *2* Dieselben, die Pausanias bei der Beschreibung
von Amyklai erwähnt hat, so o. S. 170.

208 *1* Die Mutter Alexanders des Großen; Aristodama, die Mutter des
großen achaeischen Staatsmannes Aratos von Sikyon (271–213 v.
Chr.).

209 *1* 685/84 v. Chr.; in anderen Angaben wird der von Pausanias
genannte attische Archon jedoch in das Jahr 682/81 gesetzt. –
2 Leotychidas, spartanischer König von 491/90 bis 469/68 v. Chr.;
s. o. S. 591.

210 *1* Daß der Dichter Tyrtaios athenischer Abkunft gewesen sein sollte,
ist eine schon im 4. Jh. v. Chr. aufgekommene Erfindung.

212 *1* Zu Lebadeia und dem Trophoniosorakel s. o. S. 471 ff.; zum
Schild des Aristomenes dort auch o. S. 236 f.

213 *1* Zu Pharis s. o. S. 175. – *2* Zu Karyai o. S. 151. – *3* Die Lage von Ai-
gila ist unbekannt.

214 *1* Textlücke, etwa in der in der Übersetzung gegebenen Weise zu
ergänzen.

215 *1* Die gänzlich belanglosen spartanischen Feldzüge der Jahre 400 bis
395 v. Chr. an der Westküste Kleinasiens als eine Eroberung fast
des ganzen persischen Reichs zu bezeichnen, ist eine groteske Übertreibung. Korinthischer Krieg 395–386 v. Chr.

216 *1* Die Bergfeste Hira lag in großartiger Gebirgslandschaft im Grenz-
gebiet von Messenien und Arkadien am Oberlauf der Neda, östlich
von Phigalia, beim heutigen Dorf Kakaletri. Reste der alten Befestigungen und andere Reste sind heute noch sichtbar. Der Burgberg
erhebt sich bis zu 864 m über Meer. – *2* Rhianos hat als Dauer der
Belagerung sicher 22 Jahre gemeint. Pausanias' Deutung auf 11
Jahre ist Irrtum. Auch sonst ist die Chronologie des Zweiten Krieges bei Pausanias verwirrt, s. u. S. 596.

217 *1* Die schon von Thukydides (I 134, 4) erwähnte Schlucht Keadas
oder Kaiadas scheint in der Nähe von Mistra am Taygetosgebirge
wiedergefunden zu sein.

221 *1* Worum es sich bei diesem geheimen Gegenstand angeblich handelte, ein Bronzegefäß mit der Aufzeichnung der Riten der Mysterien von Andania, sagt Pausanias später bei der angeblichen Wiederauffindung des Gefäßes bei der Gründung der Stadt Messene im
Jahre 370/69 v. Chr. durch den argivischen Feldherrn Epiteles,
s. o. S. 229; das Gefäß erwähnt Pausanias auch wieder bei der Beschreibung von Andania, S. 238, die Sache ist sogar in der großen
Inschrift von Andania erwähnt, das Ganze aber fast sicher ein erst
91 v. Chr. gemachter frommer Betrug, um der damals geschehenen
schriftlichen Aufzeichnung der Mysterienfeier die Weihe ehrwür-
digen Alters zu geben.

222 *1* Stadt in Kreta; Söldner aus Kreta waren als Bogenschützen besonders bekannt.

223 *1* Gyges, König von Lydien, ca. 687–652 v. Chr.

226 *1* Das Lykaiongebirge, heute Diaphorti (1420 m), im Westen der
Ebene von Megalopolis, mit einem Heiligtum des Zeus Lykaios auf
und unter seinem Hauptgipfel, das als ein Hauptheiligtum Arkadiens
galt.

227 *1* Kyllene war im Altertum der wichtigste Hafen der hafenlosen
Flachküste von Elis, im Norden der Landschaft bei Glarentsa gelegen; s. o. S. 345.

228 *1* Das von Pausanias genannte Jahr entspricht dem Jahr 668/67 v.
Chr., steht jedoch mit seiner eigenen Darstellung in Widerspruch,
da sich daraus eine Kriegsdauer von 17 Jahren (seit 685/84, s. oben)
ergeben würde, Pausanias selbst aber als Kriegsdauer 14 Jahre rech-
net. Vielleicht hängt das mit der anderen Unstimmigkeit beim
Jahre 685/84 zusammen, da andere chronographische Angaben den
von Pausanias dort genannten attischen Archon gerade drei Jahre
später ansetzen, womit dann eben 14 Jahre Kriegsdauer herauskä-
men. Für eine andere chronologische Differenz bei Pausanias im
Zusammenhang mit dem Zweiten Messenischen Krieg s. gleich unten. – Es folgt die weitere Geschichte der Messenier, Auswande-
rung nach Zankle in Sizilien, das den Namen Messene (Messina) annimmt, weitere Schicksale des Aristomenes, Messenischer Aufstand in den Jahren 464–456 v. Chr., Ansiedlung der abziehenden
Aufständischen durch die Athener in Naupaktos an der Nordküste
des Golfs von Korinth, Vertreibung von dort nach dem Peloponnesischen Krieg, Aufnahme eines Teils der Messenier in der griechischen Kolonie Euesperides an der nordafrikanischen Küste (heute
Bengasi). – *2* Sieg der Thebaner unter Epameinondas über die Spartaner bei Leuktra in Boeotien im Juli 371 v. Chr. – *3* Messene = Messina in Sizilien. – *4* Bengasi in Nordafrika, s. o. Anm. 1 zu S. 228.

230 *1* Mythos von der Entstehung des im Text erwähnten Zorns der
Dioskuren auf Messene. – *2* s. dazu o. S. 590.

231 *1* Das Jahr ist 370/69 v. Chr., der Name des attischen Archons richtig Dysniketos. 287 Jahre führen auf 657/56 als Ende des Zweiten
Messenischen Krieges, wofür Pausanias selber jedoch das Jahr 668/
67 angegeben hatte (s. o. Anm. 1 zu S. 228). Die Differenz erklärt sich
daraus, daß Pausanias oder seine Quelle die 22 Jahre des Rhianos
fälschlich als 11 Jahre verstand und daher das Ende des Krieges 11
Jahre früher ansetzte als die an dieser Stelle vorliegende Rechnung. –
2 Durch die Thebaner im Jahre 373 v. Chr. – *3* Die hier gemeinte
Vertreibung der Delier durch Athen dauerte nur etwa ein Jahr, von

421 bis 420 v. Chr.; Adramyttion ist eine Stadt im Norden der Westküste Kleinasiens. – *4* Neugründung des 335 v. Chr. zerstörten Theben durch Kassander, damals Statthalter Makedoniens, 316 v. Chr. –
5 Es folgt die weitere Geschichte Messeniens bis zum erzwungenen
Eintritt in den Achaeischen Bund 182 v. Chr. – *6* Ruinen der Stadt
Abia oder vielmehr Abea beim heutigen Palaeochora an der Küste,
etwa 10 km südöstlich von Kalamata.

232 *1* Il. IX 150; 292; es folgt ein kurzer Exkurs über die Geschichte
der Stadt. – *2* Pharai ist das heutige Kalamai (Kalamata), der heutige
Hauptort Messeniens, heute durch die fortschreitende starke An-
schwemmung weiter (2 km) vom Meer als die sechs Stadien (1 km),
die Pausanias etwas später angibt. – *3* Diese starke Salzquelle, stark
genug, um eine Mühle zu treiben, entspringt etwa 4 km nördlich
von Abea, heute noch Armyro («salzig») genannt. – *4* Mythische
Geschichte von Pharai. – *5* Hymn. Demet. v. 417 ff. – *6* Il. V 332 f.;
XXI 483 f.; V 429. – *7* Der später allgemeine Glaube an die Macht
der Tyche (des Schicksals) ist erst in hellenistischer Zeit mit dem
Schwinden des Glaubens an die alten Götter aufgekommen. –
8 «Die Stadterhaltende», in einem nicht erhaltenen Gedicht. In der
von Pausanias übernommenen Erklärung ist das Wort fälschlich als
«polostragend» aufgefaßt. Unter dem «Polos» ist hier auch nach
den archaeologischen Belegen ein schmaler, ornamentgeschmück-
ter Reif zu verstehen, der in der von Pausanias gegebenen Erklärung
als Symbol des Himmelsgewölbes gedacht ist. – *9* Bedeutende Reste
des antiken Thuria liegen auf einem Plateau zwischen den heutigen
Dörfern Veisaga und Pharmisi über dem Ostrand der Messenischen
Ebene, etwa 9 km in Luftlinie nordwestlich Kalamata. Pausanias'
Entfernungsangabe ergibt allerdings etwa 14 km. Der Fluß Aris ist
der westlich unter dem Höhenrücken fließende Fluß von Pidima,
der in den Pamisos mündet.

233 *1* Il. IX 151; 293. – *2* Das hier von Pausanias ohne topographischen
Zusammenhang angeschlossene Kalamai mit dem Heiligtum der Artemis Limnatis lag östlich von Thuria, bereits in den Vorbergen des
Taygetos. Die Lage von Kalamai ist unbekannt, dagegen die Stelle
des Heiligtums der Artemis Limnatis, von dem unter einer Panagia-
kapelle noch Reste vorhanden sind, wiedergefunden an einem kleinen, Volimnos genannten Talkessel, hoch im Gebirge, am Südabhang des Gomovuno, über dem rechten Ufer des bei Kalamata mündenden Nedon. – *3* Als Quellen des Pamisos, des Hauptflusses von
Messenien, gelten die vielen starken Quellen lauwarmen Wassers,

die am Fuß des Höhenrückens beim heutigen Dorf Hagios Floros hervorbrechen und sofort einen mächtigen Strom und Sümpfe bilden und eine üppige Vegetation hervorrufen. An den Quellen sind die Reste eines kleinen Tempels des Fluß- und Heilgottes Pamisos vor wenigen Jahren ausgegraben worden. – *4* Die im Jahre 370/69 v. Chr. durch Epameinondas gegründete neue Hauptstadt des befreiten Messenien lag an den westlichen, der Messenischen Ebene abgekehrten Hängen des 802 m hohen Ithome (Vurkano), der zugleich die Akropolis bildete, und seines etwas niedrigeren südlichen Nachbarberges Eua (Hagios Vasilios). Im Mittelpunkt der antiken Stadt liegt heute das Dorf Mavromati, unter dem Sattel zwischen Ithome und Eua, außerhalb der antiken Stadtmauer das Kloster Vurkano. Der Mauerring von etwa 9 km Umfang gehört besonders in seinen nordwestlichen Teilen noch heute zu den imposantesten und besterhaltenen Beispielen griechischer Stadtbefestigungen. Auch sonst sind nicht unbedeutende Reste der alten Stadt erhalten oder ausgegraben. Südlich von Mavromati lag die Agora, mit der Pausanias seine Beschreibung wie gewöhnlich beginnt. Sie ist wohl gleichzusetzen mit dem neuerdings fast ganz ausgegrabenen, fast quadratischen Platz von 67 : 72 m, der auf allen vier Seiten von Säulenhallen umgeben ist und daran anschließend verschiedenen Gebäuden, an der Ostseite ein kleines Theater, ein Torgebäude zum Markt und der Sitzungssaal des Synhedrion, an der Nordseite wahrscheinlich das Heiligtum für den Kaiserkult und ein weiteres Torgebäude, an der Westseite ein Tempel ungewöhnlicher Form für Artemis Orthia und ein mehrräumiges Hallengebäude, an der Südseite mehrere nicht sicher gedeutete Gebäude. Westlich der Agora liegt eine große Tempelterrasse, vielleicht das Hierothysion, und das Theater und das Stadion, die Pausanias später erwähnt. Alle vorher von ihm erwähnten Bauten und Heiligtümer standen an oder in der Nähe des Marktes. Der Brunnen Arsinoe ist wohl die wasserreiche Quelle im heutigen Dorf Mavromati, das danach heißt. – Pausanias' Angabe, daß die Stadt gegen den Pamisos zu liege, ist falsch. Gemeint sein kann damit nur der von Norden kommende zweite Hauptarm des Flusses, der aber östlich an der Stadt vorbeifließt, während sich die Stadt wie gesagt an den westlichen Hängen des Ithome ausdehnt.

234 *1* Zum Kult der Laphria in Patrai s. o. S. 358; zu Damophon S. 234 unten; es folgt ein Exkurs über die ephesische Artemis. – *2* Epameinondas hatte als Gründer der Stadt Statuen in Messene. Statuen aus Eisen werden nur sehr selten erwähnt, sie waren wahrscheinlich aus

getriebenem Eisenblech hergestellt. Kleommis ist wohl Überlieferungsfehler, der Vater des Epameinondas hieß Polymnis.

235 *1* Il. IX 122. – *2* Ein Heroendenkmal.

237 *1* Wenn die Gleichsetzung der Quelle Arsinoe mit der starken
Quelle im Dorf Mavromati richtig ist (s. o. zu S. 233 Anm. 4), muß
die Klepsydra die kleine Quelle unter dem Gipfel des Ithome sein,
sonst eben die Quelle von Mavromati. Es folgt ein Exkurs über Ge-
burtslegenden des Zeus. – *2* Weshalb diese Verse des alten Dichters
Eumelos von Korinth, von dem nichts wirklich Sicheres bekannt
ist, einen musischen Agon beweisen sollen, ist nicht ersichtlich. –
3 Pausanias verläßt Messene durch das berühmte arkadische Tor im
Norden der Stadt, eine großartige, in dieser Form einzigartige Anlage griechischer Befestigungskunst. Es war ein Doppeltor mit in-
nerem und äußerem Tor, wobei das innere Tor zunächst in einen
runden Torhof von fast 20 m Durchmesser führte, das äußere nach
außen von zwei Türmen flankiert war. In den Wänden des Torhofes
befinden sich zwei Statuennischen, in deren einer die von Pausanias
besonders erwähnte Herme gestanden haben könnte. – *4* Legende
zur Erklärung des Namens. – *5* Die vorher erwähnten Hauptzu-
flüsse des Pamisos aus der Oberen Messenischen Ebene vereinigen
sich nördlich von Messene beim heutigen Dorf Meligala. Über die
Vereinigungsstelle führt heute noch eine große dreiarmige antike
Brücke, die berühmte Mavrozumenosbrücke.

238 *1* Der heilige Hain Karnasion, vielmehr Karneiasion, nach dem einen Hauptinhaber, dem Gott Karneios, genannt, ist durch den Fund
der S. 590 genannten großen Inschrift und andere Funde beim heutigen Dorf Polichne sicher bestimmt, etwa 5 km nördlich der Mavrozumenosbrücke. Die Hagnequelle heißt heute Divari oder Kephalovrysis. Der Charadrosfluß ist der aus der Gegend des Dorfs Di-
mandra im Tetrazigebirge kommende Fluß, der den Westteil der
Oberen Messenischen Ebene von Norden nach Süden durchfließt
und einen Kilometer oberhalb der Mavrozumenosbrücke in den
Fluß von Isari mündet. Die Verbindung der Mysterien von Andania
mit Eleusis ist erst sehr später Entstehung, noch später als die Reor-
ganisation des Kultes im Jahre 91 v. Chr., die die mehrfach erwähnte
große Inschrift behandelt. Die eigentlichen Inhaber des Kultes waren die Großen Götter (männlich!) neben der Quellgöttin Hagna
(«der Reinen») und dem später hinzugetretenen dorischen Gott
Karneios, nach dem dann der Hain genannt wurde. Erst in dem
Buch, das Pausanias benutzte, sind dann die Großen Götter in die

Großen Göttinnen (Demeter und Kore von Eleusis) umgedeutet
worden. Über die angebliche Wiederauffindung des von Aristomenes am Ithome vergrabenen Bronzegefäßes s. o. S. 229. Eurytos ist
der mythische Heros des ebenfalls mythischen Oichalia, der im Karneiasion sein Grab und Heroenkult besaß. – 2 Pausanias' Angabe
«8 Stadien (1,4 km) weiter links» für die Ruinen von Andania führt
auf eine Stelle oberhalb des heutigen Dorfes Buga (1 1/2 km westlich
von Polichne), wo sich Spuren einer antiken Ortschaft um eine
Kirche des heiligen Athanasios befinden. – 3 Weitere kleine Orte.

239 1 Mit den menschenfressenden Fischen von Rhein und Donau ist der
Wels gemeint, der bis zu drei oder sogar vier Meter lang und fünf
Zentner schwer wird und als gefräßiger Raubfisch berüchtigt ist.
Daß der Wels sogar Menschen gefährlich werden kann, wurde noch
in der Neuzeit geglaubt, und Magenfunde gefangener Welse scheinen
tatsächlich zu beweisen, daß ihm neben Vögeln und Säugetieren
gelegentlich mindestens auch Kinder zum Opfer gefallen sind. – Es
folgen einige Ortschaften am Inneren Messenischen Golf, Korone
und Kolonides. – 2 Asine in der Argolis s. o. S. 147. – 3 Asine am
Messenischen Golf, heute Koron (Koroni), das infolge Umsiedlung
seiner Bewohner im Mittelalter den Namen der weiter nördlich gelegenen Stadt Korone übernommen hat. Die Reste des Altertums sind
sehr dürftig, dagegen war Koron mit seiner imposanten Burg auf
einem vorspringenden Kap eine der wichtigsten venezianischen
Festungen des Peloponnes. Weiteres zur mythischen Geschichte
von Asine. – 4 Kap Akritas (Kap Gallo) ist die Südwestspitze Messeniens. – 5 Theganussa, italienisch Venetiko, vor dem Kap gelegen,
auch heute unbewohnt. – 6 Inseln Skiza, Hagia Maria, Sapientsa vor
der Südwestküste Messeniens, unbewohnt. – 7 Mothone oder Me-
thone, heute offiziell wieder Methoni, im Mittelalter Modon, ein
Hauptstützpunkt der venezianischen Herrschaft im Peloponnes. Die
antike Stadt lag wie die spätere mächtige Festung auf einem nur
über eine Brücke vom Land her zugänglichen Vorsprung, vor dem
die von Pausanias erwähnte Klippe liegt, die heute den Leuchtturm
trägt und durch eine Brücke mit der verfallenen Festung verbunden
ist. Die antiken Reste sind ganz gering.

240 1 Weiteres zur Geschichte von Mothone. – 2 Kyzikos, bedeutende
Stadt der kleinasiatischen Küste des Marmarameers. Die Pflanzen-
öle von Kyzikos waren berühmt. – 3 Die heißen Schwefelquellen
bei den Thermopylen sind noch heute tiefblau.

241 1 Die rote Quelle von Joppe in Palaestina ist sonst unbekannt. Die

«Tochter des Kepheus» ist Andromeda. – *2* Heiße Quellen beim Ort Dikeli-köy, noch heute zu Badezwecken benutzt. – *3* Der schwefelhaltige Teich und Bach Albula oder aquae Albulae, heute Acque Albule bei Bagni (di Tivoli), 20 km nördlich Roms. – *4* Der Hypanis ist der Bug, die angebliche Bitterquelle, die nach Herodot (IV 52) von verschiedenen antiken Autoren erwähnt wird, jedoch Fabel. – *5* Dikaiarcheia, später Puteoli, heute Pozzuoli. Die Bezeichnung «in Etrurien» erklärt sich daraus, daß die frühgriechischen Geographen bis etwa ins 5. Jh. v. Chr. die Bezeichnung Etrurien, den damaligen politischen Verhältnissen entsprechend, bis Kampanien ausdehnten. Die heißen schwefligen und mineralischen Quellen der Umgebung von Pozzuoli sind allbekannt. Bleiröhren waren im Altertum für Wasserröhren gewöhnlich. – *6* Bucht von Pylos, bekannter unter ihrem mittelalterlichen italienischen Namen Navarino. Das Kap Koryphasion ist das die Bucht im Norden begrenzende felsige Kap Palaeo Navarino oder Palaeokastro, auf dem sowohl einige antike Reste der Stadt Pylos wie ein venezianisches Kastell liegen, die Insel Sphagia oder Sphakteria schließt die Bucht gegen die offene See ab. Sie ist berühmt geworden durch die Belagerung und Kapitulation einer Abteilung Spartaner im Peloponnesischen Krieg im Jahre 425 v. Chr. Ob dieses Pylos oder vielmehr ein anderes weiter nördlich an der Küste Triphyliens das von Homer als Residenz Nestors genannte ist, war unter den antiken Gelehrten genau so strittig wie noch heute. Reste von Herrscherpalästen nebst den dazugehörigen Kuppelgräbern in der Nähe aus der mykenischen Zeit, in der die Helden Homers lebend gedacht werden, sind sowohl bei diesem triphylischen Pylos (heute Kakovatos) wie etwa 10 km nördlich der Bucht des messenischen Pylos an einer heute Ano-Englianos genannten Stelle gefunden. Die topographisch verwertbaren Angaben Homers führen aber alle mit aller Klarheit auf das triphylische Pylos. – Fortgelassen ein paar Sätze über die mythische Geschichte von Pylos. – *7* Die Höhle ist noch heute am Nordabhang des Stadtberges vorhanden. Es folgen Bemerkungen über die Rinder des Neleus.

242 *1* Diese ganze schöne Geschichte von dem sandigen Charakter des pylischen Landes stimmt weder zu dem Hinterland der Bucht von Navarino noch zur Umgebung des wirklichen homerischen Pylos. Sie ist einfach aus dem soviel zitierten ständigen homerischen Beiwort von Pylos herausgesponnen, das sich auf einen charakteristischen Dünenstreifen an der triphylischen Küste bezog. – *2* Kyparis-

siai, das moderne Arkadia, heute wieder Kyparissia genannt, mit
einigen antiken Resten.

BUCH V · ELIS, ERSTES BUCH

243 *1* Zum Byssos s.o. S. 345. Fortgelassen ist vorher die historische
Einleitung zu den beiden Büchern über Elis. – *2* Die Geschichte
stammt aus Herodot (IV 30). – *3* Pausanias bezeichnet mit Samikon
die gesamte schmale Küstenebene der Landschaft Triphylien, welchen Namen er auf das darüberliegende Hügelland beschränkt. Pausanias beschreibt dieses südlichste Stück des Landes Elis nach dem
überlieferten Text in Form eines kurzen Abstechers von Norden,
dem eigentlichen Elis, her. Die Beschreibung geht aber tatsächlich
von Süden nach Norden und schließt damit wie zu erwarten an das
vorhergehende Buch an. Der Widerspruch ist mit einer ganz leichten Textänderung zu beheben, indem man die griechische Präposi-
tion apo in epi ändert, womit die Stelle heißen würde: «Geht man
nach dem elischen Land usw.» Mit mehreren Bemerkungen im folgenden deutet Pausanias an, daß die zunächst beschriebene Landschaft Triphylien ursprünglich zu Messenien und erst seit der dorischen Wanderung zu Elis gehört habe. – *4* Unbedeutende Ruinen
der kleinen Stadt Lepreos oder Lepreon liegen beim heutigen Dorf
Strovitsi. – *5* Vögel 149. – *6* Überliefert ist allerdings «von Elis»,
was unmöglich ist, da der Weg mit dem von Samikon zusammen-
fiele und auch viel weiter ist als ein Tagesmarsch. Man pflegt «Heraia» zu emendieren; möglich wäre auch «Phigaleia». – *7* Weiteres
zur mythischen Geschichte von Lepreon.

244 *1* Ein Fluß, der der Beschreibung des Pausanias entspricht, existiert
heute nicht, daher ist die Identifizierung von Anigros und Akidas
unsicher; nach dem topographischen Zusammenhang kommt am
ehesten ein kleiner Wasserlauf in Frage, der in die Küstenlagune von
Kaiapha ganz im Norden der Ebene mündet, heute Mavropotamos.
Das Gelände ist hier seit dem Altertum stark verändert; die Lagunen
existierten im Altertum noch nicht. – *2* Der Ephesier ist anscheinend der Homererklärer und erste Leiter der berühmten Bibliothek
von Alexandreia Zenodotos (ca. 325–260 v. Chr.).

245 *1* Die Höhlen sind noch heute an der Südseite des Kaiaphagebirges
sichtbar, unmittelbar über dem Spiegel der Kaiaphalagune. Aus ihnen dringen schweflige Dünste und Gase hervor, ebenso entspringen in der Höhle warme Schwefelquellen, die heute noch zum Ba-

den benutzt werden. – *2* Der sehr gut erhaltene, schöne, aus hellenistischer Zeit stammende Mauerring der Ortschaft Samos oder Samikon liegt am Nordabhang des Kaiaphagebirges, das hier bis ganz dicht an die Küste herantritt und die südliche Ebene (Samikon) abschließt. – *3* Über das homerische Arene und den Fluß Minyeïos. – *4* Der Ort Skillus lag auf dem Gipfel Profitis Elias über dem heutigen Dorf Makrisia, das ausgedehnte Landgut Xenophons in der weiten Tallandschaft um das große Dorf Krestena. Der Fluß Selinus ist der heutige Bach von Krestena, die Deutung eines dort befindlichen Grabmals auf Xenophon natürlich Legende. Der von Xenophon gebaute Tempel der ephesischen Artemis ist bisher nicht gefunden, die beliebte Gleichsetzung mit einem Tempel bei dem Dorf Mazi durchaus falsch.

246 *1* Das Typaion vermutet man in dem schroffen, 130 m hohen (306 m über Meer) Kliff Hagia Elëusa nordöstlich Krestena. – *2* Die Geschichte erwähnt Pausanias auch im 7. Kap. des folgenden Buchs, s. S. 308, wo er aber den Namen der Mutter des Peisirodos nicht angibt und Kallipateira als Namen ihrer Schwester nennt. Danach muß dann Pherenike der Name der Mutter des Peisirodos gewesen sein. – *3* Über die Zuflüsse des Alpheios s. die entsprechenden Bemerkungen zum 8. Buch (Arkadien). Der Kladeos ist der unmittelbar westlich des Heiligtums von Olympia in den Alpheios von Norden her mündende Bach.

248 *1* Die genannten Örtlichkeiten liegen nördlich und südlich von Milet. Um welchen Fluß es sich handeln soll, ist unbekannt. – *2* Mythische Geschichte der Olympischen Spiele. – *3* Die im folgenden von Pausanias gegebene Geschichte der Entwicklung der Olympischen Spiele findet sich gleichlautend auch in anderen Quellen. Ob sie für die älteren Zeiten richtig ist, ist umstritten, doch sprechen manche Gründe dafür, daß die Vorstellung, die Olympischen Spiele hätten nicht von Anfang an ein vielgestaltiges Programm besessen, sondern die einzelnen Wettkampfarten seien erst nacheinander aufgenommen worden, im allgemeinen richtig ist. Einmal werden in den Siegerlisten die Sieger der einzelnen Wettkampfarten immer in derselben Reihenfolge aufgeführt, wie sie nacheinander eingeführt worden sein sollen, und ferner ist mit ganz vereinzelten Ausnahmen immer der Sieger im Stadionlauf derjenige, der der Olympiade den Namen gab, was dafür spricht, daß diese Wettkampfart wirklich die erste war, denn die angesehenste war sie nicht, das waren Wagenrennen und Pankration. Eine amtliche Aufzeichnung der Siegerliste

scheint es in Olympia nicht gegeben zu haben, sondern nur literarische Verzeichnisse. Die erste olympische Siegerliste stellte der So-
phist Hippias von Elis in der 2. Hälfte des 5. Jh.s v. Chr. zusammen.
Auf diese Liste geht auch das traditionelle Anfangsdatum 776 v. Chr.
für den Beginn der Olympischen Spiele zurück, was jedenfalls nicht
mehr besagt, als daß Hippias bis so weit zurück imstande war, die
Siegerliste zu geben. Nach einer neueren Theorie, die manche chro-
nographischen Schwierigkeiten löst, sind die Olympien erst von der
50. Olympiade (580 v. Chr.) an vierjährig gefeiert worden, vorher
alljährlich, was den Beginn der Siegerliste auf 632/31 v. Chr. statt
776 bringen würde. Neueste moderne Zusammenstellung der olympischen Siegerliste von Luigi Moretti, Olympionikai, I vincitori
negli antichi agoni olimpici, Memorie della Accademia Nazionale
dei Lincei, Classe di scienze morali, Serie VIII vol. VIII fasc. 2,
Rom 1957, 53 ff. – Im 2. Jahrtausend v. Chr. lag an der Stätte des
späteren Olympia ein ärmliches Dorf und bestand kein Kult von Bedeutung. Die ältesten Weihgaben, die einen zunächst noch rein lo-
kalen Kult voraussetzen, beginnen mit dem Anfang des 1. Jahrtausends v. Chr. – Die von Pausanias gegebene Liste lautet mit Um-
rechnung in Jahre v. Chr. nach der traditionellen Chronologie:

OL.	V. CHR.	
1	776	Stadionlauf
14	724	Doppellauf
15	720	Langlauf
18	708	Fünfkampf, Ringkampf
23	688	Faustkampf
25	680	Wagenrennen
33	648	Pankration, Reiten
37	632	Wettlauf und Ringen der Knaben
38	628	Fünfkampf der Knaben, sofort wieder abgeschafft
41	616	Faustkampf der Knaben
65	520	Waffenlauf
70	500	Wagenrennen mit Maultieren ⎫ beide Ol. 84, 444
71	496	Kalpe (Reiten auf Stuten) ⎭ v. Chr. abgeschafft
93	408	Wagenrennen mit Zweigespann
99	384	Wagenrennen mit Fohlen
128	268	Wagenrennen mit Fohlenzweigespann
131	256	Fohlenreiten
145	200	Pankration der Knaben

4 s. S.405. – *5* Hier ist im Pausaniastext eine kleine Lücke, in der
stand, daß in der 15.Olympiade der Langlauf eingeführt wurde und
der Spartaner Akanthos darin siegte.

249 *1* Richtige Namensform Eurybiades. – *2* Bei den Wagenrennen
wurde nicht der Lenker, sondern der Besitzer des Wagens als Sieger ausgerufen, so daß hier auch Frauen Sieger werden konnten,
die sonst von den Spielen ausgeschlossen waren. – *3* Alexandreia
Troas, von Alexander neu gegründet, in der Nähe des alten Troja.

250 *1* Der Text ist in diesem Satz gestört, die Übersetzung gibt den
Sinn dessen, was bei Pausanias zu stehen scheint, wieder. Es muß
aber in dem gestörten Text noch gestanden haben, daß die anderen
leichtathletischen Wettkämpfe nach dem Opfer für Zeus stattfanden. Die Olympischen Spiele dauerten bereits im frühen 5.Jh.v.Chr.
fünf Tage, wobei der mittelste Tag, der Vollmondstag in der Mo-
natsmitte, für das große Hauptopfer an Zeus bestimmt war. Die
Verteilung der Spiele und Kulthandlungen auf die einzelnen Tage
ist aber nicht mit Sicherheit bekannt. Erwähnt sei hier, daß die
Olympischen Spiele im 8.Monat des elischen Kalenderjahres im
Hochsommer, meistens im August, stattfanden. Die 77.Olympiade
entspricht dem Jahre 472 v.Chr.

251 *1* Die Angabe des Pausanias, daß seit der 50.Olympiade (580 v.Chr.)
zwei Kampfrichter durchs Los bestimmt wurden, ist, wie die älteren Inschriften von Olympia zeigen, unrichtig; wahrscheinlich datiert die Zweizahl der Hellanodiken erst seit der Neuordnung der
elischen Verfassung im Jahre 470 v.Chr. – *2* Die Zahl 25 ist falsch
überliefert; sie muß höher sein als die vorher genannte 50.Olym-
piade. Man verbessert meistens in 95, d.h. 400 v.Chr. Die vorher
genannte 103., 104. und 108.Olympiade entspricht den Jahren
368, 364 und 348 v.Chr. Der Krieg mit den Arkadern fiel in die
Jahre 365 und 364 v.Chr. – *3* Die deutschen Ausgrabungen in
Olympia, die erste wissenschaftliche Ausgrabung großen Stils der
modernen Archaeologie, fanden in den Jahren 1875–1881 unter
der Oberleitung von Ernst Curtius und Friedrich Adler statt. In
größerem Maßstab sind diese Ausgrabungen erst wieder in den Jahren 1936–1941 ergänzt worden und werden seit 1952 jährlich fort-
geführt. Das wissenschaftliche Hauptwerk über die Ausgrabungen
ist Ernst Curtius / Friedrich Adler, Olympia, die Ergebnisse der von
dem Deutschen Reich veranstalteten Ausgrabung, 5 Bde., Berlin
1887–1897. Kürzere Gesamtdarstellungen: A.Flasch, Olympia, in
A.Baumeisters Denkmälern des classischen Altertums, Bd.II, 1887,

S. 1053–1104; Artikel Olympia in der Realencyclopädie der classischen Altertumswissenschaft Bd. XVII und XVIII, 1937–1939; H. Luckenbach, Olympia und Delphi, München 1904; E. Norman Gardiner, Olympia, its history and remains, Oxford 1925; Olympia, aufgenommen von W. Hege, beschrieben durch G. Rodenwaldt, Berlin 1936 (ausgezeichnete Gesamtwürdigung und herrliche Tafeln); Richard Hamann, Olympische Kunst, Marburg 1923 (dünnes Heft mit kurzem Text und ausgezeichneten Tafeln); Ernst Buschor / Richard Hamann, die Skulpturen des Zeustempels zu Olympia, Marburg 1924 (großes Tafelwerk). Ferner noch Adolf Trendelenburg, Pausanias in Olympia, Berlin 1914. – Die Ergebnisse der neuen Grabungen sind veröffentlicht in den Olympiaberichten des Deutschen Archaeologischen Instituts, seit 1937 bis jetzt 7 Berichte. Daneben erscheint seit 1944 die Sonderreihe Olympische Forschungen von verschiedenen Verfassern, bis jetzt 6 Bände. Kurze Zusammenfassungen: Emil Kunze, Neue deutsche Ausgrabungen im Mittelmeergebiet und im Vorderen Orient, Gebr. Mann, Berlin 1959, 263 ff. Olympia in der Antike. Ausstellung Essen 18. Juni bis 28. August 1960. Der hier gegebene Plan 6 nach Gardiner S. 4 in Verbindung mit dem neuen Plan in Neue deutsche Ausgrabungen, Beilage 1 bei S. 264. Die neuen Grabungen haben vor allem das Stadion freigelegt und Ergänzungen und Berichtigungen zum Grundriß der Südhalle, der Palaestra und des Gymnasions gebracht, ferner eine ganze Abfolge von Badeanlagen von griechischer bis in römische Zeit westlich des Theekoleons zutage gefördert. Zu ihnen gehörte ursprünglich auch das auf dem Plan als «Heroon» bezeichnete Gebäude, das etwa um 400 v. Chr. als Badehaus aufgegeben und zu einem Kultraum wurde. Ferner sind die Werkstatt des Phidias, das Leonidaion und weitere Gebäude an der West-, Süd- und Südostseite des heiligen Bezirks freigelegt neben verschiedenen Nebenausgrabungen und Untersuchungen. – 4 Der Name «Altis» bedeutet, wie Pausanias richtig angibt, «Hain». Der Bezirk war ursprünglich ein Hain von wilden Ölbäumen und Platanen wie heute von Kiefern. Die ältesten Kultbauten schlossen sich an den Fuß des die Altis nördlich überragenden Kronoshügels an, eine niedrige Umfassungsmauer, die im Süden zugleich Terrassenmauer für den Zeustempel war, erhielt die Altis erst im späten vierten Jh. v. Chr. im Zusammenhang mit den Neubauten der Zeit Alexanders des Großen. Diese griechische Abschlußmauer besaß nur einfache Durchlässe ohne Torbauten. Der Haupteingang, durch den die Festprozessionen den heiligen Bezirk betraten, befand sich im Süden südöstlich des Zeustempels. Unter Kaiser Nero (54–68 n. Chr.) wurde eine neue Umfassungsmauer gebaut, die sich im Westen mit nur 3 m Abstand an die griechische Mauer anschloß, im Süden aber einen etwa 20 m breiten Geländestreifen neu einbezog. Erst diese römische Mauer wurde mit eigentlichen Torbauten ausgestattet, darunter eigens für den Besuch des kaiserlichen Wettkampfteilnehmers im Jahre 67 im Süden, dem alten Haupteingang entsprechend, einem Triumphtor in der Form römischer Triumphbögen. Dieses Tor wurde später nicht mehr benutzt und wohl abgebrochen; in der Zeit des Pausanias diente das Tor nahe der Südwestecke in der Westmauer als Haupteingang und «Prozessionstor». Im Nordwesten, Westen und Süden schlossen sich an den heiligen Bezirk die profanen Bauten für Verwaltungszwecke und die Bedürfnisse der Athleten und Besucher an, im Osten lagen Stadion und Pferderennbahn. Eine Siedlung hat es bei Olympia im Altertum nicht gegeben. – 5 Die Erbauung des großen Zeustempels ist aus verschiedenen Gründen auf die Jahre zwischen 468 und 456 v. Chr. datiert. Mit dem Krieg gegen Pisa, aus dessen Beute der Tempel errichtet sein soll, meint Pausanias wahrscheinlich denjenigen von 570 v. Chr., was aber historisch unmöglich ist. Heute pflegt man an einen Krieg gegen triphylische Städte zu denken, den Herodot (IV 148) einmal beiläufig als «zu meiner Zeit» geschehen erwähnt, eine sehr unsichere Vermutung. Einen älteren Tempel gab es nicht, doch zeigen Funde unter dem Fundament des Tempels, daß der Kult an dieser Stelle ebenfalls schon in den Anfang des ersten Jahrtausends v. Chr. zurückreicht. Er muß von Anfang an Zeus gegolten haben. Der Tempel mißt 64,12:27,68 m, was zu Pausanias' Angaben einigermaßen stimmt. Der Einbau des mächtigen Zeusbildes des Phidias machte durchgreifende Veränderungen an den Fundamenten des Fußbodens der Cella notwendig. Die neuen Grabungen haben mit Sicherheit ergeben, daß Phidias das berühmte Zeusbild des Tempels nach seinem anderen berühmtesten Werk, der Athena Parthenos, also in den Jahren nach 438 v. Chr. schuf. Ob vor der Aufstellung dieses berühmten Sitzbildes schon eine andere Kultstatue im Tempel stand, ist nicht zu entscheiden.

252 1 Diese Angabe des Pausanias ist nur halb richtig. Die Dachziegel bestanden ursprünglich wie das Gebälk und die Giebel aus parischem Marmor, doch wurden schadhafte Ziegel seit der hellenisti-

schen Zeit in pentelischem Marmor ersetzt. – *2* Alyattes, König von
Lydien, ca. 605–560 v. Chr., Astyages, König von Medien, 584 bis
550 v. Chr. – *3* Diese «Akroterien» (Giebelaufsätze) auf dem Ostgiebel nennt auch der Künstler Paionios in seiner eigenen Inschrift
auf der Basis der Nike der Messenier, die Pausanias später erwähnt
(s. S. 289). – *4* Schlacht bei Tanagra, 457 v. Chr.; von der Inschrift,
die auf einem Marmorblock angebracht war, sind Bruchstücke erhalten, die allerdings auch zeigen, daß die Inschrift nicht, wie man
nach Pausanias' Text erwarten sollte, unter dem Schild selbst gesessen haben kann; bei der Kleinheit ihrer Buchstaben wäre sie in
der Höhe unlesbar gewesen. Sie muß daher auf einem Steinpfeiler
unten vor dem Tempel angenommen werden. Mit dem «Schild»
wie mit der «Schale», wie die Inschrift sagt, ist das gleiche gemeint, eine große runde konkave Scheibe über dem Giebel. In der
Inschrift waren die Verbündeten Spartas einzeln aufgeführt, was
Pausanias fortgelassen hat. – *5* Diese 21 Schilde waren nach den Spuren am Tempel an den Metopen der Ostfront und 11 Metopen der
anschließenden Südfront angebracht. Zerstörung von Korinth durch
Mummius 146 v. Chr. – *6* Die Giebelfiguren des Zeustempels von
Olympia gehören zu den hervorragendsten Schöpfungen griechischer Plastik und sind der kostbarste Besitz des Museums von Olympia. Alle Figuren sind ganz oder in Bruchstücken erhalten, bei ihrer
Erklärung sind Pausanias oder seinen Erklärern einige Fehler unterlaufen, die sich zum Teil daraus erklären, daß die Figuren in der
Höhe der Giebel schwer zu erkennen waren. Die genaue Anordnung der Giebelfiguren gehört aber zu einem der umstrittensten
Probleme der klassischen Archaeologie, und es gibt dafür viele verschiedene Lösungsversuche. Die Meinungsverschiedenheiten be-
treffen heute nur noch die Anordnung der beiden Paare Oinomaos
Sterope und Pelops / Hippodameia; über alle anderen Figuren besteht Einigkeit. Nach der wahrscheinlichsten Anordnung sind die
Ausdrücke rechts und links bei Pausanias vom Standpunkt des Be-
schauers aus zu verstehen, womit allein auch die beiden Eckfiguren
«Alpheios» und «Kladeos» in die nach der Lage der Flüsse richtigen Giebelecken kommen. Bei dieser Anordnung stehen also Oinomaos und Sterope in dieser Reihenfolge von der Mitte aus in der
nördlichen Giebelhälfte, Pelops und Hippodameia ebenfalls in dieser Reihenfolge von der Mitte aus in der südlichen Giebelhälfte.
Zeus wendet sein Haupt, wie man erwarten sollte, nach rechts Pelops zu, der bei der Wettfahrt siegen wird. Auch die Anordnung

der Nebenfiguren um die beiden Gespanne ist dann sinnvoll, indem dasjenige des Pelops von zwei Dienern umgeben ist, von denen derjenige hinter dem Wagen die Zügel hält; es ist also startbereit. Zu dem Gespann auf der Seite des Oinomaos gehört keine der Figuren vor und hinter dem Gespann; es ist noch nicht abfahrtsbereit, wie ja Oinomaos dem Pelops der Sage nach einen größeren Vorsprung gelassen haben soll. Daß Pausanias oder sein Erklärer alle Nebenfiguren außer den beiden Flußgöttern als Pferdeknechte erklären, ist sicher unrichtig. Die eine kniende Figur ist sogar ein Mädchen und unter dem rechten Gespann, also neben der Königin Sterope als ihre Dienerin anzuordnen. Wegen des langen Gewandes hält sie Pausanias für den Wagenlenker des Oinomaos, «Myrtilos». Die sitzenden, älteren, bärtigen Männer in den Giebelecken, zur Mitte gewandt, deutet man als die Seher, die um den Ausgang des Rennens wissen. Der rechte auf der Seite des Oinomaos schaut betrübt zu Boden in der düsteren Vorahnung des bevorstehenden Verhängnisses seines Herrn.

253 *1* Die von Pausanias genannten Künstler sind so gut wie sicher nicht die Schöpfer der Skulpturen des Zeustempels gewesen. Paionios ist aus stilistischen und anderen Gründen ausgeschlossen, Alkamenes aus chronologischen, Paionios insbesondere noch dadurch sicher ausgeschlossen, daß er sich in seiner eigenen Inschrift auf der Basis der Nike der Messenier (s. S. 289) nur als Künstler der «Akroterien» des Tempels, der Giebelaufsätze, bezeichnet. Der Satz über Alkamenes, daß er in der Bildhauerei die zweite Stelle errang, ist übrigens ein von Pausanias unverändert übernommener Pentameter, stammt also aus einer Inschrift. Der wirkliche, uns unbekannte Künstler gehörte nach dem Stil der Bildwerke den peloponnesischen Kunstschulen an. – *2* Pausanias' Erklärung der Mittelfigur des Westgiebels als Peirithoos ist unmöglich und wird auch fast ausnahmslos abgelehnt. Diese herrliche, alles überragende Gestalt in ihrer bezwingenden Hoheit kann nur ein Gott sein, Apollon. Er streckt seinen rechten Arm schützend zur Braut (Deidameia) aus, die der Kentaur Eurytion zu rauben sucht. Der Mann mit dem Schwert, der ihr zu Hilfe kommt, muß Peirithoos sein, nicht Kaineus, wie Pausanias wegen seiner anderen Zuweisung annimmt. Die Anordnung ist so anzunehmen, daß die beiden Männerfiguren, die mit den Kentauren kämpfen, dem Gott zunächst standen, nach obiger Bemerkung also rechts vom Gott (links vom Beschauer) die Gruppe Peirithoos, Eurytion, Deidameia, links die Theseusgruppe.

Möglich ist allerdings auch, daß die Deutung des Giebels auf die Hochzeit des Peirithoos nicht richtig ist, da dieses thessalische Thema in Olympia etwas auffallend ist, und vielmehr eine uns allerdings in dieser Form nicht bezeugte elische Lokalsage vorliegt, in der Kentauren ebenfalls vorkamen. – *3* II. XIV 318. – *4* Auch von allen Metopen mit den Taten des Herakles sind mehr oder weniger vollständige Stücke vorhanden. Sie ergeben, daß in der ersten, östlichen Reihe die Metope mit der Heraufholung des Höllenhundes Kerberos, die zwischen der Atlas- und Augeiasmetope saß, fehlt, entweder von Pausanias ausgelassen oder durch Lücke im Text. Diese je sechs figürlichen Metopen schmückten die Ost- und Westseite der Cella, saßen also nicht wie gewöhnlich über dem Architrav der äußeren Säulenhalle. Pausanias zählt die Metopen beide Male in der Reihenfolge von Süden nach Norden auf. – *5* So ist zu übersetzen in Übereinstimmung mit der Metope, auf der Atlas dem Herakles, der so lange den Himmel trägt, die Äpfel der Hesperiden bringt.

254 *1* Der angebliche Gründer der historischen Olympischen Spiele, Iphitos, galt zugleich als Begründer der allgemeinen Waffenruhe, die vor und während der Festzeit in Griechenland verkündet wurde; vgl. S. 248. – Mit der Tür ist hier, wie auch vorher bei der Nennung der Metopen, die Bronzetür zwischen den Säulen des Pronaos gemeint, vor dessen einer, also noch im äußeren Umgang, die Gruppe des Iphitos und der Ekecheiria zu denken ist. Pausanias erwähnt diese Statuengruppe, ein Weihgeschenk des Mikythos, später noch einmal, s. S. 289. – *2* Die innere Säulenstellung in der Cella war zweigeschossig und die obere nach Pausanias' Worten also als Galerie begehbar, was gewöhnlich nicht der Fall war. Wie der Zugang von dieser oberen Galerie zum Kultbild beschaffen war, ist nicht bekannt. – *3* Die Fundamente für diese Treppen zu den Galerien und zum Dach sind wahrscheinlich gleich beim Eingang in der Cella rechts und links vor den ersten Innensäulen zu erkennen. – *4* Die Sitzstatue des Zeus in Olympia von der Hand des Phidias war das berühmteste Bildwerk des ganzen Altertums und galt als eines der sieben Weltwunder. Leider existiert außer Pausanias' in sich allein nicht überall ganz klaren Beschreibung keine weitere Beschreibung aus dem Altertum, doch gab der hellenistische Dichter Kallimachos (3. Jh. v. Chr.) in einem Gedicht die wichtigsten Maße des Götterbildes an. Das Gedicht ist, wenn auch verstümmelt, auf Papyrus wiedergefunden. Andere Äußerungen über die Zeusstatue ergeben nichts von Bedeutung. Nachbildungen aus dem Altertum existieren

nicht, außer Abbildungen auf kaiserzeitlichen Münzen der Stadt Elis, die das Kunstwerk natürlich nur äußerst verkleinert und daher auch vereinfacht geben. – Die Basis der Statue war 6,65 m breit und 9,67 m tief, wozu die Zahlen bei Kallimachos genau stimmen. Die Höhe des Throns betrug nach Kallimachos 9,90 m, die Höhe der gesamten Figur mit der Basis 12,40 m. Die Höhe der Cella des Tempels berechnet sich auf 14,33 m. – *5* Die je vier Niken haben anscheinend die vier Thronbeine in ihrem oberen Teil unterhalb des Sitzes umgeben. Die knabenraubenden Sphingen befanden sich auf dem oberen Knauf der bis zur Oberkante des Sitzes durchgehenden vorderen Thronbeine und trugen zugleich die Lehnen des Thrones. Von diesen Sphingen sind Nachbildungen in der kleinasiatischen Stadt Ephesos ausgegraben. Der Niobidenfries befand sich an den Seitenflächen des Sitzes. – *6* Diese Figuren, wie die der anderen Leisten zwischen den Thronbeinen, scheinen als Rundfiguren auf den Leisten gestanden zu haben. – *7* Hier muß ein Fehler im Text vorliegen; Knabenwettkämpfe gab es nach der von Pausanias gegebenen Geschichte der Olympischen Spiele bereits seit 632 v. Chr. Die einfachste Emendation besteht darin, hinter Knabenwettkämpfe «im Pankration» zu ergänzen. Diese Kampfart wurde erst 200 v. Chr. eingeführt. Das hieße also, daß eine der dargestellten Figuren ein Knabenpankratiast zu sein schien.

255 *1* Die Deutung der einen Figur auf Pantarkes, den Sieger im Knabenringkampf des Jahres 436 v. Chr., ist sicher Legende. Die Geschichte von dem Liebesverhältnis des Phidias zu Pantarkes ist wohl herausgesponnen aus dem Umstand, daß man an einem Finger der Zeusstatue eine Inschrift in der Art der «Lieblingsinschriften» auf griechischen Vasen las, «Pantarkes ist schön». – *2* Nach Pausanias' Worten können wir uns diese gemalten Schranken nur am Thron selber vorstellen. Die modernen Erklärer verbinden sie allerdings meistens mit den steinernen Schranken, die nach den vorhandenen Spuren von dem zweiten Säulenpaar an den ganzen Innenraum zwischen den Säulen vor der Statue absperrten; das ist aber nach Pausanias' Text unmöglich. – *3* Für die «Bunte Halle» in Athen, s. o. S. 65. Panainos war nach besserer Überlieferung Neffe des Phidias und nicht er, sondern sein Vater Pleistainetos, der Bruder des Phidias, der Künstler des Marathongemäldes in der Bunten Halle. – *4* Diese Chariten und Horen waren nach dem genannten Kallimachosgedicht 1,98 m hoch, müssen also wohl auf der oberen Abschlußleiste der Rückenlehne des Throns gestanden haben.

256 *1* Hesiod Theog. 901. – *2* Il. V 749 f. – *3* Diese goldenen Löwen sind
wohl als Füße des Schemels aufzufassen. – *4* Die Basis des Kultbildes
bestand aus schwarzem eleusinischem Marmor, von dem sich die
angestifteten goldenen Relieffiguren wirkungsvoll abhoben. – *5* In
der Lücke fehlt wahrscheinlich Hephaistos. – *6* Bis zur dritten Innen-
säule besteht das Pflaster vor der Statue aus schwarzem eleusinischem
Marmor, der niedrige Rand darum herum aber aus pentelischem
Marmor, nicht parischem, wie Pausanias angibt. Die Erklärung,
daß dieser Raum das Öl sammeln sollte, ist sicher unrichtig. Das
schwarze Pflaster aus dem gleichen Stein wie die Basis der Kultstatue und in Übereinstimmung mit dem Ebenholz des Throns sollte
die künstlerische Wirkung durch Kontraste erhöhen.

257 *1* Die Frage, ob die Stoßzähne der Elefanten Zähne oder Hörner
seien, war im Altertum heftig umstritten und ganz verschieden be-
antwortet. Über Elche und Nashörner spricht Pausanias noch einmal
ausführlich IX 21, 2 f. (in der Übersetzung fortgelassen). – *2* Dieser
Satz steht in direktem Widerspruch zu Pausanias' Ausführungen, ist
also wahrscheinlich unecht und später in den Text eingeschoben.

258 *1* Dieser Vorhang ist wahrscheinlich derjenige, den Antiochos IV.
(König von Syrien, 175–164 v. Chr.) aus dem Jahvetempel in Jerusalem bei der Aufhebung des jüdischen Kultes fortnahm. – *2* Gänzlich unbekannt. – *3* s. zu Kyniska auch S. 162 und 295. – *4* In Rom,
nicht Olympia! Von dem großartigen Trajansforum in Rom, dessen
Wahrzeichen, die mit einem Relieffries geschmückte Trajanssäule,
stets aufrecht stehend erhalten geblieben ist, sind bedeutende Reste
ausgegraben. – Nikomedes I., König von Bithynien in Kleinasien, ca.
280–255 v. Chr.; Nikomedia, das heutige Ismid, worin der antike
Name weiterlebt. Mit dem Elektron der Augustusstatue ist Bern-
stein gemeint. Unter dem Eridanos, an sich einem mythischen Fluß,
den man meistens mit der Rhone oder dem Po gleichsetzte, versteht Pausanias an einer anderen Stelle (I 4) irgendeinen Fluß in
Nordwesteuropa.

259 *1* Diese Angabe ist insofern richtig, als die Bithyner ein nach Kleinasien übergetretener thrakischer Stamm waren. Zipoites, Herrscher
von Bithynien, cà. 330–280 v. Chr. – *2* Der von Thukydides (V 47)
im Wortlaut gegebene Vertrag des Jahres 420 v. Chr., in dem am
Schluß erwähnt ist, daß eine Bronzetafel mit dem Vertragstext auch
in Olympia aufgestellt werden sollte. – *3* Das Pelopion war ein offener Bezirk mit einem kleinen Hügel in der Mitte, in klassischer Zeit
von einer fünfeckigen Umfassungsmauer mit großem Torbau im Süd-

westen umgeben. Darunter liegen ältere Anlagen und Fundschichten, die bis in den Beginn des ersten Jahrtausends v. Chr. zurückgehen. Das Pelopion gehört zu den ältesten Kultstätten auf dem Boden Olympias.

260 *1* Exkurs zum Peloposmythos. – *2* Von diesem großen Aschenaltar des Zeus sind merkwürdigerweise keinerlei Spuren gefunden, wohl infolge besonders fanatischer Zerstörung dieses heiligsten Kultplatzes auf der Altis bei der allgemeinen Zerstörung am Ende des Altertums. Auch er gehört zu der Gruppe der ältesten Kultmale seit dem Beginn des ersten Jahrtausends. Pausanias' Beschreibung reicht nicht zu einer sicheren Vorstellung von dem Aussehen dieses großen Altars, zumal auch der Text an einer Stelle korrupt ist und die Maßangaben, wie sie jetzt im Text stehen, kaum möglich sind.

261 *1* Über die Weißpappel und andere Bäume und mythische Erklärung, weshalb für die Opfer an Zeus nur Weißpappelholz benutzt wurde. – *2* Von den 69 Altären der Altis, die Pausanias in der folgenden «Altarperiegese» nennt – es gab sogar noch mehr –, sind nur einige, teils aus Pausanias' Bemerkungen, teils aus Funden, der Lage nach bekannt. Die Aufzählung beginnt mit dem Hestiaaltar im Prytaneion im Nordwesten der Altis, vgl. o. S. 265, und endet auch wieder im Prytaneion. – *3* Eine sichere Ergänzung der Textlücke, in der von einem Opfer an zwei Gottheiten auf einem Altar die Rede war, ist nicht möglich.

262 *1* s. o. S. 276. – *2* Von dem Aschenaltar der Hera sind die Fundamente vor der Ostfront des Heraions gefunden.

263 *1* Das Sikyonierschatzhaus lag im Westen der Schatzhausterrasse (s. o. S. 329); Reste des Altars des Herakles sind hinter der Exedra des Herodes Atticus gefunden. – *2* Die Lage des Gaions ist unbekannt. – *3* Ein Stomion ist ein Erdspalt. – *4* Die neuen Grabungen haben den sicheren Beweis gebracht, daß das von Pausanias als «Werkstatt des Phidias» bezeichnete Gebäude westlich außerhalb der Altis, das in römischer Zeit umgebaut und später noch einmal zu einer byzantinischen Kirche umgebaut wurde, wirklich diese Werkstatt war. Die Maße des Gebäudes entsprechen den Maßen der Cella des Tempels, und im Inneren sind die Einrichtungen für den Guß der Metallteile gefunden. Vor allem sind in dem südlich des Gebäudes abgelagerten Abraumschutt sehr viele Funde gemacht worden, die mit der Herstellung des Goldelfenbeinbildes zusammenhängen, viele Tonmatrizen zum Treiben der goldenen Gewandteile, Gußformen für den ornamentalen Schmuck wohl aus Glas, sehr viel

Elfenbeinabfall und andere Abfälle, Werkzeuge, Gebrauchskeramik und anderes. Der geschichtlich kostbarste Fund ist der Boden einer Trinkschale mit der eingeritzten Besitzerinschrift des Künstlers: «Ich gehöre dem Pheidias.» – 5 Das große, um die Mitte des 4. Jh.s v. Chr. gebaute Leonidaion diente als Unterkunftshaus für Ehrengäste der Olympischen Spiele. Von der Bauinschrift, die Leonidas, den Sohn des Leotes aus Naxos, als Stifter nennt, sind Reste erhalten; von demselben Mann stand in Olympia eine Statue, die Pausanias erwähnt (VI 16,5, in dem auf S. 326 Z.4 fortgelassenen Stück; beim Leonidaion) und deren Basis mit der Weihinschrift erhalten ist. Pausanias' Bemerkung, daß er Einheimischer sei, ist Irrtum. Der Bau wurde in römischer Zeit zweimal umgebaut. – 6 Das «Festzugstor» muß danach das Tor in der römischen Westmauer etwas nördlich der Südwestecke der Altis sein.

264 1 Mit dem Weg «nach links» kann nur ein Weg gemeint sein, der unter Benutzung der zwei Stufen in der südlichen griechischen Altismauer westlich am Zeustempel vorüber etwa zum Prytaneion führte. – 2 Der heilige Ölbaum stand also an der rechten, östlichen Seite dieses Weges vor der Westfront des Zeustempels. – 3 Pausanias bricht hier in seiner Beschreibung ab und kehrt wieder zum Leonidaion außerhalb der Altis zurück. Die nächsterwähnten Altäre lagen außerhalb der Altis, südlich von dieser. – 4 Die «Proëdria», das heißt ein Raum für Ehrensitze, ist nach neuerer Vermutung sehr wahrscheinlich identisch mit der großen «Südhalle» südlich der Altis, einem Bau wohl der Mitte des 4. Jh.s v. Chr., 33$^{1}/_{4}$ m lang und 14 m breit, mit 34 dorischen Säulen in der Front, je 6 an den Seiten und 17 korinthischen Innensäulen. Vor die Mitte sprang ein Vorbau von 7 m Tiefe mit 6 Säulen in der Front und je drei an den Seiten vor. Nach anderer Annahme ist es der «Südostbau» unter der späteren Villa des Nero an der Südostecke der Altis, ein vierräumiger Bau mit vorgelagerter Säulenhalle an drei Seiten aus der 1. Hälfte des 4. Jh.s v. Chr. – 5 Die Pferderennbahn lag südlich neben dem Stadion in der Alpheiosebene an der Südostecke des heiligen Bezirks. – 6 Die Beinamen bringen die nächstfolgenden Götter in besondere Beziehung zu den Pferderennen. – 7 Als «Sporn» wurde der Ablaufplatz der Pferderennen bezeichnet, der durch eine besondere Anordnung der einzelnen Startplätze, die Pausanias später näher beschreibt (s. S. 334 f.), wie ein Schiffssporn in die Rennbahn vorsprang. – 8 Die Agnaptoshalle war der westliche Abschluß der Rennbahn. – 9 Dieser Altar, noch mit dem Namen der Artemis

daran, ist jetzt etwas außerhalb der Südostecke der Altis unter den hier liegenden Gebäuden römischer Zeit, Villa des Nero und Thermen («Oktogon») antoninischer Zeit (2. Hälfte 2. Jh. n. Chr.), wiedergefunden. – *10* Pausanias kehrt wieder zu dem Südwesttor zurück und verfolgt den Weg, den er das erste Mal nur bis zum heiligen Ölbaum beschrieben hatte, weiter. «Hinter» dem Heraion kann nur westlich des Heraions bedeuten, wo Altarreste gefunden sind.

265 *1* Das Theekoleon war das Amtslokal der Theekoloi, der «Gottespfleger», über deren Aufgaben Pausanias im nächsten Kapitel spricht. Der ursprüngliche Bau, acht Räume um einen Innenhof, stammt wahrscheinlich aus der Mitte des 4. Jh.s v. Chr., wurde später erweitert und erhielt in römischer Zeit einen großen Säulenhof vorgelegt. Diesen Zustand zeigt der Plan 6. Was Pausanias mit dem Gebäude vor dem Theekoleon meint, ist unklar, vielleicht das westlich davon gelegene «Heroon», das seinen Namen nach einem darin befindlichen Altar «des Heros» oder «der Heroen» hat. – *2* Das Prytaneion ist das allgemeine Amtsgebäude für die Verwaltung des Heiligtums und der Spiele. – *3* Der Opferumgang endet an demselben Hestiaaltar im Prytaneion, an dem er begonnen hatte, s. S. 261; ebendort zu der Aufhöhung des Zeusaltars mit der Asche vom Hestiaaltar.

266 *1* Der libysche Gott Ammon in der Ammonsoase (Oase Siwa) mit einem in klassischer Zeit von den Griechen oft besuchten Orakel. – *2* Das Heraion ist der älteste Tempel von Olympia; der Kult ging hier wie an den andern ältesten Kultstätten der Altis ebenfalls in den Beginn des 1. Jahrtausends v. Chr. zurück. Ein erster Tempel, ein einfaches viereckiges Gebäude ohne Ringhalle, entstand gegen Ende des 8. Jh.s v. Chr. Er fiel einem Brand zum Opfer und wurde durch einen Neubau ersetzt, der bereits eine Ringhalle bekam (2. Hälfte des 7. Jh.s v. Chr.), aber noch vor seiner Fertigstellung zu dem Tempel umgebaut wurde, dessen Fundamente und Reste heute noch stehen, ebenfalls noch vor 600 v. Chr. Vielleicht geht der Bau dieses Monumentaltempels, eines der ersten in Griechenland, auf den mächtigen Tyrannen Pheidon von Argos zurück. – Nur die Fundamente und der Unterbau des Tempels waren aus Stein, die aufgehenden Mauern aus Lehmziegeln gebaut, Säulen und Dachkonstruktion aus Holz, das Gebälk mit Terrakottaplatten verkleidet. Die Holzsäulen wurden dann durch steinerne ersetzt, doch sind diese alle voneinander verschieden, wahrscheinlich wegen ihrer Ersetzung

in verschiedenen Zeiten. Eine hölzerne Säule blieb bis in Pausanias'
Zeiten als ehrwürdiges Kuriosum erhalten. – *3* Der Text weist eine
Lücke auf, die nicht mit Sicherheit auszufüllen ist. Die Maße des
Tempels sind: Länge 50 m, Breite 18;75 m.

267 *1* Chloris war nach der Sage Tochter des Amphion und der Niobe
und wurde bei der Tötung der Kinder der Niobe durch Apollon und
Artemis mit ihrem Bruder Amyklas verschont, weil sie zu Leto be-
teten. Es folgen weitere Einzelheiten über die 16 Frauen. – *2* Zu
diesem Kultbild gehört vielleicht der hocharchaische weibliche Ko-
lossalkopf aus Kalkstein, der in der Nähe gefunden wurde und sich
jetzt im Museum von Olympia befindet; auch die Basis aus Kalkstein für das Kultbild ist erhalten. Die folgende Aufzählung scheint
zu zeigen, daß das Heraion in der Kaiserzeit neben seinem kultischen
Zweck auch als eine Art Kunstmuseum diente. Dabei standen die
älteren Werke in der Nähe der Kultstatue, die jüngeren weiter nach
vorn zwischen den Innensäulen der Cella. – *3* Aus dem Schatzhaus
von Epidamnos, s. o. S. 331. – *4* Aus dem Schatzhaus der Megarer, s.
o. S. 332, wo der Bildhauer allerdings wohl fälschlich Dontas heißt.

268 *1* Der berühmte Hermes des Museums von Olympia, gefunden im
Heraion im Jahre 1877, zwischen der zweiten und dritten Innen-
säule rechts, mit der Basis, die allerdings erst aus späthellenistischer
Zeit stammt, das einzige erhaltene freiplastische Originalwerk eines
der großen griechischen Künstler des Altertums, dessen Bezeichnung und Zuweisung gesichert ist. In neuerer Zeit ist allerdings ein
lebhafter Streit um die Frage entbrannt, ob der berühmte Hermes
nicht doch nur eine Kopie des Originals sei. Eine allgemein aner-
kannte Lösung der Frage ist nicht erreicht worden. – *2* Zum Philippeion s. S. 276f. – *3* Lücke im Text. Eurydike war die Mutter Philipps.
Ausgefallen ist weiter die Nennung der Statue der Olympias, der
Gemahlin Philipps und Mutter Alexanders des Großen (s. o. S. 277).
Wahrscheinlich waren in der Lücke auch noch die Statuen Neros
und seiner Gemahlin Poppaea Sabina genannt, die zwischen den ersten und zweiten Säulen rechts und links gestanden zu haben scheinen. Jedenfalls ist hier zwischen der ersten und zweiten Säule rechts
eine römische Frauenstatue mit Basis gefunden worden, die mit
Wahrscheinlichkeit auf Sabina gedeutet wird. – *4* Die berühmte
Kypseloslade stand nach einer anderen Nachricht aus dem Altertum
im Opisthodom des Tempels. Diese Ortsangabe dürfte ebenfalls
noch in der Textlücke vorher gestanden haben. Welche Holzart gemeint ist, ist nicht sicher, da das griechische Wort kedros sowohl

mehrere Baumwacholderarten wie den Lebensbaum und auch die
Libanonzeder bezeichnet. Kypselos, Tyrann von Korinth, nach der
wahrscheinlichen Chronologie 614/13–585/84 v.Chr. – 5 Das heißt,
daß die nächste Zeile jeweils in umgekehrter Richtung verläuft wie
die vorangehende, eine Schriftanordnung, die für ältere Inschriften
bis ins 6.Jh. v.Chr. charakteristisch ist. Die Figuren durch Beischriften zu bezeichnen, ist ebenfalls allgemeine Eigentümlichkeit
der archaischen griechischen Malerei, ebenso die Anbringung der
Beischriften in oft gewundenen Zeilen je nach vorhandenem Raum.

269 *1* Zu Eriphyle s.o.S. 516. – *2* Die «Lanze» ist vielmehr der lange
Stecken des Pferdelenkers. – *3* Hier stecken wahrscheinlich zwei
Fehler. Der angebliche Herakles scheint verlesen zu sein aus der
Bezeichnung Brabeus, «Schiedsrichter», was bei einer archaischen
Inschrift schon möglich ist, und die flötenspielende «Frau» ist wahr-
scheinlich ein Mann im üblichen langen Gewand.

270 *1* Das ist wohl nur eine irrige Deutung der Darstellung, in der die
Beine der Knaben wohl nicht ganz richtig zueinander gezeichnet
waren.

273 *1* Phobos, Dämon der Furcht; nach Hom.Il. XI 36f.

274 *1* Od. X 348ff.; nämlich Vorbereitungen zum Mahl. – *2* Das ist die
in der älteren griechischen Kunst übliche Darstellung der Kentauren. – *3* Zu Eumelos s.o.S. 106.

275 *1* Der Anfang der Beschreibung dieser vielfigurigen Gruppe fehlt. –
2 Das gleiche Ereignis erwähnt Pausanias noch einmal, s.S. 292 und
296. Er meint damit ein Ereignis aus dem elisch-spartanischen
Kriege der Jahre 402–400 v.Chr., doch ist ein Kampf auf der Altis
in diesem Kriege mit den sonst vorhandenen Nachrichten über diesen Krieg nicht vereinbar. Dagegen kam es bei dem Angriff der Eleer
auf die Arkader während der Feier des Jahres 364 v.Chr. wirklich
zu einem Kampf auf der Altis selber. Die bei Pausanias vorliegende
falsche Datierung hängt wohl damit zusammen, daß auf der Altis ein
Siegesdenkmal der Eleer über die Spartaner stand, s.S. 292, und
daraus geschlossen wurde, die dem zugrunde liegende Schlacht sei
in Olympia selber gewesen.

276 *1* Von den als Haus des Oinomaos gedeuteten Resten ist nichts gefunden. – *2* Der Kult an der Stelle des Metroons gehört zu den ältesten in Olympia. Der Tempel wurde aber erst zu Ende des 5. oder
ganz im Anfang des 4.Jh.s v.Chr. gebaut. In augusteischer Zeit
wurde er laut Inschrift für den Kult des Augustus bestimmt und
diente seitdem für den Kaiserkult überhaupt, woraus sich die Auf-

stellung der Kaiserstatuen erklärt. Es sind nicht weniger als sieben Statuen von Kaisern und Kaiserinnen darin oder in der Nähe gefunden, eine Statue eines Kaisers in dreieinhalbfacher Lebensgröße als Zeus, offenbar die Augustusstatue, und sechs andere gleich große und auch sonst gleichförmige der Kaiser Claudius, Titus und wahrscheinlich Domitian und dreier Kaiserinnen. – *3* Die Angabe, daß das Philippeion aus Ziegeln gebaut sei, ist unrichtig; es bestand aus Marmor und Porosquadern doch war die Wand des inneren Rundbaus nach Art einer Ziegelmauer bemalt. Von den fünf darin stehenden Statuen der Familie Alexanders des Großen, von dem das Gebäude gebaut oder mindestens fertiggestellt wurde, befanden sich diejenigen der Eurydike, der Mutter Philipps, und der Olympias, der Mutter Alexanders, zu Pausanias' Zeit im Heraion (s. o. S. 268). Von der gemeinsamen Basis für die fünf Statuen in Form eines Kreisausschnitts sind noch viele Platten erhalten.

277 *1* Pausanias teilt also die Einzeldenkmäler in zwei große sachliche Gruppen, Weihgeschenke an die Götter und Sieger- und Ehrenstatuen zu Ehren von Menschen. Die erste Gruppe, Weihgeschenke, unterteilt er wieder in zwei sachliche Gruppen, zuerst die Zeusstatuen, die er vollständig aufführt (s. S. 286), dann sonstige Weihgeschenke (Buch V, Kap. 21–27). Die andere Hauptgruppe, Siegerstatuen und andere Ehrenstatuen, wird im 6. Buch behandelt. – Innerhalb dieser sachlichen Gruppen befolgt Pausanias wieder eine topographische Abfolge in Form von im ganzen ähnlichen Rundgängen, wobei abseits dieser Rundgänge gelegene Denkmäler als Nachtrag am Schluß des betreffenden Abschnitts angeschlossen werden. Die Aufzählung der Zeusstatuen beginnt vor der Ostfront des Heraions, folgt zunächst der Nordseite der Altis bis zum Stadioneingang, wendet sich dann nach Süden bis zum Südtor der Altis, kehrt von da nach Norden zurück (S. 281) und schließt sich dann der Ost- und Nordfront des Tempels an. Als Nachtrag folgen zwei Statuen südlich außerhalb dieses Rundgangs, auf der Südmauer der Altis und im Buleuterion. Hier im Süden, wieder mit Statuen auf der Südmauer der Altis beginnend, schließt sich dann die Aufzählung der übrigen Weihgeschenke an diejenige der Zeusstatuen an und führt wieder in nördlicher Richtung vor der Ostfront des Tempels vorbei nach Norden. – *2* Alle 16 Basen dieser «Zanes» sind noch an Ort und Stelle erhalten; die zweite trägt noch die von Pausanias erwähnte Künstlerinschrift des Sikyoniers Kleon. Die 98. Olympiade entspricht dem Jahr 388 v. Chr., die 112. dem Jahr 332 v. Chr., die 178. dem Jahr

68 v. Chr. und die 226. dem Jahr 125 n. Chr. Die Basen dieser letzten beiden Zanes hadrianischer Zeit sind wieder verwendete Basen
älterer Denkmäler.

279 *1* Im Pankration und Ringen gleichzeitig zu siegen galt als ganz besonders ruhmreich und wird besonders hervorgehoben, da es auch
von Herakles berichtet wurde. Pausanias zählt im folgenden die im
ganzen sieben Athleten auf, denen dieser Doppelsieg gelungen war.
Es folgen Namen von Athleten, die wegen anderer Regelwidrigkei-
ten bestraft wurden. – *2* Dem heutigen Fayum. – *3* 12 v. Chr.

280 *1* Die Echohalle ist die 98 m lange Säulenhalle mit glatten dorischen
Außensäulen und einer Reihe ionischer Innensäulen, die seit ihrer
Erbauung bald nach 350 v. Chr. den Ostabschluß der Altis bildete.
Es folgt die Geschichte eines Pankratiasten, der sich zwar gemeldet
hatte, aber dann aus Angst nicht zum Kampf angetreten war. – *2* Kynaitha, Stadt im nördlichen Arkadien beim heutigen Kalavryta. –
3 Die Stelle des Hippodameions ist noch nicht wiedergefunden.
Nach der späteren Erwähnung (S. 334) lag es im Südwesten der
Altis. Man muß wohl annehmen, daß Pausanias zuerst im Anschluß
an die «Zanes» die ihnen zunächst gelegenen Zeusstatuen am Stadioneingang nennt, dann aber seine Aufzählung so anordnet, daß
er im Südwesten der Altis beginnt und sie an der Südseite entlang
zum Südtor und von dort östlich und nördlich um den Tempel
herum weiterführt. – *4* Apollonia, griechische Kolonie an den Kü-
sten von Epirus; Ruinen beim Kloster Pojani etwa 35 km nördlich
von Valona in Albanien. Ein Teil der Basis mit der Inschrift ist bei
den neuen Grabungen in eine spätantike Mauer südlich der Kladeos-
thermen verbaut gefunden.

281 *1* Gründungslegende von Thronion und Abantis. – *2* Griechische
Kolonie in Unteritalien. Der «Lilienkranz» bei einer Zeusstatue ist
allerdings merkwürdig, er beruht auch nur auf Emendation, im
Text ist «Frühlingsblumen» überliefert; eine befriedigende Lösung
ist noch nicht gefunden. – *3* Phlius im nordöstlichen Peloponnes
beim heutigen Städtchen Hagios Georgios. Der Asopos ist der Fluß
bei Phlius. Das Heiligtum von Nemea mit panhellenischen Spielen
liegt ebenfalls in der Nähe von Phlius. – *4* Das heutige Lentini auf
Sizilien nördlich Syrakus. – *5* Das Tor in der Südmauer der Altis.
Zum Buleuterion s. S. 285. Die zunächst genannte Zeusstatue muß
also in der Südostecke der Altis gestanden haben. Die Beschreibung
wendet sich dann nach Norden. Auch die beiden am Südtor genannten Zeusstatuen sind noch innerhalb der Altis zu denken, eben-

so natürlich die folgenden. Die Basis des großen Weihgeschenks der Griechen für den Sieg in den Perserkriegen ist wahrscheinlich südöstlich des Zeustempels 5 m nördlich der griechischen Altismauer wiedergefunden (s. Plan Nr. 22). Nach Herodot war die Statue 10 Ellen hoch. Nach Delphi wurde gleichzeitig ein goldener Dreifuß geweiht, der auf einer hohen Bronzebasis ruhte, die aus drei umeinandergewundenen Schlangen bestand (s. o. S. 496). Diese berühmte «Schlangensäule» steht heute auf dem Atmeidan in Konstantinopel und trägt auf den Windungen der Schlangenleiber das gleiche Verzeichnis der weihenden Städte. Allerdings gibt Pausanias die Namen hier zum Teil in anderer Reihenfolge, wohl infolge anderer Anordnung auf dem Stein, und hat vier Namen weniger als die delphische Inschrift.

282 *1* Statthalter und später König von Makedonien, 317–297 v. Chr. – *2* 446/45 v. Chr., es ist die 83. Olympiade, die Zahl im Text ausgefallen.

283 *1* Im folgenden Buch, s. S. 315. – *2* Auch den Wagen Gelons beschreibt Pausanias im folgenden Buch noch einmal, s. S. 312 f. – *3* Name dreier Orte in Sizilien. – *4* Kleitor, Stadt im nördlichen Arkadien. – *5* Die letzten beiden Verse des Epigramms sind verderbt überliefert. Die gegebene Übersetzung daher unsicher. Ein neuerer Versuch stellt die beiden Verse so her:

«Und meßt mich und sagt dann dazu: ,Ariston und Telestas, die Brüder aus Sparta, haben Schönes aufgestellt'.»

6 Danach haben die zuletzt genannten Statuen vermutlich südöstlich vor der Ostfront des Zeustempels gestanden, wo sich auch nach dem Ausgrabungsbefund die größte Anhäufung von Weihgeschenken befand. Pausanias folgt in der nächsten Aufzählung dem Hauptweg, der vom Südeingang aus östlich vor dem Zeustempel vorbei und dann nördlich zum Pelopion und Heraion ging, und zählt zunächst die Zeusstatuen in dessen Nähe auf.

284 *1* Gemeint ist der sogenannte Erste Heilige Krieg gegen Krisa, um 590 v. Chr. – *2* Psophis, Stadt im nordwestlichen Arkadien. – *3* d. h. rechts von dem Eingang zum Zeustempel, also ebenfalls noch vor der Ostfront des Tempels; die Basis mit der Inschrift ist gefunden, nach den Schriftformen spätes 6. oder frühes 5. Jh. v. Chr.; danach Beziehung auf den Zweiten Messenischen Krieg nicht möglich, höchstens auf den Aufstand um 490 v. Chr. Der Anlaß war ja aber in der Inschrift nicht genannt, also unsicher. – *4* Das ist unrichtig; es gibt mehrere ältere römische Weihungen in griechische Heiligtümer.

L. Mummius warf 146 v. Chr. den Achaeischen Aufstand nieder. Von Mummius gab es mehrere Weihgeschenke in Olympia, deren Basen zum Teil wiedergefunden sind. Eines von ihnen nennt Pausanias gleich unten selber (S. 285). – *5* Die erste Säule des Tempels muß die nordöstliche Ecksäule sein. Zu der Zeusstatue des Mummius gehört wahrscheinlich die große, gemauerte und mit Steinplatten verkleidete Basis an der Nordostecke des Tempels, die auf dem beigegebenen Plan verzeichnet ist. – *6* Wahrscheinlich auf der großen Basis nördlich der Nordostecke des Tempels vor der 1. und 2. Säule (Plan Nr. 24); Reste der Weihinschrift in elischem Dialekt gefunden, Anlaß der Weihung der Krieg von 365/64 v. Chr. – *7* Il. XX 232 ff.; V 266 ff.

285 *1* s. S. 289 f. – *2* Elaia, Hafenstadt an der westkleinasiatischen Küste, Haupthafen Pergamons. – *3* Knidos, Stadt an der Südwestspitze Kleinasiens. – *4* Die Erklärung ist unrichtig. Der Ausdruck «Cherronesier in Knidos» muß wohl als dichterische Bezeichnung für Knidos selbst verstanden werden, das am Ende einer langgestreckten Halbinsel lag. – *5* Wohl die Südmauer, da ein nach Westen gewandter Zeus an der Westmauer der Altis den Rücken zugekehrt hätte und sofort anschließend das Buleuterion südlich der Altis folgt. – *6* Das Buleuterion («Rathaus») ist der große Bau gleich südlich außerhalb der Altismauer, der eine komplizierte Baugeschichte hat. Von den beiden zweischiffigen Apsidenbauten, wohl Sitzungssälen und Archivräumen, stammt der nördliche aus der Mitte des 6. Jh.s v. Chr., der südliche aus der Mitte des 5. Jh.s v. Chr. In hellenistischer Zeit wurde dazwischen ein viereckiger, offener Raum angelegt und das Ganze durch eine ionische Säulenhalle vor der Ostfront zu einem Baukörper zusammengefaßt, in römischer Zeit endlich noch ein trapezförmiger Hof mit dorischen Säulenhallen davor gelegt. Den offenen Mittelraum hält man für den von Pausanias genannten Bezirk des Zeus Horkios. – *7* d. h. das Urteil darüber abzugeben haben, ob die Gemeldeten noch in der Klasse der Knaben oder Fohlen zum Wettbewerb zuzulassen seien oder unter den Männern und ausgewachsenen Pferden.

286 *1* Homerzitat dazu. – *2* Gemeint ist die von Caesar neugegründete Kolonie Korinth. – *3* Messina auf Sizilien.

287 *1* Vielmehr an der Westspitze Siziliens, Ruinen auf der kleinen Insel S. Pantaleo, 10 km nördlich Marsala. Dieselbe Verwechslung der Vorgebirge macht Pausanias später noch einmal, s. S. 494, Anm. 1. – *2* Wahrscheinlich die südliche Altismauer. Pausanias beschreibt

nun die übrigen Weihgeschenke an dem großen vorher erwähnten Hauptweg vom Südeingang der Altis zum Pelopion. – *3* Exkurs über Sizilien. – *4* Von diesem Denkmal ist ein Basisblock mit den Standspuren für den schreitenden Löwen und der metrischen Inschrift einschließlich der Künstlersignatur des Nikodamos neuerdings im Schutt im Raum der «Südthermen» gefunden. – *5* Vor der Ostfront des Zeustempels. Die Basis in Form eines Kreisausschnitts mit der Rundbasis für die Nestorstatue davor ist wiedergefunden. Das Denkmal war älter als die Erbauung des Zeustempels, wozu auch die von Pausanias bemerkte linksläufige Schriftrichtung der Inschrift paßt, die nur in älteren griechischen Inschriften vorkommt. Die Szene nach Hom. Il. VII 161 ff.

288 *1* Nämlich 494 v. Chr.; ein Stück der Basis mit einem Teil des Künstlernamens scheint vor der Ostfront des Tempels wiedergefunden zu sein. – *2* Thasos, Insel vor der thrakischen Küste; die Gründungsgeschichte, wie sie Pausanias gibt, ist unhistorisch.

289 *1* Die berühmte herabschwebende Nike, auf 9 m hohem, dreiseitigem Pfeiler aufgestellt, nächst den Tempelskulpturen und dem Hermes des Praxiteles das bedeutendste Kunstwerk im Museum von Olympia, gefunden 30 m vor der Südostecke des Zeustempels (Plan Nr. 21). Auch die an dem Pfeiler angebrachte Weihinschrift ist vollständig erhalten. Geweiht ist die Statue wohl aus der Gesamtbeute der ersten Jahre des Peloponnesischen Kriegs vor dem Nikiasfrieden (421 v. Chr.), da an dem Sieg bei Sphakteria über die Spartaner die Naupaktier nicht beteiligt waren und dieses Ereignis auch keine besondere Beute gebracht haben kann und die andere von Pausanias gebotene Version aus anderen Gründen recht unwahrscheinlich ist. Der allgemeine Ausdruck «von den Feinden», aus dem Pausanias ableitet, es sei ein Sieg über die Spartaner gewesen, die die Messenier nicht zu nennen gewagt hätten, ist auf solchen Weihgeschenken ganz gewöhnlich und besonders angebracht, wenn es sich um Beute aus verschiedenen Unternehmungen handelte. – *2* s. gleich unten. – *3* In der östlichen Ringhalle des Zeustempels, s. o. S. 254. – *4* Die 12 m lange Basis für diese figurenreiche Gruppe, von deren wahrscheinlich mehrfach wiederholter Weihinschrift ebenfalls noch Stücke erhalten sind, lag nördlich des Zeustempels (Plan Nr. 25). Die linke Seite des Tempels ist die nördliche, da er nach Osten orientiert ist.

290 *1* s. S. 284. – *2* Anaxilaos von Rhegion, ca. 494–476 v. Chr.; Herod. VII 170. – *3* d. h. bei den Weihgeschenken im östlichen Säulenumgang des Tempels. – *4* Denen nördlich des Zeustempels. Diese

Heraklestaten der Herakleoten sind westlich neben dem Mikythos-
weihgeschenk anzunehmen.

291 *1* Pausanias kehrt wieder um und beschreibt die gegenüber an der
nördlichen Seite des Weges liegenden Denkmäler in westöstlicher
Richtung. Die Basis des Phormis ist neuerdings an der westlichen
Altismauer noch in ursprünglicher Lage gefunden. – *2* Gebirge und
Landschaft im inneren Arkadien. Gelon, Tyrann von Syrakus, 485
bis 478 v.Chr.; Hieron I., 478–467 v.Chr. – *3* Über eine andere
Wundererscheinung in Lydien.

292 *1* Die Inschrift dieses Weihgeschenkes ist gefunden, aber verschleppt
in die Palaestra. – *2* Die große Basis mit der Inschrift für den Stier
der Eretrier liegt 32 m östlich vor der Nordostecke des Zeustempels (Plan Nr. 23). Das Weihgeschenk stammte aus dem Anfang des
5.Jh.s. – *3* s.o.S. 489. Es folgt eine Anekdote über den Stier in
Olympia. – *4* s.o.S. 275. – *5* Es gab von Anauchidas zwei Statuen in
Olympia, eine etwa vor der Echohalle im Osten der Altis und eine
südlich des Zeustempels (s. S. 325); hier dürfte eher die letztere gemeint sein.

293 *1* Dieses nur hier genannte Mende bei Ainos ist zu unterscheiden
von der bekannteren gleichnamigen Stadt auf der Halbinsel Chalkidike, aus der der berühmte Bildhauer Paionios stammte. Eine Handschrift des Pausanias gibt den Namen hier in der Form Mindaioi,
während alle anderen Mendaioi haben. Da Minde nach Ausweis der
Münzen die bis etwa 450 v. Chr. übliche ältere Namensform des anderen Mende ist, dürfte das auch hier die richtige Lesung sein, womit das Denkmal auch ungefähr ins frühere 5.Jh. v. Chr. oder früher
datiert wäre.

BUCH VI · ELIS, ZWEITES BUCH

294 *1* Das muß sich wohl darauf beziehen, daß bei den Paarkämpfen (Bo-
xen, Ringen, Pankration) die Paare durchs Los zusammengestellt
wurden und bei ungleicher Anzahl von Teilnehmern jeweils einer
kampflos in die zweite Runde kam. So konnte hier ein Teilnehmer
durch das Los schon begünstigt oder auch benachteiligt werden. –
2 Die Beschreibung der Sieger- und Ehrenstatuen in der Altis beginnt an der Südfront des Heraions («rechts» vom Standpunkt des
Tempels aus, dessen Hauptfront die östliche ist) und führt dann in
den Raum vor der Ostfront des Zeustempels, wo die meisten der
aufgezählten Statuen standen, und von dort südlich des Tempels nach

Westen zum Leonidaion, wo der «zweite Weg» (s. o. S. 326) beginnt. Von vielen der von Pausanias genannten Statuen sind noch die Basen mit den Weihinschriften vorhanden, von den Statuen selber jedoch so gut wie nichts mehr. Die Siegerstatuen waren ganz überwiegend aus Bronze gearbeitet.

295 *1* 372 v. Chr.; die Inschrift des Denkmals ist vollständig auf einer Bronzetafel erhalten. – *2* Kyniska, Tochter des 427 v. Chr. gestorbenen Königs Archidamos, Schwester des Agesilaos. Die Inschrift des Denkmals, einschließlich des Künstlernamens, ist literarisch vollständig überliefert, und es sind auch Stücke davon in Olympia gefunden. Die Siegerstatuen standen mehrfach in Gruppen zusammen, die Sieger aus dem gleichen Ort, der gleichen Zeit oder der gleichen Kampfart umfaßten. Zu Kyniska vgl. auch S. 162 und S. 258.

296 *1* Aus anderen Quellen ist bekannt, daß Lykinos im Jahre 448 v. Chr. auch einen Sieg im Waffenlauf gewann, woraus sich die zwei Statuen erklären. Der Sieg im Wagenrennen fällt wahrscheinlich ins Jahr 432 v. Chr. Nach Pausanias' eigenen Angaben ist das Wagenrennen mit Fohlen erst 384 v. Chr. eingeführt, so daß die erzählte Geschichte nicht richtig sein kann. – *2* Die Geschichte des Lichas, die sich im Jahre 420 v. Chr. abspielte, wird auch sonst erzählt; die Spartaner waren damals wegen Nichtbezahlung einer Buße von den Spielen ausgeschlossen. Die Feldzüge des Agis gegen Elis gehören in die Jahre 401 und 400 v. Chr., der Kampf auf der Altis aber nicht in diesen Krieg, wie Pausanias auch sonst schon einmal gesagt hat (s. o. S. 275 und S. 292), sondern ins Jahr 364 v. Chr. – *3* Die von Pausanias gemeinte Schlacht bei Mantinea, über die er im 8. Buch ausführlich spricht, muß um das Jahr 249 oder 248 v. Chr. stattgefunden haben, doch haben wir darüber keine anderen Nachrichten als diese bei Pausanias, wobei noch die Angabe, daß König Agis IV. die Spartaner kommandierte, falsch sein muß.

297 *1* Pindar Ol. VI 58 ff. – *2* Die Stadt Antiocheia am Orontes in Syrien; von dieser Statue der Stadtgöttin sind viele Nachbildungen vorhanden.

298 *1* Siegte 456 und 452 v. Chr. im Ringkampf. – *2* Siegte 428 und 424 v. Chr. im Laufen. – *3* 368 v. Chr. – *4* Ptolemaios I., König von Aegypten, von 323 bis 283 v. Chr.; daß er sich als «Makedonen» bezeichnet, entspricht der Gepflogenheit auch der anderen makedonischen hellenistischen Könige. – *5* Bruchstücke der Basis mit dem Epigramm gefunden. – *6* Schlacht bei Leuktra 371 v. Chr.; Eroberung von Sikyon durch die Thebaner unter Epaminondas 369 v. Chr.

299 *1* Das Epigramm auf Aristodemos ist literarisch überliefert. Der Name des Vaters ist wie im Epigramm besser Thrasys zu lesen. – *2* Richtige Namensform Kritios. – *3* 396 v. Chr. – *4* 460 v. Chr.; die 6. Olympiade fällt nach der traditionellen Chronologie ins Jahr 756 v. Chr.; Schlacht bei Plataeae 479 v. Chr. Die 6. Olympiade als Jahr des Sieges des Oibotas ist auch sonst bezeugt; worauf die Version von der Teilnahme des Oibotas an der Schlacht bei Plataeae beruht, ist unbekannt; vgl. auch o. S. 355.

300 *1* Pausanias erzählt im 2. Kapitel des 5. Buches von dem Fluch der elischen Königin Moline, die den Eleern die Teilnahme an den Isthmischen Spielen verbot, da die Korinthier sich geweigert haben sollten, Genugtuung für die Ermordung ihrer Söhne durch Herakles während der Isthmischen Spiele zu geben. – *2* Anekdote über Hysmon. – *3* Kaulonia in Unteritalien wurde im Jahr 389 v. Chr. durch Dionys I. von Sizilien zerstört und die Bewohner nach Syrakus übergeführt; das ist der Grund, weshalb Dikon zuerst Kauloniate, später Syrakusaner hieß. Das in der Anthologie erhaltene Epigramm auf Dikon nennt nur 14 Siege statt der 15 des Pausanias, vielleicht durch Überlieferungsfehler. Der eine olympische Stadionsieg ist ins Jahr 384 v. Chr. datiert. Kurzer Exkurs zur Geschichte Kaulonias. – *4* Die zuletzt und im folgenden genannten Statuen standen vor der Ostfront des Zeustempels.

301 *1* Die den Peloponnesischen Krieg entscheidende Niederlage der Athener bei Aigospotamoi 405 v. Chr.; Seesieg Konons bei Knidos 394 v. Chr. – *2* Basis des Athenaios, die nur seinen Namen nennt, erhalten; etwa 4. Jh. v. Chr.

302 *1* 364 v. Chr. Eine metrische delphische Inschrift nennt die gleichen Siege des Sostratos wie Pausanias und erwähnt auch die gleiche Kampfmethode. Es war beim Ringkampf üblich, daß die Gegner sich zunächst an den Händen packten, eine auch in manchen Kunstwerken dargestellte Kampfphase, aber natürlich selten, daß jemand schon dadurch den Kampf entscheiden konnte. – *2* d. h. in Delphi; die Amphiktyonie ist ein Staatsverband zur Verwaltung des delphischen Heiligtums. Der Sieg des Leontiskos in Olympia ist in der Siegerliste im Jahre 456 v. Chr. verzeichnet. – *3* Diese Statue trug also keinen Namen und war wohl auch keine Siegerstatue. Pausanias nennt sie nur, weil sie ein Werk des Phidias war. – *4* Die beiden olympischen Siege des aus einer anderen Inschrift ebenfalls bekannten Satyros gehören in die Jahre 332 und 328 v. Chr. oder kurz vorher.

303 *1* Schlacht bei Lamia in Mittelgriechenland 322 v. Chr., in der die
Griechen, die sich bei Alexanders Tod gegen die makedonische
Oberherrschaft erhoben hatten, besiegt wurden. Dieselbe Angabe
über Chilon mit derselben Unsicherheit in Buch VII 6, 5. Im übrigen hat Pausanias die Inschrift mißverstanden, da sich das «zweimal» auch auf die Siege in Delphi und nicht nur in Olympia beziehen muß. – *2* Der Philosoph. – *3* 361/60–339/38 v. Chr. Er fiel
in Unteritalien auf einem Feldzug gegen die Lukaner zur Hilfeleistung für Tarent. – *4* Einige weitere Siegerstatuen. – *5* Skotusa,
Stadt in Thessalien; Alexander, Herrscher von Pherai im südlichen
Thessalien von 369 bis 358 v. Chr.

304 *1* 371 v. Chr.; irrtümliche Datierung, das Ereignis geschah im Jahr
367 v. Chr. – *2* Gemeint ist der obenerwähnte Lamische Krieg
323/22 v.Chr., doch ist diese Angabe unrichtig, da Skotusa auch
später noch bestanden hat. – *3* Das ist bei Herodot (VII 125 f.) erzählt, aus dem Pausanias vieles entnimmt. Sichere spätere Zeugnisse
über das Vorkommen von Löwen auf der Balkanhalbinsel existieren
sonst nicht.

305 *1* Dareios II., König von Persien 423–404 v. Chr.; die «Unsterblichen» ist der Ehrenname der königlichen Leibgarde. – *2* Von der
Polydamasbasis sind Stücke gefunden, die bestätigen, daß die von
Pausanias berichteten Taten daran in Relief dargestellt waren; erhalten sind noch der Löwenkampf und der Kampf gegen die «Unsterblichen». Der Fundort der Stücke ist in der Nähe der Echohalle
vor der Nordostecke des Zeustempels, also stand die Basis wahrscheinlich vor der Nordostecke des Zeustempels, womit ein An-
haltspunkt für die Lokalisierung der Standbilder gegeben ist. Von
den Taten des Polydamas ist in der antiken Literatur auch sonst oft
die Rede. Sein Pankrationsieg fällt in das Jahr 408 v.Chr.; wenn
Lysipp der Schöpfer der Statue war, kann sie erst längere Zeit nach
dem Sieg aufgestellt worden sein. – *3* Ilias VI 407, Andromache zu
Hektor: «Schrecklicher Mann, dich tötet dein Mut.» – *4* Weitere
Statuen. – *5* Die besondere Klasse der «Bartlosen», d.h. der Jünglinge zwischen etwa 16 und 20 Jahren, zwischen den «Knaben» und
«Erwachsenen», wurde bei den Olympischen Spielen nicht unter-
schieden, dagegen in Nemea und an verschiedenen anderen Orten.

306 *1* Von solchen privaten Olympionikenlisten spricht Pausanias auch
sonst (s. S. 310). Das zeigt, daß es eine öffentlich aufgezeichnete offizielle Siegerliste in Olympia nicht gab. – *2* 484 v. Chr. – *3* Zu Theagenes s. S. 316 ff. – *4* 476 v. Chr. – *5* Kleine Textlücke. – *6* Die Basis

des Euthymosbildes mit der Inschrift ist an der Nordostecke des
Zeustempels gefunden; sie nennt auch den Künstler. Die ganze
Gruppe der in Kap. 6 und 7 genannten Statuen, von denen einige in
der Übersetzung fortgelassen sind, stand nach dem Fundort mehrerer erhaltener Basen und anderen Anhaltspunkten vor der Nord-
hälfte der Ostfront des Zeustempels in der Nähe des «Stiers der
Eretrier» (Plan Nr. 23).

307 *1* Er soll nach einer Erzählung bei Aelian am Fluß Kaikinos entrückt
worden sein.

308 *1* Die Geschichte des Euthymos steht auch bei Strabo, Aelian und in
anderen Quellen. Die Ruinen von Temesa oder Tempsa liegen beim
heutigen Nocera-Terinese an der Westküste Kalabriens. An der Ge-
mäldebeschreibung ist zu verbessern, daß Alybas nicht als Eigen-
name anzusehen ist. Man war im Altertum und noch im heutigen
Griechenland der Meinung, daß der Körper von eines plötzlichen
gewaltsamen Todes Gestorbenen oder nicht richtig Bestatteten erhalten bleiben konnte und daß solche Tote nach Rückkehr der
Seele wiederkehren und auf Erden ihr Unwesen treiben konnten.
Sie hießen alibas oder alybas. Sie wurden als schwarz gedacht, und
das Wolfsfell charakterisiert den bösen Dämon ebenfalls als aus der
Unterwelt stammend. – *2* Die Basis des Charmides mit Inschrift ist
in der um 260–270 n. Chr. gegen die befürchteten Goten- und
Herulereinfälle errichteten Festungsmauer vor der Ostfront des
Zeustempels unmittelbar neben der Euthymosbasis gefunden. Die
Inschrift ist eine Erneuerung hellenistischer Zeit für die etwa aus
der Mitte des 5. Jh.s v. Chr. stammende ursprüngliche Inschrift. –
3 Reste der Basen an verschiedenen Stellen gefunden, die figurenreiche Gruppe wird auch sonst in der antiken Literatur erwähnt. –
4 In den Jahren 432, 428 und 424 v. Chr.; Akusilaos im Jahr 448
v. Chr. – *5* 452 und 448 v. Chr. – *6* 464 v. Chr.; auf ihn dichtete
Pindar die 7. olympische Ode. – *7* s. o. S. 100. – *8* Diese Geschichte
hat Pausanias bereits in Buch V, Kap. 6, erzählt, s. o. S. 246. Hier
gibt er als Namen der Mutter jedoch zwei Varianten, Kallipateira
oder Pherenike; anscheinend waren also zwar die Namen der Töchter des Diagoras und ihrer Söhne bekannt, aber nicht sicher bekannt, wie sie zusammengehörten. Der Vorfall ist bei den antiken
Schriftstellern mehrfach überliefert.

309 *1* Die hier berichteten, auch bei Thukydides, Xenophon und anderen überlieferten späteren Schicksale des Dorieus fallen zum Teil
noch in die letzten Jahre des Peloponnesischen Krieges, zum Teil in

den sogenannten Korinthischen Krieg (395–387 v.Chr.). Der Übertritt von Rhodos zu Konon, der damals die persische Flotte befeh-
ligte, fällt ins Jahr 395 v.Chr. Androtion, Zeitgenosse des Demosthenes, Verfasser einer der wichtigsten Darstellungen der Geschichte Athens. – *2* Der «Arginusenprozeß» ist der berühmteste
Feldherrenprozeß der athenischen Geschichte. Die siegreichen
Feldherren der Seeschlacht bei den Arginusen (406 v. Chr.) wurden
in einer tumultuarischen Volksversammlung, an der Sokrates vergebens zur Besonnenheit mahnte, zum Tode verurteilt, weil sie der
Rettung der Schiffbrüchigen nicht die genügende Aufmerksamkeit
gewidmet haben sollten. – *3* Andere Statuen.

310 *1* Die in den folgenden beiden Kapiteln 8 und 9 aufgezählten Statuen
sind vor der Südhälfte der Ostfront des Zeustempels anzunehmen.
Dieser Sokrates aus Pellene ist wohl derselbe wie der Sostratos,
den Pausanias später (VII 17, 14, s. o. S. 357) mit dem gleichen Sieg
im Jahre 460 v. Chr. nennt. – *2* Zeus Lykaios, altertümliche Kultstätte auf dem Gipfel des Lykaion (heute Diaphorti), berühmteste
Kultstätte Arkadiens. Hier sollen noch in historischer Zeit Menschenopfer stattgefunden haben; wer jedoch das Opfer darbrachte
und von dem Fleisch aß, verwandelte sich nach der Sage in einen
Wolf und wurde erst nach zehn Jahren wieder Mensch, falls er in
dieser Zeit kein Menschenfleisch verzehrt hatte. – *3* 408 v.Chr.
Richtige Namensform Eubatas. – *4* 364 v.Chr. – *5* 456 v.Chr.

311 *1* Bronzeplatte mit mehrzeiliger metrischer Inschrift eines Knaben-
faustkampfsiegers Philippos aus Arkadien erhalten. Sie stammt allerdings erst aus der Zeit um 300 v. Chr., während der bekannte Bildhauer Myron im 5.Jh. lebte. Die Inschrift bezeichnet auch weder
die Heimat des Philippos näher, noch gibt sie den Namen des Künstlers, welche Angaben vermutlich auf der Basis gesondert davon
standen. Anscheinend hat hier ein jüngerer Philippos die Statue
eines älteren Namensvetters durch Anbringen seiner Bronzeplatte
für sich okkupiert. – *2* Die Basis mit der Inschrift, die auch den
Künstler nennt, ist in der Südostecke der Altis gefunden. – *3* s.
S. 377. – *4* Der Gegner des athenischen Reformers Kleisthenes,
507 v. Chr. Isagoras hatte bei seinem Versuch, die Kleisthenischen
Reformen gewaltsam rückgängig zu machen, Unterstützung durch
Truppen des Peloponnesischen Bundes, wodurch sich die Mitwir-
kung eines Pellenaeers erklärt.

312 *1* Das dem Simonides zugeschriebene Epigramm auf Theognetos ist
literarisch überliefert; auch Pindar erwähnt seinen Sieg (Pyth. 8,

35 f.), der in das Jahr 476 v. Chr. fällt. – *2* In dem von Pausanias benutzten Olympionikenverzeichnis waren die Sieger im Reiten auf Stuten also nicht verzeichnet. Diese Wettkampfart wurde nach Pausanias (s. o. S. 250) nur in den Jahren zwischen 496 und 444 v. Chr. durchgeführt. – *3* Basis mit der metrischen Inschrift und dem Künstlernamen erhalten, gefunden in der spätantiken (s. o. zu S. 308 Anm. 2) Ostmauer, 4 m nordöstlich der Basis der Nike des Paionios (Plan Nr. 21). – *4* Sieg Cheimons 448 v. Chr. – *5* Der von Kaiser Vespasian nach der Eroberung Jerusalems auf seinem Forum erbaute Tempel der Pax, in dem auch sonst berühmte Kunstwerke standen. – *6* Den Wagen des Gelon hat Pausanias bereits im 5. Buch als vor der Ostfront des Zeustempels gelegen erwähnt, s. o. S. 283. Drei große Blöcke der Basis sind, allerdings an ganz anderer Stelle, gefunden.

313 *1* 488 v. Chr. – *2* Diese Argumentation des Pausanias beruht auf einem Irrtum; Gelon verlegte seine Residenz nach Syrakus erst 485 v. Chr., nicht schon 491 v. Chr., wie Pausanias annimmt. – *3* Die Wundergeschichte von der Entrückung des Kleomedes wird auch sonst in der antiken Literatur erzählt.

314 *1* Berühmter Faustkämpfer um 500 v. Chr. – *2* Pausanias spricht von einer besonderen Technik im Faustkampf, die im «Schattenkampf», d. h. im Kampf gegen einen gedachten Gegner, geübt wurde. Die Haltung der Statue ist wohl in Ausfallstellung mit vorgestreckten Händen zu denken. – *3* 520 v. Chr.

315 *1* Beim Waffenlauf wurde später nur noch der Schild getragen. – *2* Den Zeus von Plataeae und den Wagen des Kleosthenes beschreibt und nennt Pausanias bereits im 5. Buch, s. o. S. 281 f.; 283 und Plan Nr. 22. Der Zeus von Plataeae stand südöstlich der Südostecke des Zeustempels, 5 m nördlich der griechischen südlichen Altismauer. – *3* 516 v. Chr. – *4* Was Pausanias nicht tut. Der 1954 in der Aufschüttung des Südwalls des Stadions gefundene Helm mit der Weihinschrift des Miltiades kann nicht gemeint sein, da er zu Pausanias' Zeit nicht mehr sichtbar war.

316 *1* Heute Durazzo in Albanien. Folgen vier weitere Statuen. – *2* Philipp II. von Makedonien, Vater Alexanders des Großen; Seleukos, der Begründer der Seleukidendynastie, die im 3. und 2. Jh. v. Chr. Vorderasien beherrschte, Antigonos Monophthalmos, einer der bedeutendsten «Diadochen», der nach Alexanders Tod fast ganz Vorderasien beherrschte, gefallen 301 v. Chr. – *3* Theagenes aus Thasos oder, wie sein Name in einheimischen inschriftlichen Quellen und

bei anderen Schriftstellern richtig heißt, Theogenes, war einer der berühmtesten Olympioniken, dessen Geschichte oft erzählt wird. Auch eine große metrische Inschrift aus Delphi ist erhalten, die seine Siege übereinstimmend mit Pausanias angibt, aber im ganzen 1300' Siege nennt statt der 1400 in unserem Pausaniastext. – 4 s. o. S. 306.

318 *1* Das kleine Heiligtum des Heilgottes Theogenes ist bei den Ausgrabungen am Markt von Thasos wiedergefunden worden. – *2* Hieron I., Tyrann von Syrakus von 478 bis 467 v. Chr. Die beiden Siege des Rennpferdes Pherenikos sind in die Jahre 476 und 472 v. Chr. datiert; auf den ersten Sieg ist die 1. olympische Ode Pindars und Bakchylides' 5. Ode gedichtet. Der Wagensieg fällt ins Jahr 468 v. Chr.; ihm gilt das 3. Gedicht des Bakchylides. – *3* Hieron II., König von Syrakus und Ostsizilien von 270 bis 215 v. Chr. – *4* 274 v. Chr.; die Zahl ist falsch, vielleicht Überlieferungsfehler. Auch sonst ist an Pausanias' Angaben über Hieron mehreres falsch. Hierons Sohn Gelon war beim Tode des Pyrrhos (272 v. Chr.) noch gar nicht geboren; Nereïs war wahrscheinlich eine Enkelin des Pyrrhos, nicht eine Tochter. Hieron ist auch nicht ermordet worden, sondern im Alter von 90 Jahren im Jahre 215 v. Chr. an einer Krankheit gestorben; Deinomenes ist der Mörder seines Enkels und Nachfolgers Hieronymos. Er gehörte zur Leibwache des Tyrannen und wurde danach Stratege von Syrakus. Hippokrates und Epikydes waren die Führer der karthagerfreundlichen und romfeindlichen Partei in Syrakus unter der kurzen Regierung des Hieronymos und in den Wirren und Kämpfen mit Rom unmittelbar danach während des Zweiten Punischen Krieges. – *5* Erster Punischer Krieg 264–241 v. Chr.

319 *1* Der Künstler hieß Mikion nach der erhaltenen Signatur einer anderen, von Pausanias nicht genannten Statue des Hieron, nicht Mikon. – *2* Areus, König von Sparta, von 309 bis 265 v. Chr.; Aratos, der bedeutendste Feldherr des Achaeischen Bundes im 3. Jh. v. Chr., s. o. S. 115. – *3* Weitere Siegerstatuen. – *4* Eine Tafel mit den Siegen des Chionis erwähnt Pausanias auch in Sparta, s. o. S. 159 f. Nach beiläufigen Bemerkungen des Pausanias (s. o. S. 228) fielen seine Siege im Laufen in die 28.–30. Olympiade (668, 664, 660 v. Chr. nach der traditionellen Chronologie), in der Chronik des Julius Africanus sind sie jedoch in die Olympiaden 29–31 (664, 660, 656 v. Chr.) gesetzt. Der Waffenlauf wurde nach Pausanias' Angabe 520 v. Chr. eingeführt. Die Tafel mit seinen Siegen ist also, was ohnehin selbstverständlich ist, sehr viel später aufgestellt worden, und es ist daher kein Grund vorhanden, mit Pausanias zu bezweifeln, daß die

danebenstehende Statue Myrons Chionis darstellen sollte. – 5 81 bis 89 n.Chr.

320 *1* Nach Julius Africanus in der 212. Olympiade (69 n.Chr.); bei Pausanias fehlt die Zahl in der hier vorhandenen größeren Lücke, erhalten ist nur noch die Zahl zwei, was zu der Datierung des Africanus paßt. – *2* In der Lücke war also von den Ausscheidungskämpfen die Rede, deren Sieger dann in den Endlauf kamen. – *3* 164–152 v.Chr. Folgen weitere Siegerstatuen. – *4* 68. Olympiade 508 v.Chr. Der anscheinende Widerspruch zwischen Epigramm und Siegerliste kann sich daraus erklären, daß Pausanias einen Buchstaben in der in altem Alphabet geschriebenen Inschrift übersehen hat und die Inschrift tatsächlich hieß, daß Lykos das Haus des Pheidolas *und* seiner Söhne bekränzte, so daß beim ersten olympischen Sieg des Pferdes Pheidolas als siegreicher Besitzer, beim zweiten seine Söhne ausgerufen worden wären, womit Siegerliste und Epigramm in Übereinstimmung wären. – *5* Die Basis mit der Weihinschrift und der Künstlerinschrift der Telemachosstatue ist am Südrand der Terrasse des Zeustempels, zwischen der spätantiken Ostmauer und dem Durchgang durch die Südmauer, noch in alter Lage gefunden und damit ein weiterer Fixpunkt für die genauere Ansetzung der von Pausanias erwähnten Denkmäler. Die Inschrift datiert das Denkmal etwa in die Zeit um 300 v.Chr.

321 *1* Auch von der Aristophonbasis ist ein Bruchstück mit einem Teil der Inschrift ganz in der Nähe der Telemachbasis gefunden. – *2* 468 v.Chr. Bronzetafel mit Resten der metrischen Inschrift für den Sieg des Pherias in der 79. Olympiade 464 v.Chr. ist im Schutt der Südhalle gefunden. Die Bronzetafel war auf der Oberseite der Basis eingelassen. – *3* 69 n.Chr.

323 *1* Die Anekdoten um Milon werden auch sonst mehrfach in der antiken Literatur erzählt. Eine Beschreibung der Statue, die auf alle von Pausanias erzählten Kraftstücke anspielt, gibt Philostrat in seiner Schrift über das Leben des Apollonios von Tyana, ebenso ist das Epigramm auf Milon überliefert, dem Simonides zugeschrieben. Sein einer olympischer Sieg im Ringkampf ist auf 532 v.Chr. datiert. Die Erzählungen über die einzelnen Kraftleistungen scheinen aber Fremdenführerweisheit zu sein, die aus der Stellung und Haltung der Statue zu deren Erklärung herausgesponnen wurde. – *2* Die Siege des berühmten argivischen Flötenspielers Sakadas berichtet Pausanias auch in seiner Geschichte der Pythischen Spiele im 10. Buch, s.o. S. 485. Der erste Sieg des Sakadas fiel ins Jahr 586 v.Chr.

seit der folgenden Pythiade (582 v. Chr.) bestand der Siegespreis
auch in Delphi aus einem Kranz, und zwar aus Lorbeer. – *3* Flöten-
begleitung beim Fünfkampf war allgemein üblich. – *4* Mehrere weitere Siegerstatuen. – *5* 216 v. Chr. Die im 15. und 16. Kapitel aufgezählten Statuen sind südlich des Zeustempels an der griechischen
Südmauer der Altis zu denken, wo mehrere Basen gefunden sind.

324 *1* Die Basis mit der Inschrift ist südlich des Zeustempels gefunden.
Nach dem Text der Inschrift bezieht sich aber der zweimalige Sieg
nur auf die Olympien, nicht auch auf die übrigen Spiele, wie Pausanias die Inschrift versteht. – *2* Hieron II. von Syrakus, s. o. S. 318.
– *3* Kephallenia, die größte der ionischen Inseln an der Westküste
Griechenlands; Pale war eine der vier Städte der Insel, im Westen
auf einer besonderen Halbinsel gelegen. Dulichion kommt nur bei
Homer (Il. II 625; Od. I 246) wohl ursprünglich als Name der Landschaft Akarnanien in Nordwestgriechenland vor, die Gleichsetzung
mit der besonderen westlichen Halbinsel von Kephallenia, auf der
Pale liegt, ist zwar schon im Altertum geläufig, aber schwerlich richtig. – *4* Archidamos III., König von Sparta von 361/60 bis 339/38 v.
Chr. – *5* Demetrios Poliorketes, einer der Diadochen, 337/36 bis
283 v. Chr.; sein Sohn Antigonos Gonatas, König von Makedonien
von 276 bis 239 v. Chr. Von den beiden Basen sind Reste mit den Inschriften südlich des Tempels gefunden. Pausanias irrt aber, wenn
er den mit Demetrios zusammen Geehrten für seinen Sohn Antigonos hält, es war vielmehr sein Vater Antigonos Monophthalmos
(vgl. o. S. 316). – *6* 628 v. Chr. nach der traditionellen Chronologie,
595 v. Chr. nach dem neueren, vielleicht richtigeren Ansatz. Wenn
die Statue des Eutelidas wirklich zu seiner Zeit und nicht später aufgestellt wurde, wäre sie die älteste Siegerstatue in Olympia, die
Pausanias nennt. An anderer Stelle (s. o. S. 329) sagt aber Pausanias,
daß die hölzernen Statuen des Praxidamas und Rhexibios (544 und
536 v. Chr.) die ältesten Siegerstatuen in Olympia gewesen seien. –
7 Ptolemaios I., König von Aegypten von 323 bis 283 v. Chr.

325 *1* S. 323 f. – *2* Die Basis für die Statue des Paionios ist hinter dem
Südteil der Echohalle verbaut gefunden. – *3* Von Anauchidas erwähnt Pausanias schon vorher (Kap. 14, 11, in der Übersetzung auf
S. 323 fortgelassen) eine Statue, die nach dem Zusammenhang östlich des Zeustempels gegen die Echohalle hin stand; eine der beiden Statuen war auch im Buch V (27, 12, s. o. S. 292) schon einmal
genannt gewesen. Da Anauchidas nach obiger Stelle außer seinem
Sieg im Knabenringkampf auch einen Sieg im Ringkampf der Män-

ner gewann, sind zwei Statuen von ihm nicht auffallend. – *4* s. o.
S. 324. – *5* s. o. S. 300. – *6* Ereignisse des Krieges des Aetolischen
Bundes gegen Demetrios II. von Makedonien ca. 237 v. Chr. – *7*
Antigonos Doson, König von Makedonien 229–221 v. Chr.; Philipp
V. von Makedonien 221–179 v. Chr.; Demetrios und Ptolemaios
s. o. S. 324.

326 *1* Vgl. S. 120. Von den folgenden, in der Übersetzung ausgelassenen
Statuen ist die Basis der zweitnächsten, des Philonides, noch am
alten Ort am Westende der südlichen griechischen Altismauer gefunden. Damit ist ein weiterer Fixpunkt in der Beschreibung des
Pausanias gegeben, indem, wie schon erwähnt, die in Kap. 15 und
16 aufgezählten Statuen wohl in dem Raum zwischen Zeustempel
und südlicher griechischer Altismauer standen. Pausanias folgte
offenbar nach der Behandlung der Statuenmasse vor der Ostfront
des Zeustempels dieser südlichen Altismauer, und zwar auf ihrer
Nordseite gegen den Tempel zu. Die letzten von Pausanias auf diesem ersten Gang erwähnten Statuen (in der Übersetzung fortgelassen) standen nach den Fundorten einiger wiedergefundener Basen
beim Leonidaion. – *2* Zum Leonidaion s. S. 263. – *3* Zum großen
Altar s. S. 260 f. – *4* Da Pausanias auf seinem ersten Gang östlich und
südlich um den Zeustempel herumgegangen ist, sollte man annahmen, daß der «zweite Gang», auf dem sehr viel weniger Statuen genannt werden, westlich um den Tempel herumführte. Es ist aber
zunächst verwirrend, daß Pausanias diesen Weg als «nach rechts
vom Leonidaion» abgehend bezeichnet, wo er an einer früheren
Stelle (S. 264) diesen selben Weg als «nach links» vom Leonidaion
ausgehend bezeichnet hatte und als Weg «nach rechts» den Weg
zwischen griechischer und römischer Altismauer im Süden des heiligen Bezirks. Der Widerspruch löst sich aber dadurch, daß Pausanias an der ersten Stelle in seiner Beschreibung von Westen, dem
Leonidaion, ausgeht, wobei dann der Weg an der Westfront des
Tempels entlang «nach links» abgeht. An dieser Stelle kommt er
nach Beendigung des ersten Rundgangs östlich und südlich um den
Tempel herum von Osten, und dann führt die Fortsetzung des Weges an der Westfront des Tempels vorbei (zweiter Weg) tatsächlich
«nach rechts». Von den bei Pausanias genannten Statuen ist nur diejenige des Gorgias wiedergefunden (s. S. 327), allerdings wohl kaum
in ursprünglicher Lage. Als letzte Statuen dieses Rundgangs nennt
Pausanias zwei besonders alte bei der Oinomaossäule (s. dazu S. 329),
was topographisch bestens passen würde; nur sind diese letzteren

hier wohl nicht aus topographischen Gründen angeschlossen, sondern als älteste Statuen am Schluß noch besonders hervorgehoben. – *5* Eine längere Ehreninschrift für diesen um 200 v. Chr. lebenden Damokrates (so die richtige Namensform) und seinen Vater ist noch erhalten. – *6* Zwei Stadionsiege des Philinos sind auf 264 und 260 v. Chr. datiert. – *7* Ptolemaios II. Philadelphos von Aegypten 285–246 v. Chr. – *8* Einige weitere Statuen. – *9* 296 v. Chr. nach einem neueren Bruchstück einer olympischen Siegerliste aus Oxyrhynchos in Aegypten (Pap. Oxyrh. 2082 fg. 4 Z. 35 f.).

327 *1* Die Basis der Gorgiasstatue mit achtzeiliger metrischer Inschrift, der die Angaben bei Pausanias zur Hauptsache entstammen, ist 10 m nordöstlich der Nordostecke des Zeustempels wiedergefunden. Da Pausanias sie auf seinem ersten Weg nicht nennt, muß sie wohl getrennt von der Hauptmasse der Statuen gestanden haben, und da er an diesen «zweiten Gang» die Beschreibung der Schatzhausterrasse in der Nordostecke der Altis anschließt, werden wir ihren ursprünglichen Standort und den der noch folgenden Statuen noch etwas weiter nach Norden annehmen müssen. Gorgias von Leontinoi auf Sizilien, wahrscheinlich ca. 483–375 v. Chr. lebend, war der berühmteste Lehrer der kunstmäßigen Beredsamkeit und ihr wichtigster Begründer. Die Gesandtschaft nach Athen ist aufs Jahr 427 v. Chr. sicher datiert, die olympische Rede auf 392 v. Chr. Teisias war etwas älter als Gorgias und verfaßte besonders das vielleicht älteste Lehrbuch der Rhetorik; über den Rhetor Polykrates ist wenig bekannt. Iason, Herrscher von Pherai in Südthessalien und später von ganz Thessalien von ca. 380 bis 370 v. Chr. Das Alter des Gorgias wird verschieden angegeben, meistens sogar auf 109 Jahre. Statue des Gorgias in Delphi, in der Inschrift auch erwähnt (s. o. S. 503).

329 *1* Anaximenes von Lampsakos (am Hellespont), Verfasser besonders von rhetorischen und einigen geschichtlichen Werken, besonders einer Geschichte Griechenlands von den mythischen Zeiten bis zur Schlacht von Mantinea (362 v. Chr.). Theopomp von Chios, einer der bedeutendsten Geschichtsschreiber des 4. Jh.s, schrieb ebenfalls eine wichtige griechische Geschichte und das Hauptwerk über die Geschichte Philipps von Makedonien. Die Anekdote von Anaximenes' Gesandtschaft an Alexander den Großen wird auch sonst erzählt. Die auf Theopomps Namen gefälschte Schmähschrift gegen die führenden Politiker der wichtigsten griechischen Staaten trug den Titel Trikaranos («das dreiköpfige Ungeheuer»). – *2* 384 v. Chr. – *3* 544 v. Chr. – *4* 536 v. Chr. – *5* s. o. S. 276, zwischen dem

Zeusaltar und dem Tempel. Die Notiz, daß es die ältesten Siegerstatuen in Olympia seien, stimmt nicht; Pausanias nennt selber eine
ältere Statue, die des Spartaners Euetlidas (S. 249 f., Ol. 38 = 628 v.
Chr.). Außerhalb von Olympia erwähnt Pausanias an älteren Siegerstatuen eine Statue des Kylon auf der Akropolis in Athen (Ol. 35 =
640 v. Chr.; o. S. 83), eine Statue des Hetoimokles in Sparta (5
Siege im Anfang des 6. Jh.s v. Chr.; o. S. 159) und die des Arrhachion
in Phigaleia (Ol. 52–54 = 572–564 v. Chr.; o. S. 420). – 6 Die Altis
wird nach Norden am Fuß des Kronoshügels abgeschlossen durch eine
etwa drei Meter hohe Terrasse aus Porosblöcken, die durch eine
breite Freitreppe vom heiligen Bezirk aus zugänglich ist. Sie führt von
der Nordwestecke des Heraions in zweimal gebrochener Linie bis
zum Stadioneingang; auf ihrem östlichen Teil stehen die von Pausanias
genannten Schatzhäuser in einer Reihe nebeneinander (s. Plan). Die
jetzige Stützmauer der Schatzhausterrasse ist jünger als das um 400
v. Chr. erbaute Metroon (s. o. S. 276), um 330 v. Chr. gebaut und
in der Mitte durch den Einbau der großen Exedra des Herodes Atticus (ca. 155 n. Chr.), der auch drei Schatzhäuser und andere Bauten
zum Opfer fielen, zerstört. Die Benennung der einzelnen Schatzhäuser ist nicht ganz sicher, da es nach den erhaltenen Resten mehr
Schatzhäuser gab, als Pausanias nennt. – 7 Das Sikyonierschatzhaus
ist inschriftlich gesichert als der erste Bau in Form eines kleinen
dorischen Antentempels, der gleich östlich der Exedra steht (Schatzhaus I). Der erste Bau stammt nach erhaltenen Resten noch aus dem
6. Jh. v. Chr., darüber liegt ein Bau des 5. Jh.s. Pausanias' Datierung
ist zu hoch, da er die Zeit der von ihm näher beschriebenen Schreine
in diesem Schatzhaus für die Zeit der Erbauung auch des Schatzhauses genommen hat. Sie müssen ursprünglich anderswo gestanden
haben. Über Sikyon s. o. S. 114 ff. – 8 648 v. Chr. nach der traditionellen Chronologie (600 v. Chr. nach neuerer Annahme).

330 1 Der Guadalquivir. Reste der im frühen Altertum berühmten Stadt
Tartessos, des biblischen Tarschisch, die später verschwunden und
wahrscheinlich um 500 v. Chr. von den Karthagern zerstört worden
ist, sind noch nicht gefunden. – 2 Richtige Namensform Carteia
beim heutigen San Roque zwischen Gibraltar und Algeciras. Die
Identifizierung mit Tartessos ist falsch, war aber bei späteren Schriftstellern verbreitet. – 3 Talent ist ursprünglich eine allgemeine Ge-
wichtsbezeichnung; auch später gab es noch verschiedene Talente
in den verschiedenen Gewichtssystemen. Welches in dieser alten
Inschrift gemeint war, ist nicht zu entscheiden. Das meistens ge-

meinte attische Talent hat ein Gewicht von etwa 26,2 kg, was also
13 000 kg ergeben würde, sicherlich reichlich viel. Als Gewicht für
Gold existiert aber auch ein Talent, das nur ca. 25 g schwer ist. Das
ergäbe dann 12^1/$_2$ kg. – *4* Darüber spricht Pausanias noch einmal im
10. Buch (s. o. S. 537). Pausanias' Vermutung ist richtig. Die einheimische Namensform der Weihenden, die natürlich in der Inschrift
stand, war offenbar ΜΥΑΝΕΣ, als Μυανεῖς zu lesen, von Pausanias
aber, was an sich ebenso möglich ist, als Μυᾶνες gelesen. Μυονεῖς
ist die literarische Form des Namens. Zur Lage s. S. 537 Anm. 1. –
5 Der Onkel des gleichnamigen Siegers von Marathon, der in der
Zeit des Tyrannen Peisistratos Athen verließ und auf dem thrakischen Chersonnes, der heutigen Halbinsel Gallipoli, ein Fürstentum
gründete. Sein Vater hieß aber Kypselos, Kimon ist der Name des
Vaters des zweiten Miltiades.

331 *1* In Unteritalien. – *2* Das auf dem Plan folgende Schatzhaus II war
zu Pausanias' Zeit bereits abgebrochen und seine Bauteile in anderen Gebäuden verbaut, das «karthagische» Schatzhaus ist deshalb
am ehesten Nr. III. Die richtige Bezeichnung wäre «syrakusani-
sches» Schatzhaus, die Bezeichnung «karthagisch» schließt an die
darin aufbewahrten von Pausanias genannten Weihgeschenke an.
– *3* Aus dem folgenden ergibt sich, daß das vierte Schatzhaus Byzanz
gehörte, welcher Name in der Textlücke ausgefallen ist. Epidamnos, das heutige Durazzo in Albanien. Bei obiger Annahme wäre
also das aus dem Ende des 6. Jh.s stammende Schatzhaus IV das von
Epidamnos, das sehr schlecht erhaltene Nr. V das von Byzanz. –
4 s. o. S. 267. – *5* Schatzhaus VI, nach Pausanias von Sybaris in Kala-
brien, ist ebenfalls sehr schlecht erhalten. Da Sybaris 510 v. Chr.
zerstört wurde, muß es älter sein. Lupia ist das heutige Lecce in
Apulien, Hydrus das heutige Otranto. Aus was für einem Schriftsteller Pausanias die völlig abwegige Vermutung genommen hat,
daß Lupia das alte berühmte Sybaris sei, ist unbekannt; es ist ein
interessantes Stück von Lokalpatriotismus, der sich unbekümmert
über alle Tatsachen hinwegsetzt. – *6* Wenn die bisherigen Benen-
nungen richtig sind, wäre also Nr. VII, von dem nur wenig erhalten ist, das Schatzhaus von Kyrene. Das bedeutend kleinere, ältere
und auf etwas tieferem Niveau liegende Fundament VIII wird heute
im allgemeinen nicht für ein Schatzhaus gehalten, sondern als Altar
erklärt. Nach seiner Lage muß dieses Fundament älter sein als die
anderen Bauten der Schatzhausterrasse. Sollte es doch ein Schatzhaus und dann das von Kyrene sein, müßten die vorher genannten

Schatzhäuser II–V je um eine Stelle weiter nach Osten gesetzt und angenommen werden, daß auch der Bau III zur Zeit des Pausanias nicht mehr stand. Die Benennung der letzten Schatzhäuser IX bis XII ist dagegen sicher. – 7 409 v. Chr. – 8 Schatzhaus IX, nach den Bauformen aus dem letzten Viertel des 6. Jh.s v. Chr.

332 1 In Unteritalien in der Basilicata an der Mündung des Basento. Die Stadt verödete seit dem Zweiten Punischen Kriege gänzlich. Schatzhaus X. – 2 Das Schatzhaus der Megarer ist nach der erhaltenen Inschrift und ebenfalls reichlich erhaltenen Resten der von Pausanias beschriebenen Giebelfiguren als Nr. XI gesichert. Es stammt nach den Resten aus dem letzten Viertel des 6. Jh.s v. Chr. – 3 s. o. S. 267. – 4 Als Amtszeit des lebenslänglichen Archons Phorbas wird 952–921 oder 947–917 oder 992–959 v. Chr. angegeben; alle diese Zahlen sind ebenso unhistorisch wie die ganze Vorstellung von lebenslänglichen Archonten in Athen. Wie viele Jahre später sich Pausanias die Erbauung des Schatzhauses dachte, ist nicht zu sagen, da die Zahl ausgefallen ist. – 5 Bei der Beschreibung des Heraions ist der Name des Künstlers in der Form Medon überliefert; welches die richtige Form ist, ist unbekannt. – 6 Der Satz muß wohl bedeuten, daß das Schatzhaus nach Pausanias' Ansicht jünger war als die Lebenszeit der als sehr alt angesehenen, oft genannten Künstler Dipoinos und Skyllis, so daß die darin befindlichen, von ihren Schülern hergestellten Weihgeschenke älter waren als das Schatzhaus und erst später dahinein gebracht wurden. – 7 Schatzhaus XII, das älteste der Schatzhäuser. Der erste Bau stammte aus dem Anfang des 6. Jh.s (ca. 560 v. Chr.), ein einfaches Rechteck mit reichen Verzierungen von gemalten Terrakotten, von denen viele Stücke erhalten sind, dem später in der ersten Hälfte des 5. Jh.s eine Säulenhalle vorgelegt wurde. Gela an der Südküste Siziliens.

333 1 Die Lage des Heiligtums der Eileithyia und des Sosipolis ist unsicher. Mehrfach hat man es mit dem kleinen Bau hinter der Exedra des Herodes Atticus und neben dem Schatzhaus der Sikyonier identifiziert. Aber dagegen spricht einmal die Kleinheit des Baus, der nur eine ganz kleine quadratische Cella von 2,74 : 2,84 m mit einer Vorhalle ist, in dem man sich die von Pausanias geschilderten Kulthandlungen noch dazu bei der Zweiteilung des Baus nicht gut vorstellen kann. Außerdem liegt dieser kleine Bau nicht «zwischen den Schatzhäusern und dem Kronoshügel»; zumindest wäre das eine höchst seltsame Ausdrucksweise des Pausanias. Der Altar vor diesem Gebäude scheint zudem als für Herakles bestimmt gesichert

(s. o. S. 263). Höher oben am Berg sind aber keine baulichen Reste
mehr bekannt. – *2* Der Heros Sosipolis scheint identisch zu sein mit
der besonderen Erscheinungsform des kretischen Zeuskindes, zumal
Pindar in der *5.* olympischen Ode auch von einer idaeischen Grotte
in Olympia spricht. Nach dem kretischen Mythos wurde Zeus in
einer Grotte am Idagebirge geboren. Mit dem Feldzug der Arkader
gegen Elis, an den die Gründungslegende des Heiligtums anknüpft,
kann nicht die Schlacht auf der Altis im Jahre 364 v. Chr. gemeint
sein (s. o. S. 275), da einmal der Kult dafür zu altertümlich ist und
außerdem die von Pausanias gegebene Erzählung zu der damaligen
Situation gar nicht paßt. Pausanias würde auch deutlich gesagt haben, wenn er an dieses von ihm mehrfach erwähnte Ereignis gedacht
hätte. Sosipolis wurde auch in der Stadt Elis verehrt (s. o. S. 343 f.).

334 *1* Lage ebenfalls unbekannt. – *2* Das Hippodameion ist noch nicht
gefunden, muß aber nach dieser Angabe im Südwesten der Altis gelegen haben, da der «Festzugseingang» nach Pausanias' Angabe V
15,2 (s. o. S. 263) das Südwesttor ist. Am ehesten Platz wäre etwa
östlich des Leonidaion und südlich der «Südthermen», wo in klassischer Zeit keine Bauten standen und möglicherweise eine bei den
neuen Grabungen gefundene Porosmauer des 5. Jh. s v. Chr. zum
Hippodameion gehört haben könnte. Vor dem Stadioneingang, wo
man wegen Pausanias V 22,2 (s. o. S. 280) das Hippodameion bisher
meistens vermutete, ist kein Platz mehr, seitdem man nun weiß,
daß das ursprüngliche Stadion hier noch weit in die Altis hinein
reichte. Ein Plethron beträgt etwa 29^1/$_2$ m, in diesem Fall als Qua-
dratplethron aufzufassen, was die griechische Sprache nie besonders
ausdrückt. – *3* Chrysippos, Sohn des Pelops aus erster Ehe, soll von
den Söhnen der Hippodameia ermordet worden sein. – *4* Die
«Zanes» unter der Schatzhausterrasse, s. o. S. 277 ff. – *5* Der mit
einem Tonnengewölbe überdeckte «gedeckte» Eingang ins Stadion
steht heute noch fast bis zu voller Höhe aufrecht; er stammt in seiner jetzigen Form aus hellenistischer Zeit. Er ist etwa 32 m lang
und 4,45 m hoch; gegen die Altis hin war ihm ein mit korinthischen
Säulen und Halbsäulen geschmücktes Tor vorgelegt. – *6* Das Stadion schließt sich im Nordosten an die Altis an; es benutzt den Abhang des Kronoshügels als nördliche Flanke, während West-, Süd-
und Ostbegrenzung als Erdwall künstlich aufgeschüttet sind, ursprünglich mit sehr flacher Böschung nach innen, später steiler. Die
Laufbahn war ein Rechteck von 212,75 m Länge zu 28,60 m Breite,
umgeben von einem steinernen Wasserabflußkanal und einer nied-

rigen steinernen Schwelle am Wallfuß. Am Ost- und Westende befinden sich steinerne Ablaufschwellen mit je zwei dreieckig eingetieften Rillen als Widerlager für den Start der Läufer; eingelassene Holzpfosten darin trennten je 20 Startplätze ab. Es konnten also bis zu 20 Läufer gleichzeitig laufen, was aber sicherlich nur beim Langlauf geschah (s. o. S. 320 Pausanias' Bemerkung über die Vorläufe beim Stadionlauf). Diese Ablaufschwellen sind 192,27 m voneinander entfernt, ein «olympisches Stadion». Die umgebenden Erdwälle boten Platz für 20000, später sogar 40000 Zuschauer. Die steinerne Tribüne für die Kampfrichter ist bei den neuen deutschen Ausgrabungen im Jahre 1938 wiedergefunden worden, am Südwall, wo sie Pausanias nennt, in der Mittelachse 60²/2 m östlich der (westlichen) Zielschwelle. Damit ist zugleich gesagt, daß es am Start und Ziel noch besondere Linienrichter gegeben haben muß. – Die erste Anlage des Stadions geht in die Zeit um 550 v. Chr. zurück, der eigentliche Ausbau mit Tieferlegung der Laufbahn erfolgte kurz vor 450 v. Chr. Dieses Stadion des 5. Jh.s reichte etwa 75 m weiter nach Westen als das spätere, war auch etwas schmäler und öffnete sich mit ganzer Breite ohne einen Westwall zur Altis hin. Kurz nach 350 v. Chr. wurde das Stadion an die jetzige Stelle verschoben und gegen die Altis durch den Westwall, der sich an die damals gebaute Ostaltismauer anschloß, abgeschlossen. Zu dieser Anlage gehören die vorhandene steinerne Kampfrichtertribüne, die Ablaufschwellen, Wasserkanal und Wallfußeinfassung. Später wurden die Wälle noch zweimal erneuert; erst in der letzten Phase, die Pausanias wahrscheinlich sah, trat an die Stelle der gleichmäßigen Böschung der Wälle eine flache Abtreppung, die die Anbringung hölzerner Sitzreihen gestattete. In den Jahren 1958–1962 wurde das Stadion durch das Deutsche Archäologische Institut unter sehr hohem Kostenaufwand zum Teil aus privaten Spenden wieder in den alten Zustand gebracht. Der Nordwall diente im 6. und 5. Jh. v. Chr. als bevorzugter Aufstellungsplatz für Weihgeschenke besonders aus Kriegsbeute, von denen sehr viele kostbare Stücke bei den neuen Grabungen gefunden wurden einschließlich der jeweils für den Guß der Bronzesachen hier vorübergehend eingerichteten Gießereianlagen. – *7* s. o. S. 336. Auch dieser Altar ist an der bezeichneten Stelle gefunden und wieder aufgestellt. – *8* Dem Ostende. – *9* Der Hippodrom befand sich danach südlich des Stadions in der Alpheiosebene; Reste sind nicht gefunden. Die Starteinrichtung und die Agnaptoshalle im Westen des Hippodroms nennt Pausanias schon

im 5. Buch (s. o. S. 264). Näheres über die Einrichtung und Größe
des Hippodroms über Pausanias' Angaben hinaus ist nicht sicher bekannt. In einer metrologischen Handschrift in Konstantinopel ist
zwar eine Beschreibung erhalten, die auf eine Länge des Hippodroms
von ca. 609 m, eine Breite im Westen von ca. 320 m und einen Umlauf von 1540 m (8 Stadien) führt, doch ist der Text verderbt und
scheinen diese Zahlen unannehmbar zu sein. Ein einmaliger Umlauf
scheint vielmehr 4 Stadien (ca. 770 m) betragen zu haben, da ein
Lauf über 4 Stadien Länge den Namen «Pferdelauf» trug (s. o. S. 326).
Bekannt ist, daß die Bahn beim Wagenrennen mit Viergespannen
zwölfmal zu durchmessen war, bei den verschiedenen anderen Renn-
kategorien weniger, je nach Kategorie des Rennens.

335   *1* Über die Lebenszeit des Kleoitas ist nichts bekannt.

336   *1* Es folgen mehrere, dem Mythos entnommene Versionen zur Erklärung des Taraxippos, von dem in der antiken Literatur auch sonst
häufig die Rede ist, mit einer ganzen Reihe weiterer Erklärungen zu
den von Pausanias bereits gegebenen. Einen Taraxippos gab es auch
bei anderen Rennbahnen. – *2* Der Name wird hiernach erklärt als
aus den beiden Worten chano «klaffen» und myo «sich schließen»
zusammengesetzt. – *3* Der oft erwähnte Mäzen Herodes Atticus,
101–177 n. Chr.; s. o. S. 71. – *4* Im Nordwesten außerhalb der Altis,
s. den Plan. – *5* Das südliche Nachbargebäude des Gymnasions, die
Palaestra, s. den Plan. – *6* Das heißt also, an der westlichen Außen-
seite der nach Osten zum Hof offenen Westhalle des Gymnasions. –
7 Von diesen Gebäuden, die etwa an der Stelle des modernen Dorfs
Olympia gelegen haben müssen, ist nichts gefunden. In den folgenden Kapiteln beschreibt Pausanias eine Reihe von Stätten und Denkmälern im Tal des Alpheios bis zur arkadischen Grenze.

337   *1* Der «Bergweg» von Olympia nach Elis führte von Olympia nach
Norden, zunächst im Tal der Lestenitsa, eines Nebenflusses des Alpheios, aufwärts, dann dem Tal eines heute namenlosen großen südlichen Nebenflusses des Peneios, des antiken Ladon, folgend und
schließlich das Peneiostal abwärts nach Elis. In der Flußgabel zwischen Peneios und Ladon beim modernen Dorf Agrapidochori liegen
die ganz unbedeutenden Reste des antiken elischen Pylos. Die von
Pausanias erzählten mythischen Einzelheiten beziehen sich in Wahrheit alle auf das homerische Pylos, die Heimat Nestors, dessen Reste
beim heutigen Dorf Kakóvatos in Triphylien gefunden sind (s. o.
S. 599). Bei der Berühmtheit Nestors behaupteten natürlich auch
die Bewohner dieser elischen Bergstadt, das Pylos Nestors zu sein,

und nahmen daher auch die sonstigen, an Pylos sich anschließenden Mythen für ihren Ort in Anspruch. Pausanias hat von der Existenz des triphylischen Pylos, das erst die hellenistischen Homererklärer entdeckt hatten, wie die meisten Späteren, keine Ahnung mehr und kennt außer diesem elischen nur noch das messenische Pylos (s. o. S. 241), auf das Homers Angaben, wie Pausanias richtig sagt, nicht passen. Der zitierte Homervers steht Ilias V 544 f. – *2* Beim heutigen Dorf Bruma, nordwestlich von Olympia. – *3* Pausanias' Angaben führen für Letrinoi auf die Gegend der heutigen Stadt Pyrgos, den Hauptort der Landschaft. Antike Reste sind nicht vorhanden.

338 *1* Der Hirsch heißt griechisch elaphos. – *2* Die unansehnlichen Ruinen der Stadt Elis, die zum Teil ausgegraben sind, liegen bei dem heutigen Dorf Palaeopolis am Austritt des Peneios in die elische Ebene. Neue Ausgrabungen des Österreichischen Archaeologischen Instituts seit 1960 haben vor allem Reste des auch von Pausanias (o. S. 344) erwähnten Theaters freigelegt. – *3* Die Teilnehmer an den Olympischen Spielen waren verpflichtet, den letzten Monat vor dem Fest in Elis mit den Vorbereitungen und Übungen zuzubringen. – *4* Xystoi, «geglättete Bahnen», hießen allgemein die gedeckten Säulengänge in den Gymnasien, die besonders bei schlechtem Wetter benutzt wurden. – *5* Griechisch anaxyo.

339 *1* 89 n. Chr.

340 *1* Diese Geschichte ist ein besonders hübsches Beispiel dafür, mit welcher Unbekümmertheit solche Geschichten zur Erklärung von Ortsnamen und ebenso Götterbeinamen und Einrichtungen erfunden wurden. Die Stadt Elis ist, wie sicher feststeht, erst 471 v. Chr. gegründet worden; die Erzählung spielt aber in der sogenannten dorischen Wanderung, die die antiken Chronographen um etwa 1100 v. Chr. ansetzten. – *2* Unter der «ionischen Art» der Marktplätze versteht Pausanias vom durchgehenden Straßenverkehr abgeschlossene, streng regelmäßig angelegte und von Säulenhallen und anderen öffentlichen Gebäuden architektonisch geschlossen umgebene Plätze, wie sie z. B. von dem Marktplatz von Priene besonders schön vertreten werden. In Griechenland selber waren die Plätze in der Regel unregelmäßige freie Plätze, vielfach mit Baumbestand, um die sich in loserer Form die verschiedensten Gebäude gruppierten, wie sie im Laufe der Zeit eben entstanden waren. Derjenige von Elis muß besonders groß gewesen sein, wenn er sogar als Reitbahn benutzt wurde.

341 *1* Text gestört. – *2* Pyrrhon von Elis, berühmter Philosoph, Skepti-

ker, lebte etwa um 365–275 v. Chr. – *3* Das dürfte irrtümliche Deutung der Mondsichel sein.

342 *1* s. o. S. 266.

343 *1* Darstellungen der Aphrodite auf einem Ziegenbock sind aus dem Altertum zahlreich überliefert, ebenso kommt die Schildkröte mehrfach als Symbol der Aphrodite vor. – *2* Der sehr seltene Kult des Totengottes ist an der Westküste des Peloponnes auch sonst belegt, offenbar weil der Westen gern als Eingang in die Unterwelt angesehen wurde. – *3* Ilias V 395 ff. Der Mythos erzählte ursprünglich und so noch bei Homer vom Kampf des Herakles mit dem Totengott am Tor (Pylos) zur Unterwelt. Erst nachträglich wurde das «Tor» auf die Erde verlegt und mit dem homerischen Ort Pylos identifiziert, so daß aus dem Kampf am Eingang in die Unterwelt nun ein Kriegszug des Herakles gegen Pylos wurde, dem dann Hades zu Hilfe kommen mußte, um mit Herakles kämpfen zu können. Wie oben gesagt (S. 636), hat der kleine elische Ort Pylos alle auf das homerische Pylos gehenden Mythen aus Lokalpatriotismus auf sich bezogen.

344 *1* Über Sosipolis s. auch o. S. 333; das Füllhorn kennzeichnet ihn als segenspendenden Gott. – *2* Die Korybanten sind ursprünglich kleinasiatische Dämonen, die in einem orgiastischen Kult verehrt wurden. Ein gräzisiert Satrapes genannter Gott, anscheinend ursprünglich semitisch und Heilgott, ist in Phönikien, Palmyra, Karthago und von anderen Orten bezeugt. Nach Patrai könnte er durch die aus aller Welt stammenden Seeräuber gelangt sein, die Pompeius nach Beendigung des Seeräuberkrieges (66 v. Chr.) im Gebiet von Patrai ansiedelte. Mit der «Ausdehnung des Gebiets von Patrai bis zu ihnen» ist die Einbeziehung der Stadtgebiete von Dyme, Tritaia und Pharai in dasjenige von Patrai durch und nach Augustus gemeint (s. o. S. 355). – *3* Der Menios ist eines der Rinnsale, die von der Akropolis von Elis herunterkommen und in den Peneios münden.

345 *1* Sowohl von dem Weinwunder bei Elis wie von dem auf der Insel Andros ist auch sonst in der antiken Literatur die Rede. Die Geschichte vom «Sonnentisch» steht bei Herodot (III 18); es sei eine Wiese vor der Hauptstadt Meroë in Nubien voller Fleisch, das im Lande von selber entstehe und von dem jeder nach Belieben essen könne. – *2* Das Kultbild stammte vielmehr von Phidias' Schüler Kolotes (Plin. nat. hist. 35, 54). – *3* Beim heutigen Glarentsa an der Bucht nördlich des felsigen Kaps Tornese. – *4* Ilias XV 518 f. – *5* Mit Byssos wird ursprünglich eine sehr feine, fast durchsichtige

Leinenart bezeichnet, die vor allem in Aegypten bekannt war. Bei
späteren Schriftstellern ist es Baumwolle, woran hier aber schwerlich gedacht werden kann. – 6 Die folgende Schilderung des Pausanias ist die älteste Erwähnung der künstlichen chinesischen Seiden-
zucht, in der Richtiges und Falsches bunt gemischt ist. Der griechische Name Serer geht aus von der Bezeichnung der handelsüblichen
langen Seidenstücke (serek), die ihrerseits identisch ist mit dem alten
Namen der chinesischen Stadt Lo-yang (Ho-nan-fu), der Hauptstadt
mehrerer chinesischer Dynastien, wie der östlichen Han-Dynastie
(25–220 n. Chr.). Von der gräzisierten Form dieses Wortes haben
die Griechen den Namen des Volkes und des Seidenwurms gebildet.
Name und Nachrichten gelangten über die innerasiatischen Karawa-
nenstraßen ans Mittelmeer. Bei Pausanias sind damit ganz andere
Nachrichten irrig verbunden, die über die Seewege des Indischen
Ozeans zur Kenntnis der Griechen gekommen sind und etwa nach
Hinterindien weisen. Chinesische Seide kam über Indien auch auf
diesen Wegen in die antike Welt.

346 *1* Der Fluß Larisos ist der heutige Mana; Kap Araxos die Nordwestspitze des Peloponnes, heute Kap Papas.

BUCH VII · ACHAIA

Das 7. Buch ähnelt dem 4. über Messenien insofern, als an Sehenswürdigkeiten nicht viel zu berichten war. Pausanias hat daher auch hier wieder eine lange historische Einleitung vorangestellt, die weit mehr als die
Hälfte des 7. Buchs ausmacht. Sie reicht von den mythischen Zeiten bis
zur Regierung des Kaisers Vespasian (69–79 n. Chr.). Besonders ausführlich ist darin der letzte Krieg des Achaeischen Bundes gegen Rom (147/46
v. Chr.) behandelt, der zur völligen Unterwerfung Griechenlands unter
Rom führte. In diese historische Einleitung ist anläßlich der Darstellung
der Ionischen Wanderung eine Beschreibung der Hauptsehenswürdig-
keiten Ioniens, der wahrscheinlichen Heimat des Schriftstellers, eingeschoben. Mit Ausnahme dieser Beschreibung Ioniens ist die historische
Einleitung in der Übersetzung fortgelassen.

347 *1* Damit ist der westöstlich sich erstreckende Korinthische Meerbusen gemeint. – *2* Aigialos bedeutet «Strand, Küste». Mythische
Geschichte Achaias. – *3* Geschichte der ionischen Kolonisation. –
4 Didyma, berühmtes großes Heiligtum des Apollon, etwa 18 km

südlich Milet im heutigen Dorf Jéronda, türkisch Yoran, mit einem der größten griechischen Tempel, der nie vollständig fertig wurde.

348 *1* Das große Heiligtum der ephesischen Artemis, dessen Riesentempel zu den sieben Weltwundern zählte, lag etwa 1 km nördlich Ephesos außerhalb der Stadt. Das Magnesische Tor, nämlich das nach der Stadt Magnesia am Maeander führende Tor, war das Südosttor der antiken Stadtbefestigung. Von hier führte eine beiderseits von Doppelreihen von Gräbern begleitete große Straße nach dem Artemision. – *2* Myus, kleine ionische Stadt, 15 km nordöstlich von Milet am Maeander, deren geringe Reste bei Afschar-kalessi gefunden sind. Sie dienten schon im Altertum in römischer Zeit als Steinbruch für die Bauten Milets; der Ort ist in späthellenistischer Zeit verlassen worden. – *3* Priene, Milet gegenüber an den Abhängen des Mykalegebirges. Die Ausgrabungen legten die außergewöhnlich gut erhaltenen Reste der im 4. Jh. v. Chr. neugegründeten Stadt zutage; sie geben neben Pompeii, Herculanum und Delos den besten Eindruck einer antiken Stadt. – *4* Tabalos, erster Satrap des persischen Königs Kyros in Lydien nach dessen Eroberung; Zerstörung von Altpriene durch einen General des Tabalos in dem Aufstand, der sich an die erste Unterwerfung anschloß. Hieron, Tyrann von Priene, der in den Jahren von ca. 300–297 v. Chr. ein Schreckensregiment in der Stadt führte.

349 *1* Kolophon, bedeutende Stadt an der mittleren ionischen Küste, etwa 13 km landeinwärts gelegen, nördlich von Ephesos, mit ausgedehnten Ruinen zwischen den Dörfern Trantscha und Deirmen-dere. Die Bewohner wurden ca. 290 v. Chr. durch König Lysimachos größtenteils nach Ephesos übergeführt, kehrten aber nach seinem Tode zurück. Das Orakelheiligtum des Apollon von Klaros in und vor einer großen natürlichen Höhle, in der sich eine Quelle befand, war während des ganzen Altertums berühmt; es liegt etwa 11 km südlich von Kolophon, zwischen diesem und der Küste, bei dem Dorf Giaur-köy. – *2* Mythische Geschichte des Heiligtums. – *3* Lebedos, westlich von Kolophon, mit einigen Resten, besonders der Stadtmauer. Die ältere Stadt lag auf der heute Xingi genannten Insel, die jetzt durch einen breiten flachen Isthmus mit dem Festland verbunden ist. Auf dem gegenüberliegenden Festland entwickelte sich später eine Vorstadt. Die warmen Schwefelquellen, die Pausanias nennt, sind noch heute hier vorhanden und speisten in römischer Zeit eine große Thermenanlage, von der einige Reste erhalten sind. Die zwangsweise Übersiedlung der Bewohner nach Ephesos wurde nach

Lysimachos' Tod wieder rückgängig gemacht. – *4* Teos, nördlich von Lebedos, beim heutigen Sigadschik, mit besonders berühmtem Dionysosheiligtum.

350 *1* Erythrai, Stadt auf der vorspringenden Mimashalbinsel der Insel Chios gegenüber, deren Name im heutigen Dorfnamen Lytri (türkisch Ildir) weiterlebt; erhalten vor allem die 4 km lange Stadtmauer und das Theater. – *2* Klazomenai, östlich von Erythrai und nördlich von Teos; die von Pausanias genannte Insel, durch einen heute stark verfallenen Damm von etwa 400 m Länge mit dem Festland verbunden, heißt Hagios Iannis, türkisch Klazumen. – *3* Zu Kleonai und Phlius s.o. S.118 ff. – *4* Phokaia, die «Robbenstadt», die nördlichste ionische Stadt, heute Phokia, türkisch Fotscha, mit nur sehr geringen Resten des Altertums; berühmt durch seine zahlreichen Kolonien, besonders im westlichen Mittelmeer, darunter Massalia–Marseille. Die angebliche Herkunft aus der mittelgriechischen Landschaft Phokis ist nur aus dem Namen der Stadt herausgesponnen.

351 *1* Mythische Geschichte der Gründung von Samos. – *2* Das große Heiligtum der Hera von Samos lag etwa 6 km westlich der alten Stadt (heute Tigani). Der Tempel, von dem eine einzelne Säule immer stehengeblieben ist, war der größte aller griechischen Tempel (115^1/$_2$: 55 m). Deutsche Ausgrabungen haben auch die übrigen Gebäude des heiligen Bezirkes freigelegt. – *3* Über Daidalos und Smilis. – *4* Altsmyrna lag am Nordufer der Bucht der modernen Stadt, die auch die Stelle des hellenistisch-römischen Smyrna einnimmt, gegenüber bei dem heutigen Dorf Bayrakli.

352 *1* Heiligtum der Nemesis an der Nordküste Attikas beim heutigen Ovriokastro; s.o.S.91 f. – *2* Anderer Name für Didyma, s.o.S. 347.

353 *1* Kleine Textlücke. – *2* Aus anderen Nachrichten weiß man, daß der Tempel sich kurz vor 152 n.Chr. im Bau befand (s.o.S.16 Anm. 9).

354 *1* Am Fluß Kenchrios soll Leto nach ihrer Niederkunft gebadet haben; es ist der heutige Arvalia-tschai, gleich westlich der Stadt. – *2* Pion ist der zerklüftete östliche der beiden Stadtberge von Ephesos, heute Panajir-dagh. – *3* Sonst unbekannt, Name vielleicht entstellt überliefert. – *4* Byblis wurde wegen ihrer hoffnungslosen Liebe zu ihrem Bruder in die Quelle verwandelt, oder nach anderer Version entstand die Quelle aus ihren Tränen. – *5* Der Eschenhain lag vermutlich bei Klaros, s.o.; der Fluß Ales ist dann der heutige Avdschi-tschai, an dem weiter flußaufwärts auch Kolophon lag. – *6* Vgl. o. S. 349. – *7* Wohl das heutige Kap Ipsili-burun zwischen Teos

und Lebedos, an dem sich heiße Quellen befinden. – *8* Nach anderen Nachrichten zwischen Klazomenai und Smyrna, etwa 40 Stadien (= 7 km) von Smyrna entfernt; heiße Schwefelquellen beim heutigen Dorf Ilidscha westlich Smyrna. – *9* Chalkis, südöstlich von Erythrai, etwa 20 km von Teos entfernt, heute Demirdschili an der Südküste des Isthmos, der die Halbinsel von Erythrai mit dem Festland verbindet. – *10* Dem Meles entsprechen wahrscheinlich die reichlichen Quellen Chalka-bunar gleich östlich von Smyrna, deren Wasser heute nach Smyrna abgeleitet wird. In einem im Altertum Homer zugeschriebenen Gedicht nannte sich der Dichter anscheinend Melesigenes. Daraus scheint man Meles als Namen des Vaters Homers abgeleitet zu haben, der dann mit dem Fluß Meles bei Smyrna gleichgesetzt wurde. Andere Deutungen brachten Homer in anderer Art mit dem Fluß in Beziehung. – *11* Mythischer König und Stadtgründer von Chios, um den sich ein reicher Legendenkranz rankt. – *12* Die Ballade von den Schicksalen des Liebespaares Rhadine und Leontichos ist sonst nur aus Strabo bekannt, wonach sie dem Dichter Stesichoros zugeschrieben wurde. Strabo lokalisiert sie aber bei Samikon in Triphylien (s. o. S. 243 ff.).

355 *1* Hier folgt nun der lange Abschnitt über die Geschichte Achaias, s. S. 643. – *2* Der heutige Mana, der etwas südlich der Nordwestspitze des Peloponnes mündet. – *3* Dyme lag bei dem heutigen Kato-Achaia, wo auch einige antike Reste gefunden sind. Als Entfernung vom Larisos ist in den Handschriften an dieser Stelle 300 oder 400 Stadien (53 oder 71 km) überliefert, was ganz unmöglich ist; die wirkliche Entfernung beträgt etwa 12–13 km. – *4* Das Ereignis gehört wahrscheinlich ins erste Jahr des 1. Makedonischen Krieges 210 v. Chr., der zwischen Rom und dem Aetolischen Bund einerseits und Philipp V. von Makedonien und dem mit ihm verbündeten Achaeischen Bund andererseits geführt wurde. Daß Dyme allein mit Philipp V. verbündet gewesen sein soll, ist unrichtig. Philipp sorgte später für die Neubesiedelung der Stadt, indem er die in die Sklaverei verkauften Bewohner zurückkaufte. – *5* In dieser Form ist die Notiz unrichtig; Dyme wurde durch Caesar und später Augustus zur römischen Kolonie erhoben; möglich ist jedoch, daß sie nach Augustus' Tod zu Patrai geschlagen wurde. – *6* Auch das ist wahrscheinlich unrichtig; Paleia ist eher als ein ehemals selbständiger, früh in Dyme aufgegangener Ort anzusehen. – *7* Nach der traditionellen Chronologie 746 und 460 v. Chr.; s. auch o. S. 299 f. und S. 356 f.

356 *1* Acht Zeilen der langen metrischen Inschrift dieses Denkmals sind erhalten, in denen auch erwähnt wird, daß Herakles sich aus Trauer über den Tod seines Freundes eine Locke abschnitt; danach soll er im Kampf mit den Molioniden gefallen sein. Er heißt hier aber Polystratos, Sostratos bei Pausanias ist also Irrtum. – *2* Weitverbreitete kleinasiatische Kulte. Das Verbot des Schweinefleischessens ist ebenfalls in Kleinasien und dem Vorderen Orient weit verbreitet. – *3* Weitere Legenden um Attis.

357 *1* Zu Oibotas und seiner Statue s. o. S. 299 und S. 355; danach sei sie im Jahre 460 v. Chr. aufgestellt worden. Daß es vorher keine olympischen Siege von Achaeern gegeben habe, wird durch die olympische Siegerliste als falsch erwiesen, die mehrere Sieger aus achaeischen Städten vor 460 v. Chr. nennt. Dieser Sostratos ist wohl identisch mit dem Sokrates, den Pausanias VI 8,1 (s. o. S. 310) als Sieger in der gleichen Kampfart nennt. – *2* Pausanias' Angaben sind verwirrt. Die 40 Stadien (7 km) Entfernung beziehen sich nach den Angaben anderer Schriftsteller auf die Lage der Stadt Olenos, die zwar noch nicht wiedergefunden ist, aber nach den Entfernungsangaben unserer Quellen etwa beim heutigen Dorf Tsukaleika, in nächster Nähe der Küste, gelegen haben muß. Der Peirosfluß ist die heutige Kamenitsa, die gleich östlich von Kato-Achaia mündet. Daß Olenos am Peiros gelegen haben soll, beruht anscheinend nur auf einer in antiken Schriftstellern auch sonst zitierten Stelle bei Herodot, die aber nur zu besagen braucht, daß der Peiros durch das Gebiet der Stadt floß. Olenos war als Stadt früh verschwunden und bestand anscheinend schon um 280 v. Chr. nicht mehr; ihr Gebiet war an Dyme gekommen. – *3* Auch diese 80 Stadien Entfernung nach Patrai beziehen sich auf Olenos, nicht die Kamenitsamündung. – *4* Mythische Geschichte von Patrai. Der Glaukos ist der heute Lefka genannte Fluß etwa 5 km südlich von Patras. – *5* 279 v. Chr.

358 *1* Die Stadt Patrai ist erst am Beginn der historischen Zeit, vielleicht erst im 6. Jh. v. Chr., durch Zusammenlegung von sieben Dörfern gegründet worden; von ihnen erwähnt Pausanias Argyra und Boline auch später noch in seiner Reisebeschreibung (s. o. S. 365 f.); die übrigen sind ihrer Lage nach nicht näher bekannt. Die verhältnismäßig späte Entstehung der Stadt wirkt in der historischen Zeit noch darin nach, daß die meisten wichtigen Kulte von Patrai nach Pausanias' Beschreibung nicht in der Stadt lagen, sondern im Landgebiet und in der Stadt Filialen hatten. Daß die Stadt wegen der Verluste im Kampf gegen die Gallier fast ganz verlassen worden sei, ist falsch;

auch in der ganzen hellenistischen Zeit bestand Patrai weiter und spielte eine nicht unbedeutende Rolle. Diese steigerte sich mit der Zunahme des römischen Einflusses in Griechenland, da Patrai damals wie heute der weitaus wichtigste Hafen an der griechischen Westküste für die Überfahrt nach Italien war. In der römischen Kaiserzeit war Patrai neben Athen und Korinth die wichtigste Stadt Griechenlands. Das Gründungsjahr der römischen Veteranenkolonie ist 14 v. Chr.; als römische Kolonie hieß Patrai Colonia Augusta Aroë Patrensis. Aroë soll das Dorf gewesen sein, das vor der Gründung der Stadt Patrai an ihrer Stelle lag. Auch im ganzen Mittelalter blieb Patras einer der wichtigsten Orte Griechenlands. Daß Augustus auch Rhypes (s. o. S. 366) zum Gebiet von Patrai geschlagen habe, ist wieder Irrtum; das Gebiet der schon in hellenistischer Zeit aufgelösten Stadt Rhypes gehörte zu Aigion. «Freiheit» bedeutet, daß die Stadt sich selbst verwaltete und nicht dem Provinzstatthalter unterstand. – 2 Die antike Stadt Patrai lag an derselben Stelle wie die moderne, aber nicht wie der Hauptteil der heutigen Stadt in der Küstenebene unmittelbar am Hafen, sondern wie die mittelalterliche und moderne Stadt bis ins 19. Jh. hinein in der heutigen Oberstadt, am Fuß der von einem mittelalterlichen Kastell eingenommenen Akropolis. Die antiken Reste sind sehr spärlich, am bedeutendsten das jetzt weitgehend restaurierte, von Pausanias beschriebene Odeion. – 3 Kultlegende der Artemis Laphria. Die von Pausanias beschriebenen Einzelheiten der Prozession und des Opfers sind in dieser Form sicher nicht alt, sondern erst römisch.

359 1 Gründungslegende des Kultes des Eurypylos. – 2 In der Eurypyloslegende war erzählt, wie eine Truhe mit einem Götterbild an der Küste von Patrai angeschwemmt wurde. – 3 Der Meilichosfluß (s. auch o. S. 365) ist der heutige Bach von Vúdeni, etwa 2 km nördlich von Patras. In der in der Übersetzung übergangenen Eurypyloslegende war auch von alten Menschenopfern an die Artemis Triklaria die Rede.

360 1 Ilias XXI 446–448. – 2 Einzige heute noch stehende und jetzt weitgehend wieder hergerichtete bedeutendere Ruine des antiken Patrai. – 3 Das große «Odeion des Herodes Atticus», ein gedecktes Theater römischer Form, bald nach 161 n. Chr. gebaut, lag am Südabhang der Akropolis von Athen, noch fast bis zur vollen Höhe erhalten.

361 1 Legenden aus dem Dionysosheiligtum von Kalydon. – 2 Lücke im Text.

362 *1* Exkurs über Kultbeinamen des Poseidon. – *2* Diese Quelle gehört
auch heute zu den Berühmtheiten von Patras und gilt als wundertä-
tig. Sie liegt im Süden der Stadt, dicht an der Küste, bei der Kirche
des heiligen Andreas, heute ein Schachtbrunnen in einem kleinen
überwölbten unterirdischen Raum, der ebenfalls dem heiligen Andreas geweiht ist. Der Apostel Andreas soll am 30. November eines
nicht bekannten Jahres unter Kaiser Nero in Patras den Märtyrertod
erlitten haben und ist schon in byzantinischer Zeit der große Schutz-
heilige der Stadt.

363 *1* Nach dem Mythos ermordeten die 50 Töchter des nach Argos ge-
flohenen Königs Danaos auf sein Anstiften die 50 Söhne des Aigyptos, seines Zwillingsbruders, die sie zu heiraten gezwungen wurden,
in der Hochzeitsnacht mit Ausnahme der Hypermnestra. – *2* Pausanias' Worte wörtlich und daher zweideutig übersetzt, da sich die
Vermutung nicht ganz ausschließen läßt, daß Pausanias damit vielleicht nicht auf die besondere Schönheit der Frauen anspielen will,
sondern auf Prostitution, wenn auch die erste Erklärung sehr wahrscheinlich die richtige ist. – *3* Zum Byssos s. o. S. 243 und 345. –
4 Ausgedehnte, aber unbedeutende Reste am Südufer des Peiros
(Kamenitsa), etwa 2 km südöstlich des Dorfes Isoma (früher Isari).
Die Entfernungsangaben bereiten Schwierigkeiten. Bis Patras sind es
auf dem direkten Wege etwa 18 km, während Pausanias 26^1/$_2$ km
(150 Stadien) angibt. Da er aber außerdem die Entfernung zur Küste
mit 70 Stadien beziffert, ist die Entfernung wohl auf einem größeren
Umwege von Patras aus gemessen, der zunächst längere Zeit der
Küste folgte und erst dann ins Land einbog. – *5* Gemeint ist eine sogenannte «Herme», ein viereckiger, hoher Pfeiler, in eine Büste
endigend. – *6* Eine kleine Kupfermünze, ^{1}/$_8$ Obol.

364 *1* Besser Tritaia in der einheimischen Form, in dem ausgedehnten
Hügelland der Vundukla, westlich des Erymanthos- (Olonos-) Gebirges, beim heutigen Dorf Hagia Marina. Pausanias' Entfernungsangabe, 120 Stadien (= 21 km) von Pharai, ist zu groß, es sind nur
etwa 15 km. – *2* Gemalte Grabstelen waren in ganz Griechenland
nicht selten; die meisten und besterhaltenen stammen aus der Stadt
Demetrias, gegenüber dem heutigen Volo in Thessalien, heute im
Museum von Volo. – *3* Griechische Kolonie bei Neapel.

365 *1* An der engsten Stelle des Golfs von Korinth, wo dieser sich auf
1,9 km verengt; auf beiden sich gegenüberliegenden Kaps der Enge
türkisch-venezianische Festungen, Kastro Moreas auf der peloponnesischen, Kastro Rumelis auf der gegenüberliegenden Seite. –

2 Sandige Bucht nördlich von Rhion, heute ohne Namen, früher nach einem verfallenen Derwischkloster als Bucht von Tekieh bezeichnet. – 3 Die «Athenafestung» ist nicht näher bekannt, Erineos heute Lambiri. – 4 Zum Meilichos, heute Bach von Vúdeni, s. o. S. 359. – 5 Wahrscheinlich Bach von Velvitsi. – 6 Genaue Lage nicht bekannt. – 7 Wohl der etwas östlich von Rhion mündende Bach von Kastritsi.

366 1 Wohl der Bach von Platáni; Reste des Orts Bolina sind nicht bekannt. – 2 Das nördlichste Kap des Peloponnes, das seinen Namen bis heute behalten hat. – 3 Die heute fast völlig verschwundenen Reste von Rhypes liegen auf dem Tafelberg Trápeza über dem Dorf Kúmari, gute 7 km südwestlich von Aigion. Die Stadt besaß einst ein sehr ausgedehntes, von der Küste bis tief ins Innere reichendes Landgebiet, ist aber wahrscheinlich schon vor 280 v. Chr. in dem benachbarten Aigion aufgegangen. – 4 Das antike Aigion lag auf der Stelle der modernen Stadt, die heute wieder diesen Namen trägt, statt des mittelalterlichen Vostitsa. Antike Reste fehlen sozusagen völlig. Die eigentliche Stadt lag wie heute auf einem Bergausläufer über der Küste und besaß wie die heutige einen Stadtteil am Hafen. – 5 Phoinix und Meiganitas sind nicht sicher zu identifizieren; der Phoinix ist wahrscheinlich der Fluß von Salmeniko, der Meiganitas wahrscheinlich der andere bedeutendste Fluß westlich von Aigion, der reißende Gaidaropniktis («Eselwürger»).

368 1 s. o. S. 155.

369 1 Der Selinus ist der große, oft verheerende Fluß von Vostitsa, der aus mehreren Quellflüssen vom nordarkadischen Olonosgebirge in großartig wilden Schluchten herabkommt und 3 km südlich der Stadt mit einem riesigen Schotterbett mündet. – 2 Helike, das völlig verschwunden ist, lag 2 km von der Küste entfernt, östlich der Buphusia, des zweiten in der Ebene von Aigion mündenden Flusses. Das verheerende Erdbeben, das Helike völlig vernichtete und auch Bura zerstörte, ereignete sich in einer Winternacht des Jahres 373 v. Chr. Wir besitzen darüber in der antiken Literatur viele Angaben. Es war mit einem Seebeben und einer dadurch hervorgerufenen gewaltigen Flutwelle verbunden. Die gesamte Stadt, die auf den lockeren alluvialen Ablagerungen der Küstenebene stand, ist durch das Beben ins Meer abgerutscht. – 3 Ilias II 575; VIII 203; XX 404.

371 1 Gemeint ist der Pulsschlag. Es war eine in der antiken Medizin verbreitete Auffassung, daß in den Adern außer Blut auch Luft enthalten sei, die den Pulsschlag hervorrufe. – 2 Exkurs über die Heiligkeit der Schutzflehenden.

372 *1* Keryneia liegt etwa 800 m hoch bei dem heutigen Dorf Mamusia, etwa 10 km von der Küste entfernt. Erhalten ist vor allem der nur 800 m lange Mauerring und das Theater. – *2* Der Kerynites ist der heutige Fluß von Kalavryta, der an den nordarkadischen Gebirgen mit mehreren Quellarmen entspringt und unterhalb Kalavryta und östlich von Keryneia in gewaltigen Schluchten zur Küste durchbricht. – *3* Alexander I. von Makedonien, der sich während des Perserkrieges von 480/79 v. Chr. im persischen Heer befand und mehrfach als Unterhändler mit den Athenern diente. – *4* Textlücke. – *5* Geringe Reste von Bura befinden sich bei dem heutigen Dorf Kastro, das mit mehreren anderen Dörfern zusammen die Gemeinde Diakofto bildet, in einer weiten Hochmulde um den mittleren Ladopotamos in etwa 500 m Meereshöhe und etwa 6 km vom nächsten Küstenpunkt entfernt.

373 *1* Heute Ladopotamos. – *2* Die Höhle, genauer drei Höhlen nebeneinander, liegt in der Felswand über der Küstenebene, etwas östlich des Austritts des Ladopotamos aus den Bergen. Nischen für Weihgeschenke und andere antike Spuren sind noch kenntlich. – *3* Heute Fluß von Akrata, der aus zwei Hauptquellarmen an den Nordabhängen des Chelmos (antik Aroania) und seiner östlichen Fortsetzung, des antiken Krathisgebirges, entspringt. – *4* Reste der Stadt Aigai sind nicht bekannt. Die von Pausanias zitierte Homerstelle, Ilias VIII 203, bezieht sich aber auf die gleichnamige Stadt auf Euboea, die bei Homer auch sonst genannt ist und ein berühmtes Poseidonheiligtum besaß. – *5* Ilias VIII 203.

374 *1* Die Ruinen von Aigeira liegen auf dem steilen letzten Ausläufer des Evrostinagebirges, der die kleine Küstenebene von Akrata nach Osten abschließt, unmittelbar hoch über der Küste; der Hafen muß die Bucht Mavra Litharia nördlich darunter sein. Die Entfernung von der Herakleshöhle von Bura zu dieser Bucht stimmt mit 16 km genau zu Pausanias' Angabe 72 Stadien. Es folgen ein paar Angaben zur mythischen Geschichte von Aigeira. – *2* s. o. S. 116.

375 *1* Es folgen einige Angaben über Heiligtümer im Landgebiet von Aigeira. – *2* Pellene lag auf einer etwa 600 m hohen Bergterrasse zwischen den Flüssen Krios und Sythas (s. gleich) beim heutigen Dorf Zugra, zugänglich nur von Osten her aus dem Sythastal. Die antiken Reste sind gering und liegen auf der Ostabdachung des von Pausanias erwähnten steilen Mittelgrats.

376 *1* Der zitierte Vers steht im Schiffskatalog der Ilias II 573, wo aber Gonoessa – Gonussa in unseren Handschriften steht. Das las offen-

bar auch Pausanias in seinem Homer und behauptet deshalb, diese
Namensform sei fälschlich aus einem ursprünglichen Donussa geändert worden. Der sikyonische Ort Donussa, mit dem Pausanias
das homerische Gonussa gleichsetzt, ist noch nicht gefunden. – *2* Der
Hafen Aristonautai muß nach Pausanias' Entfernungsangaben westlich des heutigen Xylokastro gelegen haben, westlich der Einmündung des Flusses von Trikkala (Sythas). Pausanias hatte den Hafen im
zweiten Buch schon einmal kurz erwähnt. Eine Änderung in Argo-
nautai wegen der Anknüpfung an die Argonauten ist nicht nötig,
Aristonautai bedeutet «beste Seefahrer» und konnte auch so auf die
Argonauten bezogen werden. – *3* Dolios bedeutet «der Listige, Ver-
schlagene».

377 *1* s. S. 311. – *2* Über Pulydamas s. o. S. 303 ff. – *3* Kleine Textlücke.
378 *1* Wahrscheinlich beim heutigen Dorf Trikkala, südwestlich von
Pellene. – *2* Textlücke. – *3* Wahrscheinlich der westlich unter Pellene hindurchfließende Phonissa (Fluß von Mazi). – *4* Der östlich
unter der Stadt fließende Fluß von Trikkala oder Xylokastro.

BUCH VIII · ARKADIEN

379 *1* Lücke im Text, in der zuerst Triphylien als Teil von Elis südlich
des Alpheios genannt gewesen sein muß und dann die Mündung
der Neda als Grenze gegen Messenien. – *2* Ilias II 603 ff. Es folgt
die mythische Geschichte Arkadiens und einige kurze Angaben
über die Geschichte des Landes bis in die hellenistische Zeit. – *3* Das
Gebirge hat seinen antiken Namen Partheni bis in die Neuzeit behalten. – *4* Der «Leiterpaß» heißt heute Portes. Er führt aus dem
Inachos- (Panitsa-) Tal in die Hochebene von Mantinea. Den ersten
Teil des Weges auf der argivischen Seite hat Pausanias im 2. Buch,
Kap. 25, beschrieben. – *5* Wahrscheinlich beim heutigen Dorf Pi-
kermi.
380 *1* Die Quelle heißt heute Tripichi, $1/4$ Stunde von Mantinea entfernt.
Von den von Pausanias erwähnten Gebäuden sind noch verschiedene
Reste vorhanden. Melainis heißt «die Schwarze» und wird von Pau-
sanias also auf die Nacht gedeutet. – *2* Nämlich den Weg über die
«Steineiche»; auch dessen östlichen Abschnitt auf der argivischen
Seite hat Pausanias im Buch II, Kap. 25, beschrieben. Er führt südlich des «Leiterpasses» durch das Tal des Inachos (Xerias), über das
heutige Dorf Karya, und nördlich unter dem Hauptgipfel des Arte-

misiongebirges (heute Malevo) über einen heute namenlosen Paß. Diesen Weg hat Pausanias selber benutzt. – *3* II 25, 3. – *4* In dem nicht erhaltenen Drama Xanthriai. – *5* Die ganz von Gebirgen umrahmte, kleine Ebene von Tsipiana, zwischen dem Hauptzug des Artemision im Osten und dem nord-südlich streichenden Alesion, einem Ausläufer des Artemision, im Westen, mit Ausgängen im Südwesten in die Ebene von Mantinea. – *6* Diese im Meer aufsprudelnde Süßwasserquelle ist die Gruppe von drei Quellen etwa 1½ km südlich von Kiveri, die sich in 5–25 m Entfernung vom Ufer befinden. Moderne Untersuchungen haben bestätigt, daß sie wirklich Ausfluß des «Faulfeldes» sind, wie Pausanias angibt. Etwa 7 km weiter südlich wiederholt sich die gleiche Erscheinung in der Süßwasserquelle Anavolo etwa 300–400 m vom Ufer entfernt, die Ausfluß der Katavothren des südöstlichen Teils der Hochebene von Tegea ist. – *7* An der Küste von Epirus in der heute Hagios Joannis genannten Bucht, etwa 7 km östlich von Parga. – *8* Unbekannt.

381 *1* Das heutige Pozzuoli; die von Pausanias erwähnte Quelle im Meer ist unbekannt, dagegen wird die künstliche Insel in der antiken Literatur einige Male erwähnt und war auch auf einem heute verschwundenen antiken Wandgemälde auf dem Esquilin in Rom dargestellt. – *2* Reste der Mauern und einzelner Gebäude von Nestane auf einem steilen Kalkfelsen beim heutigen Dorf Tsipiana. – *3* Über Philipps Feldzug nach Arkadien. – *4* Kleine Textlücke. – *5* Etwa 1,8 km, was bestens stimmt. – *6* Widder heißt griechisch arēn, Mehrzahl arnes. – *7* Abriß der Geschichte von Mantinea bis in die römische Kaiserzeit. Die Ruinen der Stadt liegen in der Ebene, etwa 12 km nördlich der heutigen Hauptstadt Arkadiens, Tripolis. Erhalten sind vor allem die ovale Stadtmauer des 4. Jh.s v. Chr. und das Theater, dazu Fundamente von Tempeln und Gebäuden am antiken Marktplatz. Eine genauere Bestimmung der von Pausanias genannten Gebäude ist wegen der spärlichen Reste nicht sicher möglich.

382 *1* Die Reliefplatten der Basis sind wiedergefunden und befinden sich im Athener Nationalmuseum. – *2* Der bekannte Geschichtschreiber. Pausanias erwähnt nicht weniger als fünf Denkmäler des Polybios in Arkadien, ein sechstes (Reliefstele) ist in Kleitor gefunden, die Basis eines siebten in Olympia. Grund für die vielen Ehrungen sind die Verdienste des Polybios um die Milderung der Not nach der Katastrophe des Jahres 146 v. Chr. – *3* Des bekannten Geschichtschreibers; sein Sohn Grylos fiel 362 v. Chr. bei Mantinea, s. dazu o. S. 385.

383 *1* Der entscheidende Seesieg des Augustus über Antonius und Kleo-
patra am 2. September 31 v. Chr. – *2* In Nordwestkleinasien, heute
Boli. – *3* Vgl. o. S. 60.

384 *1* Reste des Tempels sind etwa 1300 m südlich der Stadtmauer von
Mantinea gefunden. – *2* Trophonios und Agamedes werden mehrfach als uralte Baumeister genannt, die auch den ältesten Tempel in
Delphi gebaut haben sollten. – *3* Mythische Begebenheit dazu. –
4 s. o. S. 80.

385 *1* Mylasa in Karien, heute Milas, in Südwestkleinasien in der Nähe
der Westküste; die Salzquelle erwähnen auch Theophrast und Pli-
nius. – *2* Von dieser Schlacht weiß sonst keine andere Quelle zu berichten; sie muß nach den von Pausanias in seinem Bericht gegebenen Einzelheiten und Personennamen kurz nach 250 v. Chr. stattgefunden haben. – *3* Es folgen einige weitere Denkmäler und Örtlichkeiten im Süden von Mantinea. – *4* Zu Pallantion s. o. S. 428. – *5* s. o.
S. 80. – *6* Vgl. o. S. 384.

386 *1* Pausanias' Angaben sind insofern ungenau, als das im Anfang genannte Reitergefecht der Athener gegen die Boeoter der Schlacht
von Mantinea (Juni/Juli 362 v. Chr.), in der Epameinondas fiel, vor-
ausging. Entgegen Pausanias' Meinung ist es auch richtig, daß ein
Spartaner dem Epameinondas die tödliche Verwundung beibrachte.
Grylos war bereits in dem ersten Reitergefecht gefallen. – *2* Exkurs
über Epameinondas. – *3* Diese Angaben über die Eichen stehen hier
wohl an falscher Stelle und dürften dorthin gehören, wo Pausanias
kurz vorher von dem Eichenwald zwischen Mantinea und Tegea
spricht (S. 385). – *4* s. o. S. 414. – *5* Die Alkimedonebene ist ein
durch niedrige Höhenzüge von der Hauptebene getrenntes, schma-
les, westliches Seitental, die Ostrakina das Gebirge westlich davon,
heute Hagios Elias.

387 *1* Der von Pausanias beschriebene Weg führt durch die Schlucht von
Kardara in westlicher Richtung weiter und überschreitet den Ge-
birgsrücken südlich des Hagios Elias auf einem 1400 m hohen Paß.
Die Petrosaka genannte Örtlichkeit muß nach den Entfernungsangaben bereits jenseits der Paßhöhe gelegen haben. – *2* Ein berühmter
Läufer um die Mitte des 5. Jh.s v. Chr., dessen Schnelligkeit noch in
der Kaiserzeit sprichwörtlich war. – *3* Das «Grab der Penelope» ist
wahrscheinlich die heute Gurtsuli genannte, runde Kalkkuppe, etwa
1 km nördlich der Stadtmauer von Mantinea. Der von Pausanias beschriebene erste Weg nach Orchomenos ist der östliche, der unter
dem heutigen Dorf Kakuri vorbei durch einen Taleinschnitt fast

eben in die Ebene von Orchomenos führt. Variante über das Grab der Penelope. – *4* Eine flache, aber ausgedehntere Kalkkuppe, 2 km nördlich von Gurtsuli. – *5* Etwa beim heutigen Dorf Kakuri; zu Maira s.o.S. 381 und S. 433. – *6* Der westliche, nähere Weg, der beim Khan Bilai den niedrigen Höhenzug überschritt, der die Ebene von Mantinea im Norden begrenzt und den der östliche Weg umgeht. Dieser Höhenzug ist das Anchisiagebirge.

388 *1* Die Version von einem Grabe des Anchises in Arkadien nur hier. Es folgt ein Heiligtum der Artemis Hymnia. – *2* Mancherlei Reste des alten Orchomenos, besonders die Mauerringe, liegen bei und über dem heutigen Dorf Kalpaki, das auf dem Boden der von Pausanias beschriebenen kaiserzeitlichen Unterstadt steht. Auch die von Pausanias genannte Quelle ganz am Fuß des Berges ist noch heute die Hauptquelle des Dorfes. – *3* Die «andere Ebene» ist diejenige, die nördlich des Stadtberges von Orchomenos liegt, etwa 10 m tiefer als die südliche Ebene. – *4* d. h. am Südrand der nördlichen Ebene nach Nordwesten; zu Kaphyai s.o.S. 400. – *5* Am Ostrand der nördlichen Ebene. – *6* Starke Quellen etwa eine halbe Stunde nordöstlich von Orchomenos, dabei Spuren einer antiken Ortschaft, also Amilos.

389 *1* In nordöstlicher Richtung über das heutige Dorf Kandila und den Paß von Skotini, dann nördlich über das Oligyrtosgebirge (heute Skipeza). – *2* In nördlicher Richtung über den Paß und das heutige Dorf Gioza. – *3* Die Wasserstandsverhältnisse in dem abflußlosen, allerseits von hohen Gebirgszügen eingeschlossenen Becken von Pheneos, heute Phonia, waren bis in die Neuzeit außerordentlich stark wechselnd, von völliger Austrocknung des Beckens bis zur völligen Ausfüllung durch einen mehr oder weniger tiefen See; alte Wasserstandslinien sind an den Bergen noch heute sichtbar. – *4* Oryxis und Skiathis sind die beiden Gebirgszüge, die das Tal von Gioza im Westen und Osten einschließen, heute ohne besondere Namen; der Oryxis wahrscheinlich der westliche von ihnen. – *5* Reste großer Dammanlagen waren im Anfang des 19.Jh.s in der Ebene von Phonia noch sichtbar. Der Olbios muß der heute Phoniatikos genannte Hauptfluß sein, der von Norden her bei den Ruinen der Stadt Pheneos in die Ebene mündet, der Aroanios eher sein westlicher Nebenfluß, der aus dem Aroaniagebirge (heute Chelmos) herabkommt. Damm und Graben erwähnt Pausanias später noch einmal, s.S. 397.

390 *1* Die spärlichen Ruinen von Pheneos liegen auf einer Hügelgruppe am Nordrand der Ebene beim heutigen Dorf Phonia, in dem der alte

Name erhalten geblieben ist. – *2* s. S. 168. Gemeint ist, daß die ältesten Bronzestatuen nicht aus einem Stück gegossen waren, wie ein
Webstück in einem Stück gewebt wird, sondern aus einzelnen über
einen Holzkern genagelten Bronzeblechen bestanden. – *3* Rhoikos
und Theodoros als Erfinder der Gußtechnik werden oft genannt
(Pausanias selber o. S. 156 mit Anm. 4; 536f.), wobei aber die verschiedenen Quellen hinsichtlich der Einzelheiten und ihres Ver-
wandtschaftsverhältnisses voneinander abweichen. Es kann sich dabei übrigens nur um die «Erfindung» des Hohlgusses handeln, da
Vollguß auch in Griechenland längst vorher bekannt war. Auch der
berühmte Siegelring des Polykrates (ca. 540–524 v. Chr.) wird
öfters, schon von Herodot, erwähnt und geschildert. Die von Schil-
ler in seiner Ballade behandelte Episode beruht auf Herodot, auf
den auch Pausanias' Angaben zurückgehen.

391   *1* Über Iolaos. – *2* Über Myrtilos. – *3* Textlücke.

392   *1* Heute Ziria, mit 2376 m das zweithöchste Gebirge des Peloponnes, östlich Pheneos. – *2* Der Weg folgt in nördlicher Richtung dem
Tal des Phoniatikos; zu Pellene s. S. 375 ff., zu Aigeira S. 374 f. –
3 Diskussion um einige Namen von angeblich hier Bestatteten. –
4 Von der Grenze gegen Pellene spricht Pausanias nachher noch einmal, S. 395. Danach lag sie dort, wo sie von Natur liegen muß, auf
den Kämmen der Ziria und des nördlich davon gelegenen Mavron
Oros (im Altertum Chelydorea), an deren Abhängen die Quellbäche
des Phoniatikos entspringen. – *5* Zu Aigai s. o. S. 373. Der Krathis
ist der große, heute Akrata genannte Fluß, der südlich des Dorfes
Zaruchla entspringt, in Luftlinie nur etwa 6–7 km nordwestlich von
Pheneos. Das Krathisgebirge muß daher dem heute namenlosen
Bergzug über Zaruchla entsprechen, einer östlichen Fortsetzung des
Chelmos. Nach Pausanias' Angaben muß man annehmen, daß sich
der Weg nach Aigeira schon dicht bei Pheneos vom Wege nach Pellene getrennt hat und dem Weg über die heutigen Dörfer Zivista–
Zaruchla und weiter das Akratatal abwärts entspricht. – *6* Der heu-
tige, in der Gegend von Cosenza entspringende Crati.

393   *1* Geronteion, Trikrena und Sepia müssen die Namen für den Ge-
birgszug sein, der das Becken von Pheneos nach Osten abschließt, in
Fortsetzung des früher (S. 389) genannten Skiathis; Trikrena wäre
dann insbesondere der Berg nördlich des gewöhnlichen Weges von
Pheneos in das östlich anschließende Nachbartal von Stymphalos,
über dem heutigen Dorf Kastania, bei dem die «Drei Quellen» zu
erkennen sind, die Pausanias erwähnt und die heute Trimatia heißen.

Die Sepia muß der nördlichste Teil dieses Bergzuges sein, der aber nur gegen 1300–1500 m hoch ist. – *2* Il. II 604. – *3* Il. XVIII 590 ff.; zum «Reigen des Daidalos» s. o. S. 475. – *4* Das prunkvolle Grabmal für Maussollos, den Satrapen von Karien (gestorben 352 v. Chr.), an dem die bedeutendsten Bildhauer der Zeit mitarbeiteten und von dem noch mancherlei Reste erhalten sind, galt als eines der sieben Weltwunder.

394 *1* Helena war Königin von Adiabene, eines im 1. Jh. v. Chr. selbständigen Königreiches im Nordteil der früheren Landschaft Assyrien; sie trat mit anderen Angehörigen der Dynastie zum Judentum über und starb etwa 60 n. Chr. Der große und reich ausgestattete unterirdische Grabbau der Familie, heute «Grab der Könige», liegt im Norden von Jerusalem, etwa 800 m nördlich des Damaskustores. Die Geschichte von der automatischen Tür dürfte ein Fremdenführermärchen sein. – *2* Heute Ziria, 2376 m. – *3* Die weißen Drosseln der Kyllene werden auch sonst erwähnt; die Notiz geht auf Aristoteles zurück. – *4* Mavron Oros, 1759 m, nördlich der Kyllene. Die angeschlossene Legende will den Namen des Gebirges erklären aus den griechischen Wörtern chelys «Schildkröte» und dero «abhäuten».

395 *1* s. o. S. 397 f. – *2* Der von Pausanias genannte Weg von Pheneos nach Nonakris führt westlich von Pheneos über den 1515 m hohen Paß, zwischen dem Krathisgebirge (s. o. S. 392) im Norden und der 2112 m hohen Durduvana im Süden, und danach südlich und westlich um den Chelmos herum. Der berühmte Styxfall befindet sich in einer wilden Felsschlucht an den riesigen, bis 1000 m senkrecht abstürzenden Nordwänden des Chelmos. Der Fall selbst ist etwa 200 m hoch, in der Luft zerstäubend; an seinem Fuß befindet sich eine Höhle in der Felswand und darunter ein Geröllkegel, an dessen Fuß der Styxbach sich bildet, der in den Krathis (Akrata) geht. Die Stelle galt als ein Eingang in die Unterwelt. Pausanias' Schilderung entspricht den wirklichen Verhältnissen bestens. Die wunderbaren Eigenschaften, die man dem Styxwasser zuschrieb, sind reine Legende, es weist keine besondere chemische Zusammensetzung auf, ist nur als Schneeschmelzwasser auch im Hochsommer eiskalt. Vom antiken Nonakris sind keine Reste bekannt. – *3* Mythologisches und Dichterstellen über die Styx. – *4* Die von Pausanias zitierten Verse der Sappho sind nicht erhalten.

396 *1* Heute Chelmos, 2355 m hoch. – *2* Lusoi lag in dem 1000 m hoch gelegenen Hochtal von Sudena am Westabhang des Chelmos. Seine

genaue Lage ist 1898/99 durch Ausgrabungen festgestellt worden unterhalb des Dorfes Chamaku an den Abhängen des Hagios Elias. Die Ortschaft erstreckte sich in die Ebene hinunter, unmittelbar über ihr lagen auf einer Terrasse und dem Gipfel darüber der Tempel und die sonstigen Bauten des Heiligtums der Artemis Hemera, nicht Hemerasia, wie Pausanias schreibt. Die Stadt bestand als selbständige Gemeinde noch in hellenistischer Zeit. Die Höhle der Proitostöchter ist wahrscheinlich wiederzuerkennen in einer großen Höhle in der westlichen Gipfelregion des Chelmos über dem Styxfall. – *3* 546 v. Chr. – *4* Kynaitha lag an der Stelle des heutigen Kalavryta, doch haben Reste der antiken Stadt bisher nicht wiedergefunden werden können. – *5* s. o. S. 280. – *6* Tollwut heißt griechisch lyssa; das A davor drückt die Befreiung davon aus.

397 *1* s. o. S. 389. – *2* Ein Dorf Lykuria liegt heute noch am Wege von Pheneos an die Ladonquelle, aber an der Westseite des trennenden Bergzuges und ziemlich hoch, während das antike Lykuria nach Pausanias' Angaben noch in der Ebene von Pheneos gelegen haben muß. – *3* Der Ladon, der größte Nebenfluß des Alpheios, entspringt Erdspalten am Fuß einer 50 m hohen Felswand, bildet zunächst über diesen Spalten einen Teich, dem er als breiter, rauschender Fluß entströmt. Daß er aus den unterirdischen Abflüssen des Sees von Pheneos entsteht, ist richtig. – *4* Es folgt die am Alpheios spielende arkadische Version der Liebesgeschichte zwischen Leukippos und Daphne. Der Satz vorher ist wohl verderbt überliefert und die Worte «Daphnes wegen» zu streichen. – *5* Ein vom Chelmos kommender nördlicher Nebenfluß des Ladon, heute Katsana. – *6* Die Entfernung ist zu kurz angegeben, vielleicht 17 Stadien zu lesen. – *7* Die Fabel von den singenden Fischen wird im Altertum vielfach erzählt, aber von verschiedenen arkadischen Flüssen. Sie ist dort noch heute lebendig. – *8* Unbedeutende Ruinen des antiken Kleitor liegen etwa in der Mitte der allseitig von Bergen umgebenen kleinen Ebene, etwa 3 km westlich der heute als Straßenknotenpunkt wichtig gewordenen Kleinstadt Mazeika. Der antike Name lebt in einem Dorf Klituras weiter, das aber nicht mehr an der Stelle der alten Stadt steht, sondern westlich davon in den Bergen. – *9* Textlücke. Von einem Hymnus des mythischen Dichters Olen auf Eileithyia.

398 *1* s. o. S. 392. – *2* Hom. Il. II 608. – *3* Stymphalos, so die einheimische und übliche Namensform, lag ebenfalls wie Pheneos in einem abflußlosen Hochtal, das sich schmal, aber in ziemlicher Längenausdehnung südlich und südöstlich der Kyllene und östlich des Beckens von

Pheneos erstreckt. In der Mitte des Tales bildet sich auch hier je nach den Abflußverhältnissen ein in der Ausdehnung stark schwankender See, heute Zarakas. Im westlichen Teil der Ebene liegen auf einem weit vorspringenden Felsrücken die Reste der älteren Stadt, ostsüdöstlich unter ihr diejenigen der Neustadt. Erhalten und z. T. ausgegraben sind die Stadtmauern, einige Tempelfundamente und anderes. – *4* Von dieser Wasserleitung sind noch an verschiedenen Stellen ihres Verlaufs bis Korinth Reste vorhanden. – *5* Daß der Erasinos, der etwa *5* km südlich von Argos nach nur *5* km langem Lauf ins Meer mündet, der Abfluß des Beckens von Stymphalos sei, wird mehrfach berichtet und noch heute geglaubt. Neueste Untersuchungen haben die Richtigkeit dieser Annahme bewiesen.

399   *1* Eine literarische Notiz über die Erlegung der stymphalischen Vögel, eine der zwölf großen Heraklestaten, und Erzählungen über menschenfressende Vögel in Arabien. – *2* Schöner Stadtmauerring erhalten bei dem Dorf Bugiati; das lange, schmale, nord-südlich ziehende, ebenfalls abflußlose Tal von Alea schließt sich südöstlich an das Tal von Stymphalos an, mit diesem durch einen ganz niedrigen Paßübergang verbunden.

400   *1* s. o. S. 388. – *2* s. o. S. 401. – *3* Ein südlicher Nebenfluß des Ladon. – *4* Die Ebene von Kaphyai ist der nordwestliche Teil der nördlichen Ebene von Orchomenos; bescheidene Reste auf einem Hügel im Nordwesten der Ebene beim Dorf Ghotussa. Die von Pausanias sonst genannten Heiligtümer im Gebiet von Kaphyai sind mit den um die Ebene herum vorhandenen antiken Resten nicht ganz sicher zu identifizieren. – *5* s. o. S. 351.

401   *1* Die Kultlegende des Heiligtums. – *2* Nasoi, «Inseln», bezeichnet auch gut bewässerte, grüne Auen an Flüssen; hier ist eine solche in der Landschaft hervorstechende, wasserreiche Aue im Talgrund unter dem Dorf Dara gemeint. Der Weg zum Ladon folgt dem oben schon genannten Fluß Tragos, der von hier aus in den Ladon fließt. – *3* Der von Pausanias beschriebene Weg folgt einem schönen, reich bewässerten und fruchtbaren Quertal, das fast ohne Steigungen die Täler des Ladon und Erymanthos in ost-westlicher Richtung verbindet. Von den genannten Orten ist nur Paion bekannt, dessen Mauerring an einem Hügel am Nordrand der Ebene, etwa halbwegs zwischen den beiden Flüssen, unterhalb des Dorfes Skupi beim Khan Kalathas liegt. – Es folgen Angaben über die mythischen Gründer von Psophis. – *4* Ruinen beim heutigen Dorf Tripotamo im oberen Erymanthos- (Doana-) Tal, einem Nebenfluß des Alpheios, in den bei

der Stadt von Norden her der Aroanios (zu unterscheiden sowohl von dem Aroanios im Gebiet von Pheneos wie dem im Gebiet von Kleitor), heute Nusaitiko, einmündet. Das Lampeiagebirge heißt heute Kalliphoni (1998 m), das Erymanthosgebirge ist der 2224 m hohe Olonos. Pausanias' Ausdruck, daß die Lampeia «ein Teil des Erymanthos sein dürfte», bezieht sich auf eine frühere Stelle (S. 246 f.), wo es hieß, daß der Erymanthos aus dem gleichnamigen Gebirge komme. Anscheinend verbessert Pausanias hier auf Grund seiner Erkundigungen an Ort und Stelle eine frühere Angabe, die er aus der Literatur entnommen hatte. Wie hier übrigens der Name des Erymanthos als gemeinsame Bezeichnung für Olonos und Kalliphoni dient, so benützen andere Autoren umgekehrt Lampeia als gemeinsamen Namen der beiden benachbarten Gebirge. – 5 Textlücke; gemeint ist die Stelle Od. VI 103, wo es von Artemis heißt, daß sie im Taygetos und Erymanthos jage. – 6 s. o. S. 403. – 7 Kyme bei Neapel.

402 *1* Das berühmte Heiligtum auf dem grandiosen Monte San Giuliano an der Westspitze Siziliens, heute amtlich wieder Erice. Paphos auf Cypern mit berühmtem Aphroditeheiligtum. – *2* Der Alkmaionmythos. – *3* Es gibt tatsächlich mehrere Statuen des personifizierten Nil aus schwarzen Gesteinsarten; die berühmte Statue im Vatikanischen Museum ist aber aus weißem Marmor. Es folgt die Erzählung von einem Psophidier Aglaos zur Zeit des Kroisos, der wegen seiner Bedürfnislosigkeit als der glücklichste Mensch gepriesen wurde im Gegensatz zu dem durch seinen Reichtum sprichwörtlich gebliebenen lydischen König; nach anderen Autoren lebte er allerdings bereits zur Zeit des Königs Gyges. – *4* Der von Pausanias beschriebene Weg führt in südlicher Richtung über das Gebirge. Reste der Heiligtümer des Dorfes Kaus liegen bei dem heutigen Dorf Vutsi. Der Mauerring und einige sonstige Reste der Stadt Thelpusa liegen am linken Ufer des Unterlaufs des Ladon beim heutigen Dorf Vanena. Der Arsen ist der unterhalb von Thelpusa mündende Bach von Velimachi. – 5 s. o. S. 397.

403 *1* Alle von Pausanias genannten Örtlichkeiten liegen am Ober- und Mittellauf des Ladon, oberhalb der gewaltigen Durchbruchsschlucht, in der der Ladon aus der westlichen in die südliche Richtung des Unterlaufs umbiegt. Von zwei Orten sind Lage und Ruinen bekannt, Halus beim heutigen Dorf Syriamu und Thaliades (oder Thaliadai) bei Divritsa; die übrigen waren wohl keine bewohnten Orte. Die hier genannten Nasoi sind nicht zu verwechseln mit den von Pausa-

nias früher (S. 401) genannten. Das Eleusinion ist unbekannt. Es
muß als im Gebiet von Thelpusa gelegen bereits unterhalb der
Durchbruchsschlucht des Ladon gesucht werden. – *2* Die Lage des
Onkeion hat bisher nicht gefunden werden können. – *3* Antimachos
von Kolophon, epischer Dichter um 400 v. Chr. Hauptwerke: die
Epen Lyde und die hier zitierte Thebais, die Darstellung des Zuges
der Sieben gegen Theben, von beiden nur Fragmente erhalten.

404 *1* Stellen aus Homer und Antimachos über das Pferd Areion. – *2* Die
Lage des Asklepiosheiligtums ist neuerdings durch Funde gesichert
in einer kleinen Mulde des Seitentals Bertsia, das gegenüber der
Einmündung der Tuthoa (s. u. Anm. 5) von Westen in das Ladontal
einmündet. – *3* Kleine Textlücke. – *4* Bezieht sich auf die Behandlung der Asklepioslegende im Eingang der Beschreibung des Asklepiosheiligtums. – *5* Linker Nebenfluß des Ladon, heute Fluß von
Langadia. – *6* Il. II 606. – *7* Gemeint ist das Delta der beiden Flüsse.
– *8* Ausgedehnte, aber unbedeutende Reste beim heutigen Dorf
Hagios Joannis.

405 *1* 520 v. Chr.; s. S. 249 und 314. – *2* Zwischen der arkadischen und
elischen Version besteht natürlich gar kein wirklicher Unterschied.
Die elische Version ist offenbar dem Epigramm auf dem Koroibos-
grab entnommen, das aber nicht besagen muß, daß es genau den
Grenzpunkt bezeichnete. Als angebliches Grab des mythischen ersten Olympiasiegers galt wohl ein großer Grabhügel am rechten
Erymanthosufer, der im Jahre 1845 ausgegraben wurde. – *3* Mauerring und andere Reste auf einem steilen, isolierten Hügel hoch in
den Bergen, südöstlich des Dorfes Zacha. – *4* Lecheates gehört zum
griechischen Wort lechos, «Bett», also auf das Kindbett gedeutet.
Athena soll an einem an den verschiedensten Stellen lokalisierten
Fluß oder See Triton oder Tritonis geboren worden sein, was wohl
nur aus dem häufigen Beinamen der Göttin Tritogeneia, Tritonia,
Tritonis herausgesponnen ist.

406 *1* Der Ort wird noch auf der Peutingerschen Tafel als Straßenstation
an der Straße Olympia–Megalopolis genannt; seine genaue Lage ist
unbekannt. – *2* Von Buphagion ist ein Stück der großartigen Stadtmauer noch hoch erhalten sowie andere Reste; der Ort lag in alles
beherrschender Lage am Ausgang der gewaltigen Durchbruchsschlucht des Alpheios an dessen Nordseite. Westlich unterhalb des
Stadtberges entspringen in der heute Trypes genannten Flur viele
starke Quellen, diejenigen des Buphagos, der nach kurzem Lauf in
den Alpheios mündet; ein meist trockener Arm des Bachs ent-

springt allerdings schon einige Kilometer weiter östlich. – *3* Gegründet wurde Megalopolis im Jahre 367/66 v. Chr. nach dem Zusammenbruch der spartanischen Machtstellung durch die Niederlage von Leuktra 371 v. Chr. und im Zusammenhang mit Epameinondas' Feldzügen in den Peloponnes. Über die einzelnen zum Gebiet der neuen Großstadt zusammengelegten bisherigen Orte s. in den folgenden beschreibenden Kapiteln, soweit sie in die Übersetzung aufgenommen sind.

407 *1* Weitere Einzelheiten über die genannten Orte, von denen manche als bewohnte Orte weiterbestanden. – *2* Das bei Pausanias bezeichnete Jahr ist das Jahr 371/70 v. Chr.; die Gründung ist aber einige Jahre später erfolgt. Weiteres zur Geschichte von Megalopolis. – *3* s. S. 151. – *4* Reste des Mauerrings gleich westlich des heutigen Dorfes Atsikolo. – *5* Die vor wenigen Jahren näher untersuchten Ruinen von Gortys liegen auf einem Bergvorsprung am rechten Ufer des Gortynios, heute Fluß von Dimitsana, der mit zum Teil senkrechten Wänden in die Schlucht des Gortynios abstürzt. Erhalten sind vor allem die Mauerringe zweier nebeneinanderliegender Akropolen und außerhalb der südlichen, kleineren Akropolis ein dem Asklepios geweihtes Heiligtum mit Tempel und mehreren Nebengebäuden. Das von Pausanias besonders genannte und auch sonst öfters erwähnte Asklepieion von Gortys lag nördlich unter der Stadt auf einer Terrasse am Fluß.

408 *1* Heute Fluß von Dimitsana. – *2* Exkurs über andere Flüsse mit besonders kaltem Wasser. – *3* Kleiner Ort am Südrand der «Ebene von Dimitsana», über der Mühle von Karkalu; Mauerring und andere Reste erhalten. In den folgenden Kapiteln ist von Teuthis (heute Dimitsana) und anderen Orten und Denkmälern zwischen Teuthis und Megalopolis die Rede. – *4* Der Helisson, heute Bach von Davia, ist der bedeutendste (östliche) Zufluß des oberen Alpheios; er entspringt in der Gegend von Alonistena und durchfließt das Mainalontal. Die von Pausanias genannten Orte im Mainalontal sind nach ihrer Lage nicht sicher bekannt. Die Entfernung der Helissonmündung von der Stadt beträgt knapp 4^1/$_2$ km, was etwa 25 Stadien entsprechen würde. – *5* Die Stadt lag mitten in der hügeligen Ebene; Reste sind nur wenig erhalten und ausgegraben. Am bedeutendsten ist das Theater, dessen zum Teil künstlich aufgeschüttetes, mächtiges Halbrund noch hoch erhalten ist. Davor sind heute noch die Reste des von Pausanias erwähnten Thersilions, des säulengestützten Sitzungssaales der Versammlung des Arkadischen Bundes, «der Zehn-

tausend», sichtbar. Auch von den Gebäuden der Agora, die Pausanias beschreibt, sind Reste ausgegraben.

409 *1* Der berühmte, heute noch fast vollständig erhaltene Tempel, s. o.
S. 422. – *2* Stratege des Achaeischen Bundes im Jahre 192/91 v. Chr. –
3 Die Halle ist in den Ausgrabungen an der Nordseite des Marktes
mit Front nach Süden wiedergefunden und ihre Benennung durch
mit dem Namen gestempelte Dachziegel gesichert. Sie war 155^1/$_2$m
lang und 20 m tief mit zwei vorspringenden Flügeln an den Enden,
dorischen Säulen in der Front und zwei Reihen ionischer Innensäulen. – *4* Die «Salbenverkaufshalle» ist wohl gleichzusetzen mit
der großen, nord-südlich sich erstreckenden Säulenhalle an der Ostseite des Marktes, von der Fundamente erhalten sind. Das als Anlaß
zu ihrer Erbauung berichtete Ereignis gehört etwa ins Jahr 260 v.
Chr. oder einige Jahre später. – *5* Vgl. S. 382.

410 *1* In der Lücke stand, daß die Römer schließlich nach Übertragung
des Oberbefehls an Scipio siegten. Der letzte Teil des Satzes bezieht
sich auf den Siegerbeinamen Africanus des Scipio. – *2* Wahrscheinlich die Südbegrenzung des Marktes am Fluß. – *3* Diesem Heiligtum
entsprechen wahrscheinlich die Reste in der Südostecke des Marktes, die ein großes rechteckiges Gebäude von 47 zu 53^1/$_2$m ergeben
mit einem Innenhof, der auf allen Seiten von Säulenhallen mit dop-
pelter Säulenstellung umgeben war. Der Tempel lag im Westen, der
Haupteingang im Osten des Hofes. – *4* Kleine Textlücke, in der
stand, daß Damophon, ein Bildhauer des 2. Jh.s v. Chr., die Statuen
geschaffen hatte.

411 *1* s. zu diesen Nymphen und Mythen auch o. S. 418. – *2* Er bedeutet
etwa «die Erfindungsreiche».

412 *1* Dem Gymnasium scheinen verschiedene Reste an der Westseite
des Marktes anzugehören. – *2* s. o. zu S. 408. Das Thersilion war ein
Bau von 66:52 m Größe, dessen dem Theater zugewandte Säulen-
vorhalle zugleich das fehlende Bühnengebäude ersetzte. Der Stifter
des Gebäudes ist unbekannt.

413 *1* Gemeint sind die Stellen Od. XXIV 1 ff.; Il. VIII 362 f.; XVI 187;
XIX 103.

414 *1* s. gleich unten bei Methydrion. – *2* Weitere Beispiele vom Unter-
gang einst berühmter Städte. – Die nächsten Kapitel behandeln die
Orte und Denkmäler im Süden von Megalopolis an den Wegen nach
Messene und Sparta, dann die Gegend nördlich von Megalopolis mit
den dort liegenden kleinen Orten. – *3* Einige wenige Ruinen von
Methydrion liegen südlich von Vytina beim Dorf Nemnitsa in der

Gabel zweier Bäche auf einem Hügel, der steil in die Bachtäler an
seinem Fuß abfällt. Von den Bächen ist anscheinend der größere,
westliche, der heutige Bach von Pyrgaki, der Mylaon; der östliche,
der Bach von Nemnitsa, der Maloitas, und das Thaumasiongebirge
dann der waldige Höhenzug östlich von Nemnitsa (Hagios Elias
1869 m), in dem sich eine große Stalaktitenhöhle, also die der Rhea,
befindet. – Es folgen die Orte im Osten von Megalopolis und am
Mainalongebirge.

415 *1* Über die von Pausanias zwischen Megalopolis und Lykosura erwähnten Örtlichkeiten ist nichts Näheres bekannt. – *2* Das Heiligtum der Despoina von Lykosura ist in den Jahren 1889 ff. ausgegraben worden. Es liegt in der von Pausanias angegebenen Entfernung
(7 km) südwestlich von Megalopolis in dem waldigen Bergland über
der Hochebene von Megalopolis, genauer auf einer Terrasse am
Nordabhang eines Terzi genannten Höhenrückens. Die Ausgrabungen legten außer der das ganze Heiligtum umgebenden Umfassungsmauer mehrere der von Pausanias genannten Gebäude frei und ergaben zahlreiche Bruchstücke der großen Kultgruppe des Damophon. Die Funde sind teils im Athener Nationalmuseum, teils in
einem an Ort und Stelle eingerichteten Museum. – *3* Diese 64 m
lange und knapp 6 m tiefe Halle ist an der Nordseite des heiligen
Bezirks wiedergefunden. – *4* s. S. 496. – *5* Vgl. S. 382. – *6* Die drei
Altäre sind vor der Stoa wiedergefunden.

416 *1* Diese Angabe ist unrichtig; die große Kultgruppe ist sogar ziemlich stark gestückt. Es ist auch reines Fremdenführermärchen, daß
der Stein an Ort und Stelle gefunden worden sein soll, das Material
ist vielmehr Marmor von Doliana bei Tegea in Ostarkadien. Von der
Kultgruppe sind so bedeutende Reste wiedergefunden, daß sie großenteils hat wieder zusammengesetzt werden können, ganz der Beschreibung des Pausanias entsprechend. Sie stammt etwa aus der
Mitte des 2. Jh.s v. Chr. gleichzeitig mit einer Vergrößerung des
älteren, im 4. Jh. gebauten Tempels. Der Tempel war ein einfacher
dorischer Prostylos, also nur mit einer Vorhalle von 6 Säulen ohne
Ringhalle; nur die Vorhalle aus Marmor von Doliana, sonst aus
Kalkstein. – *2* Il. XIV 279. – *3* Verfasser orphischer Schriften, lebte
im 6. Jh. v. Chr. am Hof der Pisistratiden in Athen. – *4* Diese Angabe hat Pausanias aus Herodot II 156; in den erhaltenen Dramen
des Aischylos befindet sich keine entsprechende Stelle.

417 *1* Dieses Megaron war, wie die Ausgrabungen ergeben haben, ein
großer monumentaler Altar, etwas über dem Tempel am Berghang

gelegen. – *2* Il.IX 457; 569 und mehrfach in der Odyssee. Kore heißt
nur «Mädchen», Despoina «Herrin». – *3* Zu diesem Heiligtum gehören vielleicht einige Mauerreste, etwas höher hinauf am Berghang.

418 *1* Einige Reste des Mauerrings der Akropolis auf dem Gipfel des
Berges und sonstige Reste noch erhalten. – *2* Nördlich von Lykosura, heute Diaphorti oder Hagios Elias genannt. – *3* Reste des Heiligtums und der Ortschaft gefunden bei einer Johanneskapelle nördlich des Dorfes Krambavos. – *4* Am Nordabhang des Lykaion beim
heutigen Dorf Dragomanu. – *5* s.o.S.411.

419 *1* Sowohl der Hippodrom wie das Stadion und mehrere zugehörige
Nebenbauten sind in einer etwa 1200 m hoch gelegenen Mulde,
zwischen den beiden Hauptgipfeln des Lykaion (1420 m), wiedergefunden und ausgegraben. – *2* Auf einer Hochfläche, etwa 20 m
unterhalb des Gipfels, auf der heute die Kapelle des heiligen Elias
steht, die dem Gipfel den Namen gibt; die alte Umfassungsmauer
des heiligen Bezirkes ist noch auf eine Länge von 120 m zu verfol-
gen. – *3* Der Altar bildet die Spitze des Berges selber, von etwa 30 m
Durchmesser und ganz durchsetzt mit den Resten der alten Opfer.
Der Blick reicht von hier bis zum Olonos (Erymanthos), Taygetos
und Zakynthos. Auch die beiden Basen für die Säulen, auf denen die
Adler standen, sind wiedergefunden. – *4* Anspielung auf die Menschenopfer, die hier noch in historischer Zeit stattfanden. – Es folgen weitere Orte am Lykaiongebirge.

420 *1* Der nördlich unter Lykosura fließende Bach von Stala. – *2* Mythen
und Geschichte von Phigalia. – *3* Stadtmauerring und andere Reste
der Stadt in großartiger Gebirgslandschaft über dem rechten Ufer
der Neda beim heutigen Dorf Pavlitsa, das auf dem Gebiet der alten
Stadt steht.

421 *1* Die Olympiaden entsprechen den Jahren 572, 568 und 564 v. Chr.
Die hocharchaische Statue, eine der ältesten olympischen Siegerstatuen und wohl die älteste erhaltene, ist 1890 wahrscheinlich wiedergefunden worden. Im folgenden ist die ähnliche Geschichte des
Kreugas an den Nemeen erzählt. – *2* Wegen der sich widersprechen-
den Angaben bei Pausanias nicht sicher zu identifizieren. – *3* Il. I
314. – *4* Eine merkwürdige Angabe, da sich die Neda durchaus nicht
durch einen stark gewundenen Lauf auszeichnet. – *5* Il. XVIII 398 f.

422 *1* s. gleich unten S. 423. – *2* Der berühmte, fast vollständig erhaltene
dorische Tempel, der hoch im Gebirge in 1130 m Meereshöhe,
etwa halbwegs zwischen Pavlitsa und Andritsena, liegt, mit einem
kleineren älteren Vorläufer aus dem 7. Jh. v. Chr. Pausanias' Deu-

tung des Kultnamens Epikurios ist fast sicher irrig, er bedeutet
sonst den im Kriege Helfenden. Damit wird auch sehr fraglich, ob
diese angebliche Epidemie historisch und nicht nur aus dem Beinamen des Gottes herausgesponnen ist. Sie ist jedenfalls nicht identisch mit der berühmten Pest im Anfang des Peloponnesischen
Krieges in Athen, die sich nicht auf den Peloponnes ausdehnte.
Pausanias wendet sich mit seinen Worten auch gegen eine andere
Datierung wohl in einem Literaturwerk. Es ist auch fraglich, ob die
Nennung des Iktinos als Baumeister wirklich richtig oder nur zu
höherem Ruhm von Phigaleia erfunden ist. Man ist heute geneigt,
den Tempel erst etwas später ans Ende des 5.Jh.s v. Chr. zu setzen.
Bassai bedeutet anbaufähige Mulden im Kalk; unterhalb des Tem-
pels sind Reste des Dorfs Bassai noch festzustellen. – *3* s. o. S. 408 f.
Daß dies das Kultbild des Tempels von Bassai war, ist aber wahrscheinlich unrichtig, da im Tempel selber bei den Ausgrabungen
Reste einer überlebensgroßen akrolithen Apollostatue gefunden
wurden, die eher zu dem Kultbild gehört haben dürften.

423 *1* Die Quelle liegt etwa 10 Minuten westlich unter dem Tempel. –
2 In einer Mulde nordwestlich über dem Tempel sind die Reste
zweier kleiner Tempel ausgegraben, die nach den Funden der Aphrodite und der Artemis gehörten. – *3* Die Höhle, heute zu einer Pana-
giakapelle ausgebaut, befindet sich an den Nordwänden der Neda-
schlucht, etwas unterhalb von Phigalia. – *4* s. o. S. 403.

425 *1* Die Basis mit der Künstlerinschrift ist wahrscheinlich wiederge-
funden. Auf die Statue dichtete Antipater von Thessalonike ein
Epigramm (Anthologia Palatina IX 238). – *2* Andere Werke des
Onatas.

427 *1* Zu Pallantion s. o. S. 428. Die Legende von der arkadischen Einwanderung nach Rom ist rein aus der Namensähnlichkeit von Pallantion und Palatium herausgesponnen; Antoninus der Erste ist Antoninus Pius (138–161 n.Chr.), der Zweite Marc Aurel (161–180
n.Chr.), Adoptivsohn des Pius mit dem offiziellen Namen Marcus
Aurelius Antoninus. Der große Markomannenkrieg begann 166 n.
Chr. Nach römischem Recht konnten Nichtbürger von römischen
Bürgern keine Erbschaften erhalten, sondern solche Nachlaßteile
fielen, soweit sie nicht anderen römischen Bürgern vermacht waren, als erbenlos an die Staatskasse. – *2* Der Weg führt zunächst auf
die Hochebene von Frankovrysis und überschritt das dazwischen-
liegende Tsimbarugebirge wahrscheinlich in dem Einschnitt zwischen den Dörfern Rapsomati und Marmaria, der von dem alten

Hauptweg Sparta–Tripolis und der heutigen Eisenbahn benutzt wird. Die genauere Lage der von Pausanias zunächst genannten Orte, die aber alle noch in der Ebene von Megalopolis gelegen haben, ist nicht sicher bekannt. – *3* Schöne Akropolis mit Resten der Stadtmauer und anderen Resten der alten Stadt am Nordrand der Hochebene von Frankovrysis, heute Palaeokastro von Frankovrysis genannt.

428 *1* Diese Auffassung, daß die Gruppe starker Quellen beim Khan von Frankovrysis, deren Wasser entweder in einer Katavothre bei Marmaria am Westrand der Ebene verschwindet oder auch oberirdisch durch den Einschnitt nach Rapsomati abfließt, die gemeinsame Quelle von Alpheios und Eurotas sei, steht auch bei Strabo, ist aber, was den Eurotas betrifft, kaum richtig. – *2* Dieser Tempel der Athena und des Poseidon liegt an der Stelle Vigla am höchsten Punkt der Straße von Asea (Frankovrysis) nach Pallantion und Tegea, nordöstlich des Dorfs Doriza und ist neuerdings ausgegraben. Es ist ein dorischer Marmortempel des späteren 6. Jh.s v. Chr. mit 6 : 13 Säulen und 11^1/$_2$: 24^1/$_2$ m groß mit einem Vorgänger bereits des 7. Jh.s v. Chr. – *3* Vermutlich der heute noch vorhandene Damm, der vom Abhang des Kravari zur gegenüberliegenden Hügelkette beim Dorf Berbati zieht. – *4* Spärliche Ruinen von Pallantion liegen gleich außerhalb des Paßübergangs nördlich des von Pausanias benutzten Weges, südlich der heutigen Fahrstraße; sie entsprechen den Angaben des Pausanias. Ausgrabungen im Jahre 1940 legten die Fundamente mehrerer archaischer Tempel mit Holzsäulen und anderer Gebäude frei, nun auch zwei byzantinische Kirchen des 6. Jh.s n. Chr. – *5* Anspielung auf die Menschenopfer auf dem Lykaion.

429 *1* Die genannten Monumente sind nicht näher bekannt außer dem Berg Kresion, der dem isolierten Hügel Vuno entsprechen muß, auf dem antike Fundamente liegen. – *2* Die Reste der Stadt Tegea sind im allgemeinen sehr spärlich und die Topographie daher recht unsicher. Die Stadt lag in fast offenem, nur leicht hügeligem Gelände im Gebiet der heutigen Dörfer Hagios Sostis, Omertsausi, Palaeo-Episkopi und Ibraim Effendi (heute Episkopi) und ist als Stadt durch Zusammensiedlung der von Pausanias genannten Dörfer, deren ungefähre Lage zumeist im Bergland südlich der tegeatischen Ebene bestimmbar ist, wohl im 6. Jh. v. Chr. gegründet worden. – *3* Einiges aus der mythischen Geschichte von Tegea. – *4* Dieser Tempel ist innerhalb des heutigen Dorfes Piali, das heute amtlich Tegea heißt, ausgegraben; er lag außerhalb der antiken Stadt. Wiedergefunden sind außer den Fundamenten des klassischen Tempels und den dar-

unter liegenden Fundamenten eines Tempels wohl schon des 7. Jh.s
v. Chr. zahlreiche Reste des architektonischen Aufbaus und der
Giebelskulpturen. Seine Erbauung ist etwa 360–330 v. Chr. anzusetzen; nach den Besonderheiten seines Grundrisses, der außer-
ordentlichen Feinheit seiner reichen architektonischen Ausgestal-
tung und nach seinen großartigen Giebelskulpturen gehört er zu
den bedeutendsten Leistungen der klassischen griechischen Bau-
kunst. Die äußere Ringhalle des Tempels sowie die Säulen von Pronaos und Opisthodom waren dorisch, im Inneren besaß der Tempel
keine Säulen, sondern nur korinthische Halbsäulen und Pfeiler als
Gliederung der Cellawände. Die Metopen von Pronaos und Opisthodom trugen Reliefs, während die Metopen der Ringhalle glatt
waren. Die von Pausanias erwähnten ionischen Säulen standen wahrscheinlich auf den beiden Fundamenten unmittelbar an den beiden
Ostecken des Tempels. Daß es der größte Tempel des Peloponnes
gewesen sein sollte, ist unrichtig, der Zeustempel in Olympia ist
erheblich größer. Der Kult an dieser Stelle geht nach den Funden
bereits ins Ende des 2. Jahrtausends v. Chr. zurück. – 5 395/94 v. Chr.

430 *1* Weitere Beispiele von Entführung von Kunstwerken. – *2* Wahrscheinlich auf dem Palatin. – *3* Im Südwesten der Ebene von Tegea.

431 *1* Diese Fesseln sah schon Herodot am Tempel der Athena Alea in
Tegea, der auch die zugehörige Geschichte erzählt (I 66). – *2* s.
S. 433. – *3* Die Fundamente dieses großen Altars sind etwa 25 m vor
der Ostfront des Tempels wiedergefunden. – *4* Dieser Brunnen ist
vielleicht identisch mit einem antiken Brunnenschacht 10 m nördlich des Tempels, zu dem 14 Stufen hinabführen. – *5* Hekataios,
ionischer Geograph und Geschichtschreiber um 500 v. Chr., den
Pausanias auch im Kap. 4,9 zur selben Sache zitiert, da er ebenfalls
von der Verbindung des Herakles mit der Auge berichtete, die nach
ihm aber freiwillig geschah. – *6* Der Tempel der «Stadtgöttin»
Athena ist auf einem der höheren Hügel im nördlichen Teil des
Stadtgebietes, bei Hagios Sostis oder Omertsausi, zu suchen.

432 *1* Nach einer anderen Version hieß der Tyrann Aristokleidas und
stammte das Mädchen aus Stymphalos; sonst ist darüber nichts weiter bekannt. Wo das Heiligtum lag, ist unbekannt. – *2* d. h. recht-
eckige Form. Er lag nach den Ausgrabungen beim Dorf Palaeo-Episkopi. – *3* V 7,7 und S. 486. – *4* Od. VI 162 f.

433 *1* Dieser Krieg, von dem Pausanias mehrfach spricht, gehört in sa-
genhafte Zeit, und die Namen der beteiligten Personen werden auch
verschieden angegeben; es ist derselbe Krieg, auf den sich die auf

S. 431 erwähnten Weihgeschenke im Tempel der Athena Alea beziehen. – *2* Od. XI 326. – *3* Eine typische aetiologische Legende, die aus der Stellung der Figur herausgesponnen ist; diese Stellung erklärt sich andererseits sicher aus dem auch aus dem Altertum mehrfach überlieferten Knien bei der Geburt.

434 *1* Geringe Reste des Theaters sind östlich des Marktes ausgegraben, östlich der Kirche Palaeo-Episkopi. – *2* Berühmter Staatsmann des Achaeischen Bundes in den Jahrzehnten um 200 v. Chr., von dessen Leben und Wirken in den folgenden Kapiteln ausführlich gesprochen wird. – *3* Die Kultlegende. – *4* Die Erklärung ist, was den ersten Phyllennamen anbetrifft, nur halb richtig; sie ist auch nach einem Gott, dem Zeus Klarios oder in der einheimischen Form Krarios, benannt; zu Zeus Klarios s. S. 435. – *5* Wahrscheinlich am Nordostabhang des Hügels von Hagios Sostis. – *6* Auf einem der Hügel bei den Dörfern Hagios Sostis und Omertsausi.

435 *1* Die einheimische Form des Beinamens ist Krarios. – *2* In den folgenden Kapiteln ist von einigen Ortschaften im Südosten von Tegea und den Wegen nach Sparta und in die Argolis die Rede.

BUCH IX · BOEOTIEN

436 *1* Zu Eleutherai s. o. S. 97 f.

437 *1* Antalkidasfriede oder Königsfriede 386 v. Chr. – *2* Ausführliche Schilderung der Eroberung Plataeaes durch die Thebaner. – *3* 373/72 v. Chr. – *4* Da die Stadt während der Abwesenheit des Hauptteils der Bevölkerung auf den Feldern überrumpelt worden war und die Zurückgebliebenen freien Abzug erhielten. – *5* Hysiai lag etwa 2 km östlich des heutigen großen Dorfs Kriekuki (amtlich Erythrai), Erythrai weiter östlich in nicht ganz sicher festgestellter Lage. – *6* Nach Herodot IX 84. – *7* Es ist der Weg über den Paß von Gyphtokastro (antik Paß von Dryoskephalai), der heute von der Straße Athen–Theben benutzt wird; der Weg nach Plataeae zweigt gleich bei der Paßhöhe (650 m) nach Westen ab und geht zunächst ziemlich hoch am Gebirge entlang. – *8* Über den nächsten Paß, etwa 2 km weiter westlich, 825 m hoch.

438 *1* Die gewöhnliche Version der Sage ist die, daß Aktaion, weil er Artemis im Bade gesehen hatte, in einen Hirsch verwandelt und so von seinen eigenen Hunden zerrissen wurde. Wo die erwähnten Punkte lagen, ist nicht sicher bekannt. – *2* König von Theben, der

von den Bakchantinnen, unter denen sich die eigene Mutter Agaue
befand, in ihrer Raserei zerrissen wurde. – *3* s. S. 482. – *4* Diese
Worte stehen im überlieferten Text an falscher Stelle hinter «erschlug». – *5* Gut erhaltener Mauerring und andere Reste beim heutigen Dorf Kokkala; ausgegraben unter anderem die Reste eines
großen, archaischen, dorischen Tempels, der wohl mit dem von
Pausanias später erwähnten Heratempel zu identifizieren ist. – *6* Reste nicht bekannt. – *7* Textlücke. Der Altar lag nach dem Fundort der
auf die Spiele bezüglichen Inschriften etwa 2 km östlich von Plataeae.

439 *1* Hera als Frauengöttin wurde an vielen Orten wie hier in Plataeae
als Personifikation der beiden großen Abschnitte im Leben der Frau
verehrt, als Braut und als verheiratete Frau.

440 *1* 315 v. Chr. – *2* Bei dem von Pausanias ausführlich geschilderten
Fest handelt es sich um ein Fruchtbarkeitsfest, das in hochaltertüm-
lichen, damals nicht mehr verstandenen Formen als Götterhochzeit
gefeiert wird. Ursprünglich muß es ein gemeinsames boeotisches
Fest gewesen sein, von dem nur die Begehung in Plataeae, verbunden
mit einem dortigen Lokalfest, übrigblieb. Die von Pausanias gegebenen Zahlenangaben im Zusammenhang mit dem Fest passen nicht
zueinander und können nicht richtig sein.

441 *1* Nach Plutarch Arist. 20 vielmehr aus der Beute der Schlacht von
Plataeae. – *2* s. o. S. 83. – *3* Die Quelle ist in dem ausführlichen
Schlachtbericht Herodots mehrfach erwähnt (IX 25, 3; 49, 2 f.;
51 f.); eine sichere Identifizierung mit einer der Quellen nördlich
von Plataeae ist nicht möglich. – *4* Entspringt am Nordabhang des
Kithaeron bei Plataeae und fließt nach Westen in die Bucht von Livadostro des korinthischen Meerbusens, heute Fluß von Livadostro
oder Stravopotamos. – *5* Der Hauptfluß des südlichen Boeotien, entspringt nördlich von Plataeae im Gebiet von Leuktra, fließt in östlicher Richtung und mündet bei Oropos in den Sund von Euboea,
heute Vurieni. – *6* Wahrscheinlich nördlich des Asopos südlich des
heutigen Dorfs Neochori. Der unklare Satz über den Tempel und
die Kultbilder soll wohl besagen, daß der Tempel kein Dach besaß
und bei den Statuen nur der Oberkörper dargestellt war. – *7* Es
folgt ein längerer Exkurs über die Geschichte von Theben.

442 *1* Das gilt für das heutige Theben ganz ebenso wie schon zu Pausanias' Zeit; die antiken Reste von Theben sind äußerst spärlich und
bescheiden. – *2* Beim heutigen Dorf Tachi mit reichen Quellen,
deren Wasser nach Theben geleitet wurde. – *3* Textlücke. – *4* Spuren des Heiligtums mit Weihgaben vom 2. Jahrtausend v. Chr. bis

ans Ende des 5. Jh.s v. Chr. sind anscheinend südlich von Theben, an der heutigen Straße nach Theben, gefunden; s. auch S. 453.

443 *1* Textlücke. – *2* «Siebentorig» heißt Theben schon bei Homer, Reihenfolge und Namen der angeblichen sieben Tore werden aber in den antiken Quellen von Aischylos an sehr verschieden gegeben. Sie sind wahrscheinlich mythisch und nicht historisch. In der eigentlichen Stadtbeschreibung erscheinen von ihnen bei Pausanias auch nur drei, das Elektrische, Neïtische und Proitidische Tor, die alle drei im Mauerring der Oberstadt lagen. Über die Lage der übrigen Tore, soweit sie überhaupt historisch sind, läßt sich nichts Sicheres sagen. Zum Homoloïschen Tor wäre zu bemerken, daß es bei Theben einen Hügel Homole gab und ein Fest Homoloïa und der zugehörige Monatsname Homoloïos in Boeotien verbreitet war. Das Tor hatte also danach und nicht nach der thessalischen Stadt seinen Namen. – *3* An der Südostecke der Kadmeia, östlich der heutigen Straße, die anders als im Altertum am südlichsten Punkt in die Kadmeia eintritt. Reste des Tores sind ausgegraben. – *4* Exkurs über den Zug der Sieben gegen Theben. – *5* Der entscheidende Sturm auf die Stadt hatte hier an der Südseite der Kadmeia stattgefunden; Reste nicht bekannt. – *6* s. dazu o. S. 444. – *7* Der Hismenos (so die richtige Form des Namens) ist der östlich der Kadmeia fließende, heute Hagios Joannis genannte Bach. Das Apollonheiligtum ist durch Ausgrabungen nachgewiesen südöstlich des Elektrischen Tores, auf dem Hügel westlich des Hismenos und nördlich dessen, auf dem heute die Kapelle des hl. Lukas steht. Die Funde beginnen bereits im 2. Jahrtausend v. Chr. mit aufeinanderfolgenden Tempeln, etwa des 8., des frühen 6. und des 4. Jh.s v. Chr. Das Heiligtum war mit seinem Orakel neben dem Dionysosheiligtum das berühmteste in Theben. Hismenos war ursprünglich ein selbständiger Gott, dessen Kult und Heiligtum von Apoll wie an anderen Orten auch in Anspruch genommen wurde.

444 *1* Der große Tempel von Didyma, südlich von Milet. – *2* Vgl. S. 443 über die Drachensaat des Kadmos. Pausanias hält nach dieser Stelle also die starke Quelle des Hismenos, heute Kephalari genannt, für die Aresquelle mit dem Drachen. Das muß aber Irrtum sein, da nach den älteren Quellen kein Zweifel sein kann, daß die Aresquelle vielmehr die heute Paraporti genannte Quelle an der Südwestecke der Kadmeia ist, über der sich im Fels auch die Höhle befindet, die als Behausung des Drachen galt.

445 *1* Das auch sonst mehrfach erwähnte Haus galt als Geburtshaus des

Herakles. – *2* Trophonios und Agamedes, mythische, auch von Pausanias mehrfach genannte Baumeister, denen besonders alte Bauten zugeschrieben wurden. Trophonios ist ursprünglich identisch mit dem in Lebadeia verehrten Orakelgott (s. o. S. 471 ff.). In Anchasios steckt irgendein Beiwort zu Trophonios, das verschieden überliefert ist.

446 *1* Das Herakleion, südlich außerhalb des Elektratores, wird auch sonst mehrfach in den antiken Quellen genannt; seine genaue Stelle ist noch nicht gefunden. – *2* Ikaria, heute Nikaria. Die hier und auch bei anderen Schriftstellern erzählte Version ist eine rationalistische Umdeutung des bekannten Mythos vom Flug des Daidalos und Ikaros. – *3* Daß elf Heraklestaten in zwei Giebeln dargestellt gewesen sein sollen, ist schwer vorstellbar; vielleicht ist der Text gestört und etwas ausgefallen, so daß die Heraklestaten wie sonst auch vielmehr in den Metopen anzunehmen wären. – *4* 404 v. Chr. – *5* Der Beiname Spodios ist von spodos «Asche», also dem Aschenaltar, abgeleitet.

447 *1* Die in diesen Abschnitten genannten Baulichkeiten sind nicht gefunden. – *2* Die richtige Form des Beinamens der Athena ist Onka; die Ableitung aus dem Phoenikischen ist reine Phantasie; mit Sais ist die aegyptische Göttin Neith in Sais in Unteraegypten gemeint, die mit Athena gleichgesetzt wurde. Sophokles (Oid. Tyr. 20) kennt im Gegensatz zu Pausanias auch einen Tempel der Göttin. Seine Lage ist nicht sicher bekannt, man setzt ihn im allgemeinen an die Stelle der heutigen Kapelle der Dreifaltigkeit, südwestlich der Stadt, die auf antiken Fundamenten steht. – *3* Unter dem Haus des Kadmos, des mythischen Gründers von Theben, sind wohl die Reste des mykenischen Palastes (2. Jahrtausend v. Chr.) zu verstehen, die als wichtigstes antikes Denkmal Thebens nach den neueren Ausgrabungen einen großen Teil der Fläche der Kadmeia einnehmen. Der heilige Bezirk der Semele ist auch aus einer Inschrift hellenistischer Zeit und sonst bekannt. – Pausanias springt also in seiner Beschreibung von den Denkmälern südlich außerhalb der Stadt zu denjenigen im Mittelpunkt des damaligen Theben über.

448 *1* Der Text ist in den letzten beiden Sätzen sehr gestört und vielleicht auch anders zu lesen, ohne daß eine Entscheidung möglich ist. Der Dionysos Kadmeios wird auch sonst erwähnt. – *2* Vgl. o. S. 230; lebte im 4. Jh. v. Chr. – *3* Längerer Exkurs über Epameinondas.

449 *1* König Ptolemaios I. von Aegypten, 323–283 v. Chr. – *2* Tyche, das Schicksal, Plutos, der Reichtum. Die berühmte Statue des Kephiso-

dotos, des Vaters des Praxiteles, die Eirene stehend mit dem Plutosknaben auf dem Arm darstellte, von der mehrere Repliken erhalten
sind, stand auf dem Markt von Athen und stammt aus dem Anfang
des 4. Jh.s v. Chr. – *3* Adonis soll aus einem Inzest seiner Mutter mit
ihrem Vater gezeugt worden sein; Theseus' Gemahlin Phaidra ver-
liebt sich in ihren Stiefsohn Hippolytos, verleumdet ihn, da er ihre
Liebe abweist, bei seinem Vater, auf dessen Gebet Hippolyt durch
sein scheuendes Gespann umkommt; der thrakische König Tereus
verführt und mißhandelt die Schwester seiner Frau, worauf diese
seinen Sohn töten und dem Vater zum Mahl vorsetzen. – *4* Schlacht
bei Leuktra 371 v. Chr. Von allen zuletzt beschriebenen Heiligtümern ist nichts Sicheres bekannt. – *5* Das Proitidische Tor ist nach
Pausanias' Angabe, daß die Straße nach Chalkis durch dies Tor die
Stadt verließ, an der Ostseite der Kadmeia zu suchen; die genaue
Stelle ist nicht bekannt, muß aber etwa am Ende der heutigen Proi-
tosstraße gelegen haben, wo auch die moderne Straße nach Chalkis
Theben verläßt. Weder das Theater, von dem einzelne steinerne
Sessel erhalten sind, noch die sonst von Pausanias hier genannten
Denkmäler sind ihrer Lage nach genauer bekannt.

450 *1* Lysios, der «Löser», ist ein häufiges Beiwort des Dionysos, die besondere, von Pausanias gegebene Erklärung, wie in all diesen Fällen,
nachträgliche Erfindung. – *2* Die «Niobiden», die meist in der Zahl
von 14 angenommenen Kinder des Amphion und der Niobe, die
von Apollon und Artemis wegen der überheblichen Äußerung der
Mutter über ihre große Kinderzahl getötet wurden. – *3* Das Heiligtum lag nach anderen Nachrichten am Markt von Theben, der
in der Senke östlich unter der Kadmeia sich befand. Den Markt
selber nennt Pausanias nicht, aber gleich nachher den Hermes
Agoraios, den «Hermes auf dem Markt». – *4* Dieser Satz steht hier
wohl an falscher Stelle und ist wohl einige Zeilen weiter oben,
anschließend an die Nennung der Gräber der Kinder des Amphion,
einzuschieben.

451 *1* Il. II 479; die Beziehung des Beinamens Zosteria auf die kriegeri-
sche Seite der Athena ist richtig, die von Pausanias gegebene Inter-
pretation der Homerstelle aber falsch. – *2* Exkurs zum Mythos von
Amphion und Zethos. – *3* Il. XIV 114. – *4* Dieses Wunder wird auch
von verschiedenen anderen antiken Schriftstellern erwähnt. – *5* Lage
unbekannt.

452 *1* s. o. S. 466. – *2* Wahrscheinlich die starke Quelle am Westrand der
Vorstadt Hagii Theodori, deren Wasser in den Hismenos fließt. –

3 Der Hügel Teumessos ist der isolierte Hügel Mesavuni, etwa 8 km nordöstlich von Theben. Es folgt ein Exkurs über den teumessischen Fuchs und andere Mythen von Teumessos. – *4* Schon bei Homer und sonst in den Epen öfters erwähnter kleiner Ort; Mauerring und andere Reste auf der Hügelkuppe Turleza, beim Dorf Syrtzi, 2 km nördlich von Teumessos. – *5* Der von Steinen umgebene Grabhügel war vor etwa 100 Jahren vor dem Dorf noch sichtbar, heute verschwunden.

453 *1* Heute Sagmatas mit einem Kloster, in das zahlreiche Architekturstücke des Tempels verbaut sind. – *2* Ruinenstätte Kastri am Fuß des Lykovuni am Eingang der Straße ins Gebirge, mit kleinem Mauerring. – *3* Bei der kleinen Siedlung Ritsona an der Straße Theben–Chalkis; dabei in den letzten Jahren große Nekropole ausgegraben, die beweist, daß der Ort noch bis in die hellenistische Zeit bestand. – *4* s. o. S. 442. – *5* s. S. 76, Anm. 4. – *6* Also südöstlich; unter Euripos ist nur die schmalste Stelle des Sundes bei Chalkis verstanden. – *7* Heute Bucht von Vathy, deren Küstenformation allerdings seit dem Altertum durch Anschwemmungen verändert ist. Es handelt sich um zwei Buchten, eine kleine nördliche, Mikro Vathy oder Visala, und eine größere südliche, Megalo Vathy oder Laspi. Der antike Ort lag auf der Anhöhe zwischen den beiden Buchten. Das Artemisheiligtum ist seit 1956 ausgegraben. Es lag am Südende der kleinen nördlichen Bucht. Gefunden ist der Tempel des 5. Jh.s v. Chr., der aus Vorhalle, Cella und Adyton bestand ohne Ringhalle mit in hellenistischer Zeit angebauter Säulenfront von vier Säulen (30 : 10$^{1}/_{2}$ m). Davor ist die heilige Quelle gefunden mit einem Altarfundament und der Ummauerung der Stelle der heiligen Palme (Hom. Il. II 305 ff.). Südlich neben dem Tempel standen mehrere Nebengebäude. – *8* Il. II 307.

454 *1* Bronzene Türschwellen werden bei Homer mehrfach erwähnt. – *2* Bekannt durch den Sieg der Boeoter über die Athener im Jahre 424 v. Chr., an welcher Schlacht auch Sokrates teilnahm. Lage des Heiligtums wahrscheinlich beim heutigen Dorf Dilesi. – *3* s. o. S. 455. – *4* Il. II 498. Der Name Graia und der dazugehörende Gebietsname Graïke ist sonst für die Küste um Oropos belegt; ob der Name Tanagra wirklich dazugehört oder der Name Graia von Tanagra nur beansprucht wurde, um die Stadt im Schiffskatalog erwähnt sein zu lassen, ist unsicher. – *5* Ausgedehnte Ruinen von Tanagra, südlich des Dorfes Schimatari am Nordufer des Asopos, in den hier von Norden ein anderer Bach, Lari, mündet. Die einzelnen von Pausa-

nias genannten Denkmäler lassen sich aber außer der Stelle des Theaters nicht identifizieren.

455 *1* Hom. Od. I 52 ff.; die Ansetzung des Atlas ist wohl nur aus dem Namen Polos herausgesponnen, welches 'Wort auch das Himmelsgewölbe und die Achse desselben und deren Endpunkte (Pole) bezeichnet. – *2* Exkurs über Tritonen und andere Seeungeheuer und sonstige Wundertiere und fremdartige Tiere. – *3* Korinna, boeotische Dichterin aus Tanagra aus der ersten Hälfte des 5. Jh.s v. Chr., ungefähre Zeitgenossin Pindars, von deren Dichtungen noch einige Fragmente erhalten sind. Der Wettkampf mit Pindar ist wahrscheinlich nur aus einem Vers herausgesponnen, in dem sich Korinna als Rivalin Pindars bezeichnet.

456 *1* Also nördlich, s. o. S. 453. – *2* Heute Ktypas. – *3* Reste der Stadt, besonders der Stadtmauern und der Molen des Hafens an der Küste bei dem heutigen Dorf Lukisia. – *4* Wahrscheinlich Textlücke, in der ein weiterer Dichtername ausgefallen ist; die Versionen über ihren Tod lauten bei Homer und Pindar verschieden.

457 *1* Nach der Beschreibung des östlichen und nordöstlichen Boeotien, die an die vom Proitidischen Tor ausgehende Straße von Theben nach Chalkis angeschlossen ist, folgt nun das mittlere, nördliche Boeotien, östlich des Kopaissees. Das Iolaosheiligtum lag nach anderen Nachrichten ganz im Norden der Stadt; einzelne Reste, die anscheinend dazu gehören, sind noch nördlich der Eisenbahn ausgegraben. – *2* Exkurs über Pindar und besonders die Geschichte, wie er im Schlaf zum Dichter geworden sein soll. – *3* Die zum Teil noch sehr gut erhaltenen Reste von Akraiphnion oder Akraiphion, Akraiphia, besonders die Stadtmauer, liegen bei dem heutigen großen Dorf Karditsa am Ostende des Kopaisbeckens. Das Ptoïongebirge heißt heute Pelagia. – *4* Der heilige Bezirk des Apollon Ptoïos lag in dem nach einer Quelle Perdikovrysis («Rebhuhnquelle») benannten Hochtal am Südfuß der Pelagia in 340–380 m Meereshöhe und baute sich in mehreren Terrassen auf. Auf der obersten Terrasse stand der kleine dorische Tempel, die tieferen Terrassen trugen die sonstigen mit dem Orakel und der Unterbringung der Besucher zusammenhängenden Gebäude. Die hier gemachten Ausgrabungen lieferten außerdem besonders reiche Einzelfunde, darunter eine ganze Reihe archaischer Statuen. Nach Ausweis der Inschriften und Funde bestand das Orakel, entgegen Pausanias' Angabe, bis in die römische Kaiserzeit. Schon in vorhistorischer Zeit lag an der Stelle des Heiligtums eine befestigte Siedlung, von der ein kleines Stück der

Mauer über dem Heiligtum erhalten ist. Auch hier ist Apollon erst
Eindringling statt des ursprünglich selbständigen Heros Ptoos. – Die
Geschichte des Karers Mys ist wieder nach Herodot (VIII 135) er-
zählt.

458 *1* Vom antiken Larymna, an der Küste nördlich des Kopaissees, sind
vor allem die Stadtmauer und die Hafenanlage erhalten; heute steht
das kleine Dorf Kastri (heute wieder Larymna genannt) innerhalb
der antiken Stadtmauer. Während der ganzen klassischen Zeit gehörte Larymna zu Lokris, boeotisch ist es erst in hellenistischer
Zeit. Das Buch über Lokris, auf das Pausanias verweist, existiert
nicht; sein Werk ist nicht fertig geworden. – *2* Der große, oberirdisch abflußlose Kopaissee, der bis in die Neuzeit in stark wech-
selnder Ausdehnung, je nach Zu- und Abflußverhältnissen, und im
Sommer jeweils ganz oder fast ganz austrocknend die mittelboeoti-
sche Ebene großenteils ausfüllte, ist heute durch Herstellung künst-
licher Kanäle und Tunnels dauernd trockengelegt. Auch im Altertum sind bedeutende Arbeiten zur Regelung der Abflußverhältnisse
und der Entwässerung des Sees, vor allem auf Anordnung Alexanders des Großen, unternommen worden, wovon noch große Teile
erhalten sind. – *3* Die östliche Ausbuchtung der Ebene gleich südwestlich von Karditsa. – *4* Der größte Fluß Mittelgriechenlands, der
die ganze Landschaft Phokis durchfließend von Westen bei Skripu
(Orchomenos) in den Kopaissee mündete, heute in einem Kanal südlich um das Kopaisbecken herumgeführt. Als eigentliche Quelle des
Kephisos galt schon bei Homer (Il. II 523) und so durch das ganze
Altertum die starke Quelle Kephalovrysis, eine Viertelstunde östlich der Ruinen der antiken Stadt Lilaia am Nordfuß des Parnaß (s.
auch o. S. 527). Hier bestand im Altertum nach Ausweis der mancherlei baulichen Reste und inschriftlichen Weihungen auch ein
Kult des Flußgottes Kephisos. – *5* Il. II 502; Mauerreste beim heutigen Dorf Topolia am Nordrand der Ebene, das auf der Stelle der antiken Ortschaft liegt. – *6* Wahrscheinlich zu identifizieren mit zwei
Siedlungen an der Südwestecke der Ebene bei Kalami und Kato-
Agoriani, die bei einer Überflutung am Ende des 2. Jahrtausends v.
Chr. ihr Ende gefunden haben. – *7* Es folgt die Beschreibung einiger
weiterer kleiner Orte nördlich des Kopaissees bis an die Küste des
Sunds von Euboea, Olmones, Hyettos, Kyrtones, Korseia, Halai. –
8 Es folgt, wieder bei Theben beginnend, die Behandlung des südlichen und westlichen Boeotien. Das Neïtische Tor lag, wie die Bemerkung am Beginn des nächsten Absatzes zeigt (s. u.), im Mauer-

ring der Kadmeia, nicht im äußeren Mauerring der Unterstadt, ebenso wie die anderen beiden von Pausanias genannten Tore, das Elektrische und Proitidische. Da das Tor «das unterste» heißt, muß es eher im nördlichen Abschnitt der westlichen Kadmeiosmauer angenommen werden. Die im folgenden Kapitel genannten Örtlichkeiten sind nicht näher bekannt, müssen aber noch am Westabhang der Kadmeia, außerhalb der Burgmauer gelegen haben.

459 *1* Der gleich westlich der Kadmeia das Stadtgebiet von Theben durchfließende Fluß, der bei Tachi (s. S. 442 A. 2) aus mehreren Quellen entspringt, heute Plakiotissa genannt. – *2* Alexander ließ bei der Zerstörung Thebens das Haus Pindars ausdrücklich davon ausnehmen. Auch die genaue Lage dieser und der im folgenden genannten Gebäude ist nicht bekannt. – *3* Eine Form der in Griechenland schon früh viel verehrten kleinasiatischen Muttergöttin. – *4* Das Kabirion ist in einem Seitental der Tenerischen Ebene, etwa 8 km westlich von Theben, wiedergefunden und ausgegraben worden. – *5* Gründungslegende des Kabirions. – *6* Teneros, s. o. S. 445; die Tenerische Ebene ist die Ebene nordwestlich von Theben.

460 *1* Etwa eine halbe Stunde westlich des Kabirions am Südrand der Tenerischen Ebene liegen Reste eines antiken Heiligtums, die dem Heraklesheiligtum zu entsprechen scheinen. – *2* Das Sphingion, oder in der einheimischen Form Phikion, ist der heute Phagas genannte Berg nördlich der Tenerischen Ebene an der Südostecke des ehemaligen Kopaissees. Der Berg beherrscht den niedrigen Übergang aus der Tenerischen Ebene in das Kopaisbecken und damit die Hauptdurchgangsstraße durch Mittelgriechenland, was in den weiterhin von Pausanias mitgeteilten, rationalistischen Umdeutungen der Sphinxsage benutzt ist. – *3* Die Sphinx, mit dem alten einheimischen Namen Phix, nach der der Berg Phikion (s. vor. Anm.) heißt, ist ursprünglich ein lokales, menschenraubendes Ungeheuer. Ihre aus orientalischen Vorbildern stammende Darstellung als geflügeltes, halb menschliches, halb tierisches Mischwesen ist ebenso erst spätere Zutat wie das berühmte Sphinxrätsel, das den Kern der klassischen Sphinxsage darstellt, von dem vierbeinigen, zweibeinigen und dreibeinigen Wesen, das am schwächsten ist, wenn es am meisten Beine hat. Pausanias gibt im folgenden einige der vielen rationalistischen Umdeutungen der Sage. – *4* s. o. S. 456. – *5* Die Weissagung nämlich, daß Laïos von der Hand seines eigenen Sohnes sterben werde. Die Bemerkung soll erklären, wieso Laïos, trotz des Wissens um diesen Spruch, Söhne hatte. – *6* Unbedeutende Reste, dar-

unter die Fundamente des Poseidontempels, auf einer Kuppe in dem niedrigen Felsriegel, der die Tenerische Ebene vom Kopaisbecken trennt. – *7* II. II 506. – *8* Alt Thespeia, gewöhnlich Thespiai, wichtigste Stadt Südboeotiens; geringe Reste beim heutigen Dorf Erimokastro.

461 *1* Stark gestörter Text mit der Nennung einiger Götterbilder. – *2* Dichterzitate zu Eros. – *3* I 20, 1 f. – *4* Kaiser «Caligula», 37–41 n. Chr. – *5* Wahrscheinlich im Jahre 80 n. Chr. – *6* Die Geschichte ist auch bei Sueton (Caius 56) erzählt, daß Caligula seinen späteren Mörder, den Gardeoffizier Cassius Chaerea, der schon ältlich war, durch Ausgabe von Losungsworten, die sich auf die sexuelle Spannkraft bezogen, verspottet habe.

462 *1* Die Fundamente des Tempels, durch eine mit Inschrift versehene Basis als solche gesichert, sind ausgegraben. – *2* Legende, die das Priestertum einer Jungfrau bei Herakles erklären soll. Pausanias' Ausdruck besagt, daß die Priesterin ihr Amt lebenslänglich versah und zu lebenslänglicher Keuschheit verpflichtet war. – *3* Helikon, im weiteren Sinne das ganze, aus mehreren, etwa parallelen Ketten bestehende Gebirge zwischen dem Korinthischen Meerbusen und dem Kopaisbecken, mit 1749 m höchster Erhebung, im engeren Sinne der besonders markante östliche Gebirgskamm Zagora (1527 m). Das Gebirge besteht ebenso wie die meisten anderen griechischen Gebirge aus Schiefer und Kalk; Pausanias' Bemerkung über die gute Ackererde gilt nur für die Nordostabhänge. – *4* Dem wilden Erdbeerbaum verwandt, mit eßbaren Früchten, noch heute dort häufig. – *5* Stamm an der Nordküste Afrikas, dem die Fähigkeit zugeschrieben wurde, von Schlangen Gebissene durch Berühren oder Aussaugen der Wunde zu heilen. – *6* Andere Schlangengeschichten aus Arabien.

463 *1* Die beiden von Pausanias genannten Schriftsteller sind sonst unbekannt; ein ähnliches Zitat aus Kallippos folgt noch einmal, s. S. 471. – *2* Mit dem Turm meint Pausanias vielleicht den heute noch stehenden Wachtturm des 4. Jh.s v. Chr. «Pyrgaki». Askra kann hier aber nicht gut gelegen haben, da es nach einer Stelle bei Plutarch, Kommentar zu Hesiod 60, am Südrand des Helikon anzunehmen ist. Askra ist die Heimat Hesiods. Es folgen Ausführungen über die Zahl und Abstammung der Musen. – *3* Der Musenhain lag in einem wasser- und vegetationsreichen Hochtal am Nordabhang des Helikons, 3^1/$_2$ km westlich des Dorfes Palaeo-Panagia, das von dem heute Archontitsa genannten Bach durchflossen wird. Ausgrabungen

deckten Reste des kleinen ionischen Tempels, einer Säulenhalle und eines Theaters auf. – *4* Die Aganippequelle ist die starke Quelle unterhalb des Klosters Hagios Nikolaos an der Südseite des Tales, etwas abseits des Weges. Der Termessos oder Permessos ist der heutige Bach von Zagora, der auf der anderen, nördlichen Seite der kleinen Wasserscheide entspringt, an deren Südseite die Archontitsa entspringt. – *5* Exkurs über Linos.

464 *1* Die hier zitierten Verse Pindars sind nicht erhalten, so daß nicht klar ist, was Pindar über den Flötenspieler Sakadas gesagt hat und was zu der Statue nicht passen soll. Der besonders berühmte Flötenspieler wird von Pausanias mehrfach erwähnt, s. o. S. 129; 230 und S. 485. – *2* Bezieht sich auf den Vers Theogonie 30. – *3* Der Text ist hier gestört und vielleicht am Schluß etwas anders zu übersetzen. – *4* Orpheus unter den Tieren ist ein besonders für Mosaiken äußerst beliebtes Bildthema, das die Macht seiner Musik versinnbildlicht. Es folgt ein langer Exkurs über Orpheus. – *5* Ptolemaios II. Philadelphos, König von Aegypten, 285–247 v. Chr.

465 *1* Das erwähnt Hesiod selber, Werke und Tage 650 ff. – *2* Die Hippokrene ist der tiefe Brunnenschacht mit eiskaltem Wasser unter dem Gipfel des Zagora, etwa 2 Stunden oberhalb des Musenheiligtums, der heute Kryopigadi heißt und noch die alte Fassung hat. Nach dem Vorbild Hesiods (Theogonie 5 ff.) beriefen sich die antiken Dichter gern darauf, durch einen Trunk aus dem Brunnen ihre dichterischen Fähigkeiten empfangen zu haben. – *3* Es folgt ein Exkurs über Hesiod und die Frage der Echtheit der unter seinem Namen überlieferten Werke, dann einige andere Örtlichkeiten im Helikon. – *4* In der Nordwestecke der Bucht von Livadostro; einige antike Reste. – *5* Thisbe lag etwa 3^{1}/$_{2}$ km von der Küste entfernt am Südfuß des Helikon, an einer allseits von Bergen umschlossenen, abflußlosen Ebene. Reste besonders der Stadtmauer beim heutigen Dorf Domvraena; auch die Quaderfundamente des die Ebene in nord-südlicher Richtung durchziehenden Damms sind noch vorhanden. – Pausanias' Bemerkung, daß man nicht übers offene Meer, sondern an der Küste entlang fahre, bezieht sich darauf, daß der Hafen für Thisbe an der weiten, gegen das Meer fast ganz abgeschlossenen Bucht von Domvraena lag. Bei gewöhnlicher Fahrt würde man außen an der Bucht vorüberfahren. – *6* Sonst meist Siphai genannt, am Ostende der Bucht von Domvraena, mit einzelnen antiken Resten.

466 *1* Haliartos, am Nordabhang des Helikons und Südrand der Kopaisebene, auf einem weit vorspringenden und die vorbeiführende große

Straße beherrschenden Felshügel, heute Kastri genannt. Erhalten
besonders der Mauerring, Ausgrabungen in den letzten Jahren legten einen Tempel und anderes frei. Haliartos wurde 171 v. Chr. von
den Römern im Kriege gegen Perseus von Makedonien völlig zerstört; Pausanias' Angabe, daß es im Perserkrieg geschehen sei, ist
Irrtum. Auch die Angabe, daß das Grab Lysanders bei Haliartos gelegen habe, ist unrichtig, da es nach der glaubwürdigeren Notiz
Plutarchs (Lys. 29, 3) bei Chaeronea lag. Das Heroon des attischen
Heros Kekrops erklärt sich wohl daraus, daß das Gebiet von Haliartos nach seiner Zerstörung im Jahre 171 v. Chr. an Athen gegeben
wurde. – *2* Tod Lysanders vor Haliartos 395 v. Chr.; es folgt ein
Exkurs über Lysander. – *3* Nördlichster, nach Norden in einer steilen Felswand Petra endigender Ausläufer des Helikongebirges, zwischen den heutigen Dörfern Vrastamites und Solinari, an dessen
Nordostfuß eine starke Quelle entspringt. – *4* Hom. Od. X 492 ff.

467 *1* Über den Fluß Lophis bei Haliartos. – *2* Beim heutigen Dorf Agoriani; Reste des Athenaheiligtums neuerdings gefunden. – *3* Diese
Version über den Tod Sullas findet sich auch sonst mehrfach, ist
aber natürlich gehässige Legende; Sulla starb an den Folgen eines
Blutsturzes. – *4* Zu Athena Tritonis s. o. S. 405. Fluß oder See Triton
sind mythisch; später, schon Herodot, identifizierte man den Triton-
see mit einem der Schotts Südtunesiens, insbesondere dem größten
von ihnen, dem Schott Dscherid. – *5* Noch nicht wiedergefunden.

468 *1* Unbedeutende Ruinen am Ausgang eines südwestlichen Seitentals
des Kopaisbeckens 2 km östlich des Dorfs Hagios Georgios. – *2* Das
Leibethriongebirge läßt sich nicht sicher identifizieren. – *3* Gebirge
von Granitsa, ein Ausläufer des Helikon. – *4* Diese Stelle wurde
noch an vielen anderen Orten Griechenlands gezeigt. Das Heiligtum
des Herakles Charops lag nördlich von Koroneia beim heutigen
Kalami über der Nordseite des Tales. Charops ist ursprünglich ein
selbständiger Todesdämon. – *5* Wohl der Fluß von Hagios Georgios (Pontza).

469 *1* Neben Theben die bedeutendste Stadt Boeotiens, bereits seit der
jüngeren Steinzeit dauernd bewohnt und besonders in der mykenischen Zeit, 2. Jahrtausend v. Chr., bedeutender Herrschersitz.
Schöne Akropolis mit Stadtmauer und weiteren Resten über dem
heutigen großen Dorf Skripu am Nordwestende des Kopaisbeckens.
– *2* Langer Exkurs über die Geschichte von Orchomenos, besonders
in mythischer Zeit. – *3* 363 v. Chr. – *4* Auf der Stelle des Chariten-
heiligtums stehen die Gebäude eines ehemaligen Klosters mit einer

kunstgeschichtlich wichtigen byzantinischen Kirche aus dem Jahre 873/74 n. Chr., die der Gottesmutter und den Aposteln Petrus und Paulus geweiht ist. – 5 Wohl die heutige Hauptquelle nördlich der Kirche, auf die Pausanias' Angaben passen. – 6 Das große Kuppelgrab am Fuß der Akropolis, nächst dem «Schatzhaus des Atreus», dem größten Kuppelgrab von Mykene, das großartigste Beispiel dieser Königsgräber der mykenischen Zeit. Nach Pausanias' Beschreibung stand es damals noch vollständig aufrecht, heute sind die oberen Teile des Gewölbes eingestürzt. Schon in den vorhergehenden, in der Übersetzung fortgelassenen historischen Kapiteln stellt Pausanias den Bau an Großartigkeit neben die Pyramiden Aegyptens. Die Bemerkung, daß der oberste Stein das Gewölbe zusammenhalten solle, stimmt nicht, da es sich um ein sogenanntes «falsches Gewölbe» handelt, das durch Überkragen der einzelnen Quaderschichten entsteht. – 7 Nicht bekannt.

470 *1* Dieses Epigramm soll, wie Pausanias weiter unten sagt, von dem Dichter Chersias stammen. – *2* Der Text ist verderbt. Vielleicht hieß es, von einem «herumirrenden» oder «gehörnten» Gespenst. – *3* Heute Mavropotamos, mit mehreren Quellen am Nordfuß des Stadtberges von Orchomenos entspringend, fließt in eigenem, deutlich eingeschnittenem Bett am Nordrand des Kopaisbeckens entlang zu den Katavothren in der Nordostecke des Beckens, heute ebenfalls in den allgemeinen Abflußkanal abgeleitet. – *4* Il. V 709.

471 *1* Il. IX 381. – *2* Felshügel beim heutigen Pyrgos am Nordrand der nordwestlichen Ausbuchtung des Kopaisbeckens Orchomenos gegenüber, mit antiken und mittelalterlichen Resten. – *3* s. o. S. 463. – *4* s. o. S. 469 f. – *5* Heute Livadia, neben Theben heute die bedeutendste Stadt Mittelgriechenlands, auch im Mittelalter Hauptort der Landschaft, malerisch am Ausgang der Herkynaschlucht gelegen, überragt von dem großen mittelalterlichen Kastell. Die antike Stadt lag anscheinend nördlich der heutigen auf einem isoliert in der Ebene liegenden Felshügel, Trypaeolithari, auf dem sich Reste einer antiken Siedlung befinden. Die Angabe, daß Lebadeia früher Mideia geheißen habe, entspringt wohl nur dem Wunsch, die Stadt im Schiffskatalog (Il. II 507) wiederzufinden, in dem Lebadeia nicht vorkommt. – *6* Der Wildbach, der die gewaltige Herkynaschlucht im Süden von Livadia durchbricht, ist im Sommer meistens trocken. Dagegen brechen am Ausgang der Schlucht auf beiden Seiten mehrere sehr starke Quellen hervor, die die immer wasserreiche, stark strömende und rauschende Herkyna bilden, die das heutige Livadia durchströmt

und einst in den Kopaissee, heute in den Ableitungskanal mündet. Die Hauptquellen der Herkyna befinden sich an der östlichen Seite der Schlucht unter einer jetzt verschütteten Höhle, die wohl die von Pausanias genannte Quellgrotte ist. Bei den Quellen an der Westseite der Schlucht befinden sich in den Felswänden des Berges, der das mittelalterliche Kastell trägt, eine große Anzahl von Nischen für Weihgeschenke, eine große antik ausgebaute Felskammer und ein längerer Felsstollen. Der heilige Bezirk des Trophonios lag auf der Westseite der Herkyna am Fuß des Kastellberges. Moderne Reisende sahen noch zahlreiche antike Architekturteile in und bei hier stehenden Kapellen, doch lassen sich die einzelnen bei Pausanias genannten Bauten und Punkte, mit Ausnahme des Zeustempels (s. u.), nicht sicher lokalisieren.

472 *1* Text vielleicht verderbt. – *2* Die Orakelstätte lag auch nach einer ausdrücklichen Angabe Philostrats (vita Apoll. Tyan. VIII 19) nicht im Heiligtum des Trophonios, sondern etwas oberhalb davon auf einem Hügel. Ihre genaue Stelle ist noch nicht wiedergefunden, dagegen die mächtigen Fundamente und sonstigen zum Teil unfertigen Bauteile des Zeustempels, und zwar auf der Bergkuppe Hagios Elias, die nördlich des Kastellberges und westlich von Livadia liegt. – *3* Aus dem Altertum sind noch mehrere andere Beschreibungen des seltsamen Vorgangs der Befragung dieser hochberühmten Orakelstätte erhalten, die mit Pausanias' Schilderung im ganzen übereinstimmen. Es gab sogar ein zweibändiges Werk über das Orakel von Dikaiarch, einem Schüler des Aristoteles, ebenso eine Schrift Plutarchs darüber. Auch die attische Komödie machte die sonderbaren Riten des Orakels gelegentlich zum Thema ihres Spotts.

473 *1* Diese beiden Quellen sind offenbar mit der kalten Quelle zu identifizieren, die am Fuß des Kastellberges entspringt (s. o.). – *2* Ein tragbares, etwa bienenkorbförmiges, irdenes oder metallenes Gerät zum Brotbacken.

475 *1* Man behauptete nämlich, wer beim Trophonios gewesen sei, habe für sein Leben lang das Lachen verlernt, und sagte von mürrischen Menschen sprichwörtlich, sie seien beim Trophonios gewesen. – *2* s. S. 212 f.; 236 f. – *3* Textlücke, in der etwa stand, daß Saon seinen Begleitern riet, den Bienen zu folgen. – *4* s. S. 446. – *5* Il. XVIII 590 ff.; s. o. S. 393.

476 *1* In diesem Katalog fehlen die beiden Werke in Athen und Korinth, die Pausanias selbst als von Daedalus stammend genannt hat, s. o. S. 81 und 112. – *2* Schöne, zweigipflige Akropolis mit der gut erhalte

nen Stadtmauer und einem kleinen Theater sowie mancherlei Reste
der Unterstadt in der Ebene beim heutigen Dorf Kapraena am Südrand der Kephisosebene, in der Luftlinie etwa 7 km nördlich von
Livadia. – *3* Der Grund für diesen angeblichen Namenswechsel ist
wohl derselbe wie im Fall von Lebadeia, daß nämlich das sonst in
historischer Zeit unbekannte Arne im Schiffskatalog vorkommt,
Chaeronea dagegen nicht. Arne ist ein häufiger vorgriechischer
Stadtname. – *4* Genealogisches Epos des Hesiod. – *5* Ein verderbt
überlieferter Name. – *6* Nach der Übersetzung von J. H. Voß, Hesiods Werke, Heidelberg 1806.

477 *1* 86 v. Chr. – *2* Weitere Belege dafür. – *3* Das berühmte Löwen-
denkmal von Chaeronea ist heute aus seinen antiken Bruchstücken
wieder aufgerichtet, ein sitzender, $5^1/_2$ m hoher Löwe, auf einem
3 m hohen Sockel. Er steht an der Nordseite des von einer Stein-
mauer umgebenen Rechtecks, in dem 254 Skelette lagen. Ähnliche
Löwendenkmäler gab es auf der Insel Keos, bei Thespiae in Boeotien und Amphipolis in Thrakien. – *4* Il. II 101 ff. – *5* Exkurs über
andere dem Hephaistos zugeschriebene Werke. – *6* Die Akropolis
von Chaeronea.

BUCH X · PHOKIS

479 *1* s. S. 523 f. – *2* s. S. 524. – *3* s. S. 518. – *4* Diese Worte, die notwendig ergänzt werden müssen, fehlen im Pausaniastext. – *5* s. S. 532 f. –
6 s. S. 527 ff.; es folgt ein Abschnitt über die Geschichte von Phokis,
vom Trojanischen Krieg bis zum Gallereinfall. – *7* s. S. 476 ff. –
8 Guterhaltener Mauerring des 4. Jh.s v. Chr., auf einem steilen
Felsrücken über dem heutigen Dorf Hagios Vlasios; neben Panopeus
steht bei anderen Schriftstellern und in den Inschriften die besser
bezeugte Form Phanoteus. – Der Weg, den Pausanias im folgenden
beschreibt, ist der antike Hauptweg von Athen und Boeotien nach
Delphi, während schon in türkischer Zeit der Hauptweg, dem die
moderne Fahrstraße folgt, von Livadia aus geht und bei der Schiste
(s. S. 482) mit dem antiken Weg zusammentrifft.

480 *1* 1250 m, was zu dem erhaltenen Mauerring bestens stimmt. –
2 Hom. Od. XI 581; Il. XVII 306 ff. – *3* XI 577.

481 *1* Hier wird eine Geschichte von einem an der spanischen Küste an-
getriebenen «Meermann» von 5 Plethren Größe erzählt. – *2* Gut
erhaltener Mauerring auf einem steilen, felsigen, oben plateauarti-

gen Kalkrücken südlich des modernen gleichnamigen großen Dorfes
Davlia, das seinen Namen seit dem Altertum bewahrt hat. Die Entfernung ist in den Pausaniashandschriften entstellt angegeben, sie
beträgt von Panopeus in der Luftlinie in nordwestlicher Richtung
etwa 5 $^{1}/_{2}$ km; bei Pausanias sind 27 oder eher 37 Stadien zu lesen. –
3 Aischylos schrieb ein nicht erhaltenes Satyrspiel Glaukos. – 4 Nach
der Sage verliebte sich der thrakische König Tereus in die Schwester Philomela seiner Frau Prokne, schändete sie unter der Vorspie-
gelung, daß Prokne tot sei, und mißhandelte sie. Aus Rache schlach-
tete Prokne ihren Sohn Itys und setzte ihn zerstückelt dem Vater
vor. Tereus verfolgte die Fliehende, und alle drei wurden verwandelt, Tereus in einen Wiedehopf, Prokne in eine Nachtigall und
Philomela in eine Schwalbe. – 5 Fortgelassen die Beschreibung des
kleinen Ortes Tronis bei Daulis. – 6 Dieser Aufstiegsweg, der über
das Kloster Jerusalem führt, ist auch in moderner Zeit nicht selten
benutzt worden.

482 1 Einige antike Fundamente etwa 3 km südlich von Daulis am Wege
zur Schiste gehören vielleicht diesem Phokikon an. – 2 An der Schiste, dem «geteilten Weg», in einer großen Talsenkung östlich des
Parnaß, laufen die Wege zusammen, die nach Westen nach Delphi,
nach Süden nach Distomo-Ambrossos, nach Norden dem Tal folgend nach Daulis und nach Osten nach Livadia führen. – 3 Delphi
liegt auf den steilen Schieferterrassen am Südabhang des Parnaß, auf
etwa 500 m Meereshöhe in großartiger Gebirgslandschaft. Unmittelbar über Stadt und Heiligtum erheben sich gewaltige, fast senkrechte
Felswände, etwa 200–300 m hoch, die gewöhnlich, und wohl mit
Recht so genannten Phaedriaden, unter den Schieferterrassen kommt
wieder der Kalk zum Vorschein, in den sich der Pleistos eine mehrere hundert Meter tiefe Schlucht gegraben hat. Diesen Schieferterrassen am Südabbruch des Parnaß folgt die wichtigste Straße,
die vom Korinthischen Golf, der Bucht von Itea-Krisa, aus über einen
verhältnismäßig niedrigen Paß östlich von Delphi (763 m) die mit-
telgriechische Ebene von Boeotien und Phokis erreicht. Bei Delphi
selber stoßen die genannten Felswände in einem stumpfen Winkel
zusammen, durch eine tief eingerissene Schlucht voneinander getrennt, die sich als tiefe Einkerbung durch die Schieferterrasse hindurch fortsetzt. Sie teilt das Stadtgebiet in einen kleineren Teil,
östlich dieser Einkerbung, und einen größeren westlichen Teil, in
dem auch das Hauptheiligtum liegt. An der Linie, wo der Schiefer
unter dem Kalk hervortritt, entstehen, wie in Griechenland ge-

wöhnlich, mehrere Quellen, so die berühmte Kastalia am Ausgang
der eben genannten Schlucht. Nach Westen wird das antike Stadtgebiet durch einen die Schieferterrasse durchbrechenden Felsriegel
aus Kalkbreccia, einem prähistorischen Bergsturz, abgeschlossen,
über den die späteren Befestigungen von Delphi liefen und jenseits
dessen auch bereits seit mykenischer Zeit der eine Friedhof des
Orts lag. Die Lage von Delphi, an einer tiefen geologischen Bruch-
zone und auf den losen Schieferterrassen unter den senkrechten
Felswänden, bringt es mit sich, daß der Ort oft von Erdbeben und
verheerenden Bergstürzen und Erdrutschen heimgesucht wird, deren Spuren bereits seit prähistorischen Zeiten vielfach sichtbar
sind und die auch während der klassischen Zeit öfters erwähnt werden. Die letzte größere Katastrophe dieser Art, die einen großen
Teil des Heiligtums mehrere Meter hoch überschüttete, ereignete
sich am 9. und 10. Dezember 1935. – Bis zum Ende des vorigen Jahrhunderts stand auf der Stelle des Heiligtums selber das moderne
Dorf Kastri, das dann mit Beginn der Grabungen abgetragen und
westlich, außerhalb des antiken Stadtgebiets, neu aufgebaut wurde.
Die französischen Ausgrabungen von Delphi begannen im Jahre 1892
und waren 1903 zur Hauptsache abgeschlossen. Seit 1920 begann
eine neue Periode ergänzender Nachgrabungen und Untersuchungen, die noch nicht abgeschlossen ist. Die Ergebnisse der Ausgrabungen wurden und werden vor allem in der Zeitschrift Bulletin
de correspondance hellénique veröffentlicht, die auch sonst zahlreiche Artikel über Delphi fast in jedem Bande enthält. Das offizielle
Hauptwerk über die Ergebnisse der Ausgrabungen, das seit 1902 in
zahlreichen Heften erscheint, aber noch nicht abgeschlossen ist,
heißt Fouilles de Delphes. Der erste, noch nicht erschienene
Band soll die Geschichte von Stadt und Heiligtum behandeln, der
zweite Band enthält in zahlreichen Einzelheften die Topographie
und die Bauten, der dritte Band die Inschriften und die folgenden
beiden Bände die Einzelfunde und Plastik. Eine zusammenfassende
Darstellung der bis dahin erreichten Grabungsergebnisse erschien
1914 unter dem Titel Les ruines de Delphes von Emile Bourguet,
neue Ausgabe 1951. Ein kurzer Auszug daraus ist der Führer von
Delphi von demselben Verfasser, Delphes, Paris 1925. – In deutscher Sprache ist die Hauptarbeit über Delphi der große Artikel
Delphoi in der Realencyklopädie von Pauly-Wissowa, Bd. IV,
1901, Lage und Geschichte von A. Philippson und Fr. Freiherr Hiller von Gärtringen, Chronologie (die Beamtenlisten) von H. Pom-

tow; Supplementband IV, 1924, Nachtrag, Topographie (Pomtow); Supplementband V, 1931, Topographie, Fortsetzung (F. Schober). In den Einzelheiten sind diese letzteren drei Artikel allerdings vielfach überholt und unzuverlässig. Populär und zum Teil überholt die beiden älteren Schilderungen H. Luckenbach, Olympia und Delphi, 1904, und O. Fritsch, Delphi, Gütersloh 1908 (Gymnasialbibliothek, Heft 48, mit 47 Abbildungen); sehr viel neuer W. Wunderer, Delphi (in der Sammlung Berühmte Kunststätten, Bd. 81,) Leipzig 1933, ein kleines Bändchen von 143 Seiten mit 60 Abbildungen und 3 Plänen, aber auch manchen irrigen Angaben. Sonst s. noch insbesondere Frederik Poulsen, Delphi, London 1920 (wenig Abbildungen) und H.W. Parke, A history of the Delphic oracle, Oxford 1939, neue Auflage in zwei Bänden: H.W. Parke – D.E.W. Wormell, The Delphic oracle, Oxford 1955. – Besonders wichtig für den neueren Stand des Wissens ist Georges Daux, Pausanias à Delphes, Paris 1936, mit Text und Übersetzung der betreffenden Kapitel des Pausanias und der Identifizierung der von Pausanias erwähnten Denkmäler nach dem neueren Stand der Kenntnisse. Ein großartiges Tafelwerk mit herrlichen Photographien und einführendem und erklärendem Text ist Delphes, photographies de Georges Miré, texte et notes de Pierre de la Coste-Messelière (44 Abbildungen, 248 Tafeln), Paris 1943, neue Ausgabe 1957, davon eine deutsche Übersetzung durch Georges und Vida Daux. Kürzere Neuausgabe dieses Prachtswerks unter dem Titel Les trésors de Delphes (76 Tafeln), Paris 1950. – *4* Der Kult an der Stelle von Delphi geht bereits ins 2. Jahrtausend v. Chr. zurück. Die Ausgrabungen haben ergeben, daß im Nordostteil des späteren heiligen Bezirks, also dem oberen Teil, seit etwa der Mitte des 2. Jahrtausends v. Chr. (spätmykenische Zeit) ein ganz bescheidenes, ärmliches Dorf stand, das sich nach Osten noch über den späteren heiligen Bezirk hinaus erstreckte und nach Süden bis in die Gegend des Athenerschatzhauses reichte. Genau an der Stelle des großen Altars vor dem Tempel war schon damals der Kult lokalisiert, der eine dicke Schicht von Asche und Opferresten hinterlassen hat. Gleichartige Funde bezeugen für die gleiche Zeit ebenfalls Kult an der Stelle des späteren alten Athenatempels in der Marmaria (s. o. S. 487 f.). – Noch im 8. Jh. v. Chr. reichten die Häuser dieses Dorfes bis an die Stelle des späteren Tempels, doch wurde das Dorf dann durch das sich ausdehnende Heiligtum zurückgedrängt. Der erste größere Tempel (s. u. S. 689) entstand im 7. Jh. v. Chr.; zu ihm gehört eine

Peribolosmauer in kleinpolygonaler Bauart, deren Reste auf dem Plan in mehrfach gestrichelter Linie angegeben sind. Der Neubau des 548/47 v. Chr. verbrannten Tempels führte zu einer umfassenden Neugestaltung des ganzen Heiligtums, das jetzt sein von da an nicht mehr wesentlich verändertes Aussehen und vor allem bereits seine durch alle Zeiten beibehaltene Ausdehnung erhielt. Auch die Umfassungsmauer des ganzen Bezirks stammt in ihren unteren Teilen bereits aus dieser Zeit. – Daß die Erdgöttin Ge die ältere Inhaberin des Heiligtums war, ist einhellige, schon sehr alte antike Überlieferung. Ge hatte noch in klassischer Zeit ihr besonderes Heiligtum auf der Terrasse südlich unterhalb des Tempels, wo mehrere zum ältesten Heiligtum gehörende Gebäude des 7. und 6. Jh.s v. Chr. bereits durch den Neubau des Tempels des 6. Jh.s und der zugehörigen Stützmauern zerstört wurden. Statuenbasen für Ge und Themis aus dem frühen 5. Jh. v. Chr., mit im 4. Jh. v. Chr. erneuerten Inschriften, die Bronzestatuen der Göttinnen trugen, sind auch unmittelbar an der kastalischen Quelle gefunden worden. Auch andere Indizien wie der Umstand, daß die kastalische Quelle statt der dem Tempel näheren Kassotis (s. o. S. 506) die eigentliche, für den Kult wichtige Quelle war und der Eingang zum heiligen Bezirk gegen die Kastalia gerichtet war, legen den Gedanken nahe, daß an der kastalischen Quelle eine alte Kultstätte der Erdgöttin bestand. Die kleinen Terrakottafiguren aus der Opferschicht des 2. Jahrtausends v. Chr. weisen ebenfalls auf den Kult einer weiblichen Gottheit hin, und daß es stets eine Frau, die Pythia, war, die die Orakel des Gottes verkündete, stammt wohl auch daher. Das ursprüngliche Orakel war anscheinend ein Losorakel, indem Steinchen (oder Bohnen) aus einer Schale im Becken des Dreifußes genommen und gedeutet wurden. Noch in klassischer Zeit ist die feste Formel, daß die Pythia die Orakelsprüche «aufhebt», «herausnimmt». Diese Form der Orakelerteilung ist bis in die klassische Zeit in Geltung geblieben bei einfachen Alternativfragen, die nur mit ja oder nein zu beantworten waren und wohl im allgemeinen schriftlich eingereicht wurden. Hierbei wurden zwei Bohnen, eine für Bejahung, eine für Verneinung, eingelegt und die eine davon von der Pythia «aufgehoben». Ein ähnliches Verfahren wurde auch angewandt, wenn z. B. aus einer Anzahl vorgelegter Namen einer oder mehrere zu bestimmen waren. Wesentlich berühmter ist die Form des Spruchorakels, bei der die Pythia auf nicht in dieser einfachen Weise zu beantwortende allgemeinere Fragen im Zustand innerer Ergriffenheit oder eigentlicher Ekstase antwortete, wobei die Sprüche dann von den «Propheten» in die gültige, meist metrische Form gebracht wurden. Diese Form hat wohl erst zusammen mit Apollon ihren Einzug in Delphi gehalten. Die mit dem 9./8.Jh.v.Chr. auftretenden männlichen Terrakottafigürchen geben dafür die ungefähre Zeit an. Auch bei Homer ist bereits Apollon der Inhaber des Heiligtums. Auch von noch anderen Formen der Orakelerteilung ist in unseren Quellen vereinzelt die Rede. – Der alte Name der Orakelstätte war Pytho, was nicht etwa «Fragestätte», sondern «Faulberg» nach der geologischen Beschaffenheit des Untergrundes bedeutet. Danach trägt Apollon den Beinamen des «pythischen». Nach der schon in dem alten Hymnus auf Apollon dichterisch gestalteten Kultlegende hieß so auch der Drache (Python), den Apoll bei dem neugegründeten Heiligtum erschlug. Delphoi oder einheimisch Dalphoi war der Name der Stadt neben dem Heiligtum. Delphi war in der Frühzeit des Griechentums das weitaus berühmteste Heiligtum der griechischen Welt und übertraf damals Olympia bei weitem; schon bei Homer ist es mehrfach erwähnt (Il.II 519; IX 405; Od.VIII 80; XI 581), während Olympia hier nicht vorkommt. Es folgen einige Dichterzitate über das älteste Orakel. – *5* Von den sonderbaren mythischen Tempeln, von denen Pausanias im folgenden spricht, ist auch bei anderen Schriftstellern die Rede, so schon bei Pindar (s. u. S. 483 Anm. 4).

483 *1* «Feder» heißt griechisch pteron; ein rationalistischer Erklärungsversuch. Das Farnkraut der dritten Version heißt griechisch pteris. – *2* s.o.S. 167f. – *3* Das Trajansforum. – *4* Von dem Paean Pindars, aus dem Pausanias diese wenigen Worte zitiert, sind jetzt auf Papyrusbruchstücken aus Oxyrhynchos (Aegypten) eine größere Anzahl Verse erhalten, unter denen auch der von Pausanias zitierte Vers vorkommt. Danach sprach auch Pindar von vier Tempeln, einem Tempel aus Lorbeer, einem zweiten, den Apoll zu den Hyperboreern, einem Fabelvolk des hohen Nordens, sandte, einem dritten, den Hephaistos und Athena schufen und dessen Wände und Säulen aus Bronze waren und über dessen Giebeln sechs goldene Keledonen sangen, und dem vierten des Trophonios und Agamedes. Die erwähnten neuen Pindarfragmente liest man jetzt am besten mit weiteren Erklärungen in der Pindarausgabe von Alexander Turyn, Krakau 1948 (Neudruck Oxford 1952), als Fragment 49. Keledonen sind den Sirenen ähnliche Fabelwesen. – *5* Mythische Baumeister, die vielfach als Erbauer besonders alter Bauwerke genannt werden,

z. B. bei Pausanias o. S. 445. Nach dem Apollonhymnus (v. 116 ff.; 294 ff.) legte Apollon selber die Fundamente des ersten Tempels, worauf Trophonios und Agamedes den steinernen Sockel daraufsetzten. – 6 548/47 v. Chr.; dem in diesem Jahr verbrannten, aus dem 7. Jh. v. Chr. stammenden Tempel gehören wahrscheinlich eine Reihe von Blöcken eines Orthostatensockels und von dorischen Säulen aus Poros an, die z. T. in die Fundamente des späteren Tempels und sonst in der Nähe, vor allem aber in dem Quellhaus unter der Tempelterrasse verbaut sind. Den Oberbau dieses Tempels hat man sich wahrscheinlich in Lehmziegeln und Holz errichtet zu denken; der Tempel stand an der gleichen Stelle wie der spätere, aber mit etwas anderer Orientierung, die die große Polygonalmauer und ein Teil der Terrassenmauern der späteren Tempel beibehalten haben. Der «steinerne Sockel» (oder «Schwelle») des Heiligtums wird allerdings schon bei Homer erwähnt (Il. IX 404 f.; Od. VIII 80), doch muß sich das wohl auf einen noch älteren Bau beziehen.

484 *1* An die Stelle des 548/47 zerstörten ältesten Tempels trat ein großer Neubau (59,50:23,80 m), ganz in Stein, der von dem athenischen Adelsgeschlecht der Alkmeoniden gebaut wurde, ca. 513–505 v. Chr. Der Tempel bestand aus Poros, während für einzelne Teile, wie das Pflaster, Orthostatenverkleidung, Gebälk, Dach, Säulen des Pronaos vor allem die Figuren des Ostgiebels, parischer Marmor zur Verwendung gelangte. Erhalten sind von diesem Tempel des 6. Jh.s vor allem die Fundamente, die für den späteren Tempel wiederverwendet wurden, und viele später an verschiedenen Stellen verbaute Architekturteile des Oberbaus und ein erheblicher Teil der Giebelsculpturen (im Ostgiebel aus parischem Marmor, im Westgiebel aus Poros), die sich jetzt im Museum von Delphi befinden. Dieser Tempel fiel im Jahre 373/72 v. Chr. einem Brand zum Opfer und wurde danach in etwa vierzigjähriger Bauzeit auf den Fundamenten des alten Tempels mit in der ganzen griechischen Welt gesammelten Geldern in Kalkstein und Poros, mit nur geringer Verwendung pentelischen Marmors für das Dach und im Inneren, neu gebaut (60,30:23,80 m). Über den Neubau und die Beschaffung der Gelder existieren lange inschriftliche Aufzeichnungen. Dieser Tempel bestand mit mehrfachen Beschädigungen und Reparaturen durch das ganze Altertum, seine stark zerstörten Reste sind noch heute erhalten, einzelne Säulen neuerdings wieder aufgerichtet. – Auffallend ist, daß Pausanias den Tempel des 6. Jh.s mit keinem Wort erwähnt. Er ist nicht etwa der Meinung gewesen, wie

man auch gedacht hat, daß der zu seiner Zeit stehende Tempel derjenige des 6. Jh.s gewesen sei, in Unkenntnis des Neubaus des 4. Jh.s,
da seine späteren Bemerkungen über die Künstler der Giebelgrup-
pen (s. o. S. 503) beweisen, daß er die richtige Bauzeit des Tempels
kannte. Aber das gehört offenbar auch in das Kapitel des auffallend
geringen Interesses, das Pausanias für Delphi bezeugt (s. dazu weiteres unten). Der nur von Pausanias hier genannte Baumeister Spintharos ist sonst unbekannt. – Es folgt ein Abschnitt, der die mythische Geschichte der Stadt Delphi gibt. – *2* Der Sohn eines Königs
Krios aus Euboea, wovon Pausanias unmittelbar vorher gesprochen
hatte. – *3* Ein mythisches Volk, das an verschiedenen Stellen Griechenlands lokalisiert wurde und als besonders räuberisch galt, schon
bei Homer erwähnt (Il. XIII 302; hymn. Apoll. v. 100 = 278). –
4 Meist Neoptolemos genannt; zum Namen s. auch oben S. 510. –
5 Die wunderbare Rettung des Heiligtums vor den Persern durch
den Gott selber wird bei Herodot VIII 35ff. ausführlich erzählt,
ähnlich oder anders bei anderen antiken Schriftstellern. Es ist aber
sehr fraglich, ob das Ganze mehr ist als fromme Legende, um die
zweifelhafte Rolle, die das Heiligtum vor dem Kriege gespielt hatte,
nachträglich zu vertuschen. – *6* Im sogenannten Dritten Heiligen
Kriege (356–346 v. Chr.), als die Phoker Delphi besetzten und die
Tempelschätze für ihre Kriegführung benutzten. – *7* 279 v. Chr.; in
der späteren langen Darstellung des Galliereinfalls, die in der Übersetzung fortgelassen ist (s. S. 504 Anm. 2), berichtet Pausanias aber entsprechend der offiziellen Version, daß die Angriffe abgewehrt werden
konnten. – *8* Dieselbe Überlieferung auch sonst in den antiken
Quellen; der ältere, rein kitharoedische Wettkampf soll alle acht
Jahre stattgefunden haben. – *9* Weil er ja nach der Legende blind
gewesen sein soll und Blinde offenbar nicht zugelassen wurden. Für
das angebliche Orakel an Homer s. o. S. 504. – *10* 586/85 v. Chr.; mit
dieser Zeitangabe steht Pausanias allein, die bessere Überlieferung
des Altertums setzt diese Pythienfeier als Siegesfeier für den Sieg
über Krisa ins Jahr 591/90 v. Chr. und zählt sie in der Pythiadenrechnung nicht mit; s. auch S. 485 Anm. 3.

485 *1* Der Name ist verderbt überliefert. – *2* Zu Sakadas s. o. S. 129 und
S. 230. – *3* 582/81 v. Chr.; die gesamte sonstige antike Überlieferung
beginnt mit dieser Reform der Pythischen Spiele, die von nun an
vierjährig immer im dritten Olympiadenjahr im Herbst gefeiert
wurden, die Pythiadenrechnung im Gegensatz zu Pausanias, der die
Feier nach dem Ende des Heiligen Krieges als 1. Pythiade zählt und

sie daher auch wieder im Gegensatz zur sonstigen antiken Überlieferung vier Jahre vorher stattfinden läßt; s. o. S. 484 Anm. 10. Der Siegeskranz bestand in Delphi aus Lorbeer. – *4* 558/57 v. Chr. – *5* 498/97 v. Chr.; danach wäre der Sieg des Damaretos in der 65. Olympiade gewesen, übereinstimmend mit Pausanias' Angaben o. S. 249 und 314. – *6* 398/97 v. Chr. – *7* 378/77 v. Chr.

486 *1* 346/45 v. Chr. – *2* 338/37 v. Chr. – *3* 314/13 v. Chr. – *4* Ptolemaios I., König von Aegypten. Daß die hellenistischen Könige sich als «Makedonen» bezeichneten, ist richtig. –*5* Lorbeer heißt griechisch daphne; von den Sagen um Daphne spricht Pausanias in Buch VIII, Kap. 20 (s. o. S. 397, in der Übersetzung ausgelassen). Der Lorbeer ist der dem Apollon heilige Baum, der auch sonst in den religiösen Riten in Delphi eine große Rolle spielte und im Heiligtum selber wuchs. Nach alter Überlieferung (hymn. Apoll. v. 215 = 393 und sonst) weissagte Apollon ursprünglich durch das Rauschen des Lorbeerbaums. – *6* Die Amphiktyonie war ein alter religiöser Bund nordgriechischer Staaten, ursprünglich zur gemeinsamen Verwaltung des Heiligtums der Demeter bei Anthela an den Thermopylen, später in erster Linie desjenigen von Delphi, womit sich der Kreis der Teilnehmer auch auf die mittelgriechischen Stämme erweiterte. Teilnehmer an der Amphiktyonie konnten nur griechische Stämme sein, und zwar war die Zahl der Teilnehmer während der gesamten Zeit, in der die Amphiktyonie noch etwas bedeutete, fest auf 12 Stämme beschränkt, wobei jeder Stamm über zwei Stimmen verfügte. Änderungen daran durch Neuaufnahmen waren nur in der Weise möglich, daß eine Stammesstimme geteilt wurde oder ein ganzer Stamm ausschied. In der von Pausanias gegebenen Liste der ursprünglichen Teilnehmer fehlen die Perrhaeber (in Nordthessalien) und die Boeoter. Athener und Spartaner traten erst nach dem Ersten Heiligen Kriege ein, indem sie eine Hälfte der ionischen (Euboea) bzw. dorischen Stimme erhielten. Die Abgeordneten der teilnehmenden Stämme kamen in jedem Jahre zweimal, im Frühling und Herbst, zu einer Versammlung (Pylaia) zusammen, an der die gemeinsamen Angelegenheiten beraten wurden; sie hießen ebenfalls Amphiktyonen. Der Name bedeutet «die Umwohnenden»; zwischen den beiden von Pausanias genannten Formen besteht kein sachlicher oder zeitlicher Unterschied. Amphiktiones ist die ältere einheimische und daher auch in den Inschriften häufigere Form, Amphiktyones die ionisch-attische und daher literarische Form, die aber ebenfalls häufig in den Inschriften erscheint. – *7* An diesem Satz

ist zweierlei falsch. 346 v. Chr. nach Beendigung des Dritten Heiligen Krieges wurden nicht die Makedonen Mitglieder der Amphiktyonie, sondern König Philipp von Makedonien persönlich mit zwei
Stimmen, die zwei kleinen nordgriechischen Stämmen abgenommen
wurden, und an die Stelle der aus der Amphiktyonie ausgestoßenen
Phoker trat Delphi; daß Sparta aus der Amphiktyonie ausgeschlossen
worden sein soll, ist unrichtig.

487 *1* Die Phoker konnten ihre Stimme wiedererhalten, da spätestens
mit dem Tode des Sohnes Alexanders des Großen (im Jahre 310 v.
Chr.) die an Philipp überlassenen Stimmen freigeworden waren. –
2 Diese Erhöhung der Zahl der Amphiktyonenstimmen von 24 auf
30 stammt erst aus der Neuordnung durch Augustus, der der von
ihm an der Stelle der Seeschlacht von Aktium gegründeten «Sieges-
stadt» Nikopolis sechs amphiktyonische Stimmen zuwies und auch
sonst die von Pausanias berichteten Änderungen in Bestand und
Stimmenzahl des Amphiktyonenrats vornahm. Eine 125 n. Chr. vom
Kaiser Hadrian veranlaßte Änderung in der Stimmenverteilung zu-
gunsten von Athen und Sparta hat Pausanias nicht berücksichtigt. –
3 Mit diesem Satz beginnt Pausanias die eigentliche Beschreibung
Delphis. Leider ist sie nicht annähernd so genau und ausführlich wie
diejenige von Olympia. Während Olympia fast zwei ganze Bücher
seines Werks gewidmet sind, umfaßt die Beschreibung Delphis nur
$^3/_{10}$ des 10. Buchs, und dann sind in diese Beschreibung noch zwei
Sonderstücke eingelegt, die einen nach unseren Anschauungen und
Wünschen unverhältnismäßig großen Raum einnehmen, die ausführliche Behandlung des gallischen Einfalls in Griechenland im
Jahre 279 v. Chr., die allein halb so viel Seiten umfaßt wie die gesamte Beschreibung Delphis, und die bis ins einzelne gehende Beschreibung der Gemälde Polygnots in der Lesche der Knidier, die
sogar noch länger ist. Die Folge ist auch, daß wir über die Benennung der einzelnen Denkmäler im Heiligtum von Delphi nicht überall genügend unterrichtet sind, da bei Pausanias zuviel fehlt oder nur
kurz berührt ist und hier noch vieles unsicher ist. – Pausanias betritt die Stadt von Osten beim Eingangstor in den heiligen Bezirk
der Athena Pronaia (s. gleich die folgende Anmerkung und den Gesamtplan von Delphi). Daß die Stadt hier begann, wird dadurch bestätigt, daß sofort östlich die Gräber lagen, von denen manche erhalten sind. – *4* Der besonders ummauerte Bezirk der Athena Pronaia;
so, «die vor dem Tempel Befindliche», ist die richtige, in den Inschriften allein vorkommende Form, nicht Pronoia, «die Voraus-

sicht», wie es bei Pausanias und in der antiken Literatur oft heißt. Heute heißt der Bezirk Marmaria, s. den Übersichtsplan 7. Der Kult geht auch an dieser Stelle bereits in die mykenische Zeit, 2. Jahrtausend v. Chr., zurück. Pausanias' Beschreibung ist äußerst kurz, offenbar hatte er auch keinen Erklärer, der ihm mehr Einzelheiten über die Bestimmung der Bauten gesagt hätte. Der «Tempel in Trümmern» ist der alte Athenatempel aus Poros, der über noch vorhandenen Resten eines noch älteren Tempels aus dem 7. Jh. v. Chr. aus dem 6. Jh. v. Chr. stammt und im 4. Jh. v. Chr. infolge Zerstörung durch Erdbeben aufgegeben wurde. Bei der Ausgrabung standen noch 15 Säulen aufrecht, ein Bergsturz vom 26. März 1905, von dem noch riesige Blöcke an Ort und Stelle liegen, zerstörte davon 12 (7 auf Plan 8). Pausanias' «zweiter und dritter Tempel» sind die beiden marmornen Schatzhäuser 11 und 12 des Plans 8, von denen das dorische Schatzhaus 11 um 480/75 v. Chr. und vielleicht von Athen gebaut ist, das «aeolische» Schatzhaus (Säulen mit einem Kapitell in Form eines Palmblattkranzes) Nr. 12 wahrscheinlich von Massalia (Marseille) stammt und um 530/25 v. Chr. entstand. Ein Teil der Basis für die von Pausanias erwähnten Kaiserstatuen ist darin noch vorhanden. Der vierte Tempel ist der im 4. Jh. v. Chr. an Stelle des zerstörten älteren Tempels aus Kalkstein erbaute Tempel 16 des Plans 8. Den schönen marmornen Rundbau der Tholos aus der 1. Hälfte des 4. Jh.s v. Chr., von dem heute drei Säulen mit Gebälk wieder aufgerichtet sind, eines der schönsten Gebäude Delphis, hat Pausanias keiner Erwähnung wert gehalten, vielleicht, weil er darüber nichts Besonderes erfahren konnte. Man hat allerdings auch versucht, die Schwierigkeiten dieser Stelle damit zu lösen, daß man die Tholos mit einem der sonst in der antiken Literatur genannten Tempel gleichsetzt, wobei dann Pausanias eines der anderen Gebäude nicht genannt hätte. Es ist aber sehr unwahrscheinlich, daß Pausanias nicht gesagt haben sollte, daß einer der von ihm erwähnten Tempel ein Rundbau war. – *5* 545 v. Chr. bei der Eroberung Ioniens durch den Feldherrn des Perserkönigs Kyros; tatsächlich ist Massalia aber schon um 600 v. Chr. gegründet worden. Über die Seeschlacht s. auch u. S. 502 Anm. 6.

488 *1* Im Dritten Heiligen Krieg, 356–346 v. Chr.; den goldenen Schild des Lyderkönigs Kroesus im Pronaiaheiligtum erwähnt bereits Herodot (I 92). – *2* Die Geschichte steht bei Herodot VIII 38 f., der auch sagt, daß sich der Bezirk des Heros Phylakos «unmittelbar an der Straße über dem Heiligtum der Pronaia» befinde. Die genaue

Lage ist noch nicht sicher gefunden, vielleicht aber an einer Stelle gleich über dem Athenaheiligtum oberhalb von Tholos und Tempel zu suchen, wo ein paar Mauern und reichliche Kleinfunde zutage gekommen sind (nicht auf dem Plan). Der gewöhnliche Ansatz auf der östlichen Terrasse am Eingang des Athenabezirks widerstreitet den Worten des Pausanias und ist daher nicht möglich. – *3* Das Gymnasium ist etwa 250 m nordwestlich des Pronaiabezirks und etwas höher als dieses ausgegraben mit Bauten griechischer und römischer Zeit (s. den Übersichtsplan 7 von Delphi). – *4* Kleine Textlücke. Die berühmte Kastalia entspringt an der rechten Felswand unmittelbar am Ausgang der obenerwähnten Felsschlucht. Sie war im Altertum zu einem einfachen in den Fels geschlagenen Brunnenhaus architektonisch ausgestaltet. Dieses altbekannte und in christlicher Zeit als Kapelle benutzte Brunnenhaus ist aber wohl erst römisch, das Brunnenhaus der klassischen Zeit ist im Jahre 1957 tiefer unten an der modernen Fahrstraße entdeckt worden. Die Orakelsuchenden hatten sich hier zu reinigen, und auch das Wasser zur Reinigung des Tempels wurde von hier geholt. Zur Dichterquelle ist die Kastalia erst von den römischen Dichtern gemacht worden, und aus dieser Zeit stammt auch erst die Vorstellung, daß das Trinken des Wassers prophetische Gaben verleihe. – *5* Lilaia s. o. S. 526 f. – *6* Von einem Zusammenhang der Kastalia mit dem Kephisos ist auch sonst in der antiken Literatur die Rede. Physikalisch ist das ganz unmöglich, da die Kastalia mehrere hundert Meter höher liegt als die Kephisosquelle.

489 *1* Die Stadt lag danach vor allem auf den steilen Hängen unterhalb des heiligen Bezirks auf beiden Seiten des heute Papadia genannten Geländeeinschnitts zur Pleistosschlucht hinunter, der die vom Parnaß herunterkommende Felsschlucht fortsetzt. Der heilige, ganz von einer Mauer umschlossene Bezirk bildet ein Trapez von ungefähr 130 m ost-westlicher und 200 m nord-südlicher Ausdehnung. Innerhalb des heiligen Bezirks steigt das Gelände um etwa 60 m an von 539 m am Eingang bis 602 m an der Nordmauer. Der Tempel liegt auf 573 m Höhe. In der Ost- und Westmauer befinden sich vier bzw. fünf Eingänge. – *2* Pausanias sagt also selber, daß er nur einen Teil der zahllosen Denkmäler Delphis nennen will; manche andere sind aus den Ausgrabungen und Inschriften bekannt. Die Weihgeschenke, die heute zu den schönsten Stücken des delphischen Museums gehören, die Sphinx der Naxier, die Akanthossäule, die Statuengruppe des Daochos von Pharsalos und den berühmten Wagen-

lenker des Polyzalos nennt Pausanias alle nicht, sie waren allerdings zum Teil zu seiner Zeit auch nicht mehr sichtbar. Vor allem interessieren ihn ausschließlich die Denkmäler der archaischen und klassischen Zeit. Alles Spätere, abgesehen von einigen frühhellenistischen Denkmälern, übergeht er vollkommen. Auch hält er sich eng an den Verlauf der Heiligen Straße und die nächste Umgebung des Tempels; seitwärts Gelegenes wird ebenfalls unberücksichtigt gelassen, außer den berühmten alten Bauwerken im Norden des Heiligtums, wie der Lesche der Knidier, der wegen der Gemälde des Polygnot sein ganz besonderes Interesse gilt. – *3* Wo sie stand, weiß man nicht. Die Geschichte des Phayllos, der bei Salamis mit einem eigenen Kriegsschiff mitkämpfte, steht schon bei Herodot VIII 47 und wird auch sonst öfters erzählt. Auch auf der Burg von Athen stand nach einer wiedergefundenen Inschrift ein Denkmal des Phayllos; seine pythischen Siege fallen in die Zeit vor dem Perserkrieg. Von der delphischen Statue sind zwei Verse der Inschrift literarisch überliefert, die besagen, er sei 55 Fuß weit gesprungen und habe den Diskos 95 Fuß weit geworfen. – *4* Der Haupteingang in den heiligen Bezirk lag in der Südostecke. Alle Eingänge sind nur einfache Öffnungen in der Peribolosmauer ohne besondere Torbauten. – *5* Die Basis für den Stier der Kerkyraeer ist die ca. 3 m hohe Basis (Nr. 1 des Plans), gleich rechts neben dem Eingangstor (6,00 : 2,60 m). Mit der Nennung des Künstlers muß Pausanias aber wohl einen Fehler begangen haben, da die Basis aus dem 4. Jh. v. Chr. stammt, Theopropos aber im frühen 5. Jh. v. Chr. lebte. Die im folgenden erzählte Geschichte von dem Anlaß der Weihung klingt bedenklich nach einem Fremdenführermärchen. Den Stier von Olympia erwähnt Pausanias o. S. 292, wo er für den Anlaß der Weihung auf diese Stelle verweist.

490 *1* Die von den Arkadern geweihten Bronzestatuen standen auf der 9,40 m langen folgenden Basis Nr. 2, an der rechten Seite der Heiligen Straße. Die zugehörigen Inschriften, einschließlich der Künstlernamen, sind größtenteils erhalten; aus ihnen, besonders dem langen Weihepigramm, stammen Pausanias' nähere Angaben über das Denkmal. Dabei sind ihm aber zwei Irrtümer unterlaufen. Einmal bezeichnet die Inschrift auch Erasos als Sohn des Arkas, nicht des Triphylos, und zweitens ist es völlig sicher, daß das Denkmal entstand nach dem Einfall des Epameinondas und der mit ihm verbündeten Arkader in Lakonien im Winter 370/69 v. Chr. Pausanias verbindet es mit der auch von ihm erzählten, sagenhaften Geschichte der Gefangennahme von Spartanern bei einem angeblichen sparta-

nischen Einfall ins Gebiet von Tegea (s. dazu o. S. 433). Der Grund
für diesen Irrtum liegt offenbar darin, daß Pausanias ein einziges
Wort des Weihepigramms falsch gelesen oder in seinen Notizen
falsch geschrieben hat, nämlich dēsantes statt dēiōsantes, wie auf
dem Stein stand. Im übrigen ist die Weihung auch interessant als
Beleg dafür, wie in Griechenland noch in klassischer Zeit jüngste
Geschichte in mythische Vorzeit zurückgespiegelt wurde. Triphylos
ist der Eponym der Landschaft Triphylien an der Westküste des Peloponnes; daß er hier als Sohn des Arkas erscheint, erklärt sich nur
aus dem erst in diesem Jahre (369 v. Chr.) erfolgten Anschluß der
Landschaft an den Arkadischen Bund. Der Arkassohn Erasos ist sonst
überhaupt unbekannt. – *2* Das großartige Siegesdenkmal der Spartaner für den Sieg bei Aigospotamoi im Jahre 405 v. Chr. über die
an Land gegangene athenische Flotte, der den Peloponnesischen
Krieg endgültig entschied, ist das größte und figurenreichste Denkmal, das je ein griechischer Staat zur Feier eines Sieges nach Delphi
weihte, und schlägt in der Weihinschrift auch sonst nicht übliche
gehässig-triumphierende Töne an. Vom Aufbau des Denkmals und
den zugehörigen, von Pausanias richtig wiedergegebenen Inschriften sind viele Stücke erhalten. Dargestellt war der siegreiche Lysander im Kreise von Göttern und seiner höheren Offiziere, im ganzen 38 Figuren, von denen Pausanias den inschriftlich bezeugten,
namenlosen «Herold» übergeht. Ihre Anordnung innerhalb des
Denkmals ist nicht sicher. Der Standort dieses großen Siegesdenkmals ist aber eines der umstrittensten Probleme der delphischen
Topographie, über das eine ganze Literatur existiert. Man hatte sich
in neuerer Zeit daran gewöhnt, dieses Lysanderdenkmal gleichzusetzen mit der großen 21^1/$_2$ m langen, nach vorn offenen Nische
(Nr. 9 des Plans), die gleich rechts an der Heiligen Straße hinter
der Arkaderbasis liegt. Man mußte dann allerdings bei Pausanias das
«Gegenüber» entweder ändern oder irgendwie anders erklären.
Neue Beobachtungen haben aber gezeigt, daß dieser große Nischen-
bau später ist als die Arkaderbasis, also späteres 4. Jh. v. Chr. oder
hellenistisch, und daher nicht das Lysanderdenkmal sein kann. Es
ist also mit Pausanias «gegenüber» an der linken südlichen Seite der
Straße anzusetzen, wo auch fast alle Inschriftenblöcke des Denkmals gefunden sind. Hier ist jedoch alles sehr zerstört. Als erstes
großes Denkmal nennt die «Nauarchen» auch Plutarch, De Pythiae
oraculis 2, es stand also gleich am Anfang der Heiligen Straße (Nr. 3
des Plans). Name und Bestimmung des auffallenden Nischenbaus

hätte Pausanias dann nicht genannt, da er hellenistisch war und ihn nicht interessierte oder er nichts darüber erfuhr, und wir können ihn daher auch nicht benennen. Gewiß ist das auffallend, aber nicht auffallender als die Nichtnennung der Tholos im Bezirk der Athena Pronaia und so vieler anderer Denkmäler in der kurzen Beschreibung Delphis, die Pausanias gibt.

491 *1* Die gewöhnliche «Erklärung» für athenische Niederlagen, schon bei Xenophon Hell. II 1,32 erwähnt. – *2* Nach der Aufzählung bei Pausanias muß das «Hölzerne Pferd» aus Bronze, nämlich das Trojanische Pferd, westlich neben dem Lysanderdenkmal an der Südseite der Heiligen Straße gestanden haben. Hier liegt 15¹/₂ m vom Eingang entfernt noch die Nordostecke eines Fundamentrestes in alter Lage, auf der dieses Denkmal gestanden haben muß. Auch von der Basis sind noch mehrere Blöcke vorhanden, die sich zu einer Basis von 1,70:5,70 m ergänzen lassen, doch läßt sich keine der erhaltenen Inschriften von Argiverweihungen diesem Denkmal zuweisen (Nr. 4 des Plans). Die Beziehung des Denkmals auf den halb sagenhaften Kampf zwischen Sparta und Argos in Thyrea um die Mitte des 6. Jh.s v. Chr. ist falsch, es ist jünger und nach Pausanias' eigener Angabe (o. S. 490) hat der Künstler Antiphanes an dem 369 v. Chr. gestifteten Arkaderdenkmal mitgearbeitet, das Pausanias allerdings auch in viel zu alte Zeit setzt. Als Anlaß der Weihung denkt man an einen argivischen Beutezug in die Thyreatis im Jahre 414 v. Chr., von dem Thukydides (VI 95) kurz spricht.

492 *1* Das Denkmal bietet mancherlei Schwierigkeiten. Wenn die Angaben des Pausanias zutreffen, muß man annehmen, daß das Denkmal erst eine größere Anzahl von Jahren nach der Schlacht von Marathon aufgestellt wurde, da Phidias nach der Entstehungszeit seiner sonstigen Werke kaum viel vor 460 v. Chr. zu arbeiten begonnen haben kann. Weshalb von den 10 Heroen, nach denen die 10 Phylen Athens benannt sind, nur 7 auf dem Denkmal erscheinen, ist ebenfalls eine nicht lösbare Frage. Von den drei übrigen Heroen ist Philaios deshalb dargestellt, weil er der mythische Ahnherr des Adelsgeschlechts der Philaiden war, dem Miltiades angehörte. Die Statuen der drei hellenistischen Herrscher sind später hinzugefügt, weil auch nach ihnen neue Phylen benannt wurden, nach Antigonos Monophthalmos und seinem Sohn Demetrios Poliorketes im Jahre 307 v. Chr. die Phylen Antigonis und Demetrias und nach Ptolemaios III. von Aegypten ca. 223 v. Chr. die Ptolemais. Bei der starken Zerstörung der Südseite der Heiligen Straße sind Reste des Denkmals an Ort

und Stelle nicht gefunden, neue Ansetzung s. Nr. 5 des Plans. –
2 «und Amphiaraos» steht nicht im überlieferten Text und kann
zur Not auch entbehrt werden, da man es Pausanias' Stil schon zutrauen kann, daß der Leser verstehen sollte, daß auch diese Statue
vorhanden war, wenn «auch der Wagen des Amphiaraos» genannt
war. Auf alle Fälle ist aus Pausanias' Text völlig sicher, daß der
Amphiaraoswagen ebenfalls nur einen Teil dieses Denkmals der
«Sieben gegen Theben» bildete und nicht etwa, wie man früher
auch gemeint hat, ein Denkmal für sich. – 3 Das Denkmal muß unmittelbar östlich neben den «Epigonen» (S.493 Anm.1) gestanden
haben, Nr.6 des Plans. Hier liegt ein Kalksteinfundament von
2,20:2,70 m noch in alter Lage, auf dem der Wagen des Amphiaraos
angenommen werden kann. Auch diesem Denkmal läßt sich keine
erhaltene Inschrift mit Sicherheit zuweisen, da aber die von Pausanias genannten Künstler Hypatodoros und Aristogeiton in der ersten Hälfte des 5.Jh.s v.Chr. arbeiteten, kann die Beziehung des
Weihgeschenks auf den argivischen Sieg bei Oinoë an der argivisch-
lakonischen Grenze um 460 v.Chr. richtig sein, wenn man nach
Pausanias' Worten auch annehmen muß, es habe nicht in der Weihinschrift selber gestanden. Zu der Schlacht bei Oinoë s. auch o. S.65.

493 1 Die «Epigonen» sind die Nachkommen der «Sieben», denen die
ihren Vätern versagte Eroberung Thebens gelingt. Der Standplatz
des Weihgeschenks ist sicher, das Halbrund Nr.7 auf der Südseite
der Heiligen Straße. Die Statuen standen auf der Halbrundmauer
ohne Rückwand frei gegen die Landschaft. Das Denkmal stammt aus
dem frühen 5.Jh. v.Chr.; wahrscheinlich ist auch die zugehörige
Weihinschrift aus der ersten Hälfte des 5.Jh.s v.Chr. erhalten. Pausanias' Datierung ist nach seinen Worten nur eine Vermutung, in
der Inschrift stand sie nicht. Zwei Weihgeschenke gleich nebeneinander vom selben Ereignis sind recht unwahrscheinlich; außerdem
passen die beiden Reihen der Helden des einen und des anderen
Denkmals nicht ganz zueinander, da zwei der von Pausanias genannten «Epigonen» (Promachos und Euryalos) von anderen Vätern ab-
stammen, als unter den «Sieben» des ersten Denkmals genannt sind.
Wahrscheinlich ist daher das «Epigonendenkmal» älter als die
Gruppe der «Sieben». – 2 Der Standort dieser «Könige von Argos»
ist sicher festgestellt in dem großen, den «Epigonen» symmetrisch
gegenüberliegenden Halbrund Nr.8. Die Figuren standen in genea-
logischer Folge, mit Danaos rechts beginnend und mit Herakles links
endend, auf einem besonderen Sockel vor der halbrunden hohen

Abschlußmauer des Bauwerks, dessen Blöcke mit den Inschriften großenteils erhalten sind. Eigenartig ist die Anordnung der Inschrift in von rechts nach links laufender Schrift, die sonst in dieser Zeit schon längst nicht mehr üblich war und der Inschrift wohl einen künstlich altertümlichen Schein geben sollte, da andere zwingende Gründe dafür nicht existieren. Die Namen sind so angeordnet, daß der jeweils rechts stehende Name bei der folgenden Figur im Genitiv als Vater- oder Muttername, und zwar rechts davon, wiederholt ist, so daß auch in der Anordnung der Namen die chronologische Folge gewahrt ist. Ebenso merkwürdig an dem Denkmal ist, daß alle zehn ehemals vorhandenen Statuen, die Pausanias von rechts nach links richtig, aber absichtlich unvollständig angibt, in der linken Hälfte des Halbrunds standen. Der Anlaß der Weihung, die Beteiligung an der Befreiung Messeniens 369 v.Chr., ist von Pausanias richtig angegeben. Die erhaltene Inschrift nennt auch den ausführenden Künstler, Antiphanes von Argos, den wir bereits als Künstler des um die gleiche Zeit und früher entstandenen Arkaderdenkmals und der «Sieben gegen Theben» kennenlernten (s. o.). Hypermestra ist nach der Sage die einzige der 50 Danaostöchter, die sich nicht an dem Mord ihrer Männer, der 50 Söhne des Aigyptos, in der Hochzeitsnacht beteiligte. – *3* Reste der etwa 12 m langen Basis mit der Weihinschrift erhalten, auf der Südseite (links) der Heiligen Straße (Nr. 15), neben dem Halbrund der argivischen «Epigonen». Nach dem von Pausanias genannten Künstler und den Buchstabenformen der Inschrift gehört die Weihung in die erste Hälfte des 5. Jh.s v.Chr.; der genaue Anlaß ist unbekannt. Pausanias schließt hier die mythische Gründungsgeschichte von Tarent an. – *4* Schatzhäuser waren tempelartige, kleinere Bauten, meist dorischen Stils, die zur Unterbringung kostbarerer, meist kleinerer Weihgeschenke dienten, die man im Freien oder im Tempel selbst nicht aufstellen konnte oder wollte. In Delphi waren sie nach Pausanias' Worten alle längst ihres Inhalts beraubt. Im heiligen Bezirk von Delphi kennt man die Reste von wahrscheinlich 17 solchen Schatzhäusern, von denen mehrere zur Zeit des Pausanias aber schon längst nicht mehr standen. Pausanias erwähnt nur acht von ihnen, die Namen einiger anderer sind aus anderen literarischen Quellen bekannt (Brasidas und Akanthos, Agylla, Klazomenai, Spina). – Die Lage des sikyonischen Schatzhauses auf den Fundamenten Nr. III, an der Südseite der Heiligen Straße, ist sicher; es hatte die Form eines kleinen dorischen Antentempels von 6,34:8,48 m und stammte aus dem Ende des

6. Jh. s v. Chr. In die Fundamente sind die Reste zweier älterer sikyo-
nischer Bauten verbaut, die einst bei dem älteren Apollontempel
standen. Das eine war ein kleiner «Monopteros», ein nur etwa
4,20:5,50 m großer Rechteckbau, der nur aus einer dorischen
Säulenhalle von 4:5 Säulen mit Gebälk und Dach, aber ohne Innenbau bestand und etwa 580 v. Chr. errichtet wurde. Von diesem Gebäude stammen die schönen archaischen «sikyonischen» Metopen
im Museum von Delphi. Das Bauwerk diente wohl zum Schutz eines
Weihgeschenks. Der zweite Bau war eine «Tholos», ein Rundbau
mit Innenbau und umgebender Säulenhalle von 13 dorischen Säulen
und ca. 6,30 m Durchmesser, etwa 560 v. Chr. entstanden. Er stand
vielleicht auf der Stelle XXVII des Plans, auf der anscheinend im
späteren 2. Jh. n. Chr. der reiche Athener Herodes Atticus eine
Exedra mit Statuen seiner Familienmitglieder errichten ließ. – 5 Reste dieses Weihgeschenks sind nicht erhalten. – 6 Das Schatzhaus
der Kykladeninsel Siphnos erhob sich auf dem hohen Unterbau
Nr. IV an der Südseite der Heiligen Straße (6,13:8,55 m). Es war
ein ionischer Bau aus lokalem siphnischem und parischem Marmor
und etwa aus der Zeit um 530–525 v. Chr. und ganz besonders reich
mit bildhauerischem Schmuck ausgestattet; das Gebälk der Vorhalle
trugen an Stelle von Säulen zwei Mädchenfiguren (Karyatiden). Die
prachtvollen Skulpturen dieses Schatzhauses füllen zur Hauptsache
den ersten großen Saal des delphischen Museums, in dem auch die
ganze Vorhalle dieses Schatzhauses (allerdings mit verschiedenen
nicht dahin gehörenden Teilen) rekonstruiert ist. Schon Herodot
(III 57) erwähnt dieses Schatzhaus als «den reichsten gleich».

494 *1* Die genaue Stelle des Liparaeerweihgeschenks, von dem Reste
nicht bekannt sind, ist unsicher, vermutlich neben dem Siphnierschatzhaus. Die «aeolischen» oder «liparischen» Inseln zwischen
Sizilien und Italien bewahren noch heute zum Teil ihre antiken Namen, Lipara, heute Lipari, und Strongyle, die «Runde», das heutige
Stromboli mit dem bekannten tätigen Vulkan. Hiera ist die heute
Vulcano benannte Insel mit ebenfalls noch tätigem Vulkan; sie galt
insbesondere als Wohnung des Hephaistos-Vulcanus. Didymai oder
meistens Didyme, «Zwilling», ist das heutige Salina mit zwei alten
Vulkangipfeln. In dem Bericht des Pausanias ist die Nennung des
Kaps Pachynos (Südostkap von Sizilien) Irrtum für Kap Lilybaion an
der Westspitze der Insel, wie bei Diodor richtig steht (V 9, 2); die
gleiche Verwechslung schon früher einmal, s. S. 287 mit Anm. 1. Der
Historiker Antiochos von Syrakus schrieb im 5. Jh. v. Chr. eine

wichtige Geschichte Siziliens, die auch von Thukydides benutzt wurde. Die zitierte Homerstelle ist Od. X 1 ff. Im letzten Satz des Abschnitts ist der Text wahrscheinlich gestört und der Sinn daher nicht klar. – *2* Das Schatzhaus der Thebaner stand in der Südwestecke des heiligen Bezirks (Nr. VI des Plans) und war etwa 8 : 13 m groß. Sieg über die Spartaner bei Leuktra 371 v. Chr. Das heute wieder aufgebaute Athenerschatzhaus (Nr. XI des Plans), in Form eines dorischen Antentempels von 10,04 : 6,87 m, bildet eines der heutigen Wahrzeichen Delphis. Pausanias' Angabe über die Gründungszeit des Schatzhauses ist aber wahrscheinlich irrig. Sie stammt aus einer noch heute an Ort und Stelle vorhandenen, schon im Altertum erneuerten Weihinschrift an der Kante der dem Schatzhaus südlich vorgelagerten kleinen Terrasse, die von einer Weihung an Apollon aus der Beute von Marathon spricht. Diese Weihinschrift bezieht sich aber wahrscheinlich nur auf Beutestücke, die auf dieser Terrasse aufgestellt wurden, nicht auf das Schatzhaus selber, das vermutlich etwas älter ist und aus dem Ende des 6. Jh.s v. Chr. stammen dürfte. – Das Knidierschatzhaus (5,13 : 6,60 m) stand dem Schatzhaus der Athener östlich gegenüber auf der anderen Seite der Heiligen Straße (Nr. XXV des Plans); es stammte aus der Mitte des 6. Jh.s v. Chr., kurz vor der Unterwerfung von Knidos durch die Perser (ca. 545 v. Chr.), und besaß ebenfalls wie das Siphnierschatzhaus Karyatiden an der Stelle der Frontsäulen der Vorhalle (jetzt im Museum). Nach der erhaltenen Weihinschrift, die Pausanias anscheinend wegen ihres archaischen Alphabets und ihrer in der zweiten Zeile linksläufigen Schriftrichtung nicht vollständig gelesen oder mißverstanden hat, war es aus Kriegsbeute gebaut. – *3* Reste nicht vorhanden; daher auch Standort unbekannt; zu Kleonai s. o. S. 120. – *4* Die Lage dieser beiden Schatzhäuser, die Pausanias nicht näher angibt, ist nicht sicher bekannt. Man setzt das Schatzhaus der Potidaeaten jetzt auf das Fundament Nr. VIII hinter dem Athenerschatzhaus (ca. 510–480 v. Chr.; 6,35 : 8,40 m), dasjenige von Syrakus auf einem Fundamentrest gegenüber dem Athenerschatzhaus, auf der südlichen Seite der Heiligen Straße, westlich hinter dem Knidierschatzhaus (XIa). Es war danach etwa 5 : 7 m groß, aus parischem Marmor und in dorischem Stil gebaut und richtete seine Front gegen die Heilige Straße. Daß es dem Athenerschatzhaus gerade gegenüber errichtet wurde, ist sicherlich auch als Betonung des Sieges über Athen aufzufassen. Potidaea «in Thrakien», korinthische Kolonie auf der Halbinsel Chalkidike.

495 *1* Die Athenerhalle (Nr. 26 des Plans) war als offene Halle an die Polygonalmauer angebaut, knapp 30 m lang und 4 m tief. Acht schlanke monolithe ionische Säulen aus pentelischem Marmor trugen ein hölzernes Gebälk mit dem Dach. Die noch heute erhaltene Weihinschrift steht auf dem Stylobat. Gebaut wurde die Halle, um Seile und Bugzierate der Schiffe, die die Hellespontbrücken des Xerxes gebildet hatten und die die Athener 478 v. Chr. erbeuteten, aufzunehmen. Später wurden dann weitere Beutestücke aus verschiedenen Ereignissen der ersten Jahre des Peloponnesischen Krieges hier aufgestellt. Deren Weihinschrift bezog Pausanias fälschlich auf den Bau der Halle überhaupt. Nach der Aufzählung der Städte bei Pausanias handelt es sich nicht nur um Beute aus dem Seesieg des Phormion über die Korinthier und ihre Bundesgenossen bei Naupaktos im Jahre 429 v. Chr. Falsch ist auch der Name des Vaters des Phormion angegeben, der vielmehr Asopios hieß. Die Angaben über das Opfer an Poseidon standen offenbar in der Weihinschrift. Für die falsche Namensform, Asopichos statt Asopios, gibt es anscheinend eine sehr einfache und interessante Erklärung. Man weiß, aus einer anderen Notiz (Theopomp bei Athen. XIII 604 f.; 605 a), daß Epameinondas' Geliebter Asopichos seinen Schild nach Delphi «in die Halle» weihte. Damit kann kaum etwas anderes als die Athenerhalle gemeint sein. So hätte dieser fast identische Name auf einem der Weihgeschenke in der Halle den Irrtum veranlaßt. – *2* Westlich der Athenerhalle befindet sich ein architektonisch kaum ausgebauter Bezirk, in dem sich die ältesten Denkmäler und Kultstätten häufen und in dem auch das alte Geheiligtum lag. Der Bezirk wurde durch den Bau der Polygonalmauer am Ende des 6. Jh.s zerschnitten und zugleich fast alle alten, hier liegenden Denkmäler und Bauten zerstört. Hier liegen auch mehrere, heute in mehrere Teile zerborstene große Felsblöcke, von denen der der Heiligen Straße nächstgelegene (Nr. 24 des Plans) allgemein als Fels der Sibylle gilt. Die Sibylle war eine mythische Frau, die herumwandernd Zukunftsweissagungen gegeben haben soll. Später nahm man eine größere Anzahl verschiedener Sibyllen (bis zu 12) an und legte große Sammlungen ihrer angeblichen Orakel an, die zur Hauptsache erhalten sind. Es folgt bei Pausanias eine längere Auseinandersetzung über die Sibyllen. – *3* Genauer Platz des Wisentkopfs unbekannt, aber doch wohl in nächster Nähe des Sibyllenfelsens. Die Paionen waren ein Stamm nördlich von Makedonien, Dropion lebte in der zweiten Hälfte des 3. Jh.s v. Chr. Es folgt ein Exkurs über Jagd und Fang des

Wisents. – *4* «Gegenüber» soll doch wohl besagen, daß sich dieses und damit wohl auch die nächsten Weihgeschenke auf der Südseite der Heiligen Straße befanden, was für das anschließend aufgeführte Schatzhaus der Korinthier sicher ist (s. u. Anm. 7). Von keinem der nächstgenannten Weihgeschenke sind ganz sichere Reste oder der genaue Standort bekannt. Die Heilige Straße erweitert sich hier zu einem etwas größeren runden Platz, der sogenannten «Tenne», die für Versammlungen, Aufführungen und Vorbereitung von Prozessionen diente, wovon Pausanias nichts sagt. Der Platz ist von einer großen Anzahl von Basen für Statuen und sonstige Weihgeschenke und anderen kleineren und größeren Denkmälern umgeben. Während uns aber die von Pausanias wegen einer jeweiligen ihn interessierenden Besonderheit aus der Masse herausgehobenen Denkmäler unbekannt sind, fehlen bei unserem Schriftsteller alle diejenigen Weihgeschenke und Statuen an diesem Platz, die wir aus ihren Inschriften und Resten kennen. – *5* Pausanias nennt hier und in den gleich folgenden Sätzen drei verschiedene Weihgeschenke der Phoker aus Siegen über die Thessaler, die zu den Ereignissen gehören, von denen er in der in der Übersetzung fortgelassenen historischen Einleitung des 10. Buches (Kap. 1, 3–11) ausführlicher spricht. Danach ist die hier genannte Statuengruppe das Weihgeschenk für den Sieg über die thessalische Reiterei bei Hyampolis, von dem auch Herodot VIII 28 spricht (vor 500 v. Chr.). Ein Stück der Weihinschrift dieses Denkmals ist wahrscheinlich gefunden, im 4. Jh. v. Chr. erneuert. – *6* Irgendwelche Reste, die sich sicher auf eines dieser Weihgeschenke beziehen lassen, sind nicht bekannt. Dion lag im südlichsten Makedonien unter der Ostflanke des Olymp; Ammon ist der Gott der großen Oase Siwa im Hinterland von Kyrene, der auch in Griechenland großes Ansehen als Orakelgott genoß. – *7* Das Schatzhaus (Nr. XXIV des Plans) befand sich der Südostecke der Polygonalmauer gegenüber, ein einfacher Rechteckbau ohne Säulen oder sonstigen besonderen architektonischen Schmuck, ca. 12:6 m. Herodot und Plutarch nennen den korinthischen Tyrannen Kypselos als Erbauer des Schatzhauses, der etwa von 610 bis 580 v. Chr. regiert hat; technische Einzelheiten an den erhaltenen Blöcken des Gebäudes datieren es ebenfalls in so hohe Zeit. Es war unter den Gebäuden von Delphi, die zu Pausanias' Zeit noch standen, bei weitem das älteste. Es diente daher und wegen seiner Größe auch dazu, eine Reihe der kostbaren Weihgeschenke unterzubringen, die sich in dem 548 abgebrannten Tempel befunden hatten, von denen uns verschiedene Quellen den Thron des Phrygerkönigs Midas (um 700 v. Chr.) und die reichen Gold- und Silbergeschenke der lydischen Könige Gyges (ca. 687–652 v. Chr.) und Kroesus (ca. 560–546 v. Chr.) nennen. Zu Pausanias' Zeit waren diese Weihgeschenke schon längst nicht mehr vorhanden. – *8* Keine Reste erhalten; vgl. folgende Anmerkung. – *9* Vgl. o. Anm. 5. Nach Pausanias X 1, 10 waren es Bronzestatuen des Apollon und einheimischer Heroen sowie der phokischen Feldherren und des Sehers Tellias, der sie beraten hatte. Als Künstler nennt Pausanias an dieser Stelle den Argiver Aristomedon. Von diesem Weihgeschenk sind wahrscheinlich vier Blöcke der Basis mit den Einlaßspuren der Statuen darauf und einem Teil der im 4. Jh. v. Chr. erneuerten Weihinschrift erhalten. Es müssen danach im ganzen 8 Statuen auf einer etwa 10 m langen Basis gewesen sein. Ihr Standort ist unbekannt. Da aber Pausanias vorher das Schatzhaus von Korinth nennt und bei dem vierten in diesem Abschnitt aufgezählten Weihgeschenk wieder bemerkt, es stehe in der Nähe des Schatzhauses der Korinthier, so handelt es sich hier wohl um einen kleinen Abstecher, der etwas von der Heiligen Straße fort und wieder zu ihr zurückführte. Danach haben wir diese vier Denkmäler östlich vom Korinthierschatzhaus anzusetzen.

496 *1* Näheres über diese beiden Weihgeschenke ist nicht bekannt. – *2* Das Ereignis ist bei Pausanias X 1, 11 geschildert, ein nächtlicher Überfall auf Grund einer von Tellias angeratenen Kriegslist; es steht bereits bei Herodot VIII 27, der auch die dafür geweihten «großen Standbilder, die um den Dreifuß kämpfen, vor dem Tempel in Delphi» erwähnt. Sie standen wohl südlich des gleich im folgenden genannten Dreifußes von Plataeae. Nach Herodot war das «nicht viele Jahre» vor dem Zug des Xerxes. – *3* Sprichwörtliche Redensart, die in den antiken Quellen verschieden erklärt wird. Hier soll es heißen, daß der echte Herakles derartiges nicht tun würde. – *4* Die Basis dieses berühmten Weihgeschenks aus den Perserkriegen steht noch an Ort und Stelle (Nr. 31 des Plans), rechts von dem letzten Teilstück der Heiligen Straße. Das Mittelstück, drei sich umeinanderwindende Schlangen (nicht eine, wie sowohl Pausanias wie schon Herodot angeben) aus Bronze, auf deren Windungen die Namen der am Krieg beteiligten Staaten eingraviert sind, nahm Kaiser Konstantin nach Konstantinopel. Hier steht die Schlangensäule noch heute auf dem Atmeidan, der Stelle des alten Hippodroms, aber heute ohne die Köpfe mit den weit aufgerissenen Mäulern, die in der frühen Neuzeit noch vorhanden waren (ein kleines Stück davon im

Istanbuler Museum). Das eigentliche Weihgeschenk, der goldene
Dreifuß, der auf den Schlangenköpfen stand, war bereits im Dritten
Heiligen Kriege eingeschmolzen worden. Das ganze Weihgeschenk
besaß einst eine Höhe von etwa 10 m. – 5 Vier Blöcke mit Teilen
der im 4.Jh.v.Chr. erneuerten Weihinschrift und ein Block der
Standplatten der Figuren sind erhalten. Das Denkmal stand auf der
Stützmauer zur rechten Seite des letzten Teilstücks der Heiligen
Straße vor dem Dreifuß von Plataeae und war mindestens 8 m lang
(Nr. 30). Es stammte aus dem frühen 5.Jh.v.Chr., doch ist der
Anlaß, ein Sieg über benachbarte apulische Stämme, sonst nicht
näher bekannt. Im zweiten Satz ist der Text gestört.

497 *1* Es gab ein Sprichwort, «mit einem tenedischen Beil abschlagen»,
für eine rücksichtslose Handlungsweise, zu dessen Erklärung verschiedene Geschichten erzählt wurden, von denen Pausanias eine im
folgenden berichtet. Er war offenbar der Meinung, daß die merkwürdige Weihung auf dieses Sprichwort anspiele. Die Axt kommt
aber auch sonst als Wappen und Münzzeichen der Insel Tenedos am
Eingang zum Hellespont vor. Wo das Denkmal stand, ist nicht genauer bekannt. – *2* Standort unbekannt, aber ebenfalls noch in der
Nähe des großen Dreifußes östlich der Heiligen Straße anzunehmen.
– *3* Themistokles wurde später von den Athenern verbannt und fand
im persischen Reich Zuflucht, wo er in Kleinasien ein persönliches
Fürstentum erhielt. – *4* Mythische Wahrsager; auf die Perserkriege
gehende Orakel des Bakis zitiert schon Herodot mehrfach. – *5* Der
«große Altar» ist der heute in seiner Osthälfte wieder zu voller
Höhe aufgebaute Altar, 13 $^{1}/_{2}$ m östlich vor dem Tempel an der Heiligen Straße, ein monumentaler Bau von 8,60 : 5,10 m, zu dem man
auf einer Freitreppe von 5 bis 6 Stufen von der Tempelterrasse her
aufstieg. Er war eine Stiftung der Insel Chios aus der Zeit kurz nach
den Perserkriegen und ist schon bei Herodot erwähnt (II 135; IX
81). Die kurze Weihinschrift ist ebenfalls erhalten. Da Pausanias
von dem bronzenen Wolf sagt, daß er in der Nähe des großen Altars
stand, geht er nun offenbar zur Beschreibung der Denkmäler über,
die auf der eigentlichen Tempelterrasse standen, zunächst derjenigen vor der Ostfront des Tempels, wo die Weihgeschenke sich besonders dicht zusammendrängten. Leider hat es Pausanias fast ganz
unterlassen, nähere Angaben über den Standort der von ihm erwähnten Denkmäler zu machen, und nur wenige dieser Denkmäler
lassen sich mit vorhandenen Resten in Verbindung bringen. Es ist
leider ganz ähnlich wie bei der «Tenne», daß wir die von Pausanias

genannten Denkmäler überwiegend nicht identifizieren können und andererseits die Denkmäler, deren Basen und Reste uns heute bekannt sind, von Pausanias übergangen werden. Nur handelt es sich hier um eine sehr viel größere Anzahl von Denkmälern. – Der bronzene Wolf wird bei Plutarch Perikles 21 bereits im Zusammenhang mit Ereignissen des Jahres 448 v. Chr. erwähnt.

498 _1_ Diese Statue wird in der antiken Literatur öfters erwähnt und war berühmt; sie stand danach auf einer hohen Säule oder Pfeiler. Praxiteles ist der berühmte Bildhauer des 4. Jh.s v. Chr. – _2_ 446 v. Chr. nach der Befreiung Megaras von einer mehrjährigen Besetzung durch Athen. – _3_ Schlacht bei Plataeae 479 v. Chr. – _4_ Wahrscheinlich nach dem sogenannten «Zweiten Heiligen Krieg», als die Phoker längere Jahre Delphi besetzt hatten (ca. 457–446 v. Chr.). Der Beiname heißt «Schützer des Getreides». Die riesige, $15^1/2$ m hohe Figur verlangte eine besonders große Basis. Es ist daher wahrscheinlich, daß sie auf der größten in Delphi überhaupt vorhandenen Basis (ca. 5 m im Quadrat), Nr. 42 des Plans, in der nordöstlichen Ecke des Tempelvorplatzes stand. – _5_ 279 v. Chr.; Basis Nr. 45 des Plans. Es folgt ein angebliches Orakel auf den Zug der Gallier nach Kleinasien. – _6_ Pherai im südlichen Thessalien; der Anlaß nicht näher bekannt. Nach Pausanias' Angabe stand das Denkmal «bei dem Apollon», also doch wohl dem gerade vorher genannten Apollon Sitalkas. Zu dem Denkmal gehört vermutlich ein Bruchstück einer hier gefundenen Inschrift, das noch einige Buchstaben des Stadtnamens enthält. – _7_ Sieg Kimons über ein persisches Heer und Flotte am Fluß Eurymedon an der Südküste Kleinasiens, ca. 470 v. Chr. Die Basis dieses Weihgeschenks ist neuerdings identifiziert worden unmittelbar südlich neben dem hohen, heute wieder aufgebauten Pfeiler, der eine Reiterstatue des bithynischen Königs Prusias II. (ca. 180 v. Chr.) trug (Nr. 39 des Plans).

499 _1_ Diese Geschichte erzählt auch Plutarch ähnlich an zwei Stellen (Nik. 13; de Pyth. orac. 8, p. 397 F). – _2_ Nach dem genannten Künstler ist das Denkmal um die Mitte des 5. Jh.s v. Chr. gestiftet. – _3_ Schon von Herodot (I 25) und sonst in der antiken Literatur häufiger erwähnt. Nach Athen. V 210c waren Reliefs mit Tier- und Pflanzendarstellungen daran angebracht. Zu den lydischen Weihungen im allgemeinen s. o. S. 495, Anm. 7. Alyattes, Vater und Vorgänger des Kroesus, regierte ca. 605–560 v. Chr.

500 _1_ Irrtum des Pausanias. Der eigentliche Omphalos befand sich im Inneren des Tempels, dagegen stand auf der Terrasse vor dem Tem-

pel eine marmorne Nachbildung dieses Omphalos, die Pausanias sah und die hier auch gefunden wurde, wenn auch nicht genau auf ihrem ursprünglichen Standplatz, jetzt im Museum von Delphi. – *2* Stadt in Südwestkreta; ausgedehnte, aber unbedeutende Reste beim heutigen Dorf Rodovani. – *3* Der Stier von Karystos stand also «bei dem Apollon», nämlich dem großen Apollon Sitalkas (o. S. 498, Anm. 4), und damit sind auch die anderen vorher in diesem Abschnitt genannten Denkmäler in der Nordostecke des Tempelvorplatzes anzusetzen. Der Anlaß der Weihung kann nicht richtig angegeben sein, da die Karystier schon 490 sich Persien hatten unterwerfen müssen und auch beim Xerxeszug auf persischer Seite mitkämpfen mußten. Vielleicht ist ein Block des Denkmals mit der Inschrift (frühes 5. Jh. v. Chr., im 3. Jh. v. Chr. erneuert) erhalten, gefunden auf dem Tempelvorplatz. Zu Plataeae s. o. S. 438 ff. – *4* 263 v. Chr.; mehrere Blöcke des Denkmals mit einem Teil der Weihinschrift scheinen erhalten zu sein.

501 *1* Zu Lipara s. o. S. 494, Anm. 1. Von diesem Liparaeerdenkmal sind eine größere Anzahl der Standplatten mit Teilen der Weihinschrift erhalten. Wie bei so manchem delphischen Weihgeschenk stand die ursprüngliche Inschrift aus dem frühen 5. Jh. v. Chr. auf der Oberseite der Platten und wurde dann nach dem Dritten Heiligen Kriege in großen Buchstaben auf der Vorderseite erneuert. Die Platten ergeben ein Denkmal von gut 35 m Länge, und es waren ja auch nicht weniger als 20 Statuen. Das Denkmal stand nicht frei, sondern seine Standplatten bildeten die Bekrönung einer langen Mauer, auf der auch noch andere Weihgeschenke auf gleichen Platten aufgestellt waren. Wahrscheinlich handelt es sich um die große Polygonalmauer südlich des Tempels. Die Statuen sind mit der Front zum Tempel zu denken. – *2* Es folgt ein langer geographischer und historischer Exkurs über Sardinien. – *3* Sonst unbekannt.

502 *1* Ambrakia, korinthische Kolonie am heutigen Golf von Arta; Molosser, ein Stamm des angrenzenden Epirus. – *2* Kleine Stadt, etwa 21 km in der Luftlinie nordwestlich von Argos, in klassischer Zeit von Argos abhängig. – *3* Vielleicht gehören zu diesem Denkmal zwei Basisblöcke eines archaischen Weihgeschenkes, auf denen nach den Einlaßspuren eine Opferprozession von drei Kleintieren und neun Menschen aufgestellt war. – *4* Sonst unbekannter Bildhauer. – *5* Elateia, s. o. S. 527 f. Die Basis des riesigen Bronzelöwen mit der Inschrift erhalten; daneben stand eine Statue des siegreichen Feldherrn Xanthippos mit zwei langen metrischen Inschriften über seine

Taten. – *6* Pausanias meint wohl die von ihm bereits erwähnte Seeschlacht (S. 487), die vor der von ihm zu spät (ca. 540 v. Chr.) da-
tierten Gründung von Massalia stattgefunden haben soll; auch Thukydides (I 13) spricht um diese Zeit von mehreren Seesiegen der
Massalioten über die Karthager. Es kam aber auch um 500 v. Chr.
zu einem längeren Kriege zwischen Massalia und Karthago, in dem
die Massalioten um 490 v. Chr. beim Kap Artemision an der Ostküste Spaniens einen größeren Seesieg errangen.

503 *1* Von diesem Denkmal sind mehrere Blöcke der zweistufigen sechs-
eckigen Basis und des Denkmals selbst gefunden. Danach saß die mit
Schwert und Lanze bewaffnete Göttin auf einem Tropaion, einem
Siegesdenkmal, einer Aufhäufung erbeuteter gallischer und make-
donischer Schilde und anderer Waffen. Das Denkmal war berühmt
und ist auch auf Münzen des Aetolischen Bundes oft dargestellt. Es
stand nach dem Fundort der Blöcke an der Südwestecke des Tempels, also auf dem größeren Platz hinter dem Tempel. Dieser Auf-
stellungsort muß daher auch mindestens für einen Teil der von Pausanias vorher erwähnten Denkmäler angenommen werden. – Über
das Schicksal der Stadt Kallion in Aetolien berichtet Pausanias ausführlich in dem langen Exkurs über den Galliereinfall in Kap. 22.
Die makedonischen Schilde des Siegesdenkmals weisen auf die mehrfachen, siegreich abgewiesenen Angriffe der Nachfolger Alexanders
des Großen auf Aetolien hin. – *2* Der berühmteste Redner und Rhe-
toriklehrer des früheren 5. Jh.s v. Chr. aus Leontinoi in Sizilien.
Auch diese Statue ist in der antiken Literatur oft erwähnt; sie stand
nach anderen Nachrichten auf einer hohen Säule. Über Gorgias s.
S. 327 Anm. 1. – *3* Die Geschichte des Tauchers Skyllis aus Skione auf
der Halbinsel Chalkidike wird in der antiken Literatur oft erzählt,
sie ist aber offenbar eine Fabel. Bei Herodot VIII 8 steht im Gegenteil, daß Skyllies, wie er hier heißt, sich bei der persischen Flotte befand und bei dem Schiffbruch der persischen Flotte an der hafenlosen Ostküste Thessaliens für die Perser viele Gegenstände rettete,
dann allerdings vor der Schlacht beim Kap Artemision zu den Griechen überging und ihnen die Vorgänge bei der persischen Flotte
meldete. – *4* So ist wahrscheinlich statt des überlieferten Kephalen
zu lesen. – *5* Mit diesem Satz geht Pausanias zur Beschreibung des
Tempels selber über. Über dessen Baugeschichte s. o. S. 484 Anm. 1.
Wie dort bemerkt, war Pausanias bekannt, daß der zu seiner Zeit
stehende Tempel aus dem 4. Jh. v. Chr. stammte, obwohl er das
nirgends ausdrücklich sagt. In dieses Jahrhundert gehören aber die

von ihm erwähnten Künstler der Giebelfiguren; ein Praxias ist aus mehreren Inschriften für die Mitte des 4. Jh.s v. Chr. bekannt, kann allerdings nicht Schüler des berühmten Kalamis gewesen sein, der in der ersten Hälfte des 5. Jh.s v. Chr. lebte. Entweder handelt es sich also um einen Enkel des berühmten Kalamis oder um Irrtum oder Überlieferungsfehler bei Pausanias. Neuerdings ist ein zweiter Praxias bekannt geworden, anscheinend Sohn des vorigen und wohl eher als der Vater mit dem Künstler der Giebelfiguren gleichzusetzen. Androsthenes und Eukadmos sind unbekannt. Von den Giebelfiguren ist nichts erhalten, sie sind offenbar schon im Altertum verschleppt worden. Die von Pausanias genannten Götterfiguren sind auf beide Giebel zu verteilen, Apollon, Artemis, Leto und die Musen im Ostgiebel, die übrigen im Westgiebel.

504 *1* Die vergoldeten Schilde aus der Beute von Marathon müssen von dem älteren Tempel auf den neuen übertragen worden sein. Aeschines (g. Ktes. 116) gibt den Wortlaut der Weihinschrift, die allerdings nicht auf Marathon, sondern auf die Schlacht von Plataeae geht. Allerdings ist wohl auch damit zu rechnen, daß bei der späteren Neuanbringung der Schilde der Name der Thebaner als Besiegter fortgelassen wurde und nur noch die «Meder» genannt blieben, womit dann die Deutung auf Marathon als den berühmtesten Sieg der Athener über die Perser sich fast von selbst einstellen mußte. Nicht ganz genau ist es, daß die Schilde «an den Epistylien» gesessen haben sollen, sie waren nach erhaltenen Spuren an den Metopen angebracht, und zwar, da die gallischen Schilde «rückwärts und links» saßen, an der vorderen Ostfront und der rechten Nordseite. – *2* An dieser Stelle schiebt Pausanias einen langen Exkurs über den Gallierzug gegen Griechenland und Delphi im Jahr 279 v. Chr. ein. – *3* Außer den hier genannten Persönlichkeiten des 6. Jh.s v. Chr. werden in anderen Quellen auch noch manche andere Namen unter den Sieben Weisen genannt. Die zitierte Platonstelle ist Protag. 343 A. Das Oitegebirge trennt Mittelgriechenland und das Spercheiostal. Die Sprüche werden oft zitiert, doch lassen die verschiedenen, auch voneinander abweichenden Angaben nicht sicher erkennen, wo und wie genau die Sprüche angebracht waren. – *4* In steinerne Stelen eingelassene Bronzereliefs sind zwar sehr ungewöhnlich, aber auf der Insel Delos z. B. aus hellenistischer Zeit sowohl im Original gefunden wie auch in den dortigen Inventaren inschriftlich bezeugt. Vielleicht ist auch diese Homerstele ähnlich den delischen Exemplaren in die Wand des Pronaos eingelassen zu denken. Ios ist eine der süd-

23 a

lichen Kykladeninseln, das hier genannte Salamis die bedeutendste Stadt Cyperns, im Südosten der Insel gelegen.

505 *1* Das Tempelinnere ist durch Erdbewegungen und Steinraub so gründlich zerstört, daß von der Inneneinrichtung des Tempels nichts Genaueres mehr festzustellen ist. – *2* Auf den Kult des Poseidon in Delphi nehmen schon Aischylos und Euripides Bezug; dieser Poseidonaltar scheint identisch zu sein mit dem in einer Inschrift erwähnten Poteidanion, «Poseidonheiligtum». – *3* Auch diese Statuen werden mehrfach erwähnt. Moiragetes, «Anführer der Moiren», der Schicksalsgöttinnen, die vor allem Geburt und Tod bestimmen, aber auch über Ordnung und Sitte wachen. – *4* Der Herd mit der ewig brennenden heiligen Flamme wird oft erwähnt. Neoptolemos' Tod in Delphi erwähnt Pausanias mehrfach (I 13,9; II 29,9; IV 17,4, o.S.214; X 7,1, o.S.484); s. auch gleich unten. – *5* Sonst nicht erwähnt. – *6* Über Lage und Gestalt dieses Adytons läßt sich nichts mehr ausmachen. Pausanias ist offenbar nicht hineingekommen, da er sonst unmöglich die uns vielfach bezeugten wichtigsten Gegenstände darin, wie den echten Omphalos, den Dreifuß der Pythia und das Dionysosgrab, hätte übergehen können. Die «andere» Apollonstatue im Adyton setzt voraus, daß sich auch im allgemein zugänglichen Teil der Cella eine Kultstatue des Apollon befand, auf die auch sonst vereinzelt angespielt wird. – *7* Nach den Richtungsangaben des Pausanias hier und im folgenden muß der Bezirk des Neoptolemos, von dem auch sonst verschiedentlich in der antiken Literatur gesprochen wird, sich nordöstlich des Tempels befunden haben. Dieser ganze Teil des Heiligtums ist durch große Felsstürze und Erdrutsche besonders stark zerstört und in seinem antiken Bestand kaum noch wiederherzustellen. Man nimmt als Stelle des Neoptolembezirks allgemein das ummauerte Rechteck (Nr. 52 des Plans; ca. 11:7 m und 5 m oberhalb des Tempels) an, das im jetzigen Zustand aus dem 4. Jh. v. Chr. stammt, aber über älteren Resten steht. Eine Rampe führte von der Nordostecke des Tempelvorplatzes in diesen oberen Teil des Heiligtums. – *8* Daß Zeus diesen Stein des Kronos nach Delphi gesandt habe, sagt schon Hesiod (Theogon. 498 ff.).

506 *1* Die Kassotis ist neuerdings wiedererkannt in den zwei übereinander liegenden Wasserbassins Nr. 44 des Plans gegenüber der Nordostecke des Tempels, die ihr Wasser aus einer Wasserleitung von der oberen Quelle Kerna (Delphusa, u. zu S. 522 Anm. 5) erhielten und in einer weiteren Leitung nach Südosten abführten.

Daß ihr Wasser unter den Tempel fließe, ist für den Tempel des 4.Jh.s v.Chr. unrichtig, doch insofern erklärt, als sich in den südlichen Fundamenten des Tempels große begehbare Kanäle befinden, die in Zusammenhang mit einer alten Brunnenanlage auf der Terrasse südlich des Tempels über der Polygonalmauer stehen. – 2 Die berühmte Lesche der Knidier lag ganz oben im heiligen Bezirk an der nördlichen Peribolosmauer; es war ein geschlossener Raum von etwa 18,70 : 9,70 m mit acht hölzernen Säulen im Inneren und Eingangstür an der Südseite (Nr.55 des Plans). Das Gebäude muß, da es von Polygnot ausgemalt wurde, aus dem frühen 5.Jh. v.Chr. stammen, der nähere Anlaß der Erbauung ist nicht bekannt. Polygnot von der Insel Thasos an der thrakischen Küste (s. auch o. S. 512 und 513 Anm. 2) war der berühmteste Maler der Mitte des 5.Jh.s v.Chr. und schuf auch die Gemälde in der «Bunten Halle» in Athen (s. o. S. 65 f.). Die Ausmalung der Lesche durch Polygnot datiert man gewöhnlich, auf Grund nicht wirklich zwingender Argumente, in die Jahre 458–447 v.Chr. – Die berühmten Wandgemälde im Inneren hat man sich in der Art der attischen Vasenmalerei des 5.Jh.s v.Chr., aber in verhältnismäßig reicher Farbgebung vorzustellen, die wohl etwa lebensgroßen Figuren in Gruppen neben- und übereinander, mit sparsamster Andeutung des Geländes und erklärenden Namensbeischriften. Pausanias beschreibt die Gemälde, die wir uns wohl an allen vier Wänden der Lesche zu denken haben, von der Tür an beginnend rechts herum, das heißt aber gerade in der umgekehrten Reihenfolge, wie sie gedacht waren. Bei dem ersten (rechten) Gemälde, das Szenen unmittelbar nach der Eroberung Trojas darstellte, ist es ganz klar, daß es links wahrscheinlich in der Mitte der der Tür gegenüberliegenden Längswand begann, mit Szenen, die sich noch im eroberten Troja selber abspielen, und rechts an der Tür endete, mit den Vorbereitungen zur Abfahrt der Griechen. Bei dem Bild von der Unterwelt ist es weniger klar, aber auch hier wird die Darstellung sinnvoller, wenn sie mit dem von Pausanias zuerst erwähnten Paar Tellis und Kleoboia endete, die die Mysterien nach Thasos, der Heimat des Künstlers, gebracht haben sollen (s. u. S. 513 Anm.2). Das wäre dann der versöhnende Abschluß des Gemäldes von den Schrecken der Unterwelt, der Hinweis auf die Mysterien, die den Eingeweihten die Befreiung von einem solchen Schicksal versprachen. Das Gemälde würde also links an der Tür begonnen und wiederum in der Mitte der Längswand geendet haben, während es Pausanias unmittelbar anschließend an das erste Gemälde an der langen Wand weiterfahrend, also in umgekehrter Reihenfolge beschreibt. Bei dieser Annahme kommt auch die auf Thasos weisende Szene neben die Signatur des Künstlers, die Thasos als seine Heimat nannte, und würden so beide Gemälde miteinander verknüpft. – *3* Od. XVIII 328 f. – *4* Od. III 276 ff.

507 *1* Echoiax heißt, «der den Griff des Steuerruders hält». Die Beischrift gehört also wahrscheinlich nicht zu dem Diener auf der Schiffsleiter, die von Land aus ans Schiff gestellt wurde, sondern zu einer Figur der Schiffsbemannung. – *2* Die Namen Ithaimenes, Polites und Strophios kommen in der Ilias als Namen von Trojanern vor (XVI 586; II 791; XIII 533; XXIV 250; V 49); Polites heißt auch ein Gefährte des Odysseus (Od. X 224) und Amphialos ein Phaeake (Od. VIII 114; 128). – *3* Il. III 144. – *4* Helenos soll freiwillig oder gefangen zu den Griechen gekommen und dort zum Verräter seiner Vaterstadt geworden sein. Nach der einen Version sei der Grund gewesen, daß er nach Paris' Tod Helena nicht erhalten und deshalb Troja verlassen habe. – *5* Lesches, wie der Name richtig heißt, gilt meistens als Verfasser der «Kleinen Ilias», während für die Iliupersis sonst ein anderer Name, Arktinos, genannt wird. Pausanias zitiert ihn im folgenden oft.

508 *1* Aithra, Mutter des Theseus; sie war Dienerin bei Helena und trug deshalb das Haar geschoren. – *2* Il. XIII 170 ff. – *3* s. o. S. 75.

509 *1* Eine Klymene als Dienerin der Helena Il. III 144. – *2* Die Figur des Epeios ist also besonders hervorgehoben als des Repräsentanten von Phokis, da er Enkel des Phokos war. Die Szene der Mauerzerstörung nahm auch etwa die Mitte des Gemäldes ein. Epeios war zugleich der berühmte Erbauer des hölzernen Pferdes. – *3* Lücke im Text, in der der Name eines anderen griechischen Helden stand. – *4* Diese Szene des Schwurs des Aias ist aus unserer literarischen Überlieferung nicht bekannt. Auch Odysseus und der Held, dessen Name in der Lücke ausgefallen ist, gehören jedenfalls zu den Schwurzeugen. – *5* Il. II 303 ff.

510 *1* Die Namen Elasos und Astynoos kommen in der Ilias als Namen von Trojanern vor (XVI 696; V 144; XV 12), die aber schon im Verlauf der Kämpfe fallen. – *2* Die Neoptolemszene ist auch dadurch besonders betont, daß sie sich etwa in der Mitte des Gemäldes befand. – *3* Zu den beiden verschiedenen Namen des Sohnes des Achilleus, der «Blonde» und «Jung in den Krieg», s. schon o. S. 484. Pausanias' Erklärung des Namens Neoptolemos ist gekünstelt; Lykomedes ist der Vater der Mutter Deidameia des Neoptolemos, Kö-

nig auf Skyros, wo der junge Achill unter den Mägden des Königs verborgen gehalten worden war, Phoinix der Berater Achills, der Neoptolem aus Skyros zum Kampf gegen Troja abholte. – *4* XVII 312 ff. (II 862); das Wort kommt bei Homer häufiger vor. – *5* Dieses Gemälde des Kalliphon hat Pausanias bereits bei der Beschreibung der Kypseloslade in Olympia erwähnt, o. S. 272. – *6* II. III 122 ff.; 203 ff.; VI 251 f.

511 *1* Epischer Dichter des 3. Jh.s v. Chr.; er erzählte, Laodike habe von Akamas, dem Begleiter des Diomedes bei einer Gesandtschaft nach Troja, einen Sohn geboren und sei nach der Einnahme Trojas mit Akamas fortgezogen; es gab auch andere Versionen über das Schicksal der Laodike, einer Tochter des Priamos. – *2* Stesichoros. – *3* Die Mygdonen sind ein ursprünglich thrakischer Volksstamm in Makedonien, von denen sich Teile an der großen thrakischen Einwanderung nach Kleinasien (um 1200 v. Chr.) beteiligten, so daß der Name nun als Landschaftsname an mehreren Stellen Kleinasiens vorkommt. Die genaue Lage der Stadt Stektorion in Südostphrygien ist nicht sicher bekannt.

512 *1* Vgl. o. S. 510 Anm. 6 über Antenor. Im folgenden seine Gemahlin Theano (in der Ilias öfters erwähnt: V 70; VI 298 f.; XI 224) und seine Söhne und Tochter. Auch der Esel, auf den der Hausrat Antenors verladen wird, gehört zu dieser Gruppe. – *2* Die Zuschreibung des Epigramms an den 468 v. Chr. gestorbenen berühmten Simonides ist höchst fraglich; ihm wurde später eine große Menge namenloser Epigramme zugeschrieben. – *3* Hom. Od. XI 23–640. – *4* Das Gemälde Polygnots enthält manche Figuren, die in der homerischen Schilderung der Unterwelt nicht vorkommen; sie stammen wohl zur Hauptsache aus dem uns wenig bekannten Epos Minyas, in dem unter anderem die Hadesfahrt des Theseus und Peirithoos dargestellt war. Auch die Nosten, das Epos von der Rückkehr der Helden von Troja, nennt Pausanias später (S. 514) als eine Quelle der Unterweltsdarstellungen.

513 *1* Hier ist der Text gestört, vielleicht war Tellis gerade umgekehrt als Greis bezeichnet. – *2* Über die genannten Figuren ist sonst nichts bekannt. Der Vater des Dichters Archilochos hieß aber Telesikles und galt als Gründer der parischen Kolonie auf der Insel Thasos, die ins Jahr 682/81 oder 681/80 v. Chr. datiert wurde. Tellis ist offenbar Kurzform des Namens Telesikles und von ihm nicht als weitere Persönlichkeit (Großvater) zu trennen. Jedenfalls aber benutzte Polygnot das Gemälde, um darin diese Anspielung auf seine Heimat un-

terzubringen. Über den Sinn der Szene s. o. S. 506 Anm. 2 und u. S. 521 Anm. 2. – *3* Vielleicht ist vielmehr «über» zu lesen, da auch nachher die weitere Beschreibung in der Richtung nach oben geht und die nächsten Figuren als über den Vorgenannten stehend angegeben werden und nicht «über dem Schiff des Charon», wie es sonst eigentlich heißen müßte. – *4* Diese Geschichte war im Altertum sehr berühmt und wird oft erzählt mit vielfach abweichenden Namen beider Brüder. Der Ort bei Katane, an dem die Statuen der Jünglinge standen, hieß «Ort der Frommen» und wird schon im 4. Jh. v. Chr. von dem athenischen Redner Lykurgos erwähnt. Die Statuen erscheinen auch auf Münzen der Stadt Katane und sogar auf römischen Münzen als Symbol der pietas. In einer späten Inschrift wird Katane nur als «die berühmte Stadt der Frommen» bezeichnet. – *5* Nach unserer besseren Überlieferung (Thuk. VI 70 f.; VII 4, 6; 37,3; Plut. Nik. 16,6) haben die Athener bei der Belagerung von Syrakus das Heiligtum des olympischen Zeus südlich vor der Stadt, von dem noch heute zwei Säulen aufrecht stehen, gar nicht besetzt, anders Diodor XIII 6,4. – *6* Nach Herodot VI 97 ließ Datis die persische Flotte nicht in Delos landen und den Bewohnern melden, sie hätten nicht zu fliehen brauchen, da er Auftrag habe, das Heiligtum und die Insel zu schonen, und ließ Apollon auch ein großes Weihrauchopfer darbringen.

514 *1* Auch das nach Herodot (VI 118). – *2* Dieser Todesdämon ist sonst unbekannt; sein Name, «der weithin Waltende», bezeichnet den Todesgott selber. Die Geierhaut weist auf die bekannte Rolle der Geier hin, die übrigens heute noch in großer Zahl in den Felswänden über Delphi horsten. – *3* Nach der Sage war Auge Tochter des Königs Aleos von Tegea in Arkadien und gebar dem Herakles den Sohn Telephos, wurde deswegen von ihrem Vater mit dem Kind in einer Kiste ausgesetzt und an der kleinasiatischen Küste beim späteren Pergamon angetrieben und von dem Herrscher des Landes zur Frau genommen. – *4* Iphimedeia, eine an verschiedenen Stellen Griechenlands lokalisierte mythische Figur, auch in der Nekyia der Odyssee XI 305 ff. genannt. – *5* Nach Od. XI 23 ff. halfen beide dem Odysseus bei dem Opfer an der Grube, durch das dieser den Eintritt in die Unterwelt erreichte. – *6* Diese Szene ist als charakteristisch für die Unterwelt häufig dargestellt und in der Literatur erwähnt; ihre Erklärung ist unsicher.

515 *1* Es ist die Rohrdommel. – *2* Ein Geier fraß die ständig nachwachsende Leber. – *3* Phaidra, die Gemahlin des Theseus, nahm sich aus

Reue über den von ihr verschuldeten grausamen Tod ihres von ihr
geliebten Stiefsohnes Hippolytos selber das Leben, nach manchen
Versionen durch Erhängen. Die Deutung ist aber recht gesucht;
Schaukeln ist im antiken Griechenland häufiger und schon in vorgriechischer Zeit dargestellt und hatte auch kultische Bedeutung. –
4 Zeugma, ein wichtiger Euphratübergang mit Schiffbrücke im Altertum, heißt «das Zusammengefügte», also «die Schiffbrücke»,
beim heutigen Biredjik; Wein und Efeu sind die beiden heiligen
Pflanzen des Dionysos. – *5* Anspielung auf den Osirismythos; die
Griechen setzten Osiris mit Dionysos gleich. – *6* Text gestört.

516 *1* Die oft erzählte Sage von Kephalos und Prokris berichtet, daß
beide Gatten sich aus Eifersucht auf die Probe zu stellen suchten
und überwachten. Bei einer Jagd schlich Prokris ihrem Gemahl deshalb nach und wurde dabei von ihm irrtümlich als vermeintliches
Wild getötet. – *2* Eriphyle, Gemahlin des Amphiaraos, wurde durch
Polyneikes mit einem Halsband dazu gebracht, ihren Gemahl zu ver-
anlassen, gegen seinen Willen am Zug der Sieben gegen Theben teil-
zunehmen, dessen unglücklichen Ausgang er voraussah. Daß Eriphyle «das kostbare Gold als Preis für den lieben Mann empfing»,
steht schon an der zugrunde liegenden Odysseestelle XI 327. – *3* Od.
XI 48 ff.; Odysseus grub mit dem Schwert die Grube, durch die er
in die Unterwelt hinabstieg, und traf unten als ersten die Seele seines Gefährten Elpenor, der bei Kirke vom Dach des Palastes gestürzt und umgekommen war (Od. X 552 ff.). – *4* Theseus und Peirithoos versuchten nach der Sage, Persephone selber aus der Unterwelt zu entführen, wurden dabei aber gefangengenommen und im
Hades festgehalten. Die Schwerter waren nutzlos, da die Seelen der
Abgeschiedenen unverwundbar sind. – *5* Od. XI 630 f. – *6* Il. I
262 ff.

517 *1* Od. XX 66 ff. – *2* Milatos, Stadt an der Nordküste von Kreta an der
Ostseite der Bucht von Mallia, wo ein Dorf heute noch den unveränderten Namen der schon von Homer genannten Stadt trägt. –
3 Pandareos stahl nach der Sage den goldenen Hund, der das Heiligtum des Zeus auf Kreta bewachte, und brachte ihn dem Tantalos zur
Aufbewahrung; als Hermes ihn holen wollte, leugnete Tantalos,
etwas von dem Hund zu wissen. – *4* Auf antiken Vasenbildern und
sonst häufiger dargestellte Haltung; Antilochos, Sohn Nestors und
besonderer Freund Achills, der den Tod durch Memnon fand, als er
seinem Vater Nestor zu Hilfe eilte. – *5* Text gestört; diese Haltung,
den langen, fast mannshohen Stab unter die Achsel zu stützen und

sich darauf zu lehnen, ist im Altertum vielfach dargestellt und noch heute bei den Hirten gewöhnlich. – *6* Auch hier ist der Text gestört und der Wortlaut daher unsicher. – *7* Als Repräsentant der Landschaft Phokis, zu der Delphi gehörte. Die Szene nahm etwa die Bildmitte ein und ist auch dadurch besonders betont.

518 *1* Der jagdfreudige Aktaion war von der auf ihn erzürnten Artemis in einen Hirsch verwandelt und von seinen eigenen Hunden zerrissen worden; hier auch in der Unterwelt als Jäger dargestellt. – *2* Od. X 509 f. – *3* Sonst unbekannt; auch die nächstfolgenden Figuren stehen alle in Beziehung zu Orpheus, mit dem sie auf dem Gemälde eine Gruppe bildeten. – *4* Auch dieser als Repräsentant von Phokis; Il. II 517.

519 *1* Er hatte sich nach der Sage in einen Wettstreit mit den Musen eingelassen und war dafür bestraft worden. – *2* Der Vertreter der phrygischen Flötenmusik. – *3* Kelainai, bedeutende Stadt Phrygiens, schon von Herodot (VII 26) und in Xenophons Anabasis (I 2,7 ff.) genannt, an den Quellen des Maeanders, beim heutigen Diner. Der Marsyas, ein übrigens mehrfach vorkommender Flußname, ist wahrscheinlich der heutige Diner Su, der nach etwa $1^1/_2$ km Lauf in den Maeander mündet. Die Geschichte von der Rettung der Stadt vor den Galliern ist sonst nicht bekannt. – *4* Aias, des Oïleus Sohn, kam nach Homer Od. IV 499 auf der Rückfahrt von Troja durch Schiffbruch um.

520 *1* Il. IX 565 ff. – *2* Tragödiendichter des frühen 5. Jh.s v. Chr., von dessen Dramen nur wenige Bruchstücke erhalten sind. – *3* Auch diese Haltung ist in antiken Darstellungen häufig.

521 *1* Der «Aethiope» Memnon, der Sohn der Morgenröte, kam als letzter Troja zu Hilfe, fiel aber durch Achilleus; seine Leiche entführten die Winde an den Fluß Aisepos, den heutigen Gönen-tschai, der ins Marmarameer fließt, wo ihm ein Grab gebaut wurde. Die Sage von den Memnonsvögeln wird in der antiken Literatur in mehreren voneinander abweichenden Fassungen erzählt, meistens als aus der Asche Memnons entstehend und sich gegenseitig bekämpfend. Die Fassung bei Pausanias ist so sonst nicht bekannt. Außer am Aisepos wurde das Grab Memnons noch an mehreren anderen Stellen des Vorderen Orients gezeigt, vor allem in Susa, das im allgemeinen als die Heimat Memnons galt, wie auch Pausanias sagt. Der Choaspes ist der Fluß, an dem Susa lag, der heutige Kercha. Der letzte Satz des Abschnittes ist wohl fehlerhaft überliefert. – *2* Von dem gleichen Schicksal der nicht in die eleusinischen Mysterien Eingeweih-

ten in der Unterwelt spricht auch Plato im Gorgias 493 AB. Die
Übertragung dieser Strafe auf die Danaiden ist erst später geschehen.
Die Gruppe der Uneingeweihten bildet das Gegenstück zu der
Gruppe Tellis und Kleoboïa auf der anderen Seite des Gemäldes,
die die Mysterien bringen (s. o. S. 513 Anm. 2). – *3* Od. XI 287 ff.;
Paus. IV 36, 3. – *4* Sie wurde nach der Sage in eine Bärin verwandelt. – *5* VIII 38, 11, in der Übersetzung fortgelassen.

522 *1* s. o. S. 521 mit Anm. 2. – *2* Od. XI 582 ff., nämlich im Wasser stehend, das ständig vor ihm zurückweicht, und unter einem Baum,
dessen obstbeladene Zweige er nicht fassen kann. – *3* s. den Plan; es
liegt innerhalb des heiligen Bezirks in der obersten Nordwestecke
des Heiligtums und stammt aus dem 4. Jh. v. Chr. mit umfassenden
Umbauten im 2. Jh. v. Chr. und 1. Jh. n. Chr. – *4* Der Text ist hier
anscheinend in Unordnung, vor der Erwähnung der Dionysosstatue
muß eine Lücke im Text angenommen werden. Da das Theater noch
im heiligen Bezirk lag, muß der Satz wohl besagen, daß Pausanias
den heiligen Bezirk nun verläßt. Die sehr große Basis für die Dionysosstatue der Knidier (2,40 : 1,80 m) mit der Inschrift ist erhalten, liegt aber in dem westlichen Zugang zur Orchestra des Theaters. Immerhin ist auch dieser Standplatz der Statue mit Pausanias'
Worten unter der Annahme zu vereinigen, daß in der Lücke etwa
stand, daß die Statue sich am Ausgang aus dem Theater befunden
habe. Die Basis ist in römischer Zeit umgekehrt worden, mit der
Unterseite nach oben, mit Neuaufstellung der Statue, wie sie Pausanias gesehen hat. Es ist also auch möglich, daß sie ursprünglich
anderswo stand; sie muß sich aber auch dann als Dionysosstatue
beim Theater befunden haben, und Pausanias hat sie jedenfalls schon
an ihrem heutigen Platz gesehen. – *5* Das Stadion liegt nordwestlich
oberhalb des heiligen Bezirks in den obersten Teilen der Stadt, unmittelbar an den Felswänden des Parnaß, und ist aus Parnaßkalkstein gebaut. Es muß in seiner ersten Anlage aus dem frühen 5. Jh.
v. Chr. stammen, der fertige Ausbau, wie er heute bestens erhalten
sichtbar ist, geht aber erst in römische Zeit zurück, wohl auf Herodes Atticus (2. Jh. n. Chr.). Pausanias' Angabe, daß Herodes Atticus
das Stadion in Marmor habe ausbauen lassen, muß aber wohl falsch
sein. Heute ist jedenfalls kein einziges Stück Marmor im Stadion gefunden worden, wenn auch alte Reiseberichte aus dem 15. und 17.
Jh. ausdrücklich von Marmorstufen im Stadion sprechen. Vielleicht
hat sich Pausanias nicht die Mühe gemacht, bis hier oben hinaufzusteigen; er erwähnt auch die heutige Quelle Kerna kurz unterhalb

des Stadions nicht, die schon antik zu einem Brunnenhaus ausgebaut war. Vor Erbauung des Stadions zur Zeit Pindars fanden die Wettkämpfe im Hippodrom unten in der Ebene (s. o. S. 534) statt, und später diente das Stadion auch gelegentlich für musikalische Aufführungen. – 6 Die berühmte korykische Grotte, im Altertum oft erwähnt, heute Sarandavli («vierzig Höfe») genannt, liegt etwa 2¹/₂ Stunden über Delphi in 1360 m Höhe, hoch an einem steilen Berghang. Sie besteht aus mehreren hintereinander liegenden Höhlen, von denen die vorderste etwa 90 m lang, 60 m breit und 12 m hoch ist. Am Eingang befinden sich Inschriften für Pan und die Nymphen. – 7 Andere Höhlen in Kleinasien.

523 *1* s. dazu S. 480. – *2* Tithorea, in den Inschriften Tithorra oder Tithora, lag unmittelbar unter den nordöstlichen Steilabfällen des Parnaß, beim heutigen Dorf Velitsa, das innerhalb der antiken Ruinen liegt. Gut erhalten sind vor allem Teile der mächtigen Stadtmauer aus dem 3. Jh. v. Chr., die zu den schönsten erhaltenen antiken Stadtmauern Griechenlands gehören, dazu weitere Reste der Stadt. – *3* Die Entfernungsangabe 80 Stadien ist unmöglich, es ist vermutlich 180 Stadien zu lesen (32 km). Pausanias ist von der korykischen Grotte aus offenbar auf diesem Gebirgspfad, nördlich um den Parnaß herum, direkt nach Tithorea gegangen, auf einem Weg, den auch der römische Feldherr Hortensius im Jahre 86 v. Chr. zu einem Umgehungsmarsch in seinem letzten Teil benutzte (Plut. Sulla 15), der aber heute in Vergessenheit geraten ist.

524 *1* Vgl. S. 451, in der Übersetzung fortgelassen. – *2* Heute Kakorema, vom Parnaß herkommend; bricht östlich der Stadt in einer tiefen Felsschlucht zur Ebene durch. – *3* Bisher nicht gefunden. – *4* Ebenfalls nicht identifiziert; der Kult der aegyptischen Götter ist in Tithorea auch durch Inschriften bezeugt.

525 *1* Textverderbnis. – *2* d. h. nach der Art der Umwicklung der Mumien.

526 *1* Il. XX 131. – *2* Mit der «Insel Istrien» ist die Halbinsel Istrien gemeint. – *3* Genaue Lage unbekannt, außer bei Pausanias wird die Stadt nirgends erwähnt. – *4* Hestiaios oder vielmehr Histiaios, Tyrann von Milet, der unter Dareios und besonders während des Ionischen Aufstandes (499–494 v.Chr.), in dem Milet zerstört wurde, eine große Rolle spielte. Die Angaben stammen, wenn auch mit veränderter Motivierung, aus Herodot. – *5* Philomelos, einer der Führer der Phoker im sogenannten Dritten Heiligen Kriege (356–346 v. Chr.), in dem die Phoker Delphi besetzten, wofür sie nach

Kriegsende mit Zerstörung ihrer Städte und schweren Reparations-
lasten bestraft wurden. Philomelos stammte aus Ledon. – *6* Lilaia
lag etwa 1 ^{1}/$_2$ km östlich des heutigen Dorfes Kato-Agoriani am Fuß
des Parnaß. Über einer Unterstadt, unmittelbar am Bergfuß in der
Ebene, von der kaum etwas erhalten ist, steigt sehr gut und hoch
erhalten die Stadtmauer an einem sehr steilen letzten Ausläufer des
Parnaß zu einer kleinen Akropolis empor; die Ostseite dieses Berges wird durch die senkrechten Felsabstürze einer Schlucht gebildet, durch die ein Nebenfluß des Kephisos fließt. Der von Pausanias
genannte Weg führt in der Nähe der korykischen Grotte vorbei in
fast genau nördlicher Richtung über den Parnaß nach Ano- und
Kato-Agoriani. Von den von Pausanias in Lilaia genannten Bauwerken ist nichts identifiziert. – *7* Die erste Zerstörung ist die nach dem
Dritten Heiligen Krieg, s. o. Anm. *5*. – *8* Philipp V., 221–179 v. Chr.
König von Makedonien.

527 *1* Statuenbasis in Delphi gefunden, aber von Pausanias in seiner Beschreibung Delphis nicht erwähnt. – *2* Als Quelle des Kephisos galt
im ganzen Altertum die stets wasserreiche mächtige Quelle Kephalovrysis, etwa 1 ^{1}/$_2$ km östlich von Lilaia, obwohl eine größere Zahl
anderer Zuflüsse aus den Gebirgen südlich und westlich der Ebene
von sehr viel weiter herkommen, die aber im Sommer zumeist kein
Wasser führen. Unmittelbar über der Quelle am Bergfuß stützt eine
fast 100 m lange antike Polygonalmauer eine schmale Terrasse. Man-
nigfache Architekturreste, Skulpturen und Inschriften belegen das
Bestehen eines Heiligtums und eines Kultes des Flußgottes Kephisos
an dieser Stelle; vgl. o. S. 458. – *3* Lilaia liegt so unmittelbar unter
dem nördlichen Steilabfall des Parnaß und dazu in einer Gebirgsaus-
buchtung, daß es nur wenig Sonne erhält. Es folgen ein paar kleinere
Orte in Phokis. – *4* Amphikleia oder Amphikaia, wie die besser bezeugte Namensform lautet, lag auf einem niedrigen Hügel am Nordfuß des Parnaß bei der heutigen Kleinstadt Dadi, in der Luftlinie
7 km nordöstlich von Lilaia über dem Felsriegel, der das obere vom
mittleren Kephisosbecken trennt. Die antiken Reste sind spärlich. –
5 Eine Legende, die den Namen Amphikaia erklären soll. – *6* Weitere kleine Orte in Phokis. – *7* Ausgedehnte, aber unbedeutende
Reste nordöstlich des heutigen Dorfes Drachmani, an der Nordseite
des Kephisosbeckens. Pausanias' Entfernungsangabe (180 Stadien =
32 km) ist unrichtig, die Luftlinienentfernung von Amphikaia nach
Elateia in östlicher Richtung über die Kephisosebene beträgt nur
17 km, und der Weg kann in diesem Fall nicht viel länger gewesen sein.

528 *1* Belagerung der Stadt durch Kassander, König von Makedonien, 301 v. Chr., durch Taxiles, Feldherrn Mithridates' VI., Königs von Pontos, 86 v. Chr. Über die Weihgeschenke nach Delphi als Anlaß der Belagerung durch Kassander vgl. S. 502. – *2* Geschichte der Stadt bis zur Zeit des Pausanias. – *3* Das Heiligtum mit einem frühklassischen dorischen Peripteraltempel mittlerer Größe ist auf dem felsigen Hügel Kastro tu Lasu, 3 km in der Luftlinie nordöstlich der Ruinen von Elateia, zum Teil ausgegraben. Der Beiname der Athena stammt vom antiken Namen der Örtlichkeit, Kranai, «Quellen». Die von Pausanias genannten Säulenhallen sind auch in einer dort gefundenen Inschrift erwähnt.

529 *1* Nämlich die gerade vorher genannten Timokles und Timarchides. – *2* Abai und Hyampolis lagen nach gewöhnlicher Annahme (s.u.) ganz nahe beieinander in einem nordöstlichen Seitental des mittleren Kephisosbeckens im östlichen Teil von Phokis, von Elateia aus östlich, wie Pausanias angibt. Die antike Hauptstraße von Orchomenos nach Opus, heute in ihrem südlichen Stück nicht mehr benutzt, führte von Orchomenos (s.o. S. 469 ff.) aus in direkt nördlicher Richtung unmittelbar östlich an Abai vorbei in dieses Tal, und dann im Zuge der heutigen Fahrstraße über einen niedrigen Gebirgssattel in die Küstenebene von Atalanti, an der Opus lag. Von hier geht die Straße als wichtige Verbindung zwischen Mittel- und Nordgriechenland zu den Thermopylen weiter. – *3* Mit Abai identifiziert man Reste eines äußeren und inneren Stadtmauerringes auf einer hohen isolierten steilen Felskuppe in einem östlichen Seitental des genannten Tales; Pausanias' Beschreibung und andere Gründe sprechen aber für eine westlichere Lage. – *4* Das ist eine spätere Legende. – *5* Vgl. o. S. 467, wo Pausanias davon aber nichts sagt. – *6* s. S. 57. – *7* Von Pausanias kurz erwähnt (S. 56), ohne Bemerkung, daß er halb zerstört gewesen sei.

530 *1* Spärliche Reste der beiden von Pausanias erwähnten Apollontempel und zugehöriger Baulichkeiten des auch sonst nicht selten genannten Heiligtums sind auf einem Hügel nordwestlich der Stadt Abai ausgegraben. Den Brand des alten Tempels im Jahre 347 v. Chr. erzählt der Historiker Diodoros (XVI 58) auch, aber abweichend; danach hätten die Phoker um das Apollonheiligtum eine Festung gebaut und seien hier von den Boeotern belagert worden, das Feuer sei aber unabsichtlich entstanden, indem beim Tempel lagerndes Stroh durch Unachtsamkeit in Brand geriet. Die Stadt Abai blieb von der Zerstörung der phokischen Städte nach dem Dritten Heiligen

Kriege verschont, da die Stadt am Kriege nicht beteiligt gewesen war. – *2* Ausgedehnte Ruinen besonders der Stadtmauer liegen auf einem niedrigen Kalkhügel am Ostrand der Ebene, nur reichlich 1 ¹/₂ km nordwestlich von Abai. Die einzelnen von Pausanias genannten Gebäude lassen sich in den spärlichen Ruinen nicht nachweisen.

531 *1* Nach der Beschreibung des nördlichen und östlichen Phokis bricht die Beschreibung hier ab und springt über zur Behandlung des südlichen Phokis, der Orte südlich des Parnaß gegen den Korinthischen Golf zu. – *2* s. S. 479 ff. – *3* Mauerring auf einem nicht sehr hohen, aber steilen Tafelberg, 20 Minuten südlich des berühmten Klosters Hosios Lukas Stirites, ca. 9 km südöstlich von Distomo. Das Kloster Hosios Lukas steht ebenfalls in einem antiken Stadtmauerring; das Verhältnis der beiden einander so nahen antiken Ortslagen ist ungeklärt. – *4* Später aus dem ähnlichen Namen erschlossene Legende; der attische Demos hieß Steiria, das später Stiria gesprochen wurde. – *5* Diese Quelle ist nicht sicher identifiziert. – *6* Sehr spärliche Reste beim heutigen Distomo; der ältere Name der Stadt lautete Ambrysos oder Ambryssos, Ambrosos oder Ambrossos war die in der Kaiserzeit gebräuchliche Form.

532 *1* Der von Pausanias beschriebene Strauch ist die meist nur strauchartige, in ganz Griechenland sehr häufige Kermeseiche. Die Beschreibung ist insofern unrichtig, als die den Farbstoff liefernden etwa erbsengroßen weiblichen Schildläuse selber die vermeintlichen «Früchte» sind, in denen sie nach Pausanias' Beschreibung hausen sollen. Diese weiblichen Schildläuse sind auch nie flugfähig, sondern nur die viel kleineren Männchen. Daß die Galater im Inneren Kleinasiens noch in der römischen Kaiserzeit ihre alte keltische Sprache sprachen, ist auch aus anderen Quellen bekannt. – *2* Einige wenige Reste an der heutigen Bucht Aspra Spitia südlich von Distomo. – *3* Kyparissos ist im Schiffskatalog (Il. II 519) genannt; in der folgenden, verderbt überlieferten Stelle muß gestanden haben, daß Homer absichtlich den älteren Namen benutzte, obwohl sie zu seiner Zeit bereits Antikyra hieß.

533 *1* Ruinenstätte Siderokafkio an der Ostseite der Bucht von Aspra Spitia. – *2* Textlücke. – *3* Im 1. Makedonischen Kriege gegen Philipp V. Die Angabe enthält aber einen doppelten Fehler; einmal hieß der von Pausanias gemeinte Konsul P. Villius Tappulus, Konsul im Jahre 199 v. Chr., zum anderen wurde Antikyra nicht von ihm, sondern seinem Nachfolger Flamininus im Jahre 198 v. Chr. erobert. Außerdem ist bei dieser Eroberung durch Flamininus nur von

einer leichten Eroberung ohne großen Widerstand die Rede, während die Bevölkerung bei der Eroberung der Stadt durch M. Valerius Laevinus im Jahre 211 v. Chr. in die Sklaverei verkauft wurde. Es liegt also wohl noch eine weitere Verwechslung mit dieser Eroberung vor. – 4 Die 211. Olympiade ist die des Jahres 65 n. Chr., die um zwei Jahre verschoben wurde, um Kaiser Nero die Teilnahme zu ermöglichen; aus diesem Grunde ist sie wohl auch nachträglich gestrichen worden. Wohl aus demselben Grunde stand diese Statue nicht in Olympia, sondern in der Heimat des Siegers. Allerdings waren auch die 8., 34. und 104. Olympiade in Elis nicht als rechtmäßig anerkannt.

534 1 Der andere Sohn des Iphitos hieß Epistrophos. Sie waren die Führer des phokischen Kontingents vor Troja, Hom. Il. II 517 f. – 2 Reste an der Nordseite des Vorgebirges Kephali an der Bucht von Aspra Spitia erhalten. – 3 Einige Ruinen von Bulis befinden sich auf einem felsigen Hügel über der heute unbewohnten Bucht von Zalitsa oder Pantsas, östlich der Bucht von Aspra Spitia. Nach Norden ist das kleine Tal von Bulis durch das unwegsame und auch heute fast siedlungsleere Bergland des Helikon abgeriegelt; die einzige bequeme Landverbindung der Bucht führt nach Osten zum boeotischen Thisbe, wie Pausanias angibt, dessen Entfernungsangaben ebenfalls in Ordnung sind. Zu Thisbe s. S. 465. Der in der Übersetzung fortgelassene Satz bezieht sich auf ein Ereignis des Dritten Heiligen Krieges, ist aber textlich verderbt. – 4 Von Bulis. – 5 Heute fast völlig verschwundene Reste der von Pausanias gemeinten Hafenstadt Kirrha liegen an der Bucht Xeropigadi, eine halbe Stunde östlich des heutigen Itea. Die Hauptsiedlung, das homerische Krisa, lag aber nicht hier, sondern über der Ebene am Weg nach Delphi beim heutigen Dorf Chryso, das den antiken Namen weiterführt, an einer nach einer Kapelle des hl. Georg benannten Stelle. Kirrha und Krisa sind dieselben Namen, das Siedlungsverhältnis zwischen der Ortschaft im Inneren und am Hafen hat im Laufe der Zeiten geschwankt. Die im Ersten Heiligen Krieg zerstörte Siedlung hat aber nach Ausweis der Funde weder an der einen noch an der anderen Stelle gelegen, sondern muß an einem noch unbekannten Punkt gelegen haben. – 6 Die Stelle des Hippodroms in der Ebene von Itea ist unbekannt.

535 1 s. o. S. 335 f. – 2 Heute ist die Ebene von Itea im Gegenteil von dem schönsten Ölbaumwald erfüllt, den das heutige Griechenland besitzt. Pausanias' Bemerkung kann sich nur auf den küstennahen Teil

der Ebene unmittelbar bei Kirrha bezogen haben, der noch am Ende des vorigen Jahrhunderts kahl und baumlos war. – *3* Il. II 520; hymn. Apoll. 269; 282 und öfters. – *4* Der sogenannte Erste Heilige Krieg, um 590 v. Chr., in dem Krisa zerstört wurde; die später erzählten Anekdoten sind legendär. – *5* Der in dem tiefen Tal unter Delphi fließende Bach.

536 *1* Westlich an Phokis anschließend. Es folgen einige antike Erklärungen des Beinamens «ozolisch», der deshalb auffällig ist, weil ozo auf griechisch «stinken» heißt. Es war ein antiker, nicht sicher gedeuteter Spitzname, während dieser Stammesteil sich selber als die «westlichen Lokrer» bezeichnete, im Gegensatz zu den Lokrern an der Meerenge von Euboea. – *2* Heute Salona, der Hauptort der ganzen Gegend, über dem innersten nördlichen Winkel der Ebene; Reste der Stadtmauer und anderes erhalten. – *3* s. o. S. 390.

537 *1* Die einheimische Form des Namens scheint Myaoneer gewesen zu sein, aus der sowohl die einheimische kontrahierte Form Myaneer wie die attisch-literarische Form Myoneer mit ihren Ableitungen zu stammen scheint, s. o. S. 330. Der Ort lag beim heutigen Dorf Hagia Efthymia, südwestlich von Salona, wo der antike Mauerring noch erhalten ist. – *2* Wahrscheinlich westlich des heutigen Eratini, des Hafens des großen Ortes Vitrinitsa, wo Reste einer bedeutenden antiken Siedlung erhalten sind, nicht bei Galaxidi, wie in der Regel angenommen wird. Der antike Mauerring bei Galaxidi gehört vielmehr dem von Pausanias nicht genannten lokrischen Ort Chaleion an. – *3* Vgl. o. S. 358.

538 *1* Naupaktos heißt «Schiffbauplatz». – *2* Die noch heute bestehende Stadt an der Nordküste des Korinthischen Golfs hat ihren Namen seit dem Altertum behalten, italienisch Lepanto; in Mittelalter und früher Neuzeit bedeutende Festung. Reste der antiken Stadtmauer sind unter den imposanten späteren Mauern vielfach erhalten. – *3* Charon von Lampsakos, Geschichtschreiber des 5. Jh.s v. Chr. Aus dem nicht erhaltenen genealogischen Epos werden einige Verse in antiken Scholien zitiert. – *4* Es lag nach erhaltenen Inschriften eine Viertelstunde östlich Naupaktos über einer starken Quelle, Kephalovrysis, auf künstlich geebneter Terrasse an einer Felswand. – *5* Von der Dichterin Anyte von Tegea, die im 3. Jh. v. Chr. lebte, sind einige Epigramme erhalten.

VERZEICHNIS
EINIGER GRIECHISCHER FACHAUSDRÜCKE

AGORA, «Markt», Hauptplatz der Stadt, auf dem sowohl Markt gehalten
werden konnte wie Volksversammlungen stattfanden und an dem die
wichtigsten Staatsgebäude standen.

ARCHON, höherer Beamter, besonders in Athen. In Athen wurde das
Jahr nach einem der Archonten benannt.

CHITON, leichtes Untergewand mit meist kurzen Ärmeln.

CHLAMYS, wollener, auf der Brust zusammengehaltener, pelerinenartiger
Überwurf.

DEMOS, Volk, Staat, auch unterste Einteilung der Bürgerschaft, Dorf-
gemeinde.

DRACHME, Silbermünze, im reinen Metallwert etwa einem Franken entsprechend.

EPHEBE, junger Mann im Alter von etwa 18 bis 20 Jahren.

EPONYM, Beamter oder Priester, nach dem in den griechischen Staaten
das Jahr benannt wurde, in Athen einer der Archonten.

EXEDRA, Bank, entweder freistehend oder in vorn offenen Nischen oder
Räumen, in geschlossenen Gebäuden oder an Säulenhallen, halbrund
oder dreiseitig, meist mit hoher Rückwand.

HELLANODIKEN, die Kampfrichter in Olympia.

HERME, viereckiger, oben in eine Büste ausgehender Pfeiler.

HEROON, Heroengrab.

HOPLIT, Fußsoldat in voller, schwerer Bewaffnung.

HYDRIA, Krug zum Wasserholen mit drei Henkeln.

KATAVOTHRE, neugriechischer Ausdruck für Erdspalten oder Felsöffnun-
gen, durch die das Wasser abflußloser Talbecken unterirdisch abfließt.

KLINE, Liegesofa.

KOTHURN, der Schuh des Schauspielers mit besonders hoher Sohle.

METOEKE, in einem Staat dauernd niedergelassener freier Nichtbürger.

MINE, Münz- und Gewichtseinheit, meist = 100 Drachmen.

NIKE, Siegesgöttin, im allgemeinen geflügelt dargestellt.

OBOLOS, kleine Münzeinheit, in Athen $^1/_6$ Drachme.

OPISTHODOM, der offene rückwärtige Raum des griechischen Tempels.

PANKRATION, «Allkampf», eine sportliche Kampfart, bei der alle An-
griffsmöglichkeiten erlaubt waren, eine Kombination von Ring- und
Faustkampf.

PANKRATIAST, der diese Kampfart ausführt.

PERIBOLOS, Umfriedung, Bezirk, abgegrenzter Platz.

PHYLE, Abteilung der Bürgerschaft.

PLETHRON, Längenmaß, attisch 29,6 m, als Flächenmaß das Quadrat mit
dieser Seitenlänge.

POLOS, Götterkrone in Form eines mehr oder weniger breiten Metall-
reifs.

PRONAOS, der offene Vorraum griechischer Tempel.

STADION, Längenmaß, meist das attische zu 177,6 m, danach auch die
Laufbahnen, die diese Länge hatten, mit ihren Zuschauerräumen.

STATER, Münz- und Gewichtseinheit, meistens = 2 Drachmen.

STELE, aufgestellte Steinplatte zur Aufnahme von Inschriften und Reliefs.

STOA, Säulenhalle.

TALENT, Gewichtseinheit von ca. 26 bis 39 kg, je nach System, und Geld-
summe von 6000 Drachmen.

TRIËRE, Kriegsschiff, Dreiruderer mit drei Ruderreihen übereinander.

VERZEICHNIS

DER VON PAUSANIAS GENANNTEN KÜNSTLER

AGELADAS s. Hageladas.

AGORAKRITOS von Paros, Schüler des Phidias, Bildhauer, 5.Jh.v.Chr.

AKESTOR von Argos, Bronzegießer, 3.Jh. v.Chr.

ALKAMENES, Athener, berühmter Bildhauer und Erzgießer in der 2. Hälfte des 5.Jh.s v.Chr., der in der Kunsttradition als der zweite im Rang nach Phidias bezeichnet wird.

ALYPOS von Sikyon, Schüler des Naukydes, Erzgießer um 400 v.Chr.

AMPHION von Knossos, Sohn Akestors, Bildhauer, Mitte des 5.Jh.s v.Chr.

AMYKLAIOS von Korinth, Erzgießer, um 500 v.Chr.

ANAXAGORAS von Aegina, Erzgießer, um 480 v.Chr.

ANDREAS von Argos oder Kaunos, Erzgießer, 1.Hälfte des 2.Jh.s v.Chr.

ANDROSTHENES von Athen, Bildhauer, 2.Hälfte des 4.Jh.s v.Chr.

ANGELION, archaischer Bildhauer unbekannter Zeit, angeblich Schüler des Dipoinos und Skyllis.

ANTENOR, Athener, berühmter Bildhauer und Erzgießer, 2.Hälfte des 6.Jh.s v.Chr.

ANTIPHANES von Argos, Erzgießer in den Jahrzehnten um 400 v.Chr.

ANTIPHILOS, Architekt, 2.Hälfte des 6.Jh.s v.Chr.

APELLAS von Megara, Sohn des Kallikles, Erzgießer, Anfang des 4.Jh.s v.Chr.

APELLES von Kolophon, der berühmteste Maler des klassischen Altertums, 2.Hälfte des 4.Jh.s v.Chr.

ARISTANDROS von Paros, Erzgießer, um 400 v.Chr., vielleicht Vater des Skopas.

ARISTOGEITON, Erzgießer, Mitte des 5.Jh.s v.Chr.

ARISTOKLES von Kydonia auf Kreta, Erzgießer, Ende des 6.Jh.s v.Chr.

ARISTOKLES von Sikyon, Bruder des Kanachos, berühmter Erzgießer, Mitte und 2.Hälfte des 6.Jh.s v.Chr.

ARISTOMEDES von Theben, Bildhauer, 5.Jh. v.Chr.

ARISTOMEDON von Argos, Erzgießer, Anfang des 5.Jh.s v.Chr.

ARISTON, spartanischer Erzgießer, wohl des 6.Jh.s v.Chr.

ARISTONUS von Aegina, Erzgießer unbekannter Zeit.

ARKESILAOS, Maler, etwa Ende des 4.Jh.s v.Chr.

ASKAROS von Theben, Erzgießer, um 500 v.Chr.

ASTERION, Erzgießer unbekannter Zeit.

ATHENODOROS von Kleitor, Erzgießer, um 400 v.Chr.

ATTALOS, athenischer Bildhauer, 2.Jh. n.Chr.

BATHYKLES von Magnesia am Maeander, der Künstler des amyklaeischen Throns, 2.Hälfte des 6.Jh.s v.Chr.

BOËTHOS von Karthago, Erzgießer, 1.Hälfte des 2.Jh.s v.Chr.

BRYAXIS, berühmter Bildhauer und Erzgießer, 4.Jh. v.Chr.

BUPALOS von Chios, Bildhauer, 6.Jh. v.Chr.

CHARTAS, unbekannter spartanischer Bildhauer archaischer Zeit.

CHEIRISOPHOS von Kreta, Bildhauer unbekannter, aber älterer Zeit.

CHIONIS von Korinth, Erzgießer, Anfang des 5.Jh.s v.Chr.

CHRYSOTHEMIS von Argos, Erzgießer, Anfang des 5.Jh.s v.Chr.

DAIDALOS, der mythische Repräsentant des ältesten Kunsthandwerks, schon bei Homer erwähnt.

DAIDALOS von Sikyon, Erzgießer, 1.Hälfte des 4.Jh.s v.Chr., Sohn des Patrokles.

DAIPPOS von Sikyon, Sohn Lysipps, um 300 v.Chr., Erzgießer.

DAITONDAS von Sikyon, Erzgießer, 3.Jh. v.Chr.

DAMEAS von Kleitor, Erzgießer um 400 v.Chr.

DAMEAS von Kroton, Erzgießer, 2.Hälfte des 6.Jh.s v.Chr.

DAMOKRITOS von Sikyon, Erzgießer, etwa 1.Hälfte des 4.Jh.s v.Chr.

DAMOPHON von Messene, Bildhauer, 2.Jh. v.Chr.

DEINOMENES, Erzgießer, wahrscheinlich 5.Jh. v.Chr.

DIONYSIKLES von Milet, Erzgießer, 2.Hälfte des 3.Jh.s v.Chr.

DIONYSIOS von Argos, Erzgießer, 1.Hälfte des 5.Jh.s v.Chr.

DIPOINOS und SKYLLIS, stets zusammen genanntes Bruderpaar aus Kreta, Bildhauer hocharchaischer Zeit, wohl älter als 600 v.Chr., in der legendären Version bei Pausanias sogar als Söhne des Daidalos bezeichnet, galten als Erfinder der Marmorskulptur.

DIYLLOS von Korinth, Erzgießer, um 500 v.Chr.

DONTAS, Name vielleicht verderbt überliefert für Medon, s.d.

DORYKLEIDAS, hocharchaischer Bildhauer aus Sparta, Bruder des Medon.

ENDOIOS, attischer Bildhauer der Mitte des 6.Jh.s v.Chr.

EUBIOS, thebanischer Bildhauer unbekannter Zeit.

EUBULIDES, Sohn des Eucheir, attischer Bildhauer, Mitte des 2.Jh.s v.Chr.

EUCHEIR, athenischer Bildhauer des 2.Jh.s v.Chr., Vater des Eubulides.

EUCHEIR oder EUCHEIROS von Korinth, sehr alter, vielleicht nur legendärer Erzgießer und Bildhauer.

EUKADMOS, nicht näher bekannter Bildhauer des 4. Jh.s v. Chr.

EUKLEIDES, attischer Bildhauer des 4. Jh.s v. Chr.

EUPHRANOR von Korinth, Erzgießer, Bildhauer, Maler und Kunstschriftsteller, 1. Hälfte des 4. Jh.s v. Chr.

EUPOLEMOS von Argos, Architekt, 2. Hälfte des 5. Jh.s v. Chr.

EUTELIDAS von Argos, Erzgießer, Anfang des 5. Jh.s v. Chr.

EUTYCHIDES von Sikyon, Erzgießer, Bildhauer und Maler, der bedeutendste Schüler Lysipps, Ende des 4. Jh.s v. Chr.

GITIADAS, spartanischer Architekt und Erzgießer im 6. Jh. v. Chr.

GLAUKIAS von Aegina, Erzgießer in der 1. Hälfte des 5. Jh.s v. Chr.

GLAUKOS von Argos, Erzgießer, Mitte des 5. Jh.s v. Chr.

GLAUKOS von Chios, Metallarbeiter, Erfinder des Schweißens des Eisens, 1. Hälfte des 6. Jh.s v. Chr.

HAGELADAS von Argos, der berühmteste Bildhauer der älteren argivischen Bildhauerschule, erste Hälfte des 5. Jh.s v. Chr.

HEGIAS, attischer Bildhauer, Lehrer des Phidias, 1. Hälfte des 5. Jh.s v. Chr.

HERMOGENES von Kythera, Bildhauer römischer Zeit.

HERMON von Troizen, Bildhauer archaischer Zeit.

HERMON, Sohn des Pyrrhos, Architekt, 6. Jh. v. Chr.

HIPPIAS, Erzgießer, 4. Jh. v. Chr.

HYPATODOROS von Theben, Erzgießer, Mitte des 5. Jh.s v. Chr.

IKTINOS, der Architekt des Parthenons, 2. Hälfte des 5. Jh.s v. Chr.

KALAMIS, berühmter Bildhauer, 1. Hälfte des 5. Jh.s v. Chr.

KALLIKLES von Megara, Sohn des Theokosmos, 2. Hälfte des 5. Jh.s v. Chr.

KALLIMACHOS, Bildhauer, Ende des 5. Jh.s v. Chr.

KALLIPHON von Samos, Maler, wohl archaischer Zeit.

KALLISTONIKOS von Theben, Bildhauer, um 370 v. Chr.

KALLITELES, Bildhauer, 1. Hälfte des 5. Jh.s v. Chr.

KALON (bei Pausanias Kallon geschrieben) von Aegina, Bildhauer, Anfang des 5. Jh.s v. Chr.

KALON von Elis, Bildhauer, Ende des 5. Jh.s v. Chr.

KALYNTHOS, Bildhauer, Anfang des 5. Jh.s v. Chr.

KANACHOS von Sikyon, Bildhauer, Ende des 6. Jh.s v. Chr.

KANACHOS von Sikyon, Erzgießer, um 400 v. Chr.

KANTHAROS von Sikyon, Erzgießer, 1. Hälfte des 3. Jh.s v. Chr.

KEPHISODOTOS von Athen, Bildhauer, 1. Hälfte des 4. Jh.s v. Chr., wahrscheinlich Vater des Praxiteles.

KLEARCHOS von Rhegion, hocharchaischer Bildhauer nicht genauer bekannter Zeit.

KLEON von Sikyon, Erzgießer, Anfang des 4. Jh.s v. Chr.

KOLOTES von Herakleia, wahrscheinlich dem elischen Ort des Namens, Bildhauer, Mitte des 5.Jh.s v.Chr.

KRATINOS von Sparta, Erzgießer, wahrscheinlich 6.Jh. v.Chr.

KRITIAS, irrtümliche Namensform für Kritios.

KRITIOS, Athener, Erzgießer, Anfang des 5.Jh.s v.Chr.

LAKRATES, Sohn des Pyrrhos, Architekt, 6.Jh. v.Chr.

LAPHAËS von Phlius, Bildhauer archaischer Zeit.

LEOCHARES, berühmter Bildhauer, Mitte und 2.Hälfte des 4.Jh.s v.Chr.

LIBON von Elis, Architekt, Mitte des 5.Jh.s v.Chr.

LOKROS von Paros, Bildhauer unbekannter Zeit.

LYKIOS, Sohn Myrons, athenischer Erzgießer, 2.Hälfte des 5.Jh.s v.Chr.

LYSIPPOS von Sikyon, berühmter Erzgießer, Ende des 4.Jh.s v.Chr.

LYSON, Erzgießer unbekannter Zeit.

LYSOS, Makedone, Erzgießer unbekannter Zeit.

MEDON von Sparta, Bruder des Dorykleidas, hocharchaischer Bildhauer; Name auch in der Form Dontas überliefert.

MEGAKLES, Architekt, 2.Hälfte des 6.Jh.s v.Chr.

MENAICHMOS von Naupaktos, Bildhauer, etwa 1.Hälfte des 5.Jh.s v.Chr.

MENODOROS von Athen, Bildhauer, 2.Hälfte des 1.Jh.s n.Chr.

MIKON von Athen, Bildhauer und Maler, Mitte des 5.Jh.s v.Chr.

MIKION von Syrakus, Bildhauer, 3.Jh. v.Chr.

MUSOS, Erzgießer unbekannter Zeit.

MYRON, berühmter athenischer Erzgießer, Mitte des 5.Jh.s v.Chr.

MYS, Toreut, Mitte des 5.Jh.s v.Chr.

NAUKYDES von Argos, Erzgießer, 2.Hälfte des 5. und 4.Jh. v.Chr.

NIKERATOS von Athen, Erzgießer und Bildhauer, 3.Jh. v.Chr.

NIKIAS, berühmter athenischer Maler, 2.Hälfte des 4.Jh.s v.Chr.

NIKODAMOS von Mainalos, Erzgießer um 400 v.Chr.

OLBIADES, Maler, 3.Jh. v.Chr.

OLYMPIOSTHENES, Bildhauer, 1.Hälfte des 4.Jh.s v.Chr.

OLYMPOS von Sikyon, Erzgießer, wohl 1.Hälfte des 4.Jh.s v.Chr.

OMPHALION, Maler, Schüler des Nikias, Ende des 4.Jh.s v.Chr.

ONAITHOS, Bildhauer unbekannter Zeit.

ONASIAS, Maler, 5.Jh. v.Chr

ONASIMEDES, Erzgießer unbekannter Zeit.

ONATAS von Aegina, Erzgießer, 1.Hälfte des 5.Jh.s v.Chr.

PAIONIOS von Mende, Bildhauer, 2.Hälfte des 5.Jh.s v.Chr.

PANAINOS von Athen, Maler, Neffe des Phidias, Mitte des 5.Jh.s v.Chr.

PANTIAS von Chios, Sohn des Sostratos, Erzgießer, 2.Hälfte des 5.Jh.s v.Chr.

PARRHASIOS von Ephesos, berühmter Maler, Ende des 5. und Anfang des 4. Jh.s v. Chr.

PATROKLES von Kroton, Bildhauer, wahrscheinlich archaischer Zeit.

PATROKLES von Sikyon, Vater des Daidalos, Erzgießer, um 400 v. Chr.

PAUSANIAS von Apollonia, Erzgießer, 1. Hälfte des 4. Jh.s v. Chr.

PAUSIAS von Sikyon, berühmter Maler der 1. Hälfte des 4. Jh.s v. Chr.

PEISIAS, Bildhauer unbekannter Zeit.

PERIKLYTOS, Erzgießer, Schüler Polyklets, 2. Hälfte des 5. Jh.s v. Chr.

PHIDIAS von Athen, der berühmteste Bildhauer des Altertums, Mitte des 5. Jh.s v. Chr.

PHILESIOS von Eretria, Erzgießer, Anfang des 5. Jh.s v. Chr.

PHILOTIMOS von Aegina, Erzgießer, etwa 2. Hälfte des 5. Jh.s v. Chr.

PHRADMON von Argos, Erzgießer, Mitte des 5. Jh.s v. Chr.

PISON von Kalaureia, Erzgießer, um 400 v. Chr.

POLYGNOTOS von Thasos, der berühmteste Maler des 5. Jh.s v. Chr.

POLYKLEITOS von Argos, berühmter Erzgießer und Bildhauer, Mitte des 5. Jh.s v. Chr.

POLYKLEITOS von Argos, Erzgießer und Bildhauer, Anfang des 4. Jh.s v. Chr., verschieden von dem berühmten ersten Polyklet.

POLYKLEITOS, Architekt, 4. Jh. v. Chr.

POLYKLES von Athen, Erzgießer, 2. Jh. v. Chr.

POTHAIOS, Architekt, 2. Hälfte des 6. Jh.s v. Chr.

PRAXIAS von Athen, Bildhauer, Mitte des 4. Jh.s v. Chr.

PRAXITELES von Athen, der berühmteste Bildhauer des 4. Jh.s v. Chr.

PROTOGENES von Kaunos, berühmter Maler, Ende des 4. Jh.s v. Chr.

PSYLAKOS, Bildhauer unbekannter Zeit.

PTOLICHOS von Aegina, Erzgießer, 5. Jh. v. Chr.

PTOLICHOS von Kerkyra, Erzgießer, 5. Jh. v. Chr.

PYRILAMPES von Messene, Bildhauer unbekannter Zeit, nach 370 v. Chr.

PYRRHOS, Architekt, 6. Jh. v. Chr.

PYTHAGORAS von Paros, Maler unbekannter Zeit.

PYTHAGORAS von Rhegion, berühmter Bildhauer der 1. Hälfte des 5. Jh.s v. Chr.

PYTHODOROS von Theben, Bildhauer unbekannter Zeit.

RHOIKOS von Samos, Erzgießer und Architekt, 6. Jh. v. Chr.

SAMOLAS, Arkader, Erzgießer, 1. Hälfte des 4. Jh.s v. Chr.

SERAMBOS von Aegina, Erzgießer, wahrscheinlich 6. oder frühes 5. Jh. v. Chr.

SILANION von Athen, Erzgießer, 2. Hälfte des 4. Jh.s v. Chr.

SIMON von Aegina, Erzgießer, 1. Hälfte des 5. Jh.s v. Chr.

SKOPAS von Paros, berühmter Bildhauer und Architekt, 4. Jh. v. Chr.

SKYLLIS s. Dipoinos.

SMILIS von Aegina, Bildhauer hocharchaischer Zeit.

SOIDAS von Naupaktos, Bildhauer, etwa 1. Hälfte des 5. Jh.s v. Chr.

SOKRATES von Theben, Bildhauer, 1. Hälfte des 5. Jh.s v. Chr.

SOMIS, Erzgießer unbekannter Zeit.

SOSTRATOS von Chios, Erzgießer, Mitte des 5. Jh.s v. Chr.

SPINTHAROS von Korinth, Architekt, 4. Jh. v. Chr.

STADIEUS von Athen, Bildhauer, um 200 v. Chr.

STHENNIS von Olynth, Erzgießer, Ende des 4. und Anfang des 3. Jh.s v. Chr.

STOMIOS, Erzgießer, um 500 v. Chr.

STRATON von Argos, Bildhauer, Sohn des Xenophilos, 2. Hälfte des 2. Jh.s v. Chr.

STRONGYLION, Erzgießer, Ende des 5. und Anfang des 4. Jh.s v. Chr.

SYADRAS, unbekannter spartanischer Bildhauer archaischer Zeit.

TEISANDROS, Erzgießer, um 400 v. Chr.

TEKTAIOS, archaischer Bildhauer unbekannter Zeit, angeblich Schüler des Dipoinos und Skyllis.

TELESTAS, spartanischer Erzgießer, wohl 6. Jh. v. Chr.

THEODOROS von Samos, berühmter Architekt und Erzgießer, 6. Jh. v. Chr.

THEOKLES, hocharchaischer Bildhauer von Sparta, angeblich Schüler des Dipoinos und Skyllis.

THEOKOSMOS von Megara, Bildhauer, 2. Hälfte des 5. Jh.s v. Chr.

THEOMNESTOS von Sardes, Erzgießer unbekannter Zeit.

THEOPROPOS von Aegina, Erzgießer, Anfang des 5. Jh.s v. Chr.

THERON, Boeoter, Erzgießer, 3. Jh. v. Chr.

THRASYMEDES von Paros, Bildhauer und Architekt, 1. Hälfte des 4. Jh.s v. Chr.

THYMILOS, Bildhauer unbekannter Zeit.

TIMAINETOS, Maler unbekannter Zeit.

TIMARCHIDES, Sohn des Polykles, Athener, Bildhauer, Mitte des 2. Jh.s v. Chr.

TIMOKLES, Bruder des Timarchides, Bildhauer.

TIMOTHEOS, Bildhauer, Mitte des 4. Jh.s v. Chr.

TISAGORAS, Metallgießer, wohl hellenistischer Zeit.

XENOKRITOS von Theben, Bildhauer unbekannter Zeit.

XENOPHILOS von Argos, Bildhauer, 2. Hälfte des 2. Jh.s v. Chr.

XENOPHON von Athen, Bildhauer, 1. Hälfte des 4. Jh.s v. Chr.

LITERATUR ZU PAUSANIAS

Die maßgebende kritische Textausgabe des Pausanias stammt von Hermann Hitzig und Hugo Blümner, 3 Bände in 6 Teilen, Leipzig 1896–1910, mit sehr reichem sprachlichem und sachlichem Kommentar, für jede eigene Beschäftigung mit Pausanias unentbehrlich; Nachdruck Darmstadt 1963/64. Daneben sind die besten neueren Textausgaben diejenigen von J. H. Chr. Schubart und Chr. Walz, Leipzig 1838, mehrfach neu aufgelegt, und F. Spiro, Leipzig 1903; neue Auflage Teubner, Stuttgart 1959. Neuere Ausgabe mit englischer Übersetzung von W. H. S. Jones und H. A. Ormerod in der Loeb classical library, London-New York 1931 bis 1935, 5 Bände, von denen der 5. Band von Wycherley außer dem Index eine größere Anzahl von Kartenskizzen und Plänen der Hauptausgrabungsstätten mit kurzem Kommentar und von Ansichten aus Griechenland und von archäologischen Denkmälern mit erklärenden Bemerkungen enthält (neue, erweiterte Ausgabe von Bd. V 1955). Ferner ist besonders wichtig die englische Übersetzung und der große Kommentar von J. G. Frazer, Pausanias' description of Greece, 6 Bände, London 1898. Der Verfasser hat Griechenland dafür in den Jahren 1890–1895 jahrelang bereist und beschreibt die meisten Orte aus eigener Kenntnis. Der Kommentar ist vor allem topographisch-archäologisch und ethnographisch-folkloristisch orientiert und dafür äußerst wichtig. Der 6. Band enthält die Indizes. Die sogenannte 2. Auflage von 1913 besteht nur in der Einarbeitung der Nachträge der 1. Auflage in den sonst unveränderten Text; neuer Nachdruck New York 1964.

An moderner Literatur über Pausanias steht an erster Stelle das äußerst gründliche und nahezu erschöpfende Buch von Wilhelm Gurlitt, Über Pausanias, Graz 1890; daneben ist die umfassende und ebenfalls sehr gründliche Einleitung im 1. Band des Werks von Frazer zu nennen. Neu ferner der große Artikel Pausanias von Otto Regenbogen in der Realencyclopädie der classischen Altertumswissenschaft, Supplementband VIII, 1956, S. 1008–1079.

Kürzere gute Charakteristiken von Pausanias:

ADOLF TRENDELENBURG, Pausanias' Hellenika, Wissenschaftliche Beilage zum Jahresbericht des Friedrichs-Gymnasiums, Berlin 1911.

HERMANN HITZIG, Zur Pausaniasfrage. Festschrift des philologischen Kränzchens in Zürich zu der in Zürich im Herbst 1887 tagenden 39. Versammlung deutscher Philologen und Schulmänner, Zürich 1887, 57 ff.

JULIUS JÜTHNER, Pausanias als Schriftsteller. Zeitschrift f. d. österr. Gymnasien 64, 1913, 481 ff.

E. PETERSEN, Pausanias der Perieget. Rhein. Museum 64, 1909, 481 ff.

Sehr gut auch die wenigen Seiten bei ULR. VON WILAMOWITZ-MOELLEN-DORFF, Glaube der Hellenen II 508 ff.

Kurze Zusammenfassungen:

WILHELM VON CHRISTS Geschichte der griechischen Literatur, 6. Auflage von Wilhelm Schmid II, 2 (Handbuch der Klassischen Altertumswissenschaft VII, II, 2), 1924, 755 ff.

PERNICE im Handbuch der Archaeologie (Handbuch der Klassischen Altertumswissenschaft VI, I), 1939, 244 ff.

Ferner besonders wichtig:

RUDOLF HEBERDEY, Die Reisen des Pausanias in Griechenland, Wien 1894.

GEORGES DAUX, Pausanias à Delphes, Paris 1936, ein Werk, in dem durch genauen Vergleich der Beschreibung des Pausanias mit den Ergebnissen der Ausgrabungen die Zuverlässigkeit seiner Beschreibungen bestätigt und ihre Grundsätze klargelegt werden.

Ähnlich ADOLF TRENDELENBURG, Pausanias in Olympia, Berlin 1914.

R. E. WYCHERLEY, Pausanis in the Agora of Athens, Greek, Roman and Byzantine studies II, 1959, 21 ff. Pausanias at Athens II, A commentary on book I, chapters 18–19, IV, 1963, 157 ff.

Für den schriftstellerischen Charakter des Pausanias von Bedeutung:

CARL ROBERT, Pausanias als Schriftsteller, Berlin 1909, während die topographischen Ausführungen des Buches zumeist verfehlt und die Hypothesen des Verfassers über die Heimat des Pausanias und die stufenweise Veröffentlichung des Werks abzulehnen sind.

Für die allgemeinen Anschauungen des Pausanias außer der genannten Literatur noch:

ADOLF RIEDER, Lebens- und Glaubensansichten des Reisebeschreibers Pausanias, Neue Jahrbücher für Philologie und Pädagogik, Bd. 144, 1891, 465 ff.

LUDOVICUS DEICKE, Quaestiones Pausanianae, Diss. Göttingen, 1935.
MARIO SEGRÈ, Pausania come fonte storica, Historia, studi storici I, 1927, 223 ff.

ABKÜRZUNG

RE Paulys Realenzyclopädie der klassischen Altertumswissenschaft, neue Bearbeitung von G. Wissowa, W. Kroll, K. Mittelhaus, K. Ziegler.

VERZEICHNIS DER ORTE
UND WICHTIGEREN DENKMÄLER

VERZEICHNIS DER PLÄNE UND KARTEN

PLÄNE

1 Athen, die Agora und ihre Umgebung im 2. Jh. n. Chr. (nach Hesperia 1951, S. 146, Abb. 3).

2 Athen, Plan der Agora im 2. Jh. n. Chr. (nach Lexikon der Alten Welt, Abb. 43).

3 Modell der Akropolis von Athen in der 1. Hälfte des 1. Jh.s n. Chr. (nach Lexikon der Alten Welt, Abb. 42).

4 Korinth im 2. Jh. n. Chr. (nach Hesperia 1947, S. 234, Abb. 1).

5 Heiligtum des Asklepios von Epidauros (nach Baedeker, Grèce, 1910, bei S. 339).

6 Plan von Olympia (nach E. N. Gardiner, Olympia, Oxford 1925, S. 4, ergänzt nach Neue Deutsche Ausgrabungen im Mittelmeergebiet und im Vorderen Orient, Berlin 1959, Beilage 1 bei S. 264).

7 Delphi, Gesamtplan (nach Guide bleu, Grèce, Paris 1935, bei S. 234).

8 Delphi, Heiligtum der Athena Pronaia (Marmaria) (nach Guide bleu, Grèce, 1935, bei S. 234).

9 Delphi, Heiligtum des Apollon (nach J. Pouilloux – G. Roux, Enigmes à Delphes, Pâris 1963, fig. 34).

KARTEN

(neu gezeichnet nach den Karten in W. H. S. Jones, Pausanias Description of Greece, Cambridge, Mass., und London 1935, Bd. V, pl. 2–9).

1 Attika und Megaris
2 Argolis
3 Lakonien
4 Messenien
5 Elis
6 Achaia
7 Arkadien
8 Phokis und Boeotien

PLAN 7: DELPHI, GESAMTPLAN

1 Phaedriaden
2 Rhodini (Nauplia)
3 Phlembukos (Hyampeia)
4 Gräber
5 Bezirk der Athena Pronaia
6 Gymnasion
7 Gräber
8 Spätere Kastalia
9 Klassische Kastalia
10 Pappadia-Schlucht
11 Heiligtum des Apollon
12 Quelle Delphusa (Kerna)
13 Stadion
14 Befestigungen des Philomelos
15 Hausreste
16 Französisches Ausgrabungshaus
17 Antike Grabkammer
18 Exedra
19 Museum
20 Römisches Synhedrion
21 Tennen
22 Gräber
23 Modernes Dorf Delphi
24 Schlucht des Pleistos

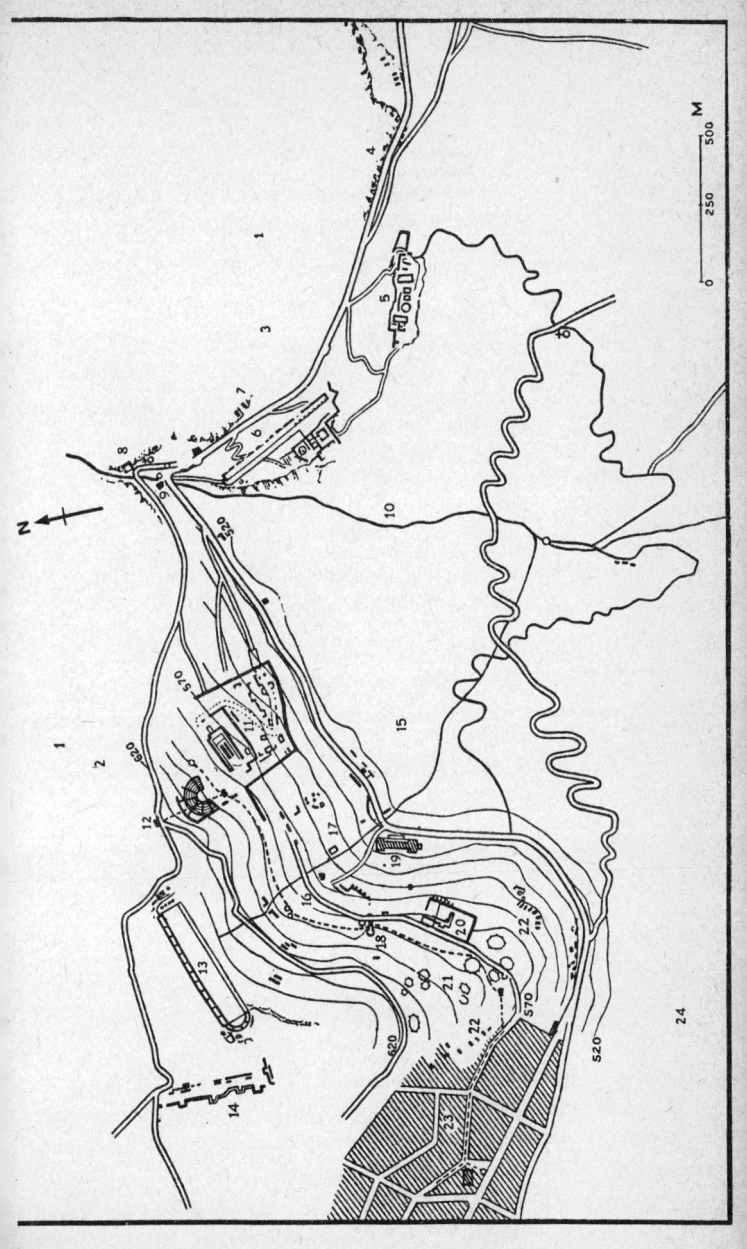

PLAN 8: DELPHI, HEILIGTUM
DER ATHENA PRONAIA (MARMARIA)

1 Nordosttor
2 Griechische Nordostmauer
3 Östliche Terrassen
4 Osttor
5 Altar
6 Bergsturz von 1905
7 Erster Athenatempel
8 Archaische Umfassungsmauer
9 Untere Terrasse
10 Große Basis
11 Dorisches Schatzhaus
12 Aeolisches Schatzhaus
13 Eingestürzte Mauer
14 Mauer aus Tuff
15 Tholos
16 Zweiter Athenatempel
17 sog. Priesterwohnungen
18 Griechische Nordwestmauer
19 Treppe
20 Klassische Umfassungsmauer
21 Ausgang zum Gyrhnasium

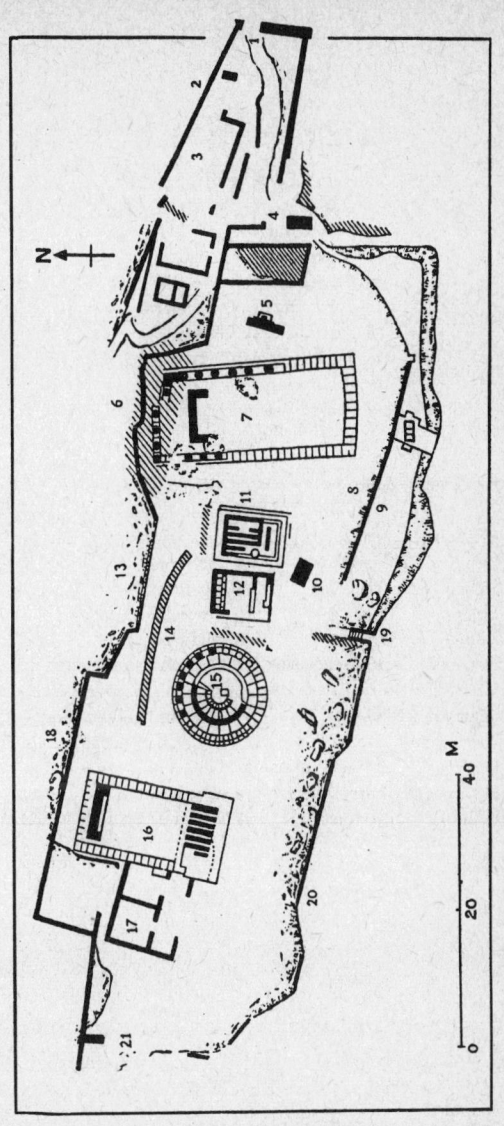

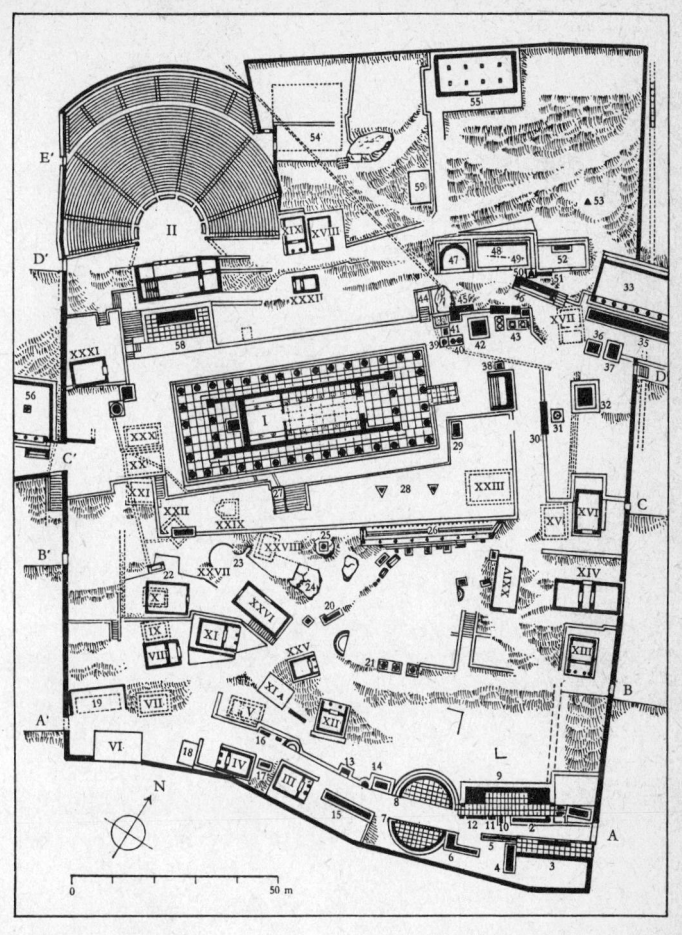

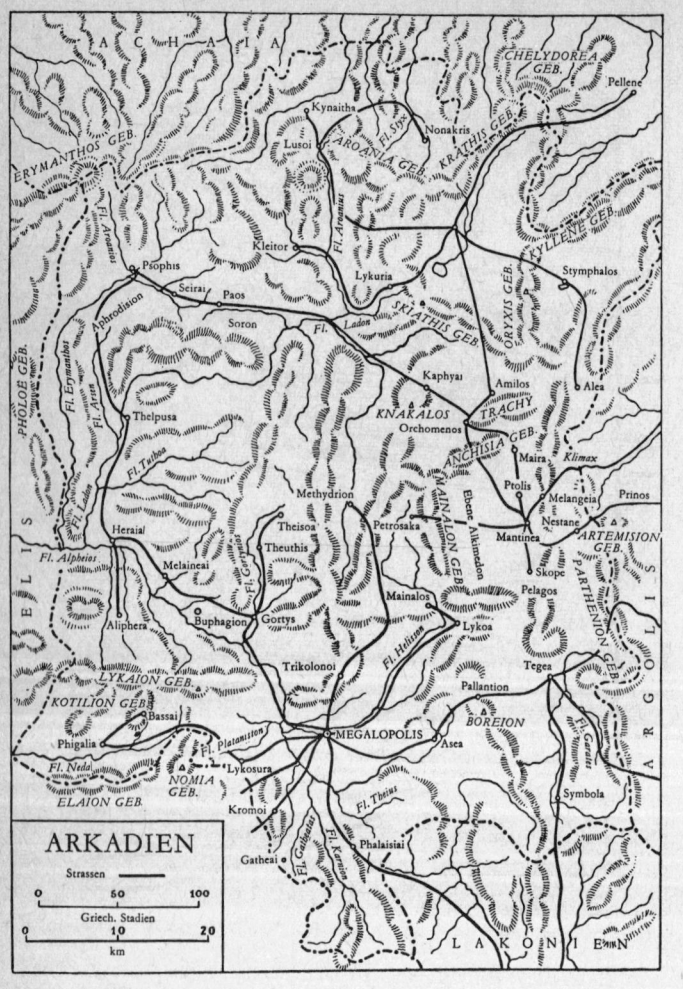

ARKADIEN

Strassen

0   50   100
Griech. Stadien

0   10   20
km

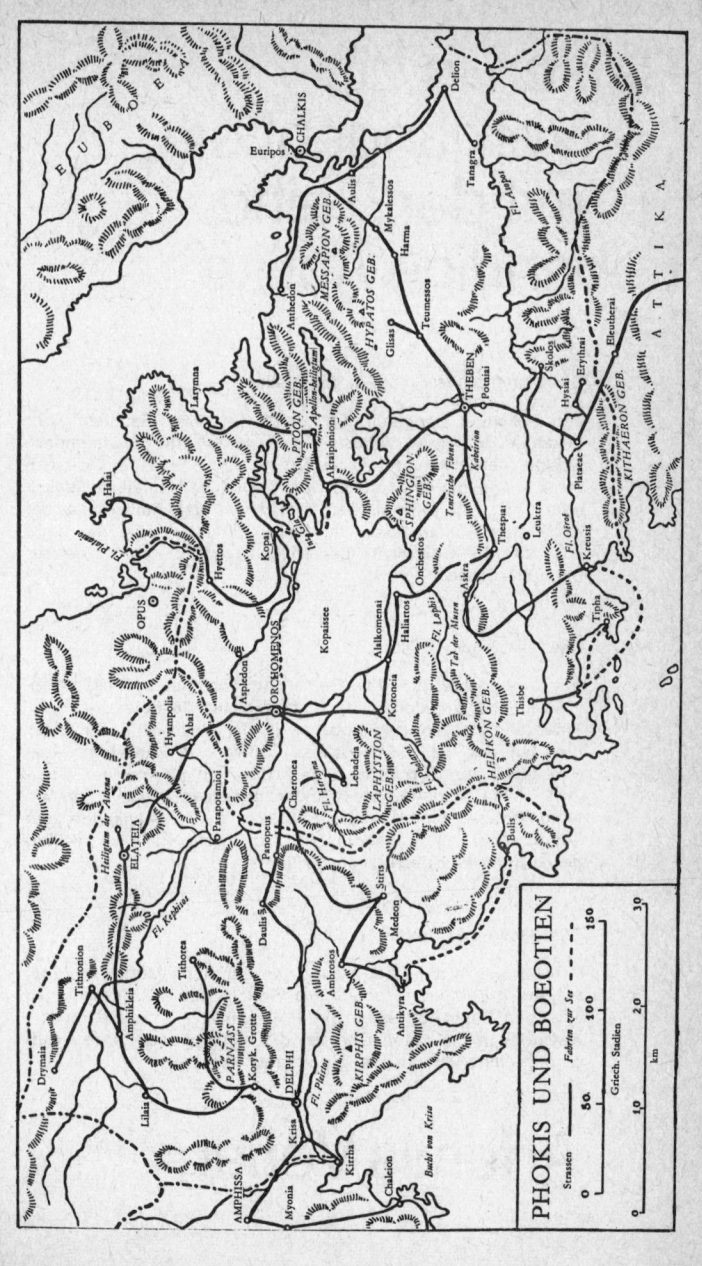

PHOKIS UND BOEOTIEN

Strassen —— Fahrten zur See - - - -

	50	100	150
0			

Griech. Stadien

0	10	20	30

km

EUBOEA

CHALKIS
Euripos

Delion

Tanagra
Fl. Asopos

Aulis
Mykalessos

Anthedon
Harma

PTOION GEB.
Apollon-heiligtum

HYPATOS GEB.
Teumessos

MESSAPION GEB.

Larymna
Akraiphnion

Glisas
THEBEN

Halai

Hyettos
Kopai

SPHINGION GEB.
Potniai

ATTIKA

Kopaissee

Tenerisch. Ebene
Kabeirion

Hysiai
Erythrai
Eleutherai

OPUS

Aspledon
ORCHOMENOS

Kopaissee

Onchestos
Haliartos

Thespiai
Leuktra

KITHAERON GEB.

Plataiae

Abai

Hyampolis

Lebadeia

Alalkomenai
Koroneia

Askra

Fl. Olral

Tiphai
Kreusis

Parapotamioi
Chaeronea

LAPHYSTION GEB.
Tal der Musen
Fl. Lophis

Thisbe

Drymaia

Tithronion

Hryaia

HELIKON GEB.

Bulis

Lilaia
Amphikleia

ELATEIA
Heiligtum der Athena
Fl. Kephisos

Tithorea

Daulis
Panopeus

Steris

Ambrossos
Antikyra

PARNASS

Koryk. Grotte
DELPHI

Medeon

KIRPHIS GEB.

Fl. Plistos

Krisa
Kirrha

AMPHISSA
Myonia
Chaleion

Bucht von Krisa

Reisen in die Vergangenheit . . . mit der Reihe Lebendige Antike

Die Olympischen Spiele in der Antike

Von Hermann Bengtson. 112 Seiten, kt. 9,80. Bengtson, der bekannte Münchner Althistoriker, schildert die zwölfhundertjährige Geschichte der Olympischen Spiele von der Zeit Homers bis in die Spätantike, den Verlauf der Spiele in klassischer Zeit, die olympischen Disziplinen der Antike und die berühmten Athletengestalten. Seine Darstellung ist die erste knappgefaßte Geschichte der antiken Olympischen Spiele aus berufener Hand.

Das Griechische Sizilien

Antike Berichte für den Reisenden von heute. Zusammengestellt und eingeleitet von Klaus Meister. 96 Seiten. kt. 6,80. Einer der glanzvollsten Epochen in der Geschichte der Insel, der Zeit der Griechen, gilt das vorliegende Bändchen. Über ihre politische Geschichte unterrichten ein allgemeiner Überblick sowie Bemerkungen bei den einzelnen Städten. Im Mittelpunkt aber stehen antike Berichte zur Namenkunde, zur Topographie und Geographie, zur Religion und Kulturgeschichte des griechischen Sizilien.

Zum Mond und darüber hinaus

Von Lukian. In der Übersetzung von Christoph Martin Wieland, mit einer Einführung von Klaus Bartels und 12 Illustrationen von Fred Bauer. 52 Seiten, kt. 6,80. Lukians „Ikaromenippus", geschrieben um 161 n. Chr., ist die erste phantastische Schilderung eines Mondfluges, die wir besitzen.

Artemis Verlag